DCG 4
Droit fiscal

EXPERT SUP
L'expérience de l'expertise

Les manuels DCG

DCG 1 • *Introduction au droit*, Manuel
Jean-François Bocquillon, Martine Mariage

DCG 2 • *Droit des sociétés*, Manuel
France Guiramand, Alain Héraud

DCG 3 • *Droit social*, Manuel
Paulette Bauvert, Nicole Siret

DCG 4 • *Droit fiscal*, Manuel
Emmanuel Disle, Jacques Saraf, Nathalie Gonthier-Besacier, Jean-Luc Rossignol

• *Droit fiscal*, Corrigés du manuel
Emmanuel Disle, Jacques Saraf, Nathalie Gonthier-Besacier, Jean-Luc Rossignol

DCG 5 • *Économie*, Manuel
Sébastien Castaing, François Coulomb, Pascal Vanhove, Jean Longatte

DCG 6 • Finance d'entreprise, Manuel
Jacqueline Delahaye, Florence Delahaye-Duprat

• Finance d'entreprise, Corrigés du manuel
Jacqueline Delahaye, Florence Delahaye-Duprat

DCG 7 • *Management*, Manuel
Jean-Luc Charron, Sabine Sépari, Françoise Bertrand

DCG 8 • *Systèmes d'information de gestion*, Manuel
Jacques Sornet, Oona Hengoat, Nathalie Le Gallo

DCG 9 • *Introduction à la comptabilité*, Manuel
Charlotte Disle, Robert Maeso, Michel Méau

• *Introduction à la comptabilité*, Corrigés du manuel
Charlotte Disle, Robert Maeso, Michel Méau

DCG 10 • *Comptabilité approfondie*, Manuel
Robert Obert, Marie-Pierre Mairesse, Arnaud Desenfans

• *Comptabilité approfondie*, Corrigés du manuel
Robert Obert, Marie-Pierre Mairesse, Arnaud Desenfans

DCG 11 • *Contrôle de gestion*, Manuel
Claude Alazard, Sabine Sépari

• *Contrôle de gestion*, Corrigés du manuel
Claude Alazard, Sabine Sépari

DCG 4
Droit fiscal

TOUT-EN-UN

Patrick PINTEAUX
Agrégé d'économie et gestion
Professeur en classes préparatoires au DCG
Membre des commissions d'examem
du DCG et du DSCG

Charles-Édouard GODARD
Agrégé d'économie et gestion

Denis TERLONG
Agrégé d'économie et gestion
comptable et financière

2017/2018

EDITIONS
FRANCIS LEFEBVRE

DUNOD

Remerciements

Les auteurs tiennent particulièrement à remercier Séverine Godard d'avoir accepté de relire et tester l'ensemble des cas pratiques proposés.

Les auteurs remercient également toutes les personnes qui voudront bien leur adresser leurs remarques, leurs critiques ou leurs suggestions.

À Charles-Édouard, dont la contribution à ce livre fût primordiale.

Maquette de couverture : Studio Piaude

11 rue Paul-Bert, 92240 Malakoff
www.dunod.com

ISBN 978-2-10-076914-8

Table des matières

Corrigés

Pour réussir le DCG et le DSCG

Le cursus des études conduisant à l'expertise comptable est un cursus d'excellence, pluridisciplinaire, vers lequel se dirigent, à raison, de plus en plus d'étudiants.

Dunod dispose depuis de très nombreuses années d'une expérience confirmée dans la préparation de ces études et offre aux étudiants comme aux enseignants une gamme complète d'ouvrages de cours, d'entraînement et de révision qui font référence.

Ces ouvrages sont entièrement adaptés aux épreuves, à leur esprit comme à leur programme, avec une qualité toujours constante. Ils sont tous régulièrement actualisés pour correspondre le plus exactement possible aux exigences des disciplines traitées.

La collection Expert Sup propose aujourd'hui :

- des manuels complets mais concis, strictement conformes aux programmes, comportant des exemples permettant l'acquisition immédiate des notions exposées, complétés d'un choix d'applications permettant l'entraînement et la synthèse ;
- des ouvrages de cas originaux avec la série « Tout-en-Un », spécialement conçue pour travailler et maîtriser toutes les difficultés du programme des épreuves.

Elle est complétée d'un ensemble d'outils pratiques de révision, avec la collection « Express DCG » qui propose l'essentiel du programme en fiches, ou de mémorisation et de synthèse avec les « Petits Experts » (*Petit Fiscal, Petit Social, Petit Compta, Petit Droit des sociétés…*).

Ces ouvrages ont été conçus par des enseignants confirmés ayant une expérience reconnue dans la préparation des examens de l'expertise comptable.

Ils espèrent mettre ainsi à la disposition des étudiants les meilleurs outils pour aborder leurs études et leur assurer une pleine réussite.

Jacques Saraf
Directeur de collection

Liste des abréviations

AID	Amortissement irrégulièrement différé
BA	Bénéfices agricoles
BIC	Bénéfices industriels et commerciaux
BNC	Bénéfices non commerciaux
CAD	Coefficient d'admission
CAPS	Contribution additionnelle au prélèvement social
CAS	Coefficient d'assujettissement
CDE	Coefficient de déduction
CE	Conseil d'État
CET	Contribution économique territoriale
CIR	Crédit d'impôt recherche
CGI	Code général des impôts
CNC	Conseil national de la comptabilité
CRC	Comité de la réglementation comptable
CTA	Coefficient de taxation
DEB	Déclaration d'échanges de biens
DF	Droit fixe
DP	Droit proportionnel
EEE	Espace économique européen
IR	Impôt sur le revenu
IS	Impôt sur les sociétés
ISF	Impôt de solidarité sur la fortune
LASM	Livraison à soi-même
LF	Loi de finances
LFR	Loi de finances rectificative
LFSS	Loi de financement de la Sécurité sociale
LPF	Livre des procédures fiscales
MV	Moins-value
OEC	Ordre des experts-comptables
PASS	Plafond annuel de sécurité sociale
PCA	Président du conseil d'administration
PCG	Plan comptable général
PVNLT	Plus-value nette à long terme
PVNCT	Plus-value nette à court terme
RCM	Revenus de capitaux mobiliers
RF	Revenus fonciers
SCI	Société civile immobilière
TA	Taxe d'apprentissage
TAB	Terrain à bâtir
TH	Taxe d'habitation
TS	Traitements et salaires
TVTS	Taxe sur les véhicules de tourisme des sociétés

1
CHAPITRE

La TVA, principes et champ d'application

Synthèse de cours

1. Champ d'application de la TVA et schéma de principe

Il est constitué par l'ensemble des opérations économiques, c'est-à-dire toutes les activités de producteur, de commerçant ou de prestataire de services, y compris les activités libérales, agricoles, civiles ou extractives exercées par des professionnels.

- **Opérations imposables**
  = opérations entrant dans le champ d'application de la TVA :
  - opérations effectivement imposées
  - opérations exonérées
- **Opérations non imposables**
  = hors champ d'application

2. Les opérations imposables

Les opérations imposables par nature	Les opérations imposables par détermination de la loi[3]	Les opérations imposables sur option[6]	Les opérations exonérées
• Les livraisons de biens meubles[1] • Les prestations de services[2][1]	• Les livraisons à soi-même[4] • Les importations • Les acquisitions intracommunautaires[8]	• Les petits exploitants agricoles • Certaines opérations réalisées par les collectivités locales[7] • Certaines commissions bancaires	• Les exportations • Les livraisons intracommunautaires • Les opérations financières et bancaires

Les opérations imposables par nature	Les opérations imposables par détermination de la loi[3]	Les opérations imposables sur option[6]	Les opérations exonérées
	Les cessions de biens d'occasion[5] Les livraisons et prestations de façon portant sur des déchets neufs d'industrie et des matières de récupération	Les locations de bâtiments industriels ou commerciaux non équipés	

Commentaires du tableau

(1) Opérations obligatoirement imposables si elles comportent une contrepartie en espèces ou en nature et si elles sont effectuées à titre indépendant.

(2) La taxation suppose l'existence d'un lien direct entre le service rendu et le prix ou la contre-valeur reçus. Cette condition suppose :

- que l'opération procure un avantage au client (service direct ou individualisé),

- que le prix soit en relation avec l'avantage reçu.

Lorsque l'une des deux conditions n'est pas remplie, l'opération est réputée hors du champ d'application de la TVA.

(3) C'est-à-dire spécialement désignées par le CGI.

(4) Opérations pour lesquelles l'assujetti a la double qualité de fournisseur et de consommateur.

(5) Il s'agit de cessions de biens autres que des constructions, par des personnes qui les ont utilisés pour les besoins de leur exploitation. La TVA sur achat doit avoir été déduite totalement ou partiellement.

(6) Intérêt de l'option : le vendeur peut récupérer la TVA sur ses achats.

(7) Il s'agit de la fourniture d'eau, de l'évacuation des eaux usées et pluviales, de l'enlèvement et du traitement des ordures.

(8) La TVA doit être autoliquidée par le client si celui-ci dispose d'un numéro d'identification à la TVA en France. Dans le cas contraire, elle doit être déclarée et acquittée par le fournisseur.

3. Les opérations immobilières

a) Opérations immobilières effectuées dans le cadre d'une activité économique

Les opérations immobilières réalisées par un assujetti agissant en tant que tel (professionnels de l'immobilier, entreprises) sont soumises à la TVA, soit de plein droit, soit sur option.

Les opérations soumises de plein droit à la TVA sont principalement :

- les opérations de terrain à bâtir ;
- les acquisitions de logement en voie de construction (vente en état futur d'achèvement, VEFA) ou d'immeubles neufs.

Remarques

- Un terrain à bâtir est un terrain sur lequel des constructions peuvent être autorisées en application des règles d'urbanisme.
- Un immeuble achevé depuis moins de 5 ans est considéré comme un immeuble neuf.
- Les cessions d'immeubles neufs et assimilées sont obligatoirement soumises à la TVA quel que soit le nombre de cessions ou de mutations dans le délai de 5 ans, à condition que les cessions soient réalisées par des marchands de biens.

Les opérations immobilières soumises à la TVA sur option sont principalement :
- les livraisons de terrain ;
- les livraisons d'immeubles bâtis achevés depuis plus de 5 ans ;
- les baux à construction.

Remarques

- Un bail à construction, contrat par lequel le bailleur accorde au preneur le droit d'édifier un immeuble sur un terrain lui appartenant, est considéré au regard de la TVA comme une location de terrain.
- Un immeuble est considéré comme achevé lorsque sont exécutés les ouvrages et installés les éléments d'équipement le rendant habitable ou utilisable. La date d'achèvement de l'immeuble est en principe attestée par la déclaration d'achèvement.

b) Opérations immobilières effectuées en dehors d'une activité économique

Les opérations immobilières effectuées en dehors d'une activité économique sont, sauf exception, hors champ d'application de la TVA. Elles relèvent des droits d'enregistrement.

c) Redevable, modalités de taxation et taux

La TVA, lorsqu'elle s'applique, est due par le vendeur ou par la personne qui réalise l'opération.

	Livraison ou assimilée	Vendeur (ou cédant)	
		Assujetti à la TVA	**Non assujetti à la TVA**
Acquéreur (ou cessionnaire) assujetti ou non	**Terrain**	TVA sur option avec TVA sur le prix total	Hors champ d'application
	Terrain à bâtir	TVA sur le prix total *(le terrain a ouvert droit à la déduction de la TVA lors de son acquisition initiale)* ou TVA sur marge *(cas contraire)*	Hors champ d'application
	Immeuble neuf ou en l'état futur d'achèvement	TVA sur le prix total	Hors champ d'application sauf si le cédant avait initialement acquis l'immeuble en tant qu'immeuble à construire. Dans ce cas, TVA sur le prix total
	Immeuble achevé depuis plus de 5 ans	TVA sur option avec TVA sur le prix total *(si l'immeuble a ouvert droit à déduction de la TVA lors de son acquisition initiale)* ou TVA sur marge *(cas contraire)*	Hors champ d'application

Les opérations taxables sont soumises à la TVA au taux normal. Certaines opérations relèvent toutefois du taux réduit de TVA, telles les livraisons à soi-même de travaux d'amélioration portant sur des logements sociaux taxées au taux de 10 %.

Remarque : Les opérations immobilières sont également soumises aux droits d'enregistrement. Toutefois, si l'opération relève de la TVA ou si l'acquéreur prend certains engagements comme ceux de revendre ou de construire, les droits applicables sont réduits (voir le chapitre 19).

À compter du 01.01.2014 :

– le taux normal de TVA est de 20 % ;
– le taux intermédiaire est de 10 % ;
– le taux réduit est de 5,5 %.

4. Livraison à soi-même et autoconsommation

a) Définition

La livraison à soi-même désigne l'opération par laquelle une entreprise soumise à la TVA immobilise, consomme ou attribue à son personnel, à son dirigeant ou à des tiers, des biens ou des services destinés à l'activité de l'entreprise ou qu'elle a produits et qui auraient pu être vendus.

b) Objectif

Égaliser les règles de concurrence entre les entreprises. Il s'agit, en taxant l'opération au titre des livraisons à soi-même, d'éviter des distorsions de concurrence en faisant supporter à l'assujetti la même charge de TVA que si les biens ou les services avaient été acquis à l'extérieur auprès d'autres entreprises.

c) Les catégories de livraison à soi-même

Catégorie	Définition
« Autofabrication »	Bien fabriqué (immobilisation ou stock) ou service fourni par l'entreprise **pour son propre usage**.
« Autoconsommation »	• Bien de l'entreprise (acquis ou fabriqué directement par elle) destiné initialement à l'exploitation et qui est affecté gratuitement « après coup » à des fins étrangères à l'**objet social** (c'est-à-dire remis aux dirigeants, au personnel ou à des tiers). • Ou service rendu par l'entreprise pour des besoins autres que ceux de l'entreprise.

d) Les différents cas de taxation au titre des LASM et les conséquences pour l'entreprise

Opération	Soumis à TVA	Conséquences pour l'entreprise qui effectue la LASM	
		TVA collectée	TVA déductible
Autoproduction d'un bien • Bien « ouvrant droit à déduction totale »(1)	NON	NON	
• Bien « n'ouvrant pas droit à déduction »	OUI	OUI	NON
• Bien « ouvrant droit à déduction partielle »	OUI	OUI	OUI, partiellement

☞

☞

Opération	Soumis à TVA	Conséquences pour l'entreprise qui effectue la LASM	
		TVA collectée	TVA déductible
Autoproduction de service	NON	NON	
Autoconsommation d'un bien	OUI(2)	OUI	NON(3)
Autoconsommation d'un service	OUI(4)	OUI	NON

(1) En cas d'acquisition auprès d'un autre assujetti, le bien donnerait lieu à une TVA sur achat intégralement déductible.

(2) À condition que la TVA ayant grevé ce bien (ou les éléments le composant) a été totalement ou partiellement déductible lors de son acquisition.

(3) TVA non déductible, car le bien n'est pas affecté à l'exploitation.

(4) La TVA ayant grevé les biens ou éléments utilisés pour réaliser cette prestation a ouvert droit à déduction totale ou partielle. La base d'imposition est constituée par le prix de revient du service.

e) Cas particulier : prélèvements effectués pour les besoins privés de l'exploitant d'une entreprise individuelle et des membres de sa famille

Ces prélèvements ne sont pas imposables au titre des livraisons à soi-même. L'absence d'imposition rend obligatoire le reversement de la TVA qui a été déduite au moment de l'achat. La régularisation s'effectue globalement en fin d'année.

f) Dispense de régularisation

Les livraisons à soi-même pour des besoins autres que ceux de l'entreprise ne sont pas imposables dans le cas des biens dits « de très faible valeur », c'est-à-dire ceux dont la valeur unitaire n'excède pas 65 € TTC.

Mini-cas d'évaluation

Thème : champ d'application de la TVA

Examiner chacune des opérations ci-dessous et indiquer son régime au regard de la TVA :

1 M. Brito est propriétaire d'une agence de location. Il a pour activité principale de mettre en rapport les personnes qui cherchent soit à prendre, soit à donner à bail toutes espèces de locaux.

2 La SARL Grand Large est spécialisée dans la commercialisation de matériel informatique et de progiciels pour la navigation de plaisance. Elle assure également sur demande l'assistance technique et la formation.

3 L'entreprise Guerville a procédé à l'échange d'un ordinateur valant 5 000 € contre du conseil en organisation effectué par une association de consultants retraités.

4 La société de transport urbain Carbus assure gratuitement le transport des personnes âgées grâce à une subvention de la ville.

5 Mme Dierique possède un petit étang qu'elle loue 450 € par an au club de pêche de son village.

6 M. Malaque est un professeur de bridge de grand renom. Il est généralement rémunéré directement par ses élèves. Accessoirement, il dispense un enseignement dans le club de sa ville dans lequel il a la fonction de moniteur salarié.

7 M. Vilain est professeur de fiscalité à l'université.

8 M. Loiseau est propriétaire d'un appartement situé en centre ville, qu'il donne en location à un cabinet médical.

9 La SA Portfolio a pour unique objet la prise de participations minoritaires dans des jeunes entreprises du secteur des services aux collectivités locales.

10 M. Guilbert est propriétaire d'un petit cheptel bovin de 10 têtes en Normandie. Après élevage, il emmène ses bêtes à l'abattage. Une fois abattues, elles font l'objet d'une vente à la cheville (demi-gros). Ses recettes totales sont inférieures à 46 000 €.

Mme Guilbert tient, dans un des bâtiments de la ferme, une petite échoppe de vente de produits fermiers locaux. Plusieurs agriculteurs se sont en effet regroupés au sein d'un GIE pour faciliter la commercialisation de leurs produits.

11 M. et Mme Lamis sont prestidigitateurs et assurent régulièrement des spectacles, soit pour des collectivités publiques, soit pour des organisateurs de spectacles privés.

12 M. Jand est un auteur indépendant de romans policiers. Il a récemment changé d'éditeur car il va pouvoir bénéficier ainsi d'un tirage plus important. Une partie des romans va être traduite en américain et en allemand pour être commercialisée aux États-Unis et en Allemagne.

Thème : opérations imposables en vertu d'une disposition spéciale, les livraisons à soi-même

Indiquer, en le justifiant, si les opérations ci-dessous sont imposables à la TVA.

13 L'entreprise 4×4 est une petite entreprise grenobloise de construction de véhicules de loisirs tout-terrain. En N, son dirigeant a prélevé sur le stock deux véhicules de sa gamme afin de les confier à deux cadres commerciaux pour leurs déplacements professionnels ; valeur de chaque véhicule, 30 480 €.

14 L'entreprise Obri a mis en service le 1er juillet N, une machine-outil qu'elle a fabriquée et mise au point elle-même pour un coût total de 7 000 €. Le coefficient de déduction associé à l'opération est de 60 %.

15 M. Pita dirige à Marseille une société spécialisée dans la location de bateaux de plaisance. Durant l'été et un mois par an, il utilise l'un des bateaux de sa société pour naviguer avec sa famille en Méditerranée.

16 M. Mega est revendeur de matériels informatiques et de progiciels. Il a offert un ordinateur portable d'une valeur de 1 000 € à l'un de ses salariés. Cet ordinateur sera utilisé à des fins extra-professionnelles.

17 M. Bonnetable est restaurateur à Lille. Il a pour habitude quotidienne de prélever des denrées et des boissons pour sa consommation personnelle.

18 M. Demarc, dont les recettes dépassent 46 000 € par an, est viticulteur dans la vallée de la Marne. Il vend chaque année sa récolte à une coopérative de commercialisation. Les bouteilles sont produites par la coopérative et expédiées par ses soins en France et à l'étranger. Une partie de la production annuelle est reprise par M. Demarc et commercialisée sous l'appellation « Champagne Demarc ».

19 M. Joibourd est propriétaire d'une entreprise individuelle dans le secteur du bâtiment et des travaux publics. Durant la période du 01.11.N au 28.02.N+1, en raison de la sous-activité constatée, il a décidé d'occuper une partie de son personnel à l'agrandissement de sa résidence personnelle achevée début N (fermeture du auvent, construction d'un nouveau garage et d'une véranda).

Les dépenses engagées sont les suivantes :

- matières premières (placoplâtre, ciment, sable...) prélevées sur les stocks de l'entreprise :	15 222 €
- rémunération du personnel :	5 435 €
- charges sociales :	2 283 €
- sous-traitance (alimentation en eau et en électricité) :	2 341 €
- divers (transport, assurance...) :	462 €[(1)]
- TVA sur autres biens et services :	3 559 €[(2)]

L'autre partie du personnel a été affectée à la réalisation d'un immeuble collectif de seize logements réservés aux bénéficiaires de revenus sociaux pour l'office public d'HLM de l'Oise. La date d'achèvement est impérativement fixée au 24.02.N+1.

Remarque : Les sommes indiquées sont hors taxe. Les calculs seront arrondis à l'euro le plus proche.

(1) Dont prime d'assurance exonérée de TVA : 231 €.

(2) [15 222 + 2 341 + (462 – 231)] × 20 %.

2
CHAPITRE

La TVA collectée

Synthèse de cours

1. Distinction entre fait générateur et exigibilité

Nature de l'opération	Fait générateur	Exigibilité
Livraisons de biens meubles corporels.	La délivrance du bien = transfert du pouvoir de disposer du bien comme un propriétaire (art. 256-II du CGI)(1).	Délivrance du bien.
Prestations de services et travaux immobiliers.	L'achèvement de la prestation de services.	Les encaissements (acomptes ou paiement de la facture), sauf si option sur les débits(2).
Livraisons à soi-même.	Première utilisation.	Première utilisation.

(1) Reprise de l'article 1604 du Code civil pour lequel la délivrance du bien est le transfert de la chose vendue en la puissance et la possession de l'acheteur.

(2) Pour les entrepreneurs de travaux immobiliers, possibilité d'opter pour le paiement de la TVA sur les livraisons (dans ce cas, la date de la livraison est celle de la réception provisoire des travaux par le maître de l'ouvrage ou celle de l'occupation ou de l'utilisation effective si elle intervient avant).

2. Importance de la notion d'exigibilité

L'exigibilité détermine la période (mois, trimestre, etc.) au titre de laquelle le montant des opérations imposables doit faire l'objet d'une déclaration. Elle détermine également la date à laquelle le droit à déduction prend naissance chez l'acheteur.

3. Base d'imposition

Éléments	Entrant dans la base	Exclus
	• Le prix de vente HT. • Les impôts et taxes rattachés à l'opération.	• Les réductions de prix (rabais, remises, ristournes et escompte). Elles minorent d'autant la base taxable.

☞

Éléments	Entrant dans la base	Exclus
Composantes	• Les frais accessoires à la vente même s'ils sont facturés distinctement aux clients (frais d'emballage, de transport, d'assurance). • Les compléments de prix (majorations pour faible facture, certaines subventions). • Les remboursements de frais (sommes que le fournisseur a avancées pour le compte du client)(4).	• Les emballages consignés. • Les dépôts de garantie et cautions(1). • Les intérêts pour délais de paiement(2). • Les débours des mandataires. • Les indemnités réparatrices d'un préjudice(3).

(1) S'ils sont restitués au débiteur ; dans le cas contraire ils constituent une recette taxable car ils ont pour contrepartie un service rendu.

(2) Attention : ils sont soumis à TVA dès lors qu'ils sont indissociables du prix de vente, c'est-à-dire qu'ils ne font pas l'objet d'une facturation en tant qu'intérêts. Ils ne doivent pas être confondus avec les intérêts moratoires (client ne payant pas à l'échéance) qui sont hors champ d'application de la TVA.

(3) Y compris les indemnités destinées à réparer un préjudice commercial courant.

(4) Sauf exception comme les débours des intermédiaires sous conditions.

4. Base : cas particuliers

- Pour les livraisons à soi-même, la base d'imposition est constituée par le coût de revient des produits fabriqués et, pour l'autoconsommation, par le coût d'achat des produits prélevés.
- Pour les importations, la base imposable est la valeur en douane.

5. Option sur les débits

Redevables concernés	• Les prestataires de services. • Les entrepreneurs de travaux immobiliers.
Modalités	• Sur option du prestataire(1). • Cette option doit être mentionnée sur toutes les factures délivrées(2).
Effets	• La TVA est exigible dès l'inscription de la somme due au compte du client (en pratique à la date de la facture). • La TVA reste néanmoins exigible sur les paiements avant facturation (acomptes). -

(1) L'option s'applique aux opérations réalisées à compter du 1er jour du mois suivant celui pendant lequel elle a été formulée.

(2) La mention de l'option n'a pas un caractère obligatoire néanmoins, elle est fortement recommandée par l'Administration fiscale. En effet, en son absence, le client ne saurait pas qu'il peut exercer son droit à déduction dès la facturation.

6. Les affaires impayées

Principe (art. 272 du CGI)	Possibilité de récupérer la TVA versée à l'État par imputation ou par remboursement en cas de ventes annulées, résiliées, ou de créances devenues définitivement irrécouvrables.
Opérations concernées	Situations où l'exigibilité intervient avant le paiement ; le fournisseur se trouve alors avoir fait l'avance de la TVA à l'État. Il s'agit des ventes de biens et des prestations de services avec option sur les débits.
Conditions exigées pour la récupération	• *Pour les ventes annulées :* rectification de la facture initiale sous forme de facture de remplacement ou d'une facture d'avoir. • *Pour les créances impayées :* duplicata de la facture initiale avec la mention suivante : « Facture demeurée impayée pour la somme de ... (prix net) et pour la somme de ... € (TVA) qui ne peut faire l'objet d'une déduction (art. 272 du CGI). »
Notion de créance définitivement irrécouvrable	• *Le client a fait l'objet d'une procédure collective :* la TVA peut être récupérée en cas de liquidation judiciaire dès la date du jugement prononçant la liquidation. Si l'entreprise défaillante poursuit son activité, la récupération peut s'effectuer dès la date du jugement fixant le plan de redressement[1]. • Dans les autres cas, le créancier doit apporter la preuve de l'échec des poursuites contre le débiteur.

(1) Dans ce dernier cas, seule la TVA afférente à la fraction irrécouvrable ou abandonnée de la créance, peut être récupérée.

Exercices d'application

CAS 1 SOCIÉTÉS LOGINET, JOUSSE ET DOMINGUES

Thème : exigibilité et base d'imposition

L'entreprise Loginet commercialise par téléchargement (c'est-à-dire par voie télématique) un progiciel bon marché de navigation sur internet : le « Netfloat ». Elle vend également du matériel informatique.

Elle reçoit, de ses clients domiciliés en France, les deux commandes suivantes :

- Le 10 mars , une commande de cinq micro-ordinateurs multimédia à livrer le 15 avril. Le client verse un acompte de 1 000 €. La facture établie le 15 avril s'élève à 2 990 € (dont 490 € de TVA), le solde de la facture sera réglé par traite à 60 jours fin de mois.

- Le 20 mars, une commande de 26 progiciels Netfloat avec un acompte de 460 €. Le téléchargement est effectué le 21 mars. La facture établie le 25 mars s'élève à 3 500 € HT, soit 4 186 € TTC. Le solde sera réglé par virement bancaire au 30 mai.

➲ Question

1) Préciser la date d'exigibilité de la TVA ainsi que le ou les montants correspondants.

La SARL Jousse est spécialisée dans l'assemblage et la distribution de remorques et d'appareils de levage. Elle assure également la location de ces matériels.

Le 25 juin, elle vend aux conditions « départ » une remorque à l'un de ses principaux clients. Les éléments de la facture se décomposent ainsi :

- Prix HT catalogue de la remorque : 25 150 €
- Majoration forfaitaire pour travaux de facturation et rapidité d'exécution : 230 €
- Prime d'assurance-crédit : 610 €
- Intérêts pour règlement à terme non soumis à TVA : 1 220 €
- Reprise de l'ancienne remorque qui, après remise en état, sera destinée à la location ou à la revente : 1 530 €
- Remise exceptionnelle de 10 % applicable au prix catalogue.
- TVA au taux normal.

Les conditions de vente, acceptées par le client, imposent un acompte de 15 % du prix catalogue, un règlement de 30 % à réception de la facture et un paiement par lettre de change acceptée à 60 jours fin de mois pour le solde.

La remorque a été livrée chez le client le 2 juillet.

➲ Question

2) Calculer la base imposable à la TVA et indiquer la date d'exigibilité de la taxe.

L'entreprise Domingues a effectué des travaux de réfection sur un immeuble d'habitation du 27 décembre N au 30 avril N+1, pour un montant de 91 460 € HT. Le 1er janvier N+1, le taux réduit de TVA passe de 5,5 % à 10 % (par hypothèse).

M. Domingues vient vous consulter car il s'interroge sur le taux de TVA à appliquer pour facturer son client. M. Domingues vous précise qu'il établit systématiquement tous les deux mois et par chantier un état des travaux achevés. Au 28 février, les travaux de réfection réalisés s'élevaient à 53 360 € HT. La facture intermédiaire correspondante sera réglée le 31 mars.

On vous précise que M. Domingues n'a pas opté pour le paiement de la TVA lors de la livraison des travaux.

➲ Questions

3) Présenter le mémoire concernant les travaux de réfection établi à la date du 30 avril.

4) Quel serait le montant de la TVA si le mémoire était établi et réglé le 30.04 sous déduction d'un acompte de 18 290 € versé au début des travaux ?

CAS 2 SOCIÉTÉ INFOGRAPH

Thème : option sur les débits

La société Infograph est spécialisée dans la vente de matériel informatique et de consommables. Elle assure également diverses prestations de services : installation et mise en service du matériel ainsi que formation du personnel.

Elle sollicite votre aide pour résoudre un certain nombre de difficultés fiscales concernant la TVA.

La société Infograph a reçu le 15 octobre de son client confirmation d'un devis relatif à la livraison d'un réseau local comprenant :

• Micro-ordinateurs :		26 221€
• Câblage :		5 336 €
• Installation :		4 116 €
• Formation :		9 114 €
	Montant HT :	44 787 €
	TVA (20 %) :	8 957,40 €
	Montant TTC :	53 744,40 €

Mode de règlement :

- 1/3 du montant TTC à la confirmation de la commande ;
- 1/3 à la facturation (le 3 novembre) ;
- le solde sous 60 jours suivant facturation, règlement par lettre de change.

Infograph a l'habitude d'escompter ses traites le 15 du mois suivant celui de la facturation.

➲ Questions

1) Rappeler en une dizaine de lignes les règles d'exigibilité de la TVA dans les trois cas suivants : livraison de biens, prestation de services, option sur les débits.

2) Analyser l'exigibilité de la TVA.

3) Montrer les avantages et les inconvénients pour le fournisseur et le client de l'option sur les débits.

4) Si l'entreprise Infograph avait opté sur les débits, quelles auraient été les conséquences en matière d'exigibilité ?

CAS 3 ATELIERS DUBOIS

Thème : TVA collectée et affaires impayées

Vous intervenez comme expert-comptable dans la SARL « Les ateliers Dubois » qui fabrique des petits meubles de bureau.

Un certain nombre de ses principaux clients connaissent des difficultés financières.

Dans le cadre de votre mission de révision des comptes de la SARL Dubois, le comptable, M. Laforais, a établi un état récapitulatif des créances posant problème quant à l'application de la procédure prévue à l'article 272 du CGI.

Cet état se présente de la manière suivante :

État récapitulatif au 31 décembre N

Nom du client	Montant créance HT	TVA	Commentaires
Duchaine	22 800	4 560	Liquidation judiciaire : date du jugement 25.11.N [1].
Vieillebranche	10 600	2 120	Redressement judiciaire avec ouverture d'une période d'observation. Jugement prononcé le 5.12.N. La créance a été dépréciée à 100 % sur indication de notre avocat.
Dutronc	15 000	3 000	Ce client, sous le coup d'une procédure collective, avait été déprécié à 50 % au 31.12.N-1. Le tribunal de commerce a fixé le 6.10.N un plan de redressement. Les créances ordinaires seront probablement réglées à hauteur de 60 %.
Bellefeuille	41 900	8 380	Sa lettre de change au 30.11.N est revenue impayée. (Avis de débit de la banque reçu le 6.12.)
Futet	4 570	914	Parti sans laisser d'adresse. Constat d'huissier établi le 15.12.

(1) Sur consultation au 15.12 de l'extrait d'immatriculation au RCS (extrait K bis)

➲ Question

Indiquer, pour chaque situation, si l'entreprise Dubois est en droit de demander la restitution de la TVA versée à l'État. Si oui, pour quel montant ?

3
CHAPITRE

La TVA déductible

Synthèse de cours

1. La naissance du droit à déduction

La TVA sur achat est déductible lorsqu'elle devient exigible chez le redevable.

2. Les conditions de déduction

a) Les conditions de fond

La TVA facturée est déductible si les biens et services achetés :

- sont nécessaires à l'exploitation et engagés dans l'intérêt de l'entreprise ;
- sont utilisés pour la réalisation d'opérations imposables à la TVA ;
- sont utilisés pour 10 % au moins de façon professionnelle.

b) Les conditions de forme

La TVA doit être mentionnée sur une facture délivrée par le fournisseur, un tiers ou le client lui-même. Le tiers ou le client doivent disposer d'un mandat et agir au nom et pour le compte du fournisseur assujetti.

En l'absence de facture, la TVA n'est pas déductible.

Remarques

- La TVA facturée par erreur sur une opération exonérée ou à un taux erroné est due par celui qui l'a facturée. Elle n'est pas déductible chez le destinataire de la facture.
- La condition de forme, c'est-à-dire la possession d'une facture, doit être effective au moment de la déclaration des opérations de la période pour les entreprises relevant du régime d'imposition réel normal. Par exemple, si une livraison est intervenue sans facture en mars N, le redevable peut déduire la TVA correspondante sur la déclaration des opérations de mars N en avril N, à condition qu'il dispose à la date de déclaration (en avril N) de la facture correspondante.

3. Les modalités du droit à déduction

a) Principe

La TVA frappant un bien ou un service qu'un assujetti acquiert, importe ou se livre à lui-même, est déductible selon le coefficient de déduction (CDE) afférent au bien ou au service en cause qu'il soit immobilisé ou non.

Le CDE correspond au produit de trois coefficients intermédiaires que sont :

- le coefficient d'assujettissement (CAS),
- le coefficient de taxation (CTA) et,
- le coefficient d'admission (CAD).

Soit : CDE = CAS × CTA × CAD

> **Remarque** : Tous les coefficients (CAS, CTA, CAD et CDE) sont arrondis à deux décimales par excès.

b) La détermination des coefficients intermédiaires

<table>
<tr><th>Coefficient</th><th>Règles de détermination</th></tr>
<tr><td>CAS</td><td>• L'assujetti :
– doit affecter chaque bien ou chaque service dès l'acquisition, l'importation ou la première utilisation ;
– doit déterminer, sous sa responsabilité et selon des critères physiques ou financiers, la proportion d'utilisation réelle de chaque bien ou de chaque service pour des opérations imposables ;
– peut, sous réserve de pouvoir en justifier, retenir un CAS unique par année civile pour l'ensemble des opérations imposables ou non imposables sans formalité particulière.

• Selon l'affectation du bien ou du service, la valeur de la proportion d'utilisation est :
<table>
<tr><td>1</td><td>Affectation exclusive à des opérations situées dans le champ d'application de la TVA.</td></tr>
<tr><td>0</td><td>Affectation exclusive à des opérations situées hors du champ d'application de la TVA.</td></tr>
<tr><td>Entre 0 et 1</td><td>Affectation à la fois à des opérations hors et dans le champ d'application de la TVA.</td></tr>
</table></td></tr>
<tr><td>CTA</td><td>• L'assujetti doit déterminer l'utilisation du bien ou du service par rapport aux opérations imposables ou non qu'il effectue car seule la TVA afférente à des biens ou des services utilisés pour des opérations ouvrant droit à déduction peut être déduite.

• Que le bien ou le service soit immobilisé ou non, la valeur du CTA d'un bien ou d'un service est :</td></tr>
</table>

☞

<table>
<tr><th>Coefficient</th><th>Règles de détermination</th></tr>
<tr><td>CTA (suite)</td><td>
<table>
<tr><td>1</td><td>Utilisation pour des opérations ouvrant intégralement droit à déduction.</td></tr>
<tr><td>0</td><td>Utilisation pour des opérations n'ouvrant pas droit à déduction.</td></tr>
<tr><td>Entre 0 et 1 (CTA forfaitaire)</td><td>Utilisation mixte c'est-à-dire à la fois pour des opérations ouvrant droit à déduction et pour des opérations n'ouvrant pas droit à déduction.</td></tr>
</table>

• Un CTA forfaitaire s'obtient en calculant le rapport suivant :

$$\frac{\text{Montant annuel total du chiffre d'affaires HT des opérations ouvrant droit à déduction}}{\text{Montant annuel total du chiffre d'affaires HT de l'ensemble des opérations}}$$

Sont principalement exclues du calcul du CTA forfaitaire (numérateur et dénominateur) :
– les opérations situées hors du champ d'application de la TVA ;
– les cessions d'immobilisations ainsi que les livraisons à soi-même d'immobilisations ;
– les subventions qui ne sont pas directement liées au prix des opérations imposables ou qui ne constituent pas la contrepartie d'un bien ou d'un service.
Remarque : Les produits financiers exonérés de TVA sont exclus du dénominateur s'ils résultent d'opérations financières accessoires. Les opérations financières accessoires sont celles qui ont un lien avec l'activité principale et dont l'utilisation n'excède pas 10 % des biens et services TTC acquis.
• Sans autorisation préalable de l'administration fiscale, l'assujetti peut retenir, par année civile, un CTA unique et forfaitaire pour l'ensemble des biens et services acquis.
• Un assujetti doit créer des secteurs d'activité distincts dans les deux cas suivants :
– il exerce, avec des moyens différents en investissement et en personnel, plusieurs activités qui ne sont pas soumises à des dispositions identiques au regard du droit à déduction de la TVA. Chaque activité fait également l'objet d'une comptabilité séparée ;
– la réglementation l'impose (location d'immeubles nus à usage professionnel soumise à la TVA sur option, activité agricole imposable selon le régime simplifié agricole...).
Remarque : L'assujetti peut créer un secteur distinct pour les produits financiers exonérés s'ils sont accessoires mais excèdent 1/10e de l'utilisation des biens et services grevés de TVA.
• En cas de sectorisation :
– le CTA forfaitaire d'un secteur est déterminé selon le chiffre d'affaires des opérations du secteur concerné ;
– la déduction de la TVA d'un bien ou d'un service utilisé par un secteur s'opère en fonction du CTA de ce secteur ;
– si un bien ou un service est utilisé dans plusieurs secteurs sans l'être pour l'ensemble des secteurs, il convient de retenir le chiffre d'affaires des secteurs d'utilisation pour déterminer le CTA applicable.
</td></tr>
</table>

<table>
<tr><th>Coefficient</th><th>Règles de détermination</th></tr>
<tr><td>CAD</td><td>
• Il correspond aux dispositions réglementaires qui réduisent ou excluent tout ou partie de la TVA déductible.
• Selon la réglementation applicable au bien ou au service, la valeur du coefficient d'admission est :
<table>
<tr><td>1</td><td>Aucune exclusion.</td></tr>
<tr><td>0</td><td>Exclusion totale.</td></tr>
<tr><td>Entre 0 et 1</td><td>Exclusion partielle.</td></tr>
</table>
• L'assujetti retient la valeur du CAD du début de l'année quelles que soient les évolutions réglementaires intervenant dans l'année d'acquisition, d'importation ou de 1re utilisation du bien ou du service.
• Sauf exceptions, les principales exclusions ou restrictions du droit à déduction sont :
– les dépenses de logement engagées par l'entreprise pour ses dirigeants ou ses salariés ;
– les biens fournis moyennant une rémunération nulle ou symbolique à l'exception des objets dont la valeur unitaire n'excède pas 65 € TTC par an et par bénéficiaire ;
– les véhicules de transport de personnes ayant la nature d'immobilisation ou qui ne sont pas destinés à être revendus à l'état neuf (pièces détachées et accessoires compris) ;
– les services (réparations, locations...) relatifs à des biens exclus du droit à déduction ;
– les dépenses relatives au transport de personnes ;
– les dépenses à caractères somptuaires exclues des charges déductibles du résultat fiscal ;
– les produits pétroliers à l'exception du gazole et du superéthanol E85 pour les véhicules utilitaires et, du GPL (gaz de pétrole liquéfié) quel que soit le véhicule.
Remarque : La TVA sur le gazole et le superéthanol E85 est déductible à hauteur de 80 % pour les véhicules non utilitaires. Pour 2017, la déduction de la TVA sur l'essence est limitée à 10 % pour les véhicules utilitaires. Avant cette date, il n'y a aucune déduction.
</td></tr>
</table>

4. Les régularisations du droit à déduction

a) Le coefficient de déduction définitif de l'année d'acquisition, d'importation ou de 1re utilisation (année N)

L'assujetti utilise en N, lors de l'affectation d'un bien ou d'un service, un CDE provisoire déterminé par le produit suivant : CAS provisoire pour N × CTA provisoire pour N × CAD définitif de début N.

Remarque : Si le CTA est forfaitaire, il convient de retenir le dernier rapport définitif connu, soit, pour l'année N, le CTA déterminé au plus tard le 25 avril de l'année précédente (N-1).

L'assujetti doit au plus tard le 25 de l'année suivante (N+1) :

– déterminer le CDE définitif de N fondé sur les produits des coefficients intermédiaires définitifs suivants : CAS définitif compte tenu de l'affectation réelle × CTA définitif de N × CAD définitif de début N ;
– régulariser la TVA déduite avec un complément de déduction ou un reversement de TVA quelle que soit la nature du bien ou du service (immobilisé ou non) et quel que soit l'écart entre le CDE définitif et le CDE provisoire.

Régularisation = TVA facturée × CDE définitif - CDE provisoire

Remarque : La régularisation de la TVA provisoirement déduite est comptabilisée en charge déductible dans le cas d'un reversement ou en produit imposable s'il s'agit d'un complément de déduction. Toutefois, si le bien ou le service a la nature d'une immobilisation et si l'écart entre le CDE définitif et le CDE provisoire excède 5 points, la comptabilisation de la régularisation de TVA s'effectue en majoration (reversement) ou en minoration (complément de déduction) du prix de revient de l'immobilisation.

b) Les régularisations annuelles

La TVA déduite selon le CDE définitif est acquise. Cependant, lorsque :

– le bien ou le service a la nature d'une immobilisation et,
– le délai de régularisation (D) de 5 ans pour les biens meubles ou de 20 ans pour les immeubles n'est pas écoulé et,
– la variation entre le produit [(CAS × CTA) définitif de N] et [(CAS × CTA) définitif de *i*] excède 1/10e,

l'assujetti doit régulariser la TVA déduite (complément ou reversement) avant le 25.04. *i*+1.

L'année N correspond à l'année d'acquisition, d'importation ou de première utilisation, et l'année *i*, à l'année considérée dans le délai (D). La régularisation est égale à : TVA facturée × $[(CAS_i \times CTA_i \times CAD_N) - (CDE_N)] \times 1/D$

Remarques

- La régularisation n'a pas d'impact sur le prix de revient de l'immobilisation. Elle est comptabilisée en charge exceptionnelle dans le cas d'un reversement ou en produit exceptionnel pour un complément de déduction.
- Les biens ou services dont le CAS de N est nul sont exclus du système des régularisations annuelles même si le CAS change (valeur entre 0 et 1 par exemple) au cours du délai de régularisation (D).

c) Les régularisations globales

Certains événements, affectant principalement les immobilisations, entraînent une régularisation globale de la TVA déduite. Celle-ci correspond à une anticipation des régularisations annuelles qui aurait été effectuées au cours du délai de régularisation.

Les principaux événements sont :

– la cession ou l'apport d'une immobilisation non soumis à la TVA. L'événement provoque un reversement déterminé :

$$\frac{\text{TVA facturée} \times (0 - \text{CDE définitif de N}) \times \text{Délai restant en année entière dans le délai de régularisation}}{\text{Délai de régularisation total de 5 ans pour les biens meubles ou de 20 ans pour les immeubles}}$$

– la cession ou l'apport d'un bien soumis à la TVA pour lequel la TVA facturée n'a pas été, intégralement ou partiellement, déduite. L'événement entraîne un complément de déduction déterminé :

$$\frac{\text{TVA facturée} \times (1 - \text{CDE définitif de N}) \times \text{Délai restant en année entière dans le délai de régularisation}}{\text{Délai de régularisation total de 5 ans pour les biens meubles ou de 20 ans pour les immeubles}}$$

– la modification des règles d'exclusion avec la création d'un droit à déduction partielle sur un bien initialement exclu. L'événement provoque un complément de déduction déterminé :

$$\frac{\text{TVA facturée} \times [(\text{CAS de N} \times \text{CTA de N} \times \text{CAD de } i) - 0] \times \text{Délai restant en année entière dans le délai de régularisation}}{\text{Délai de régularisation total de 5 ans pour les biens meubles ou de 20 ans pour les immeubles}}$$

avec :

– CAS de N : coefficient d'assujettissement définitif de l'année d'acquisition, d'importation ou de première utilisation ;

– CTA de N : coefficient de taxation définitif de l'année d'acquisition, d'importation ou de première utilisation ;

– CAD de i : coefficient d'admission de l'année de la modification réglementaire.

Remarques

- Il existe d'autres événements qui entraînent une régularisation globale de la TVA tels les transferts de biens meubles ou immeubles entre secteurs d'activité distincts ou les biens dont les modalités d'utilisation sont modifiées au regard de la TVA. A contrario, certains événements n'entraînent pas de régularisation globale et notamment les immobilisations intégralement affectées hors du champ d'application de la TVA même si leur utilisation est modifiée au cours du délai de régularisation, les biens dont la disparition est justifiée ainsi que les biens issus d'une transmission universelle de patrimoine.
- Les régularisations globales peuvent créer un nouveau délai de régularisation de 5 ans ou 20 ans.

d) Articulation entre les régularisations annuelles et globales

Par principe :

– une régularisation globale entraîne une modification de la détermination des régularisations annuelles ultérieures ou d'une nouvelle régularisation globale car les coefficients de référence de l'année d'acquisition, d'importation ou de première utilisation sont modifiés ;

– les régularisations annuelles n'interfèrent pas dans le calcul d'une régularisation globale.

Toutefois, lorsqu'une régularisation globale est intervenue pour une année donnée (*i*), celle-ci :

– ne modifie pas la régularisation annuelle de l'année donnée (*i*) effectuée au plus tard le 25 avril *i*+1 ;

– modifie les régularisations annuelles des années suivantes c'est-à-dire, celle de l'année *i*+1 effectuée au plus tard le 25 avril *i*+2, celle de l'année *i*+2 effectuée au plus tard le 25 avril *i*+3…

Remarque : Les régularisations annuelles doivent être effectuées l'année de cession ou d'apport par exemple, même si l'événement en cause provoque une régularisation globale.

Exercices d'application

CAS 4 SOCIÉTÉ MIXTEBIS

Thème : assujetti réalisant des opérations hors et dans le champ d'application de la TVA

La société par actions simplifiée Mixtebis est un holding financier et commercial qui détient des participations dans plusieurs sociétés dont elle perçoit des dividendes. Les autres activités de la SAS Mixtebis résident dans des prestations de conseils et d'assistance.

Le service affecté à la gestion des participations occupe un cinquième de la superficie des locaux. Compte tenu de son organisation, la SAS Mixtebis peut démontrer que cette clef de répartition est représentative de l'activité financière pour N.

- Elle a acheté en N un photocopieur destiné à l'ensemble de ses activités pour 4 000 € HT (TVA année N : 20 %).
- Au cours de l'année N+1, la SAS Mixtebis a commencé une importante campagne de diversification. Ainsi, en N+2, face au développement de son activité de gestion de portefeuille, elle réalise au cours du premier semestre des travaux d'agrandissement des locaux affectés à cette activité. Celle-ci occupe désormais 45 % de la superficie totale.
- En N+4, une restructuration du groupe a conduit à de nombreuses cessions de participations non stratégiques. L'activité de gestion de portefeuille de Mixtebis s'en est trouvée sensiblement amoindrie. En conséquence, elle a réduit la superficie des locaux affectés à cette activité, qui ne représente plus que 30 % de la superficie totale.
- Début N+6, un incendie a ravagé une partie des locaux utilisés à l'activité commerciale de l'entreprise. Les travaux de reconstruction prendront au moins un an. Du chômage partiel est programmé suite au ralentissement inéluctable de l'activité commerciale. L'entreprise Mixtebis fixe la nouvelle clef de répartition à 42 %.

➲ Questions

1) Déterminer le montant de la TVA déductible en N lors de l'acquisition du photocopieur.

2) Préciser les éventuelles régularisations de TVA à opérer au titre des années N+2, N+4 et N+6 pour ce photocopieur.

CAS 5 SOCIÉTÉ LAVILLE

Thème : détermination des coefficients de taxation et régularisation de TVA

La société anonyme Laville a pour activité principale soumise à la TVA la vente de marchandises en France et à l'étranger, après conditionnement par elle-même. Elle exerce également, à titre accessoire, deux autres activités :

- la location d'immeubles nus à usage professionnel pour laquelle elle n'a pas opté pour la TVA ;
- l'octroi et la gestion des crédits accordés aux clients par elle-même et par ses filiales.

L'entreprise a affecté des locaux, du matériel et du personnel distincts à chaque activité et tient pour chacune d'elle, une comptabilité séparée lui permettant d'effectuer un suivi des acquisitions de biens et de services, des cessions d'immobilisations et du montant des opérations imposables et non imposables.

Les opérations de la société Laville relèvent de la TVA au taux normal. Les opérations réalisées au cours de l'année N, précisées ci-après, sont indiquées pour leur montant HT.

- Ventes de marchandises :
  - en France soumises à TVA : 496 368 €
  - livraisons intracommunautaires exonérées dans l'Union européenne : 175 460 €
  - exportations dans le reste du monde : 96 500 €
- Produits accessoires :
  - remboursement de frais de transport facturés forfaitairement aux clients : 38 110 €
  - locations immobilières : 164 648 €
  - intérêts perçus sur prêts : 70 130 €
  - subvention d'équipement de la région pour moderniser l'atelier d'emballage de marchandises : 60 980 €
  - indemnité d'assurance perçue suite à un sinistre concernant le stock de marchandises : 3 049 €

➲ Questions

1) **Calculer les coefficients de taxation forfaitaire de chaque secteur d'activité puis le coefficient de taxation forfaitaire global de la société Laville au titre de l'année N.**

2) **Même question mais la société Laville n'a pas sectorisé ses activités faute de pouvoir matériellement les individualiser.**

3) **Sachant que la société Laville a utilisé en N un coefficient de taxation forfaitaire de 0,6 et qu'au cours de la même année elle a acquis plusieurs immobilisations nécessaires à l'ensemble de ses activités à concurrence de 152 450 € HT :**
   - **déterminer la TVA récupérée lors de ces acquisitions ;**
   - **indiquer si une régularisation de TVA est à opérer le 25 avril N+1 concernant ces immobilisations. Dans l'affirmative, indiquer la nature et le montant de la régularisation ainsi que son incidence.**

CAS 6

ENTREPRISE CARAMBA

Thème : exclusions et restrictions du droit à déduction de la TVA

Vous êtes embauché, courant janvier N+1, comme fiscaliste dans une société d'expertise comptable. Un des experts-comptables, associé, vous demande de traiter les points en suspend de l'exercice N du dossier fiscal de l'entreprise Caramba dont les activités ouvrent toutes droit à récupération intégrale de la TVA.

1) Le 20 novembre N, l'entreprise a facturé par erreur à l'un de ses clients une TVA de 20 % alors qu'il était passible d'une TVA au taux réduit. Montant de la facture : 9 150 € HT.

2) À des fins publicitaires, elle a prélevé, fin décembre, sur ses stocks de produits finis, pour un montant total TTC de 980 € (TVA au taux normal) des biens destinés à être donnés en cadeaux aux vingt principaux clients. Chacun d'entre eux a reçu 15 articles.

3) Le 10 décembre, elle a reçu et réglé une facture du traiteur Trois Maigres relative à une réception organisée pour les 10 principaux fournisseurs. Montant HT : 1 872 € (156 € HT par couvert) ; TVA au taux normal (le traiteur ayant fourni le personnel, il y a vente à consommer sur place).

4) Le 20 décembre, le directeur financier et deux de ses collaborateurs ont assisté à une journée-débat sur la loi de finances N+1, journée organisée par le cabinet de formation Francis Fevre. L'organisme a facturé la participation au débat (soit 600 € HT et 120 € de TVA). Cette facture datée du 23 décembre sera réglée en janvier N+1.

5) Installée à Paris, l'entreprise Caramba a fait l'acquisition, le 15 novembre, d'un scooter. Il est destiné au coursier de l'entreprise. Valeur HT : 1 900 €.

6) Des réparations sur des véhicules appartenant à l'entreprise ont été effectuées et facturées courant décembre :
   - sur un camion : 460 € HT;
   - sur la voiture de tourisme que le responsable technique utilise pour ses déplacements professionnels : 230 € HT;
   - sur le véhicule de société du chef des approvisionnements : 610 € HT.

   La facture porte la mention « TVA sur les débits ». Le véhicule de société est un véhicule utilitaire affecté au transport de marchandises.

7) Le PDG de la société Caramba, M. Mexi, a dû récupérer sa voiture de fonction à la fourrière de la ville dans laquelle il effectuait un déplacement. L'enlèvement et la garde du véhicule ont été facturés 148 €. La facture datée du 15.10.N ne mentionnait pas de TVA. Une facture rectificative indiquant une TVA de 29,60 € a été reçue le 5 décembre. Les tarifs des fourrières sont fixés par arrêté à 128 € TTC majorés de 10 € TTC par jour de garde par hypothèse.

8) Le 20 décembre, réception et paiement d'une facture de location portant la mention « TVA sur les débits » :
   - pour des baraques mobiles destinées à l'hébergement collectif du personnel saisonnier dans l'enceinte de l'entreprise Caramba : 2 290 € HT ;
   - pour une caravane destinée au logement d'un salarié de l'entreprise exerçant une activité itinérante : 760 € HT.

9) Le 1er décembre, l'entreprise Caramba a fait l'acquisition d'un voilier exclusivement destiné à représenter la société au cours de compétitions de vitesse. Montant : 53 360 € HT.

10) L'entreprise a réglé en décembre diverses factures de carburant :
   - 526,24 € TTC au titre des véhicules utilitaires diesel ;
   - 179,40 € TTC au titre du véhicule de tourisme fonctionnant au GPL.

11) Le chauffage de l'entreprise individuelle Caramba est raccordé au gaz de ville. La facture reçue en décembre pour les deux derniers mois de l'année indique un montant de 3 800 € HT, TVA au taux normal. Cette dépense, prise en charge intégralement par l'entreprise, concerne l'atelier de production (15 radiateurs) et l'appartement de l'exploitant situé au-dessus (5 radiateurs). Le fournisseur a opté sur les débits. La facture a été réglée en janvier N+1. L'appartement est la propriété de M. Caramba.

➲ Questions

1) Pour chaque opération, déterminer le montant de la TVA déductible.

2) Par hypothèse, début N+2, la réglementation fiscale sur les véhicules de transport de personnes ayant la nature d'immobilisation est modifiée avec l'ouverture d'un droit à récupération de la TVA de 50 % dès lors que le moyen de transport est utilisé dans l'intérêt de l'exploitation. Quelles sont les conséquences de cette modification réglementaire pour l'entreprise Caramba ?

CAS 7 ENTREPRISE VANPAMAEHL

Thème : régularisations globales du droit à déduction de la TVA

L'entreprise Vanpamaehl, installée à Béthune, est une filiale d'un groupe belge. Elle exerce deux activités qui ne sont pas soumises à des dispositions identiques au regard de la TVA. Elle a donc créé deux secteurs distincts :
- secteur 1 : coefficient de taxation forfaitaire de 1 ;
- secteur 2 : coefficient de taxation forfaitaire de 0 car les opérations n'ouvrent pas droit à récupération de la TVA.

Le coefficient de taxation forfaitaire, tous secteurs confondus, est de 0,8. Il ne varie pas au cours du temps.

Cette entreprise a réalisé au cours de l'exercice N différentes cessions d'immobilisations.

1) Un entrepôt exclusivement affecté au secteur 1 a été acquis 91 500 € HT en mars N-5. Il est revendu 30 500 € le 30.06.N à l'entreprise Bienjouet qui va l'utiliser pour son exploitation. L'entreprise Vanpamaehl n'a pas opté pour l'application de la TVA sur la cession. La cession est soumise aux droits d'enregistrement. Le coefficient de taxation forfaitaire unique de l'acheteur est de 0,6.

2) Un local destiné à la recherche pour le secteur 1 a été acheté 381 000 € HT en état futur d'achèvement à un promoteur immobilier spécialisé dans la construction d'immeubles à usage de bureaux. Le local est achevé en N-1. Ne donnant pas satisfaction parce que sous-dimensionné, il est revendu 310 000 € HT le 5.04.N.

3) Deux ordinateurs du service comptable achetés en juin N-1 pour 2 250 € HT chacun ont été volés durant le mois d'août N, période de fermeture annuelle de l'établissement. Le dirigeant a décidé de ne pas porter plainte.

4) La voiture de tourisme du directeur commercial achetée 18 500 € HT en janvier N-1 et utilisée exclusivement pour le secteur 1, a été revendue en octobre N à la SARL PFC spécialisée dans le dépôt-vente de véhicules d'occasion. Le montant du chèque reçu est de 12 198 €.

5) Le 15 juillet N, l'entreprise Vanpamaehl a procédé au transfert d'une machine-outil du secteur 1 au secteur 2. À la date de cette opération la valeur nette comptable de cette machine était de 26 750 € et le prix d'achat d'une machine similaire de 53 500 € HT.

6) Le bureau du président du conseil d'administration acheté 2 551 € HT en janvier N-3 a été revendu 958 € TTC à un exploitant d'une petite entreprise.

➲ Question

Le comptable, M. Jean Pairelataite, fait appel à vous pour résoudre les problèmes de TVA posés par ces opérations. Vous indiquerez aussi la situation du cessionnaire pour les opérations 1, 2 et 5.

CAS 8 SOCIÉTÉ ROUSSELOY

Thème : régularisations annuelles et globales du droit à déduction de la TVA

La société Rousseloy réalise à la fois une activité industrielle intégralement soumise à TVA et une activité exonérée de location d'immeubles nus à usage d'habitation. Elle a constitué deux secteurs distincts d'activité :

- un secteur n° 1 industriel dont le coefficient de taxation forfaitaire est de 1 ;
- un secteur n° 2 locatif dont le coefficient de taxation forfaitaire est nul.

Elle a fait en N, les acquisitions suivantes :

- le 5.04 : une voiture de tourisme destinée à être utilisée exclusivement par le secteur 1 ; 18 290 € HT, TVA au taux normal ;
- le 10.10 : un ordinateur destiné au secteur 2 ; 686 € HT, TVA au taux normal ;
- le 20.10 : une camionnette neuve, 13 720 € HT, TVA au taux normal. Cet achat est destiné à être utilisé par les deux secteurs.

Le coefficient de taxation forfaitaire provisoire, toutes activités confondues, de l'année N était de 0,7.

➲ Questions

1) À la date de chaque acquisition, indiquer le montant de la TVA déductible.

2) Sachant que le coefficient de taxation forfaitaire définitif s'élève pour l'année N à 67 % pour l'ensemble des activités, préciser l'éventuelle régularisation de TVA nécessaire. La réponse aurait-elle été identique si ce coefficient était de 63 % ?

3) En N+3, la voiture de tourisme est revendue à une autre entreprise utilisatrice pour un montant de 10 670 € HT. Quelle est l'incidence de cette vente au regard de la TVA ? La solution est-elle identique :

- **si la cession intervient en N+5 ?**
- **si le cessionnaire est un négociant en biens d'occasion ?**
- **si la cession intervient en N+5 auprès d'un négociant en biens d'occasion ?**

4) Le coefficient de taxation forfaitaire définitif de l'année N+2, toutes activités confondues, s'établit à 74 %. Indiquer les incidences au regard de la TVA pour la camionnette en supposant que le coefficient de taxation forfaitaire définitif de N de ce bien était de 63 %. La réponse serait-elle identique si la variation avait eu lieu en N+5 ?

5) La camionnette est revendue à une autre entreprise utilisatrice le 30.04.N+3 pour 6 098 € HT. Quelle est l'incidence de cette cession au regard de la TVA sachant que le coefficient de taxation forfaitaire de N de ce bien était de 63 % ? La réponse aurait-elle été identique s'il s'agissait en fait d'une construction acquise neuve ?

CAS 9 SOCIÉTÉ JULIEN

Thème : régularisations annuelles et globales du droit à déduction de la TVA

La société Julien réalise concurremment des opérations situées hors du champ d'application de la TVA (gestion de participations financières dans différentes sociétés desquelles elle perçoit des dividendes) et des opérations situées dans le champ d'application de la TVA dont certaines sont exonérées de TVA (locations d'immeubles à usage d'habitation).

La société Julien utilise par année civile :

- un coefficient d'assujettissement unique pour l'ensemble des opérations imposables ou non ;
- un coefficient de taxation forfaitaire unique pour l'ensemble des biens et services acquis.

Pour l'exercice N, les valeurs définitives de ces coefficients sont respectivement de 0,6 pour le coefficient d'assujettissement et de 0,8 pour le coefficient de taxation.

La société Julien a acheté en N deux immobilisations communes à l'ensemble des activités :

- un local ; TVA facturée par le fournisseur 29 400 € ;
- un serveur ; TVA facturée 1 372 €.

La TVA est au taux normal.

➲ Questions

1) Calculer le montant de la déduction de TVA opérée en N sur ces acquisitions.

2) En N+1, le coefficient d'assujettissement unique est fixé à 0,3 et celui de taxation forfaitaire à 0,5. Ces nouvelles valeurs ont-elles des conséquences ? Les conséquences seraient-elles identiques si le coefficient d'assujettissement unique était de 0,45 et celui de taxation forfaitaire de 0,9 ?

3) Début N+6, le local est revendu à un autre utilisateur pour un montant de 160 500 €. Le montant des droits d'enregistrement payés par le cessionnaire s'élève à 8 169 €. Les coefficients d'assujettissement et de taxation n'ont pas varié depuis N+1 et sont restés respectivement fixés à 0,3 et 0,5.

CAS 10 SOCIÉTÉ ANONYME NET

Thème : TVA déductible, régularisations et taxe sur les salaires

La société anonyme Net est une importante entreprise prestataire de services dans le domaine du nettoyage professionnel. Dès l'année N-4, elle a filialisé une partie de ses activités comme la location de matériel d'entretien ou le nettoyage des sols industriels. Courant N-1, elle a aussi procédé, par essaimage, à une extension géographique de ses activités par la création d'EURL et de SARL de nettoyage dirigées par d'anciens salariés.

Les choix stratégiques opérés, la diversité des activités ainsi que le placement en valeurs mobilières et la gestion de la trésorerie de l'ensemble des filiales ont considérablement modifié sa situation au regard de la TVA et de la taxe sur les salaires. Le siège a toutefois conservé certaines activités taxables à la TVA à 100 % comme le nettoyage des façades des immeubles de bureau. Ayant sectorisé ces activités, le coefficient de taxation forfaitaire du secteur nettoyage est de 1.

Tous secteurs confondus, les données constatées et prévisionnelles établies en fonction du chiffre d'affaires de la SA Net font ressortir les éléments suivants :

	Données constatées			Données prévisionnelles	
Années	N-1	N	N+1	N+2	N+3
Coefficient d'assujettissement	90 %	84 %	78 %	62 %	50 %
Coefficient de taxation forfaitaire	89 %	92 %	88 %	85 %	72 %
Rapport d'assujettissement à la taxe sur les salaires	10 %	14 %	18 %	30 %	42 %

- Les opérations particulières de la SA Net du mois de mai N sont les suivantes :
  - le 5 mai, il a finalement été décidé de reconvertir le siège social actuel en immeuble d'habitation et de procéder à l'acquisition de nouveaux locaux administratifs entièrement équipés pour un montant hors taxe de 488 000 €. Cette acquisition a été réalisée sur plan, c'est-à-dire en l'état futur d'achèvement ;
  - la facture pour renouvellement du matériel informatique des départements commercial et comptabilité reçue le 9 mai s'élève à 24 739,33 € TTC. Les départements commercial et comptable s'occupent de l'ensemble des activités ;
  - acquisition de nouveaux matériels de lavage à haute pression pour l'activité « façades » livrés le 12 mai. La facture de 4 394 € TTC (escompte de 1 % pour paiement comptant déduit) sera finalement réglée de manière habituelle par traite ;
  - achat de petits matériels et autres fournitures, le 15 mai, nécessaires à l'entretien du matériel de nettoyage utilisé chez les clients pour un montant de 225 € HT ;
  - commande le 19 mai par internet d'un logiciel de gestion de placements aux éditions « La Vie en Bourse ». Le téléchargement du produit s'est effectué le même jour après règlement de 1 348 € par carte bleue. Le support sur cédérom parviendra à l'entreprise dans un délai de 3 jours ;
  - réception le 23 mai des commandes de fournitures administratives (listing, toner, etc.) d'un montant de 2 300,80 € TTC ;
  - facturation le 28 mai de divers aménagements électriques dans les vestiaires du personnel administratif pour un coût total HT de 365 €. Les travaux ne seront pas immobilisés et le fournisseur n'a pas opté pour la TVA sur les débits. La facture sera réglée courant juillet.
- Autres renseignements :
  - la taxe sur les salaires calculée par la SA Net pour le mois de juin N+1 est de 10 442 € ;
  - le responsable informatique a prévu de céder les 2/3 du matériel informatique renouvelé en N à diverses sociétés du groupe courant juin N+2 pour un prix HT de 4 345 € ;
  - le président a remis à l'ordre du jour du conseil d'administration de juin N+2 la filialisation totale des activités de nettoyage. Le siège conserverait les activités de gestion de portefeuille et de trésorerie. Les activités de location immobilière et l'ensemble des missions d'assistance (marketing, juridique, formation...) seraient confiées aux filiales.

➲ Questions

1) Déterminer le montant de la TVA provisoirement déductible en N pour les opérations mentionnées ci-dessus.

2) Indiquer les régularisations à effectuer au titre des années N à N+3.

3) Déterminer le montant de taxe sur les salaires à payer avant le 15.07.N+1 sachant que, lorsque le rapport d'assujettissement est compris entre 10 % et 20 %, le rapport définitif est obtenu d'après le barème suivant :

Rapport calculé	10 %	11 %	12 %	13 %	14 %	15 %	16 %	17 %	18 %	19 %	20 %
Rapport définitif	0 %	2 %	4 %	6 %	8 %	10 %	12 %	14 %	16 %	18 %	20 %

4) Quelles seront les conséquences de la cession du matériel informatique prévue en N+2 ? La réponse serait-elle identique si la cession portait sur l'intégralité des locaux acquis en N avec un prix de cession HT de 456 000 € ?

5) Sans effectuer de calcul, préciser les incidences en matière de TVA et de taxe sur les salaires des modifications mises à l'ordre du jour du conseil d'administration de juin N+2.

4
CHAPITRE

La territorialité de la TVA

Synthèse de cours

1. Les règles de territorialité

	Définitions	Régime fiscal
Régime de la TVA extra-communautaire :		
– exportations	Livraisons de biens meubles corporels(1) de France à destination d'un pays étranger situé en dehors de l'Union économique.	• Exonérées de TVA (CGI, art. 262).
– importations	Introduction sur le territoire français de biens meubles corporels(1) en provenance d'un pays situé en dehors de l'UE.	• Soumises à la TVA(2) (TVA « douanière » CGI, art. 291.). • Fait générateur et exigibilité : passage du bien à la frontière. • Autoliquidation possible de la TVA due, sur autorisation du service des douanes
Régime de la TVA intra-communautaire :		
– livraisons intracommunautaires (« LIC »)	Livraisons de biens meubles corporels de France à destination d'un autre État membre de l'UE.	• Conditions d'exonération : – mention sur la facture des numéros d'identification intracommunautaire du vendeur et de l'acheteur ; – mention expresse « Exonération TVA, article 262 ter 1 du CGI ». • Déclaration du montant de la livraison sur la déclaration d'échanges de biens (DEB) et au cadre A de la déclaration de TVA CA3.

☞

☞

	Définitions	Régime fiscal
– acquisitions intracommunautaires (« AIC »)	Acquisitions en France de biens meubles corporels en provenance d'un autre État membre de l'UE.	• Soumises à la TVA (CGI, art. 256 bis). • Déclaration de l'acquisition sur l'imprimé CA3. • Exigibilité de la TVA : à la date de délivrance de la facture, à défaut le 15 du mois suivant le fait générateur (livraison du bien ou exécution de la prestation). • La TVA est récupérable (sauf exclusions légales).

(1) Y compris les services accessoires qui se rattachent à la livraison (emballages, transports, commissions).
(2) Même s'il n'y a pas eu transfert de propriété (approvisionnement d'une succursale française par exemple).

2. Acquisition intracommunautaire (AIC) : régime dérogatoire

AIC concernée	AIC < 10 000 € / an le seuil s'apprécie HT, et pays par pays
Personnes pouvant bénéficier du régime dérogatoire (PBRD)	• Les personnes morales non assujetties (administrations). • Les assujettis réalisant des opérations n'ouvrant pas droit à déduction (professions médicales).
Régime de TVA	• Taxation dans le pays du vendeur et le redevable est le vendeur • ou Taxation dans le pays de l'acheteur (régime normal des AIC) : – si option du PBRD ; – ou AIC > 10 000 € / an.

3. Régime applicable aux particuliers : le régime des ventes à distance

Définition d'une vente à distance	Livraison de biens (de la France vers un autre pays membre de l'UE ou inversement) à un particulier consommateur final (donc non assujetti) ou à une PBRD.
Règle	C'est toujours le vendeur qui facture la TVA.
Taux de TVA applicable	Il est fonction d'un seuil de ventes HT = S(1) (fixé par le pays de destination). • Cas 1 : Ventes annuelles HT de l'entreprise dans l'autre État membre de destination > S ⇒ Taux de TVA applicable = Taux de TVA du pays de l'acheteur (sauf option pour le cas 2). • Cas 2 : Ventes ≤ S ⇒ Taux de TVA du pays vendeur.

(1) Pour la France, le seuil est fixé à 35 000 €.

4. Le régime des prestations de services (cas général)

Le preneur (client du prestataire de services) est assujetti à la TVA (Prestation B2B)	• Taxation de la prestation de services dans le pays d'établissement du preneur. • Redevable = preneur (auto liquidation de la TVA).
Le preneur n'est pas assujetti à la TVA (Prestation B2 C)	• Taxation au lieu d'établissement du prestataire. • Redevable = prestataire de services (sauf exceptions).

Remarques

- Les prestations de services électroniques (télécommunications, radiodiffusion, télévision et services électroniques) suivent un régime spécifique depuis 2015.
- Les entreprises françaises fournissant des services à des sociétés établies dans d'autres États de l'Union européenne doivent établir une déclaration européenne de services (DES) qui récapitule les opérations réalisées.

5. Aspects comptables

(Selon avis n° 93-06 du Conseil national de la comptabilité et du PCG art. 944.44.)

Le CNC (aujourd'hui remplacé par l'Autorité des normes comptables), dans son avis n° 96 du 3e trimestre 1993, constate que la TVA intracommunautaire est due lors d'une acquisition dans le pays de destination et que de nouvelles obligations s'imposent aux assujettis, notamment des obligations déclaratives et de facturation. La TVA due intracommunautaire doit apparaître distinctement.

Le CNC considère que le dispositif de la TVA intracommunautaire a des conséquences sur le mode de comptabilisation de la TVA. En conséquence, il crée un compte spécifique « TVA due intracommunautaire » au niveau des comptes de tiers. Ce compte est numéroté 4452.

Pour faire apparaître le caractère intracommunautaire de certaines opérations, le CNC recommande de subdiviser les comptes : achats, ventes, fournisseurs et clients en utilisant le chiffre 2 en 5e position par souci de cohérence (par exemple : « 60712 Achats de marchandises en provenance de l'UE »).

Exercices d'application

CAS 11 SOCIÉTÉ UNTERLIN

Thème : le régime de la TVA extracommunautaire et intracommunautaire

La société Unterlin, fabricant de produits pharmaceutiques, entretient régulièrement des relations commerciales avec des entreprises étrangères situées dans d'autres pays de l'Union économique (UE). Elle a adapté son plan comptable afin de tenir compte des contraintes liées au régime de TVA intracommunautaire.

Les opérations suivantes ont été enregistrées au mois de décembre N (taux de TVA unique 20 %).

Ventes	Décembre montant HT
Ventes produits finis France	1 291 240
Ventes produits finis UE(1)	323 190
Ventes produits finis hors UE	283 560

Achats	Décembre montant HT
Achats de matières France	745 475
Achats de matières UE(2)	73 940
Prestations de services France	170 740
(toutes les factures portent la mention « TVA sur les débits »)	38 110
Acquisitions d'immobilisations :	123 485
- France	
- UE(2)	

(1) Les clients ont communiqué leur numéro d'identification intracommunautaire.

(2) La société Unterlin a communiqué son numéro d'identification intracommunautaire à ses fournisseurs. La facture accompagnait la livraison.

La TVA due au titre du mois de décembre N a été télépayée le 20.01.N+1. Le coefficient de déduction de l'entreprise est de 1.

➲ Questions

1) Calculer le montant de TVA à décaisser du mois de décembre N.

2) Présenter au journal les enregistrements comptables afférents à la déclaration et au paiement de la TVA.

(D'après un extrait de sujet de CAPET adapté)

CAS 12 SOCIÉTÉ EUROPA

Thème : TVA intracommunautaire, territorialité, règle de déduction

Remarque : Les parties 1 et 2 sont indépendantes.

PARTIE 1

La société Europa fabrique des chalets et des bungalows. Sa clientèle est constituée essentiellement de professionnels du tourisme.

Au cours du mois d'avril N, elle a réalisé les opérations suivantes :

Ventes			Achats (de matières)		
Nom	Pays	Montant (HT) en euros	Nom	Pays	Montant (HT) en euros
Azursoleil	Martinique	559 500	Steinberg	Allemagne	472 500
Meridional Palace	Monaco	759 000	Ricaud	France	548 750
Costa Brava Sol	Espagne	629 600	Ricotto	Italie	228 000
Marrakech Tour	Maroc	312 550	Elbrido	Brésil	314 000
Kotcheiv	Pologne	123 400	Hirscht	Danemark	289 000
Rotburg	Autriche	262 200			

Ces opérations ont donné lieu à livraison et facturation le mois même. Par ailleurs, les différents partenaires se sont transmis mutuellement leur numéro d'identification.

⊃ Question

Calculer le montant de la TVA à décaisser au titre du mois d'avril N, sachant que la société Europa a acquis en France au cours de ce mois deux camions utilitaires pour assurer l'approvisionnement de certaines matières premières. Ces véhicules ont été livrés le 16.04 et la facture reçue le 17.04, à payer avant le 30.06, s'élève à 203 320 €. La société Europa n'a pas demandé à bénéficier de l'autoliquidation de la TVA sur ses importations.

PARTIE 2

Deux opérations relevant du régime de la TVA intracommunautaire posent problème au comptable de la société Europa. Il s'agit :

- d'une facture de 76 225 € (HT) qui est parvenue le 28 mai portant sur une commande de peinture résistante et isolante, mais la livraison correspondante n'est toujours pas intervenue ;
- d'une livraison faite à la société d'une commande portant sur un important lot de bois exotique. Cette livraison a eu lieu le 16 mai mais la facture n'a pas été jointe.

⊃ Question

Le comptable vous soumet ces opérations, espérant que vous pourrez l'éclairer au regard de leur traitement vis-à-vis de la TVA.

5
CHAPITRE

Liquidation de la TVA, régime normal et régime du réel simplifié

1. Présentation des différents régimes
2. Caractéristiques des différents régimes

Synthèse de cours

Le régime d'imposition et de paiement de la TVA dépend du montant du chiffre d'affaires annuel du redevable et de la nature de son activité.

Il existe, en dehors des spécificités relatives à l'agriculture et aux titulaires de revenus non commerciaux, trois régimes d'imposition. Chaque régime fixe, pour les entreprises qui s'y rattachent, les règles de détermination de la base imposable ainsi que l'ampleur des obligations déclaratives et comptables à respecter.

1. Présentation des différents régimes

Seuils applicables en 2017, 2018 et 2019.

Activité	Chiffre d'affaires annuel	Régime d'imposition	Option pour le régime supérieur
Ventes de marchandises, d'objets, de fournitures à emporter ou à consommer sur place et de fournitures de logement(4)	• Supérieur à 788 000 € HT	• Régime du réel normal (RN)	Oui
	• Compris entre 82 800 € HT et 788 000 € HT	• Régime du réel simplifié (RSI)	Oui pour RN
	• Inférieur à 82 800 € HT(1)	• Régime des micro-entreprises(2)	Oui pour RSI ou RN
Prestations de services et loueurs d'immeubles (sauf fournitures de logement)(4)	• Supérieur à 238 000 € HT	• RN	Oui
	• Compris entre 33 100 € HT et 238 000 € HT	• RSI	Oui pour RN
	• Inférieur à 33 100 € HT(1)	• Régime des micro-entreprises(2)(3)	Oui pour RSI ou RN

(1) Les seuils du régime des micro-entreprises sont aussi ceux de la franchise en base de TVA.
(2) Les personnes morales passibles de l'IS et les sociétés de personnes ne peuvent pas bénéficier de ce régime.
(3) Ce régime est aussi applicable aux titulaires de revenus non commerciaux.
(4) Les loueurs de locations meublées sont considérés comme des prestataires de services depuis 2009.

Remarques

- Par principe, en cas de dépassement des seuils, le régime supérieur s'applique à compter du 1er janvier de l'année suivante. Toutefois, dans le régime micro-entreprise comme dans le RSI, des seuils maximums de dépassement ont été fixés. Le franchissement de ces seuils entraîne l'application du régime supérieur dès l'exercice de dépassement mais avec des modalités différentes selon que l'entreprise relève du régime micro-entreprise ou du RSI.
- Le régime micro-entreprise ainsi que la franchise en base de TVA peuvent être maintenus pendant deux années consécutives si les seuils sont dépassés sans que les seuils maximums soient franchis.

2. Caractéristiques des différents régimes

	Réel normal	Réel simplifié	Micro-entreprise
Obligations déclaratives	Chaque mois, l'entreprise remplit une déclaration n° 3310-CA3 indiquant : – le total des opérations imposables ventilées par taux ; – le montant des déductions ; – la TVA à payer ou le crédit de TVA à reporter.	1. Chaque semestre, l'entreprise verse un acompte sur la TVA due au titre de l'exercice en cours. Cet acompte est calculé de la manière suivante : **Taux d'acompte × TVA due au titre de l'exercice précédent (hors TVA sur immobilisations)**. La TVA sur acquisitions de biens immobilisés du trimestre est régularisée sur la déclaration annuelle[(2)]. Les taux d'acomptes sont respectivement de : – 55 % de la TVA due en N-1 (hors TVA sur immobilisations) pour le 1er acompte payable en juillet[(3)] ; – 40 % de la TVA due en N-1 (hors TVA sur immobilisations) pour le 2e acompte payables en décembre[(3)]. 2. Chaque année les redevables doivent déposer dans les trois mois de la clôture de l'exercice une déclaration unique récapitulant les opérations de l'année (CA12 ou CA12 E)[(4)]. Cette déclaration permet : – de régulariser la TVA à payer au titre de l'exercice clos ; – de déterminer le montant des acomptes pour la période suivante.	Les redevables sont dispensés de déclaration et de paiement de la taxe. Sauf exception (voir remarque ci-avant), le régime cesse de s'appliquer dès lors que le redevable réalise un chiffre d'affaires : > 82 800 € HT pour les ventes de marchandises ; > 33 100 € HT pour les prestations de services.

☞

	Réel normal	Réel simplifié	Micro-entreprise
Paiement de la TVA [1]	Mensuel	Semestriel[5] et [6]	Aucun. Les redevables ne peuvent ni récupérer ni facturer la TVA.
Obligations comptables	• Tenir une comptabilité permettant de justifier les opérations imposables ou non. • Ventiler par taux les opérations imposables. • Conserver les factures de vente et les factures d'achat.	• Identiques au régime précédent. • Les redevables peuvent tenir une comptabilité super simplifiée[7].	Les redevables doivent tenir un registre récapitulant par année le détail de leurs achats ainsi qu'un livre-journal détaillant leurs recettes professionnelles accompagné des factures justificatives.

(1) À compter du 1er octobre 2014, l'obligation de télédéclaration et de télépaiement est étendue à tous les redevables de la TVA.

(2) Par dérogation, les redevables peuvent demander le remboursement de la TVA sur immobilisation lorsque son montant est au moins égal à 760 €. Cette procédure de remboursement trimestriel ne concerne pas les acquisitions intracommunautaires et les livraisons à soi-même. De plus, si la TVA réellement due au titre du trimestre est inférieure d'au moins 10 % à l'acompte calculé, le redevable a la faculté de réduire cet acompte à due concurrence en le mentionnant expressément aux services des impôts.

(3) Le redevable reçoit un échéancier et des avis d'acomptes par son service des impôts. Dans le cas d'une demande de remboursement de la TVA sur immobilisations, l'avis d'acompte doit être accompagné :

- d'un relevé qui mentionne le montant et l'échéance de l'acompte, le mode de calcul et le montant de la TVA sur immobilisation ;

- des factures permettant de justifier le crédit de TVA sur immobilisations.

(4) À la différence de la CA12E (déclaration par exercice), la CA12 (déclaration par année civile) doit être déposée à une date fixée par décret (date ou plus tard le 2e jour ouvré suivant le 1er mai).

(5) Le paiement peut être annuel et associé au dépôt de la déclaration annuelle lorsque la TVA due au titre de l'exercice précédent avant déduction de la TVA afférente aux immobilisations est inférieure à 1000 €. Aucun acompte n'est dû durant l'année.

(6) Une option, valable deux ans, est possible pour des déclarations mensuelles (CGI article 287-3). L'entreprise souscrit des déclarations CA3 et procède à la même liquidation que les entreprises placées dans le régime normal. Toutefois, elle reste placée dans le régime simplifié d'imposition.

(7) Voir l'ouvrage de J. Saraf, E. Disle, N. Gonthier-Besacier et J.-L. Rossignol, Droit fiscal, DCG 4 Manuel et Applications, coll. Expert Sup, Dunod.

Remarque

Tous les assujettis à la TVA qui enregistrent les règlements de leurs clients au moyen d'un logiciel de comptabilité ou de gestion ou d'un système de caisse, devront, à partir du 1er janvier 2018, utiliser un logiciel ou un système sécurisé.

Cette disposition a pour objectif de supprimer les systèmes (dits « permissifs ») qui comportent des failles de sécurité permettant de faire disparaître une partie des recettes ou de se livrer à d'autres pratiques frauduleuses.

Mini-cas d'évaluation

Thème : régime normal, régime simplifié d'imposition et régime des micro-entreprises

Voici une liste de dix situations. Pour chaque cas, trois propositions de solution vous sont faites : *A*, *B*, ou *C*. Choisissez la ou les bonnes réponses en motivant votre choix.

1 La société Pelouat est soumise au réel normal en matière de TVA. Suite à d'importants investissements réalisés en mars N, la déclaration mensuelle CA3 fait apparaître un excédent de TVA déductible par rapport à la TVA collectée. Ce crédit de TVA est :

- ❑ *A* perdu,
- ❑ *B* remboursé par l'État,
- ❑ *C* reporté sur les déclarations suivantes.

2 M. Robert est un négociant soumis au réel normal. Il a omis de déduire en juin N une TVA facturée par un de ses fournisseurs :

- ❑ *A* cette TVA n'est plus récupérable,
- ❑ *B* elle peut être récupérée en juillet ou sur une déclaration ultérieure,
- ❑ *C* il faut attendre la fin de l'année pour la récupérer.

3 L'entreprise commerciale Ferdinand bénéficie du régime simplifié d'imposition en matière de TVA. Elle n'a pas opté pour le réel normal. Son exercice comptable coïncide avec l'année civile. L'ensemble des opérations est soumis au taux normal.

La TVA due au titre de l'exercice précédent est de 9 500 €, avant déduction de la TVA afférente aux immobilisations, pour un chiffre d'affaires total de 190 000 € TTC. Les données des mois de janvier à juin sont les suivantes :

- chiffre d'affaires TTC : 40 030,49 €,
- livraisons intracommunautaires : 6 030 €,
- acquisition d'un nouveau système de réfrigération : 7 620 € HT.

Le montant de l'acompte payable en octobre est de :

- ❑ *A* (9 500 × 55 %) = 5 225 €,
- ❑ *B* $\left(40\,030{,}49 \times \frac{9\,500}{190\,000}\right) - (7\,620 \times 0{,}20) = 477{,}52$ €,
- ❑ *C* (9 500 × 1/5) - (7 620 × 0,20) = 376 €.

4 La société Ledis relève du régime simplifié d'imposition en matière de TVA et elle n'a pas opté pour le réel normal. Son exercice comptable coïncide avec l'année civile. La TVA est due au taux normal sur l'ensemble des opérations. Elle s'est élevée à 37 670 € pour l'exercice clos au 31.12.N-1, avant déduction de la TVA déductible sur immobilisations.

On vous donne un extrait de la balance provisoire établie au 30.06.N.

Comptes	Soldes au 01.01.N	Mouvements	Soldes au 30.06.N
2155 Outillages industriels	38 110	1 525	39 635
2182 Matériels de transport	30 490	6 098	36 588
4452 TVA due intracommunautaire	10 459	1 718	12 177

☞

Comptes	Soldes au 01.01.N	Mouvements	Soldes au 30.06.N
445621 TVA déductible sur immobilisations France	13 446	2 390	15 836
445661 TVA sur autres biens et services France	22 411	4 459	26 870
445662 TVA déductible intracommunautaire	10 459	1 718	12 177
44571 TVA collectée	47 748	10 682	58 430
60711 Achats France	114 340	22 750	137 090
60712 Achats provenance UE	53 360	8 766	62 126
70711 Ventes en France	288 670	49 317	277 987
70712 Livraisons intracom.	82 320	13 903	96 223
722 Production immobilisée	0	4 573	4 573
775 PCEA	14 940	610	15 550

L'acompte du premier semestre est égal à :

❑ *A* (10 682 + 1 718) - (4 459 + 1 718 + 2 390) = 3 833 €,

❑ *B* 3 833,

❑ *C* (37 670 × 55 %) = 20 169 €.

5 Monsieur Dourlens est un petit commerçant. Son exercice comptable coïncide avec l'année civile. Il est soumis au taux normal sur l'ensemble de ses opérations. Il relève du régime simplifié d'imposition et n'a pas opté pour le régime du réel normal.

Les acquisitions d'immobilisations se sont respectivement élevées à 6 281 € HT et 31 938 € HT pour les exercices N-2 et N-1. Celles relatives au premier semestre N sont de 8 385 € HT.

La TVA effectivement payée pour les deux exercices précédents a été de :

- 7 759 € au titre de l'exercice N-2 ;
- 8 089 € au titre de l'exercice N-1.

L'acompte du premier semestre de l'année N est donc de :

❑ *A* (8 089 × 0,55) = 4 448,95 €,

❑ *B* [(8 089 + (31 938 × 0,20)) × 0,55] = 7 962,16 €,

❑ *C* [(7 759 + (6 281 × 0,20)) × 0,55] = 4 958,36 €.

6 L'entreprise Fanny bénéficie du régime du réel simplifié d'imposition en matière de TVA. Elle n'a pas opté pour le régime normal. Elle est soumise au taux normal pour l'ensemble de ses opérations.

En N-1, la TVA servant de base aux acomptes s'est élevée à 28 915 € pour un chiffre d'affaires total HT de 483 149 € dont plus de 65 % ont été réalisés sur les six premiers mois de l'année. Les ventes sont stables depuis trois ans. Compte tenu des modes de commercialisation et de production, il existe une corrélation étroite entre la TVA de base et le chiffre d'affaires.

L'acompte du 1er semestre N s'est élevé à 15 903,25 €. La TVA facturée sur les acquisitions d'immobilisation est de 2 198 €. Elle concerne des appareils de mesure électronique dont la livraison a été reportée à une date ultérieure en raison de l'inondation survenue le 06.09.N qui a détruit la totalité des bâtiments d'exploitation. Il n'y a pas eu d'autres acquisitions d'immobilisations.

L'entreprise ne retrouvera une activité normale qu'au début de l'année N+1.

Le paiement relatif au 2e semestre N est de :

❑ *A* (28 915 × 0,55) = 15 903,25 €,

❑ *B* (28 915 × 0,40) = 14 457,5 €,

❑ *C* 0 €.

7 La société Hezit réalise la fabrication, la commercialisation et l'entretien de petits matériels de précision pour l'aéronautique. Elle a réalisé un chiffre d'affaires annuel de 78 945 € HT comprenant 35 067 € HT de prestations de services. Son régime d'imposition est :

❑ *A* le régime des micro-entreprises,

❑ *B* le régime du réel simplifié d'imposition,

❑ *C* le réel normal.

8 L'entreprise Bernard est soumise au réel simplifié d'imposition et n'a pas opté pour le régime du réel normal. Son exercice coïncide avec l'année civile. On vous fournit les renseignements suivants :

- TVA collectée du 01.01.N au 31.12.N : 33 539 €
- TVA déductible sur immobilisations du 01.01.N au 31.12.N : 6 098 €
- TVA déductible sur autres biens et services du 01.01.N au 31.12.N : 21 343 €
- acomptes semestriels de TVA versés au cours de l'année N : 3 506 €
- crédit de TVA non apuré en N-1 : 5 590 €

La TVA due au titre de l'exercice N (déclaration CA12) sera de :

❑ *A* 33 539 - 6 098 - 21 343 - 3 506 - 5 590 = - 2 998 €,

❑ *B* 33 539 - 6 098 - 21 343 - 3 506 = 2 592 €,

❑ *C* 0.

9 M. Antony est propriétaire d'une petite entreprise artisanale de fabrication d'objets de décoration (cadres de fantaisie, santons pour les crèches de Noël...). Le total de ses recettes s'élève à 18 972 € pour l'année N et M. Antony n'a formulé aucune option en matière de TVA.

Durant l'exercice N, il a réalisé les achats suivants :

- acquisitions de moules réutilisables pour objets en plâtres : 2 438 € TTC
- acquisitions de plâtre, peinture et autres fournitures : 5 370 € TTC
- renouvellement de matériels courants (pinceaux, papier...) : 721 € TTC

La TVA due au titre de l'exercice N est de :

❑ *A* 0,

❑ *B* [18 972/1,20) × 0,20] - [((2 438 + 5 370 + 721)/1,20) × 0,20] = 1 740,5 €,

❑ *C* [(18 972/1,20) × 0,20 × 29 %] - [(2 438/1,20) × 0,20] = 510,65 €.

10 Pour les petites entreprises, le régime des micro-entreprises est avantageux car :

❑ *A* il n'y a pas d'obligations comptables,

❑ *B* le bénéfice imposable est imposé à un taux avantageux,

❑ *C* aucun paiement de TVA n'est exigé.

6 CHAPITRE

Cas de synthèse sur la TVA

CAS 13 CABINET D'EXPERTISE LOÏC

Le cabinet d'expertise comptable Loïc est implanté à Lamécourt, dans l'Oise. Vous venez d'être embauché(e) comme collaborateur(trice) confirmé(e) dans ce cabinet. Monsieur Loïc vous confie les dossiers suivants.

DOSSIER 1 : L'ENTREPRISE AURÉLIE

La SARL Aurélie a son siège social à Rémécourt, charmant petit village proche de Lamécourt. Elle a pour activité l'achat, la vente, la location et la réparation de billards électroniques et de consoles de jeux vidéos pour cafés, bars, salles de jeux, dans le Nord de la France et en Belgique. Son CDE est de 100 %. Elle a opté pour la TVA sur les débits pour ses prestations de services. Au cours du mois de juin N, les opérations suivantes ont été réalisées :

Ventes du mois
- Billards électroniques et consoles de jeux vidéos vendus en France : 17 600 €
- Billards électroniques et consoles de jeux vidéos vendus en Belgique : 3 800 €

Prestations de services facturées en juin
- Réparations diverses effectuées en France : 3 100 €
- Locations billards et consoles (en France) : 18 400 €

Prestations encaissées en juin
- Réparations diverses : 2 800 €
- Locations : 14 500 €

Acquisitions d'immobilisations
- Facture relative à un micro-ordinateur, acquis auprès d'un fournisseur irlandais (modalités de règlement : 30 % à la livraison, le solde à 60 jours fin de mois) : 3 700 €
- Facture de matériels de réparation, payée à une entreprise française : 1 800 €

Autres achats
- Facture relative à des achats de pièces détachées auprès d'un fournisseur suisse (règlement immédiat : 4 186 €) : 6 583 €(1)

(1) Ce montant comprend les impôts, droits et autres taxes (à l'exception de la TVA elle-même) exigibles en raison de l'opération.

- Facture provenant d'un organisme de formation lillois correspondant à deux jours de stage de perfectionnement pour deux techniciens :
  - honoraires de formation : 1 775,52 €
  - hébergement : 170 €

  (modalités de règlement : 50 % en juin, le reste en juillet)

  L'organisme de formation n'a formulé aucune option en matière de TVA.
- Facture du transporteur français qui a effectué la livraison des billards et des consoles vendus en France début juin : 1 500 €

  Le paiement interviendra début juillet. La facture ne comporte aucune mention particulière.
- Facture d'une entreprise française relative à des travaux d'électricité effectués dans les locaux de l'entreprise. Cette facture sera réglée le mois prochain, elle porte la mention : « TVA sur les débits » : 600 €

Divers

- Le dirigeant de l'entreprise Aurélie a donné une console de jeux vidéos et un billard à un salarié, qui a quitté la société pour reprendre le café de Rémécourt (valeur des biens prélevés sur le stock : 2 300 €).
- Les salariés de l'entreprise ont fabriqué une aire de stockage. La nouvelle construction a été mise en service au cours du mois de juin. Coût de l'opération :
  - matières premières : 4 600 €
  - charges de personnel : 3 100 €
  - autres charges : 1 100 €
- Vente d'une console de jeux neuve à un particulier collectionneur, résidant en Espagne : 1 400 €
- L'entreprise Aurélie a reçu une prime d'aménagement du territoire, versée par la Délégation à l'aménagement du territoire (DATAR) : 7 600 €
- Vente à un négociant en biens d'occasion de la voiture de fonction de M. Briot, directeur technique, montant du chèque (la somme est TTC) : 7 989 €

  Cette voiture, inscrite à l'actif, a été acquise 18 000 E HT en juillet N-2. Elle a supporté une TVA au taux normal de 20 %.

Renseignements complémentaires

- Pour les opérations ci-dessus (ventes et achats), considérez que les facturations et les livraisons sont concomitantes.
- Les clients ont communiqué leur numéro d'identification intracommunautaire.
- La société Aurélie a communiqué son numéro d'identification intracommunautaire à ses fournisseurs.
- Toutes les sommes sont données hors taxes, sauf précisions contraires.
- Taux de TVA unique 20 %, sauf indication contraire de l'énoncé.
- L'entreprise relève du régime réel normal.
- Pour la vente à distance à un particulier, le seuil de 35 000 € ou 100 000 € retenu par l'État du lieu de destination n'est pas dépassé. Aucune option n'a été prise par l'entreprise Aurélie dans le cadre de ce régime.
- L'entreprise Aurélie n'a pas demandé à bénéficier du système de l'autoliquidation de la TVA sur ses importations.

Questions

1) Analyser les différentes opérations et calculez la TVA due au titre du mois de juin.

2) Établir la déclaration de TVA CA3 au titre du mois de juin[1].

(1) Voir modèle de déclaration CA3 page suivante.

Modèle CA3

A MONTANT DES OPÉRATIONS RÉALISÉES

	OPÉRATIONS IMPOSABLES (H.T.)		
01	Ventes, prestations de services	0979	
02	Autres opérations imposables	0981	
2A	Achats de prestations de services intracommunautaires (article 283-2 du code général des impôts)	0044	
2B	Importations (entreprises ayant opté pour le dispositif d'autoliquidation de la TVA à l'importation)	0045	
03	Acquisitions intracommunautaires (dont ventes à distance et/ou opérations de montage: ....)	0031	
3A	Livraisons d'électricité, de gaz naturel, de chaleur ou de froid imposables en France	0030	
3B	Achats de biens ou de prestations de services réalisés auprès d'un assujetti non établi en France (article 283-1 du code général des impôts)	0040	
3C	Régularisations (important : cf. notice)	0036	

	OPÉRATIONS NON IMPOSABLES		
04	Exportations hors UE	0032	
05	Autres opérations non imposables	0033	
5A	Ventes à distance taxables dans l'État membre d'arrivée	0047	
06	Livraisons intracommunautaires	0034	
6A	Livraisons d'électricité, de gaz naturel, de chaleur ou de froid non imposables en France	0029	
07	Achats en franchise	0037	
7A	Ventes de biens ou prestations de services réalisées par un assujetti non établi en France (article 283-1 du code général des impôts)	0043	
7B	Régularisations (important : cf. notice)	0039	

B DÉCOMPTE DE LA TVA À PAYER

	TVA BRUTE		Base hors taxe	Taxe due
	Opérations réalisées en France métropolitaine			
08	Taux normal 20 %	0207		
09	Taux réduit 5,5 %	0105		
9B	Taux réduit 10 %	0151		
	Opérations réalisées dans les DOM			
10	Taux normal 8,5 %	0201		
11	Taux réduit 2,1 %	0100		
12				
	Opérations imposables à un autre taux (France métropolitaine ou DOM)			
13	Ancien taux	0900		
14	Opérations imposables à un taux particulier (décompte effectué sur annexe 3310 A)	0950		
15	TVA antérieurement déduite à reverser		0600	
5B	Sommes à ajouter, y compris acompte congés (exprimées en euro)		0602	
16	Total de la TVA brute due (lignes 08 à 5B)			
7C	Dont TVA sur importations bénéficiant du dispositif d'autoliquidation		0046	
17	Dont TVA sur acquisitions intracommunautaires		0035	
18	Dont TVA sur opérations à destination de Monaco		0038	

La ligne 11 ne concerne que les DOM. Les autres opérations relevant du taux de 2,1 % sont déclarées sur l'annexe 3310 A.

	TVA DÉDUCTIBLE		
19	Biens constituant des immobilisations	0703	
20	Autres biens et services	0702	
21	Autre TVA à déduire (dont régularisation sur de la TVA collectée [cf. notice] ....)	0059	
22	Report du crédit apparaissant ligne 27 de la précédente déclaration	8001	
2C	Sommes à imputer, y compris acompte congés (exprimées en euro)	0603	
23	Total TVA déductible (lignes 19 à 2C)		
24	Dont TVA non perçue récupérable par les assujettis disposant d'un établissement stable dans les DOM (articles 295-1-5° et 295 A du code général des impôts)	0709	

22A *Indiquer ici le coefficient de taxation unique applicable pour la période s'il est différent* .... %

	CRÉDIT		
25	Crédit de TVA (ligne 23 – ligne 16)	0705	
26	Remboursement de crédit demandé sur formulaire n° 3519 joint	8002	
AA	Crédit de TVA transféré à la société tête de groupe sur la déclaration récapitulative 3310-CA3G	8005	
27	Crédit à reporter (ligne 25 – ligne 26 – ligne AA)	8003	

(Cette somme est à reporter ligne 22 de la prochaine déclaration)

Attention ! Une situation de TVA créditrice (ligne 25 servie) ne dispense pas du paiement des taxes assimilées déclarées ligne 29.

	TAXE À PAYER		
28	TVA nette due (ligne 16 – ligne 23)		
29	Taxes assimilées calculées sur annexe n° 3310 A	9979	
AB	Total à payer acquitté par la société tête de groupe sur la déclaration récapitulative 3310-CA3G **(lignes 28 + 29)**	9991	
32	**Total à payer (lignes 28 + 29 – AB)** *(N'oubliez pas de joindre le règlement correspondant)*		

Les dispositions des articles 39 et 40 de la loi n° 78-17 du 6 janvier 1978 relative à l'informatique, aux fichiers et aux libertés, garantissent les droits des personnes physiques à l'égard des traitements des données à caractère personnel.
Si vous réalisez des opérations intracommunautaires, pensez à la déclaration d'échanges de biens (livraisons de biens) ou à la déclaration européenne de services (prestations de services) à souscrire auprès de la Direction Générale des Douanes et des Droits indirects (cf. notice de la déclaration CA3).

DOSSIER 2 : LA SOCIÉTÉ FRIGOR

La société Frigor est spécialisée dans la fabrication, l'installation et, l'entretien de matériels frigorifiques. Ses activités sont intégralement soumises à la TVA au taux normal. Le régime d'imposition de l'entreprise est le régime du réel normal. Son chiffre d'affaires annuel s'élève à 1 260 000 € dont 360 000 € pour les prestations de services.

Extraits des différents journaux

Journal des ventes année N	Ventes de produits finis HT	Prestations de services HT	Ventes de déchets HT(1)
Novembre	72 000 €	32 000 €	
Décembre	85 000 €(2)	27 000 €	18 000 €

(1) En provenance des fabrications de Frigor. Les clients disposent tous d'un numéro d'identification à la TVA en France.
(2) Dont :
- livraison intracommunautaire en Belgique : 7 000 € ;
- exportation au Maroc : 5 000 €.

Journal des achats année N	Acquisitions d'immobilisation HT	Achats de biens non immobilisés HT	Achats de services HT
Novembre	22 000 €(1)	19 000 €(2)	10 000 €(3)
Décembre	30 000 €(4)	27 000 €(5)	17 000 €(6)

(1) Dont 7 000 € d'acquisitions intracommunautaires.
(2) Dont 3 000 € d'acquisitions intracommunautaires.
(3) Dont 7000 € « option sur les débits ».
(4) Dont 12 000 € d'acquisitions intracommunautaires.
(5) Dont 6 000 € d'acquisitions intracommunautaires.
(6) Dont 9 000 € avec mention « option sur les débits ».

Journal des encaissements année N	Encaissements sur ventes de produits finis TTC	Encaissements sur prestations de services TTC
Novembre	95 604 €	33 094 €
Décembre	106 635 €	40 448 €

Les factures de prestations de services des fournisseurs de l'entreprise Frigor ont été réglées (montants TTC) de la manière suivante :

- en novembre N :
  - 6 435 € de factures ne comportant pas la mention « option sur les débits » datées d'octobre N ;
  - 919 € de factures ne comportant pas la mention « option sur les débits » datées de novembre N ;
  - 3 677 € de factures comportant la mention « option sur les débits » datées d'octobre N ;
  - 3 874 € de factures comportant la mention « option sur les débits » datées de novembre N.
- en décembre N :
  - 2 081 € de factures ne comportant pas la mention « option sur les débits » datées de novembre N ;
  - 3 126 € de factures comportant la mention « option sur les débits » datées de novembre N.

Opérations réalisées en décembre N (d'après le journal des opérations diverses)

- La société Frigor a fabriqué une machine-outil qu'elle réserve à son usage propre. Son coût de production est de 15 000 € HT. La date de mise en service est le 02.12.N. La TVA sur les biens et services ayant servi à sa fabrication a été intégralement déduite.

- Prélèvement sur les stocks d'un appareil de réfrigération destiné à être installé dans l'appartement de fonction du chef d'atelier. Son coût de production est de 600 € HT.
- La société Frigor a été informée le 25.12.N par son avocat de la liquidation judiciaire du client Ofrais. Le jugement a été rendu le 11.12.N. L'entreprise a donc constaté fin décembre l'insolvabilité de son client dont la facture impayée de produits finis s'élevait à 9 193 € TTC.

◗ *Remarques importantes*

- La société Frigor n'a formulé aucune option.
- Toutes les factures d'acquisition intracommunautaire sont parvenues à l'entreprise en même temps que la livraison.

➲ Questions

1) Déterminer le montant de la TVA exigible au titre du mois de décembre N.

2) Déterminer le montant de la TVA déductible au titre du mois de décembre N.

3) Calculer la TVA à décaisser au titre du mois de décembre N.

DOSSIER 3 : LA SARL FANNY

La SARL Fanny, assujettie à la TVA au taux normal, est spécialisée dans la fabrication et la vente de pièces de mécanique, tuyauterie et de chaudronnerie industrielle. Elle est implantée à Nointel, dans l'Oise. Elle exerce son activité en France et à l'étranger.

Les opérations du mois de novembre N ont été les suivantes :

◗ *Ventes HT*

- En France métropolitaine : 495 500 €
- Vers la Guyane : 85 900 €
- Vers la Réunion : 34 460 €
- Vers Wallis et Futuna : 8 490 €
- À une plate-forme pétrolière française située dans les eaux territoriales : 65 500 €
- Vers la Suisse : 143 140 €
- Vers l'Allemagne : 243 800 €

◗ *Achats HT*

- En France continentale :
  1. machines : 44 125 €
  2. matières premières : 406 000 €
- À l'étranger autres biens et services :
  1. dans les pays de l'UE (dont 34 301 ⊠ en provenance de la Martinique) : 129 602 €
  2. hors UE : 59 500 €

◗ *Cessions de biens d'investissement*

- Vente d'un micro-ordinateur à une entreprise française (acheté le 4 mars N-2 pour un montant HT de 3 810 € et amorti en linéaire sur 5 ans), montant du chèque reçu : 1 200 €
- Vente à M. Nouri, domicilié en Algérie, pour les besoins de son entreprise algérienne, de la voiture de société du chef d'atelier, inscrite au compte 2182 – Matériel de transport. Le montant du chèque reçu est de : 7 176 €

Ce véhicule utilitaire avait été acheté neuf pour 14 500 € HT en juin N-2 et la TVA de 2 842 € a été entièrement récupérée.

- Vente à une entreprise industrielle française, d'un petit local à usage de bureau acheté en cours de construction en janvier N-3, pour un montant de 114 470 € HT ; montant du chèque reçu : 101 062 €

Renseignements complémentaires

- Toutes les factures de ventes ont été régulièrement éditées et expédiées aux clients au moment de la livraison des biens courant novembre.
- Toutes les factures d'achats régulièrement éditées ont été reçues en même temps que les biens courant novembre.
- Les clients ont communiqué leur numéro d'identification intracommunautaire et la société Fanny a communiqué le sien à ses fournisseurs.
- Les sommes indiquées sont hors taxes, sauf indications contraires.
- TVA au taux de 20 % pour l'ensemble des opérations ci-dessus.
- La société Fanny ne bénéficie pas du système de l'autoliquidation de la TVA sur ses importations.

La société Fanny a établi la déclaration de TVA du mois de novembre qui vous est fournie en annexe.

Par ailleurs on vous précise que les opérations du mois de novembre sont sensiblement identiques à celles des autres mois de l'année en termes de volume et de montant : le chiffre d'affaires étant constant depuis 2 ans.

Questions

1) Calculer la TVA à payer au titre du mois de novembre et préciser le ou les modes de déclaration et de paiement de cette TVA.

2) Vérifier la déclaration provisoire CA3 du mois de novembre et précisez le ou les modes de déclaration et de paiement de cette TVA.

3) Quelles seraient les conséquences au regard de la TVA de la cession de la voiture de fonction et du local à usage de bureau si la SARL Fanny avait, pour l'ensemble de ses opérations, les coefficients de déduction suivants :

N-2	N-3
80 %	78 %

ANNEXE

Voir déclaration CA3 page suivante.

Commentaires de certaines lignes

(02) 65 500 € (vente à la plate-forme pétrolière) + 1 003 € (prix de vente HT du micro-ordinateur) + 84 500 € (prix de vente HT du local)

(03) Total des achats en provenance de l'UE

(04) 143 140 € (vente à la Suisse)

(05) 85 900 + 34 360 + 8 490

(06) Vente vers l'Allemagne

(20) [406 000 + (129 602 - 34 301) + 59 500] × 20 %

(21) Achats de la Martinique : 34 301 × 20 %

Déclaration CA3 provisoire en euros du mois de novembre N établie par l'entreprise Fanny

A MONTANT DES OPÉRATIONS RÉALISÉES

OPÉRATIONS IMPOSABLES (H.T.)			OPÉRATIONS NON IMPOSABLES		
01 Ventes, prestations de services	0979	495 500	04 Exportations hors UE	0032	143 140
02 Autres opérations imposables	0981	151 003	05 Autres opérations non imposables	0033	128 750
2A Achats de prestations de services intracommunautaires (article 283-2 du code général des impôts)	0044		5A Ventes à distance taxables dans l'État membre d'arrivée	0047	
2B Importations (entreprises ayant opté pour le dispositif d'autoliquidation de la TVA à l'importation)	0045		06 Livraisons intracommunautaires	0034	243 800
03 Acquisitions intracommunautaires (dont ventes à distance et/ou opérations de montage: ....)	0031	95 301	6A Livraisons d'électricité, de gaz naturel, de chaleur ou de froid non imposables en France	0029	
3A Livraisons d'électricité, de gaz naturel, de chaleur ou de froid imposables en France	0030		07 Achats en franchise	0037	
3B Achats de biens ou de prestations de services réalisés auprès d'un assujetti non établi en France (article 283-1 du code général des impôts)	0040		7A Ventes de biens ou prestations de services réalisées par un assujetti non établi en France (article 283-1 du code général des impôts)	0043	
3C Régularisations (important : cf. notice)	0036		7B Régularisations (important : cf. notice)	0039	

B DÉCOMPTE DE LA TVA À PAYER

TVA BRUTE		Base hors taxe	Taxe due
Opérations réalisées en France métropolitaine			
08 Taux normal 20 %	0207	741 804	148 361
09 Taux réduit 5,5 %	0105		
9B Taux réduit 10 %	0151		
Opérations réalisées dans les DOM			
10 Taux normal 8,5 %	0201		
11 Taux réduit 2,1 %	0100		
12			
Opérations imposables à un autre taux (France métropolitaine ou DOM)			
13 Ancien taux	0900		
14 Opérations imposables à un taux particulier (décompte effectué sur annexe 3310 A)	0950		
15 TVA antérieurement déduite à reverser	0600		
5B Sommes à ajouter, y compris acompte congés (exprimées en euro)	0602		
16 Total de la TVA brute due (lignes 08 à 5B)			148 361
7C Dont TVA sur importations bénéficiant du dispositif d'autoliquidation	0046		
17 Dont TVA sur acquisitions intracommunautaires	0035		
18 Dont TVA sur opérations à destination de Monaco	0038		

La ligne 11 ne concerne que les DOM. Les autres opérations relevant du taux de 2,1 % sont déclarées sur l'annexe 3310 A.

TVA DÉDUCTIBLE		
19 Biens constituant des immobilisations	0703	8 825
20 Autres biens et services	0702	112 160
21 Autre TVA à déduire (dont régularisation sur de la TVA collectée [cf. notice] ....)	0059	6 860
22 Report du crédit apparaissant ligne 27 de la précédente déclaration	8001	
2C Sommes à imputer, y compris acompte congés (exprimées en euro)	0603	
23 Total TVA déductible (lignes 19 à 2C)		127 846
24 Dont TVA non perçue récupérable par les assujettis disposant d'un établissement stable dans les DOM (articles 295-1-5° et 295 A du code général des impôts)	0700	

22A *Indiquer ici le coefficient de taxation unique applicable pour la période s'il est différent* ..... %

CRÉDIT			TAXE À PAYER		
25 Crédit de TVA (ligne 23 – ligne 16)	0705		28 TVA nette due (ligne 16 – ligne 23)		20 516
26 Remboursement de crédit demandé sur formulaire n° 3519 joint	8002		29 Taxes assimilées calculées sur annexe n° 3310 A	9979	
AA Crédit de TVA transféré à la société tête de groupe sur la déclaration récapitulative 3310-CA3G	8005		AB Total à payer acquitté par la société tête de groupe sur la déclaration récapitulative 3310-CA3G (lignes 28 + 29)	9991	
27 Crédit à reporter (ligne 25 – ligne 26 – ligne AA) *(Cette somme est à reporter ligne 22 de la prochaine déclaration)*	8003		32 Total à payer (lignes 28 + 29 – AB) *(N'oubliez pas de joindre le règlement correspondant)*		20 516

Attention ! Une situation de TVA créditrice (ligne 25 servie) ne dispense pas du paiement des taxes assimilées déclarées ligne 29.

Les dispositions des articles 39 et 40 de la loi n° 78-17 du 6 janvier 1978 relative à l'informatique, aux fichiers et aux libertés, garantissent les droits des personnes physiques à l'égard des traitements des données à caractère personnel.
Si vous réalisez des opérations intracommunautaires, pensez à la déclaration d'échanges de biens (livraisons de biens) ou à la déclaration européenne de services (prestations de

7 CHAPITRE

Champ d'application et territorialité de l'impôt sur les sociétés

1. Les personnes imposables à l'impôt sur les sociétés
2. Les étapes de la détermination du résultat fiscal
3. Territorialité (CGI, art. 209-I)
4. Les exceptions

Synthèse de cours

1. Les personnes imposables à l'impôt sur les sociétés(1)

Régime des sociétés de capitaux : IS (CGI, art. 206)	Régime des sociétés de personnes : IR (CGI, art. 8)
• De plein droit : – société anonyme, – société par actions simplifiée, – société par actions simplifiée unipersonnelle, – société en commandite par actions, – société à responsabilité limitée, entreprise unipersonnelle à responsabilité limitée (si l'associé unique est une personne morale), – société en commandite simple pour la part des commanditaires. • Sur option : – société en nom collectif, – entreprise unipersonnelle à responsabilité limitée (si l'associé est une personne physique), – société en commandite simple pour la part des commandités, – entrepreneur individuel à responsabilité limitée (EIRL)(3)	• De plein droit : – associé des sociétés de personnes, – associé commandité des sociétés en commandite simple, – associé personne physique d'une EURL. • Sur option : – SARL de famille (au sens fiscal), – SARL, SA et SAS non cotées créées depuis moins de 5 ans et exerçant une activité commerciale, industrielle, artisanale, agricole ou libérale(2).

(1) D'après E. Disle et J. Saraf, *Fiscalité pratique 2017*, coll. « Express », Dunod.
(2) L'option est temporaire (5 ans). Elle est soumise à des conditions de détention du capital et d'effectif notamment.
(3) L'EIRL n'est pas une forme sociale.

2. Les étapes de la détermination du résultat fiscal

Le principe de la détermination repose sur l'article 38 *quater* de l'annexe III du CGI qui dispose que : « Les entreprises doivent respecter les définitions édictées par le PCG, sous réserve que celles-ci ne soient pas incompatibles avec les règles fiscales. »

Le résultat fiscal est déterminé hors comptabilité (extra-comptablement sur l'imprimé fiscal n° 2058-A intitulé « Détermination du résultat fiscal ») à partir du résultat comptable en procédant à des retraitements justifiées par l'application des règles fiscales. Deux situations peuvent se présenter :

1. la règle comptable et la règle fiscale coïncident, il n'y a aucune correction à opérer sur le résultat comptable pour passer au résultat fiscal ;

2. il y a incompatibilité entre la règle comptable et la règle fiscale, les divergences donnent lieu à des corrections du résultat comptable. Il s'agit de réintégrations si les charges comptabilisées sont non déductibles et de déductions en cas de produits comptabilisés exonérés d'impôt ou de charges antérieures devenues déductibles.

Schéma de passage du résultat comptable au résultat fiscal	
Domaine de la comptabilité (application du droit comptable et des prescriptions du PCG)	**Domaine de la fiscalité**(1) (application des règles fiscales) imprimé 2058
Produits comptabilisés - Charges comptabilisées = Résultat comptable	Résultat comptable + Réintégrations des charges non déductibles - Déductions des produits non imposables = Résultat fiscal

(1) Hors comptabilité ou extra-comptable.

3. Territorialité (CGI, art. 209-I)

L'impôt sur les sociétés concerne les bénéfices réalisés par les entreprises exploitées en France et ceux dont l'imposition est attribuée à la France par une convention internationale relative aux doubles impositions.

	Société ayant une activité en France	**Société ayant une activité à l'étranger**
Société dont le siège est en France	Soumise à l'IS	Non soumise à l'IS pour les opérations réalisées à l'étranger(1)
Société dont le siège est à l'étranger	Soumise à l'IS pour les opérations réalisées en France(1)	Non soumise à l'IS

(1) • Dans le cadre ***d'établissements autonomes*** *: installations stables ne disposant pas de la personnalité juridique et possédant une autonomie propre, par exemple succursales ou comptoirs de vente (une comptabilité autonome décentralisée n'est pas une caractéristique suffisante).*

☞

- *Par l'intermédiaire de **représentants** n'ayant pas de personnalité professionnelle distincte de celle de l'entreprise (ces intermédiaires sont considérés comme de véritables préposés exerçant une activité commerciale pour le compte de l'entreprise). Il s'agit de représentants que l'entreprise a détaché sur place. Lorsqu'il s'agit de représentants indépendants, agissant pour leur propre compte (courtiers, importateurs, commissionnaires...), l'entreprise n'est pas considérée comme disposant d'une implantation propre à l'étranger.*
- *Les opérations réalisées à l'étranger forment un **cycle commercial complet** se détachant des autres opérations de l'entreprise.*

***Attention** : Ces trois critères jurisprudentiels appliqués aux sociétés françaises exerçant des activités à l'extérieur et, en l'absence de convention, permettent de déterminer si les opérations sont fiscalement localisées à l'étranger. Elles échappent alors à l'IS mais supportent la fiscalité du pays d'implantation. Dans le cas contraire, elles constituent des exportations ou des livraisons intracommunautaires imposables en France.*

Les activités exercées dans le cadre d'une **filiale implantée à l'étranger** possédant une personnalité juridique et fiscale distincte de la société mère sont imposées selon la fiscalité du pays d'implantation.

4. Les exceptions

Ce principe de territorialité comporte des dérogations prévues par la loi :

- les conventions internationales, c'est-à-dire les traités entre États prévoyant des mesures afin d'éviter les doubles impositions. Elles priment les lois internes et la plupart d'entre elles retiennent la notion d'établissement stable ;
- imposition en France à l'IS des profits réalisés dans les pays dont le régime fiscal est privilégié (« **paradis fiscaux** »).

Exercice d'application

CAS 14 SOCIÉTÉ HIX

Thème : territorialité de l'impôt sur les sociétés

La société anonyme Hix a pour objet, en France et à l'étranger, d'une part l'analyse, l'implantation, le développement et la transformation de systèmes informatiques destinés à l'industrie, et d'autre part la formation des personnes intervenant sur ces systèmes.

Son résultat comptable définitif avant impôt s'élève à 1 372 041 €.

L'entreprise exécute ses activités à l'étranger essentiellement par l'intermédiaire de succursales et de filiales.

Afin de serrer au plus près les besoins de ses clients, la société Hix a mis en place une organisation de ses succursales basée sur le principe de la direction par objectifs (DPO), c'est-à-dire prise de décision décentralisée et contrôle des résultats **a posteriori** en fin d'année. Cependant, afin de réduire les coûts administratifs, la comptabilité des succursales est centralisée au siège social, à Compiègne dans l'Oise.

Le capital de la SA Hix est contrôlé à plus de 40 % par un groupe étranger dont l'effectif total est de 3 500 salariés.

À la clôture de l'exercice, votre fonction de conseiller fiscal vous amène à analyser en particulier les opérations suivantes réalisées par Hix au cours de l'année N :

a) Elle a subi au cours de l'exercice une perte de 91 500 € dans une filiale détenue à 80 % et exploitée au Portugal (implantation remontant à plusieurs années).

b) Elle a réalisé un bénéfice de 106 000 € dans sa succursale de Londres.

c) Elle a une filiale en Belgique (SA) dont elle détient 90 % des actions. Cette société, qui n'a distribué aucun dividende au cours de l'année, a réalisé un bénéfice de 76 000 €.

d) Elle a réalisé un déficit de 170 000 € dans sa succursale de Dublin.

e) Elle a créé au Maroc en N-1, avec des partenaires étrangers, une société en participation dont l'objet est la modernisation et le développement du système informatique de gestion de production d'un complexe chimique : durée du contrat signé avec le gouvernement marocain, 20 mois. La quote-part de bénéfice revenant à Hix s'élève à 122 000 € pour l'année N.

f) Elle a expédié 229 000 € de composants électroniques à sa filiale italienne de Vintimille.

g) La société Hix a acheté directement en Belgique pour 458 000 € HT de matériels informatiques qu'elle a revendus en Écosse pour un montant de 534 000 € HT. (Il s'agit d'opérations qu'elle réalise habituellement ; la direction et la gestion financière de cette activité ont été confiées à la succursale de Londres.)

h) Elle a également réalisé en Allemagne pour 380 000 € HT de ventes de systèmes informatiques fabriqués en France. La prospection du marché allemand s'effectue par l'intermédiaire de représentants salariés de l'entreprise (40 %) et d'un réseau d'agents commerciaux allemands indépendants (60 %).

i) En N, l'entreprise Hix a livré un système informatique « clés en mains » à une entreprise espagnole pour un montant global facturé 760 000 €, qui se répartit de la manière suivante :

- expédition à partir du site industriel de Compiègne de composants électroniques ; montant : 458 000 € HT ;
- travaux d'installation et de montage, opérations de mise en service, étude et négociations des financements, formation, réalisés par une équipe du site de Compiègne détachée sur place : 302 000 € HT.

j) Elle a fourni exceptionnellement pour un montant de 260 000 € HT, à la demande du gouvernement français, une prestation d'assistance technique à une entreprise bulgare.

➲ Questions

1) Présenter le régime fiscal de ces opérations au regard de l'IS français en faisant abstraction des conventions fiscales internationales.

2) Indiquer les conséquences fiscales lors du passage du résultat comptable au résultat fiscal.

3) Calculer le résultat imposable en France au titre de l'exercice N.

4) La prise en compte des conventions fiscales internationales signées par la France aurait-elle modifié les réponses données aux questions précédentes ?

8
CHAPITRE

Les produits imposables et les charges décaissées déductibles

1. Les produits imposables
2. Les charges déductibles

Synthèse de cours

1. Les produits imposables

a) Les produits financiers

Revenus des titres	Sort fiscal	Conséquences fiscales sur l'imprimé n° 2058
Titres de créances, dépôts et cautionnements	Produits imposables normalement[1].	Aucune, car les produits comptabilisés dans le compte 76 « produits financiers » ont majoré le résultat comptable.
Intérêts d'obligations	Produits imposables normalement avec rattachement au résultat fiscal selon la règle du « couru »[2].	Aucune, car les intérêts courus ont majoré le résultat comptable.
Actions ou parts de sociétés soumises à l'IS (dividendes)	• **En provenance de filiales au sens fiscal**[3] : l'entreprise bénéficiaire peut opter pour le régime spécial des sociétés mères prévu à l'article 216 du CGI afin d'exonérer les dividendes. Si l'entreprise n'opte pas (décision de gestion), il y a application du **régime de droit commun** : les dividendes sont imposables normalement.	Les dividendes comptabilisés en produits financiers sont à déduire sur l'imprimé 2058 pour être éliminés de la base imposable. Une quote-part de frais et charges à hauteur de 5 % du dividende[4] doit être réintégrée. En l'absence d'option, les dividendes doivent être maintenus dans le résultat fiscal et aucun retraitement extra-comptable n'est alors nécessaire. Les crédits d'impôt (dividendes de sociétés étrangères) sont déduits de l'IS à hauteur de (100 % – taux d'IS de taxation des bénéfices)[5].

☞

☞

Revenus des titres	Sort fiscal	Conséquences fiscales sur l'imprimé n° 2058
	• **En provenance de sociétés non filiales** (« dividendes ordinaires ») : application du régime de droit commun.	**Aucun retraitement :** – dividendes imposables normalement ; – crédits d'impôts éventuels déductibles partiellement de l'IS(5).
Parts dans des sociétés non soumises à l'IS.	La quote-part de bénéfice fiscal correspondant au pourcentage de capital détenu par la société est un produit imposable normalement.	Cette quote-part n'étant pas comptabilisée à l'inventaire, il faut donc ajouter (bénéfice) ou déduire (perte) extra-comptablement cette somme au résultat comptable pour obtenir le résultat fiscal(6).

(1) Cette expression signifie que les produits sont imposables sans retraitement.

(2) Les intérêts en faveur de l'entreprise sont imposables au fur et à mesure qu'ils ont couru sur l'exercice. La règle fiscale (CGI, art. 238 septies F) est donc identique à la règle comptable.

(3) Les titres détenus par la société mère doivent représenter au moins 5 % du capital de la société émettrice et des droits de vote.

(4) Le dividende servant au calcul de la réintégration de la quote-part de frais et charges doit être éventuellement majoré du crédit d'impôt correspondant à l'impôt payé à l'étranger pour les dividendes de filiales étrangères. Ces filiales doivent avoir leur siège dans un pays lié à la France par une convention internationale.

(5) Le taux d'imputation sur l'IS des crédits d'impôts associés à certains dividendes est de :
- 85 % pour les crédits d'impôt dans le cas de PME imposables au taux réduit de 15 % ;
- 66, 2/3 % dans le cas des sociétés imposables au taux normal.

(6) Une déduction fiscale sera nécessaire, les exercices suivants, en cas de distribution de bénéfice par la société émettrice des titres. En effet, la fraction de bénéfice distribuée, comptabilisée par le bénéficiaire en produits financiers, provient d'un bénéfice ayant déjà été imposé.

b) Les produits particuliers

➤ *Les indemnités*

Indemnités	Régime fiscal	Conséquences sur l'imprimé n° 2058
Indemnités perçues à la suite d'un vol ou pour compenser des charges d'exploitation.	Produit imposable normalement.	Aucune, puisque cette recette comptabilisée en produit doit être maintenue dans le résultat imposable.
Indemnités perçues suite à la disparition d'une immobilisation.	Régime des plus ou moins-values professionnelles (l'indemnité représente le prix de cession).	Voir chapitres 13 (IS) et 18 (IR).

➤ *Les subventions d'équipement*

- Subventions dont l'imposition peut faire l'objet d'un étalement. Deux conditions :
– être accordées par l'État ou les collectivités publiques ou tout autre organisme public ;
– être attribuées pour la création ou l'acquisition d'immobilisations déterminées.
- Traitement fiscal de la subvention. L'entreprise a légalement deux choix possibles :
– imposition immédiate de la subvention au titre de l'exercice où elle est attribuée[1] ;
– imposition étalée sur option.

Si la subvention finance intégralement ou partiellement une immobilisation amortissable : la subvention sera rapportée au même rythme que les amortissements fiscaux.

Si la subvention finance une immobilisation non amortissable :

– s'il existe une clause d'inaliénabilité : reprise par parts égales durant la durée de l'inaliénabilité ;
– en l'absence de clause d'inaliénabilité : reprise à partir de l'année suivante par 1/10 pendant 10 ans.

2. Les charges déductibles

a) Le cas du cumul des remboursements de frais réels et des allocations ou indemnités forfaitaires pour frais d'emploi

➤ *Principes*

- Les remboursements de frais sont déductibles du résultat fiscal dès lors qu'ils sont justifiés.
- Les indemnités forfaitaires sont déductibles si elles ne se cumulent pas avec des remboursements de frais.
- En cas de cumul, les indemnités sont réintégrées pour le calcul du résultat fiscal[2].

➤ *Exception*

En cas de cumul, les indemnités forfaitaires restent déductibles du résultat fiscal si elles sont versées à des dirigeants salariés de sociétés soumises à l'IS dont la rémunération est imposable en tant que salaire à l'IR. Sont visés les dirigeants des SA (président du conseil d'administration, administrateurs, membres du directoire…) et les gérants minoritaires des SARL[3]…

(1) La date d'attribution de la subvention correspond à celle de la décision de l'organisme attributaire. À cette date, l'octroi de la subvention est devenu certain dans son principe et dans son montant.

(2) Dans les sociétés relevant de l'IS et pour le bénéficiaire, l'indemnité aura la nature d'un revenu distribué taxable à l'IR en RCM. S'agissant de surcroît d'un revenu réputé distribué, la dite indemnité sera imposable à l'IR-RCM avec une majoration de 25 %.

(3) Sont donc concernés par la règle de non-cumul, outre les salariés, les gérants majoritaires de SARL et l'ensemble des dirigeants des entreprises et sociétés relevant de l'IR. Notons toutefois que la non-déductibilité des indemnités forfaitaires pour les entreprises relevant de l'IR provient de la règle de non-déductibilité des rémunérations et assimilées, ces sommes étant considérées comme des prélèvements anticipés de bénéfices.

b) Indemnités de cessation de fonction

Pour les résultats des exercices clos à compter du 31.12.2008 des SA cotées, les indemnités de cessation de fonction des Présidents, directeurs généraux ou membre du directoire, sont déductibles dans la limite de 6 fois le PASS.

Ce plafonnement vise également les indemnités de retraite versées dans le cadre des régimes à prestations définies des dirigeants.

c) Jetons de présence alloués aux membres du conseil d'administration ou de surveillance

Ils sont déductibles dans la limite suivante :

5 % × RM[1] × Nombre de membres du conseil

d) Intérêts des comptes courants d'associés

Les intérêts versés aux associés à raison des sommes qu'ils ont laissées à la disposition de la société sont déductibles quelle que soit la forme sociale :

- dans la limite du TMPV : taux maximum correspondant à la moyenne annuelle des taux effectifs moyens pratiqués par les établissements financiers pour les prêts à taux variable accordés aux entreprises pour une durée initiale supérieure à 2 ans[2] ;
- à condition que le capital soit intégralement libéré.

Remarque : Les intérêts versés par des sociétés soumises à l'IS à des entreprises liées font l'objet d'une réglementation spécifique.

e) Limitation générale de la déductibilité des charges financières[3]

Les charges financières nettes des entreprises doivent être réintégrées au résultat imposable pour une fraction forfaitaire égale à 25 % de leur montant dès lors qu'elles atteignent un montant au moins égal à 3 millions d'euros. Cette mesure s'applique aux exercices ouverts à compter du 1er janvier 2014.

Charges financières nettes = Comptes 76 (à l'exception des 761, 764, 767) – Comptes 66 (à l'exception des 664 et 667)

f) Charges activées

Certaines charges peuvent ou doivent être inscrites à l'actif du bilan soit dans le coût d'une immobilisation, soit de façon isolée. Elles font ensuite l'objet d'un amortissement ou d'un étalement.

Certaines divergences peuvent apparaître entre la règle comptable et la règle fiscale actuelle, divergences nécessitant alors d'opérer certains retraitements pour la détermination du résultat fiscal.

---

(1) Rémunération moyenne des dix salariés les mieux rémunérés de l'entreprise si effectif > 200 ; des cinq salariés si effectif × 200. Si effectif < 5, déduction forfaitaire de 457 € par administrateur.

(2) Fixée à 2,03 % pour les exercices de 12 mois clos le 31.12.2015.

(3) Pour plus de détail, voir l'ouvrage de E. Disle, J. Saraf, N. Gonthier-Besacier et J.-L. Rossignol, *DCG 4, Droit fiscal*, Manuel et Applications, Dunod.

Nature des charges	Traitement comptable	Sort fiscal	Retraitements sur l'imprimé de calcul du résultat fiscal n° 2058
Frais relatifs à la constitution des sociétés, frais relatifs à une augmentation de capital ou une fusion.	• Charges de l'exercice ou[1], • Imputation sur la prime associée à l'opération[2] ou, • Enregistrement direct ou par le biais du compte 721 « Production immobilisée, immobilisations incorporelles » dans l'une des subdivisions du compte 201 « Frais d'établissement »[3] pour être amortis dans un délai maximal de 5 ans.	Même traitement qu'en comptabilité : – si charges de l'exercice alors les charges sont déductibles, – si activation alors amortissement déductible dès lors qu'il est calculé sur une durée minimum de 2 ans et maximum de 5 ans sans aucun prorata.	Aucun, sauf dans le cas d'un amortissement comptable des frais d'établissement calculé sur une durée différente de la durée fiscale.
Frais relatifs à la recherche et au développement.	Activation optionnelle des seuls coûts de développement[4] sous conditions cumulatives, puis amortissement à compter de la date d'achèvement du projet sur la durée d'utilisation propre à l'entreprise.	Alignement sur le traitement comptable : – si charges de l'exercice alors les charges sont déductibles, – si activation en immobilisation incorporelle alors l'amortissement est déductible.	Aucun[5].
Droits de mutation, honoraires, commissions et frais d'actes associés à l'acquisition d'une immobilisation.	• Frais incorporés dans le coût d'acquisition de l'immobilisation concernée et amortis, ou	• Frais faisant partie du prix de revient fiscal de l'immobilisation si l'entreprise les a traités comptablement[6] comme des coûts directement attribuables ou,	Aucun.
	• Frais traités comme des charges de l'exercice[7].	• Charges déductibles.	Aucun.

☞

☞

Nature des charges	Traitement comptable	Sort fiscal	Retraitements sur l'imprimé de calcul du résultat fiscal n° 2058
Remarque : Les frais d'acquisition des titres de participation des sociétés soumises à l'IS sont, au plan fiscal, obligatoirement incorporés au prix de revient des titres et facultativement amortis en linéaire sur cinq ans (amortissement dérogatoire avec prorata temporis en cas d'acquisition en cours d'année). Si lesdits frais n'ont pas été comptablement incorporés au coût d'entrée, il convient de : – procéder à la réintégration des frais comptabilisés en charges ; – d'effectuer une déduction extra-comptable et étalée sur 5 ans des frais.			
Autres frais : frais d'essai de matériel, frais de collection, frais de promotion, frais d'étude d'une nouvelle implantation... [8].	• Si les charges ne répondent pas à la définition d'un actif : charges de l'exercice. • Dans le cas contraire : activation, soit dans le compte d'immobilisation concerné, soit dans un compte d'immobilisation isolé.	• Le droit fiscal renvoie au droit comptable pour la définition du coût d'entrée des immobilisations en indiquant toutefois : – que si les frais sont accessoires et représentatifs d'une valeur vénale, ils peuvent être intégrés au prix de revient et le cas échéant amortis, – sinon, qu'ils correspondent à des charges de l'exercice.	Aucun.
Travaux sur une immobilisation	• Travaux d'entretien et de réparation usuels comptabilisés en charges de l'exercice. • Travaux significatifs ayant pour effet d'augmenter les avantages économiques futurs à la date de réalisation des frais[9]. • Programmes pluriannuels de gros entretien ou de grandes révisions traités :	• Charges déductibles. • Travaux à immobiliser si les dépenses ont pour effet d'augmenter la valeur de l'actif ou de prolonger de manière notable sa durée d'utilisation[10].	• Aucun. • Aucun.

☞

☞

Nature des charges	Traitement comptable	Sort fiscal	Retraitements sur l'imprimé de calcul du résultat fiscal n° 2058
	– dès l'origine comme un composant distinct de l'immobilisation et amorti ou,	• Composant non reconnu en fiscalité.	• Charges déductibles lorsqu'elles sont engagées et amortissements du composant à réintégrer partiellement[11].
	– par la comptabilisation d'une provision pour gros entretiens grandes révisions.	• Provision déductible si les travaux n'augmentent pas la valeur des immobilisations et si les travaux font l'objet d'une estimation précise en terme de coût et d'une programmation détaillée.	• Aucun retraitement.
Coût d'emprunt : frais financiers associés à une immobilisation ou un stock tels les intérêts des emprunts et des découverts, les amortissements des primes associées aux emprunts, les amortissement des frais d'émission...	Activation optionnelle au coût d'entrée des actifs immobilisés (incorporels ou corporels) ou du stock sous conditions.	Alignement sur l'option comptable retenue : – si charges de l'exercice alors les charges sont déductibles, – si les coûts d'emprunt sont incorporés au coût d'entrée de l'actif[12] ils peuvent, si l'actif y ouvre droit, être amortis.	Aucun.
Frais encourus pour la mise en place d'un emprunt : commissions bancaires pour le placement de l'emprunt, frais de publicité, honoraires.	• Frais portés facultativement dans le compte 4816 « Frais d'émission d'emprunts » sans condition spécifique puis répartis sur la durée de l'emprunt, ou • Frais maintenus en charges.	• Alignement sur le traitement comptable : – si activation alors l'étalement est admis fiscalement, – si charges de l'exercice alors les charges sont déductibles.	Aucun retraitement.

(1) Méthode préférentielle pour les frais de constitution d'une société, de transformation d'une société...
(2) Méthode préférentielle pour les frais associés à une augmentation de capital ou à une fusion. Dans ce cas, les frais imputés sur la prime sont déductibles du résultat fiscal de façon extra-comptable.

☞

(3) Possibilité prévue par le PCG (article 212-9) en raison des dispositions du Code de commerce.

(4) L'activation des coûts de développement est une méthode préférentielle au plan comptable.

(5) Le droit fiscal retient une durée maximale de 5 ans ou exceptionnellement la durée d'utilisation. En outre, le droit fiscal fixe comme point de départ de l'amortissement, l'inscription à l'actif des frais à la différence du droit comptable qui retient l'achèvement du projet. Cette divergence peut être réglée par la comptabilisation d'un amortissement dérogatoire déductible.

(6) L'option retenue en fiscalité (immobilisation ou charge) doit être identique à celle adoptée en comptabilité. L'entreprise peut exercer pour les titres une option différente de celle retenue pour les immobilisations incorporelles et corporelles.

(7) Méthode autorisée pour les comptes individuels uniquement.

(8) Frais dont l'activation antérieure s'opérait dans un compte de charges à répartir (charges différées ou étalées) sous conditions. Cette possibilité et les comptes associés ont été supprimés par le règlement CRC du 23 novembre 2004.

(9) Les dépenses peuvent aboutir à la comptabilisation d'un composant distinct de l'immobilisation principale même si celui-ci n'a pas été identifié dès l'origine si les dépenses correspondent au remplacement d'un élément significatif indispensable.

(10) Par alignement sur le droit comptable, l'augmentation de la valeur de l'immobilisation ou le prolongement de la durée de vie s'apprécie à la date à laquelle intervient la dépense en cause (instruction fiscale du 30.12.2005).

(11) La réintégration fiscale des amortissements porte sur les amortissements excédentaires par rapport à l'amortissement du prix de revient fiscal de la structure (c'est-à-dire sans déduction du composant entretien) sur sa durée d'usage.

(12) Pour l'intégration des coûts d'emprunt, l'administration fiscale exige une période de 12 mois minimum sauf dérogation justifiée.

Mini-cas d'évaluation

Thème : difficultés fiscales diverses

Les situations présentées ci-dessous comportent trois propositions de traitement fiscal. Choisissez la ou les bonnes réponses en justifiant vos choix.

1 La société Maxime a acquis le 01.01.N. une machine industrielle d'une valeur de 130 000 € HT. Cet équipement est amorti comptablement en linéaire sur 12 ans. Ce mode reflète correctement le rythme de consommation des avantages économiques et la durée retenue correspond à la durée d'usage fiscale. Cet équipement doit faire l'objet d'un gros entretien tous les 4 ans et la société Maxime a décidé dès l'origine d'en faire un composant distinct qu'elle a évalué à 10 000 € HT.

Le composant a été amorti en linéaire sur 4 ans et le premier gros entretien est intervenu au début de l'exercice N+4 pour 12 000 € HT. L'ancien composant a, à cette date, été sorti de l'actif sans constatation d'une valeur nette comptable puisqu'il avait été intégralement amorti pour 10 000 €.

Au titre de l'exercice N+4, le résultat fiscal doit subir :

- ❑ *A* une réintégration de 3 000 € (12 000/4) et une déduction de 2 000 € (12 000 - 10 000),
- ❑ *B* une réintégration de 10 000 € et une déduction de 12 000 €,

❑ *C* une réintégration de 2 167 € [(12 000/4 - 10 000/12)] et une déduction de 12 000 €.

2 Le nouveau PCA de la société Ygrek a bénéficié au cours de l'exercice N, pendant quatre mois, d'un logement gratuit appartenant à l'entreprise (valeur réelle du loyer mensuel : 1 830 €) et de la fourniture gratuite d'électricité (montant supporté par Ygrek et comptabilisé en « 6061 Fournitures non stockables » : 550 €). Cet avantage en nature a été inclus dans sa rémunération. L'entreprise ne comptabilise pas les avantages en nature mais les récapitule sur un état annexe et les déclare régulièrement sur la déclaration sociale nominative (DSN).

Quelle est la conséquence sur le tableau 2058-A ?

❑ *A* Déduction de 1 830 + 550.

❑ *B* Déduction de 550 €.

❑ *C* Déduction : 0.

3 À l'inventaire au 31.12.N, dans les comptes d'achats de marchandises de la société Zed, figure une facture de 1 200 € HT de l'entreprise Doublevet. Les marchandises correspondantes, vendues « franco usine de l'acheteur », ont été réceptionnées le 20.01.N+1. Fiscalement cet achat est déductible, mais de quel résultat fiscal ?

❑ *A* Résultat imposable N.

❑ *B* Résultat imposable N-1.

❑ *C* Résultat imposable N+1.

4 La Société Varoise de construction maritime (SVCM) est une société anonyme actuellement en redressement judiciaire. La structure du capital est la suivante :

– société Maritime de Provence (SMP) : 51 %
– société Bateaux Jacquot : 30 %
– M. Vieulou : 15 %
– Mme Demeer : 4 %

Une procédure de sauvegarde a été arrêtée par le tribunal de commerce au 1er semestre N. Dans ce cadre, des abandons de créances ont été décidés par les associés :

– la SMP, une créance de 70 000 € ;
– la société Jacquot, une créance de 42 000 € ;
– M. Vieulou, une créance de 7 800 €.

La situation de la filiale, avant abandons, était la suivante : actif réel = 130 000 €, passif réel = 160 000 €.

Les associés n'entretiennent aucune relation commerciale avec la SCVM.

Le montant de l'abandon déductible du résultat fiscal N pour la SMP sera de :

❑ *A* 19 628 €.

❑ *B* 70 000 €.

❑ *C* 0 €.

5 La société Beauchamp, spécialisée dans l'agroalimentaire, a perçu de la région une subvention d'équipement en N-2 afin d'acquérir un matériel spécifique de filtrage :

– montant de la subvention : 24 000 €
– prix d'acquisition du matériel : 48 000 €
– date d'acquisition : 01.07.N-2
– amortissement fiscal : dégressif sur 5 ans (coefficient à appliquer 1,75) ;

– amortissement technique : linéaire sur 5 ans.

L'entreprise a opté pour l'étalement de l'imposition de la subvention.

La reprise de subvention imposable en N sera de :

- ❑ *A* 4 504,50 €.
- ❑ *B* 12 870 €.
- ❑ *C* 10 000 €.

• *Documentation fiscale :* Article 42 septies du CGI : « Lorsqu'elles ont été utilisées à la création ou à l'acquisition d'immobilisations amortissables, ces subventions doivent être rapportées aux bénéfices imposables de chacun des exercices suivants à concurrence du montant des amortissements pratiqués à la clôture desdits exercices sur le prix de revient de ces immobilisations. »

6 Le compte « 653 Jetons de présence » de l'entreprise Robert comprend une somme de 62 000 € versée aux 8 administrateurs sur décision de l'AG. L'un d'entre eux, décédé fin juin, n'a pas été remplacé. Les rémunérations annuelles des 10 salariés les mieux rémunérés s'élèvent à 1 300 000 €.

Sur le plan fiscal :

- ❑ *A* Les jetons déductibles s'élèvent à 48 750 € et il faut réintégrer sur l'imprimé 2058-A la somme de 13 250 €.
- ❑ *B* Les jetons de présence déductibles s'élèvent à 62 000 €.
- ❑ *C* Les jetons de présence déductibles s'élèvent à 13 250 € et il faut réintégrer 48 750 €.

7 Le compte « 641 Rémunérations du personnel » de la SA Sufy comprend des allocations forfaitaires pour frais d'emploi versées au PCA, 762 € par mois, et au directeur financier, 534 € par mois. Ils ont également, tous les deux, bénéficié de remboursements de frais réels : pour le PCA, montant annuel 10 671 € ; pour le directeur financier, 4 573 €.

Les sommes citées sont :

- ❑ *A* Déductibles du résultat fiscal à hauteur de : (762 × 12) + (534 × 12) + (10 671 + 4 573), soit 30 796 € ;
- ❑ *B* Déductibles à hauteur de : 10 671 + 4 573, soit 15 244 €.
- ❑ *C* Déductibles à hauteur de : (762 × 12) + 10 671 + 4 573, soit 24 388 €.

8 La société BJ est une SA qui clôture ses comptes le 31 décembre de chaque année. Elle a souscrit dix obligations à coupon zéro (sans aucun paiement d'intérêts) dont les caractéristiques sont les suivantes :

– date de jouissance, 01.06.N ;
– prix d'émission, 1 000 € ;
– date de remboursement, 01.06.N+4 ;
– prix de remboursement, 1 411,16 €.

Compte tenu de la durée de l'emprunt (4 ans) et des prix d'émission et de remboursement, le taux actuariel à l'acquisition est de 9 %.

La fraction de la prime à rattacher au résultat imposable de N+1 est de :

- ❑ *A* 946,65.
- ❑ *B* 980,10.
- ❑ *C* 0, la prime est imposable en totalité (4 111,60 €) à la date de son versement le 01.06.N+3.

• *Documentation fiscale* : Dispositions de l'article 238 septies E. La prime de remboursement d'un emprunt obligataire et les intérêts versés chaque année sont imposés au titre de chaque exercice selon une répartition actuarielle, sous réserve que les deux conditions suivantes soient réunies :
- la prime doit être supérieure à 10 % du prix d'acquisition du titre ;
- le prix d'émission du titre ne doit pas excéder 90 % du prix de remboursement.

Si l'une des deux conditions n'est pas remplie, les primes de remboursement reçues sont normalement imposables chez le bénéficiaire lors de leur perception, les intérêts étant imposables durant l'exercice au cours duquel ils ont couru.

Exercice d'application

CAS 15 SOCIÉTÉ MABLY

Thème : calcul du résultat fiscal et établissement du tableau n° 2058-A

La société anonyme Mably dont le capital est entièrement détenu par des personnes physiques, est installée à Roanne dans le département de la Loire ; elle clôt ses comptes le 31 décembre. Le bénéfice comptable définitif avant impôt s'élève pour l'exercice N à 482 310 € (toutes les opérations ci-dessous ont été correctement comptabilisées).

1) Ce bénéfice comprend les résultats d'opérations réalisées à l'étranger et dans les départements d'outre-mer :
   - exportations, 50 000 € ;
   - bénéfice de sa succursale de la Martinique, 39 600 €.

2) Les produits financiers de l'exercice N comprennent :
   - des dividendes de sa filiale d'Antibes détenue à hauteur de 60 %, 16 000 € ;
   - des dividendes d'une société française dont elle détient 4 %, 22 500 € ;
   - des intérêts d'obligations achetées en 2001, montant encaissé en N, 702 € ;
   - 2 300 € de bénéfice distribué par un GIE de ventes créé à parts égales avec deux autres entreprises de la région roannaise. Le bénéfice fiscal N du GIE s'élève à 10 500 €.

3) Les charges d'exploitation comprennent :
   - l'acquisition d'une tablette numérique, 328 € HT ;
   - une prime annuelle d'assurance de 534 € destinée à couvrir le risque « perte d'exploitation » en cas d'incendie ;
   - le salaire de M. Jacon, PCA de la société, 108 000 € pour l'année N ;
   - la taxe annuelle sur les voitures particulières des sociétés (TVTS), 4 700 € ;
   - un don de 1 500 € à une association reconnue d'utilité publique (CA HT exercice N de Mably, 2 100 000 €) ;
   - des dépenses relatives à un week-end de chasse destiné aux clients de l'entreprise, au cours duquel ont eu lieu des démonstrations de matériels prêts à la vente, coût 24 530 € ;
   - la contribution économique territoriale, 5 000 € ;
   - un abandon d'une créance de 73 000 € HT sur le client Besson afin de maintenir les débouchés commerciaux de l'entreprise Mably dans le nord de la France.

4) Les sommes laissées par M. Jacon dans son compte courant tout au long de l'année N (100 000 €) lui ont rapporté un intérêt au taux de 3,04 %. Le capital de la société est de 300 000 € entièrement libéré.

5) Dans les autres charges de l'exercice figurent :
   - une pénalité pour paiement en retard de la TVA du mois d'août, 1 300 € ;
   - une amende pénale pour infractions à la réglementation des prix, 1 120 € ;
   - l'annulation d'une créance de 15 000 € HT sur sa filiale de Bordeaux détenue à 70 %, en grandes difficultés financières et placée sous procédure de sauvegarde. La situation nette était négative de 3 000 € ;
   - un redressement fiscal relatif à l'IS N-1, pénalités comprises de 7 260 €, notifié à la suite d'un contrôle fiscal subi au 1er semestre N.

6) Dans les autres produits de l'exercice figurent :
   - un dégrèvement d'impôt de 450 € de contribution économique territoriale ;
   - une indemnité d'assurance « homme-clé » d'un montant de 30 000 €. Les primes acquittées depuis la souscription du contrat il y a trois ans s'élèvent à 7 000 € (le contrat garantit les pertes d'exploitation liées au décès ou à l'incapacité du directeur commercial).

7) Parmi les créances de l'entreprise Mably figure une facture datée du 01.10.N-1 sur un client japonais : montant initial 2 000 000 yens. Cette créance s'élève à 1 000 000 yens au 31.12.N.

Cours du change en euros communiqués par la Banque de France			
Cours au	01.10.N-1	31.12.N-1	31.12.N
100 yens	0,75 €	0,87 €	0,92 €

Les écarts de conversion sont systématiquement contre-passés au journal à l'ouverture de l'exercice.

8) Parmi les charges de l'entreprise figurent 10 000 € de loyer annuel d'un matériel pris en crédit-bail. Ce bien d'une valeur de 75 000 € est amortissable sur 10 ans. Le crédit-bailleur supporte des frais de gestion de 500 €. Avant cette opération, les charges financières nettes se montent à 12 000 €.

Remarques

- Compte tenu de son excellente position concurrentielle, elle a décidé depuis cette année, après avoir consulté le service des impôts, de rémunérer son dirigeant au-dessus des normes fiscales sectorielles « normales » de l'administration fiscale (80 000 €).
- Elle opte, quand les conditions sont remplies, pour le régime des sociétés mères.
- La SA Mobly remplit les conditions permettant aux PME de déduire temporairement les déficits subis à l'étranger dans leurs succursales ou leurs filiales détenues à 95 % au moins.
- Le taux maximum des intérêts déductibles est fixé à 2,03 %.
- Elle retient systématiquement les dispositions fiscales les plus avantageuses.
- Son CA est inférieur à 7,63 M€.

⊃ Questions

1) Déterminer le résultat fiscal de l'exercice N en justifiant les solutions retenues.
2) Calculer le montant de l'impôt sur les sociétés sachant que la société Mably bénéficie du régime des PME pour la taxation des bénéfices.
3) Présenter, de manière schématique, le tableau n° 2058-A.

9
CHAPITRE

L'analyse de la déductibilité des charges non décaissées

1. Les amortissements
2. Les provisions

Synthèse de cours

1. Les amortissements

a) Les conditions de déduction

Les amortissements doivent :

- être déterminés et comptabilisés selon les règles du PCG ;
- être conformes à ceux généralement admis d'après les usages de chaque nature d'industrie, de commerce ou d'exploitation sauf exception en cas de décomposition ;
- respecter la règle de l'amortissement minimum imposée par l'article 39 B du CGI (total des amortissements comptabilisés, y compris dérogatoires sur un bien supérieur ou égal au montant cumulé des amortissements linéaires) sauf en cas de tolérance fiscale.

Élément	Règle comptable	Règle fiscale	Divergences	Solution comptable	Retraitements fiscaux sur 2058
Base	Valeur brute sous déduction de la valeur résiduelle.	Prix de revient sans déduction d'une quelconque valeur résiduelle.	Création chaque année d'amortissements irrégulièrement différés (AID)(1).	Comptabilisation d'un amortissement dérogatoire pour respecter l'article 39 B du CGI.	Aucun que l'entreprise comptabilise un amortissement dérogatoire ou non(2) sauf lors de la sortie de l'actif du bien.

☞

Élément	Règle comptable	Règle fiscale	Divergences	Solution comptable	Retraitements fiscaux sur 2058
Durée	Durée d'utilisation propre à l'entreprise[3].	Durée retenue par les usages professionnels.	Durées différentes source d'amortissements de montants inégaux[3][5].	Comptabilisation obligatoire d'un amortissement dérogatoire si la durée d'utilisation est supérieure à la durée d'usage[3].	Réintégration fiscale de la différence si la durée d'utilisation est inférieure à la durée d'usage[3][4][5].
Mode d'amortissement[7]	Aucun mode n'est imposé mais celui retenu doit traduire le rythme de consommation des avantages économiques[6].	Les modes usuels sont : – le linéaire, – le dégressif, – l'exceptionnel dans certains cas. Toutefois, pour l'administration fiscale, l'entreprise peut retenir un autre mode d'amortissement (ex. : variable), s'il est pertinent et si la dépréciation fixée dès l'origine ne varie pas de façon aléatoire.	Le mode d'amortissement comptable est susceptible de générer : – des amortissements irrégulièrement différés[7] ou,	Distinction entre l'amortissement technique (amortissement comptable) et l'amortissement fiscal et utilisation des amortissements dérogatoires pour : – respecter la règle de l'amortissement minimum et/ou, – profiter des amortissements fiscaux.	Aucun.
			– des amortissements plus élevés que ceux admis fiscalement.		Réintégration de l'excédent.

Élément	Règle comptable	Règle fiscale	Divergences	Solution comptable	Retraitements fiscaux sur 2058
Point de départ	Date de début de consommation des avantages économiques correspondant le plus souvent à la date de mise en service.	Date de mise en service ou 1er jour du mois d'acquisition pour les biens amortis en dégressif.	Aucune sauf dans le cas où l'entreprise souhaite bénéficier fiscalement de l'amortissement dégressif.	Détermination de l'amortissement technique en fonction des règles comptables et de l'amortissement dégressif selon les règles fiscales ; la différence étant comptabilisée en amortissement dérogatoire.	Aucun.
Méthode par composants	Obligation de séparer les éléments principaux des immobilisations corporelles devant faire l'objet de remplacement à intervalles réguliers ayant des durées ou un rythme d'utilisation différent de l'immobilisation dans son ensemble.	La décomposition est admise si elle respecte des conditions cumulatives et des critères de valeur et/ou de volume. Le composant « gros entretien-grandes révisions » n'est par contre pas admis(8). Amortissement des composants sur leur durée d'utilisation(9) mais amortissement de la « structure » sur la durée d'usage de l'immobilisation dans son ensemble.	Aucune sauf pour la durée d'amortissement de la structure.	Possibilité d'amortissements dérogatoires quand la durée d'usage de la structure est inférieure à la durée réelle d'amortissement applicable aux immobilisations non décomposées.	Aucun, même quand la durée d'usage de la structure est supérieure à la durée réelle d'amortissement.

Élément	Règle comptable	Règle fiscale	Divergences	Solution comptable	Retraitements fiscaux sur 2058
Dépréciation d'actif amortissable[10]	Ajustement permettant de ramener la valeur nette comptable du bien à sa valeur actuelle (valeur vénale ou valeur d'usage).	Dépréciation admise en déduction sous conditions.	Divergences de calcul : – pour la valeur actuelle, il faut uniquement retenir la valeur vénale au sens fiscal (prix de marché ou valeur d'expertise sans déduction des coûts de sortie) ; – sur la valeur nette car il faut retenir la valeur nette fiscale (après déduction des amortissements fiscaux).	Aucune.	Réintégration de la fraction de dépréciation non admise en déduction[10].

(1) Le cumul des amortissements comptables calculés linéairement est en permanence inférieur au cumul des amortissements fiscaux calculés linéairement également.

(2) Il n'y a aucune réintégration à opérer car les amortissements irrégulièrement différés comptablement ne seront jamais rattrapés. Par contre, lors de la sortie de l'actif, des retraitements devront être effectués car les amortissements irrégulièrement différés sont considérés comme déduits au plan fiscal.

(3) Les PME définies comme des personnes physiques ou morales ayant la qualité de commerçants et qui ne dépassent pas deux des trois critères de présentation de l'annexe simplifiée, soit :

- total bilan < 4 000 000 € ;

- total chiffre d'affaires < 8 000 000 € ;

- nombre moyen de salariés permanents < 50 ;

peuvent retenir dans leurs comptes individuels les durées d'usages.

Elles sont ainsi dispensées des éventuels amortissements dérogatoires ou des réintégrations fiscales induits par les divergences liées aux durées pour les immobilisations non décomposées.

(4) Ces réintégrations fiscales devront, sauf dispositions contraires, être prises en compte lors de la sortie de l'actif du bien.

(5) L'administration fiscale s'abstient de remettre en cause les durées d'amortissement retenues par les entreprises en raisons de circonstances particulières lorsqu'elles ne s'écartent pas plus de 20 % des usages professionnels.

(6) L'amortissement dégressif permet une récupération accélérée de l'investissement effectué. Il ne saurait réellement traduire un rythme de consommation des avantages économiques.

(7) Cas de l'amortissement progressif par exemple.

(8) Voir le chapitre 9 sur les travaux relatifs aux immobilisations.

(9) Sauf s'il existe une durée d'usage comme dans le cas des installations et agencements des constructions.

(10) La constatation d'une dépréciation entraîne la modification prospective du plan d'amortissement et provoque une diminution des amortissements déductibles en raison de la fraction de la dépréciation non admise en déduction du résultat fiscal. Le CNC (avis 2006-12) propose un mécanisme comptable afin de combler la diminution des amortissements déductibles dont il ressort que (sous réserve de la position de l'administration fiscale) :

- le transfert de dépréciation constitue un produit non imposable ;

- la dotation aux amortissements pour dépréciation est une charge déductible.

L'amortissement dégressif peut s'appliquer aux immobilisations décomposées :

- pour la structure, il faut que l'immobilisation dans son ensemble y ouvre droit ;
- pour un composant, il faut qu'il soit éligible ou que l'immobilisation dans son ensemble soit éligible.

Le coefficient est déterminé par rapport à la durée fiscalement admise.

b) Données chiffrées

➤ *Coefficients d'amortissement dégressif*

Durée d'utilisation	Biens acquis ou fabriqués à compter du 01.01.2001 (1) (2)	Biens acquis ou fabriqués (3) jusqu'au 31.12.2000
3 ou 4 ans	1,25	1,5
5 ou 6 ans	1,75	2
Plus de 6 ans	2,25	2,5

(1) Les biens acquis ou fabriqués entre le 17.10.2001 et le 31.03.2002 et amortis selon le système dégressif bénéficient d'une majoration facultative de 30 % de la dotation pratiquée au titre des 12 premiers mois. Cette mesure temporaire ne peut se cumuler avec le régime d'amortissement exceptionnel sur 12 mois ouvert à certains biens.

(2) Les biens acquis ou fabriqués entre le 4.12.08 et le 31.12.09 bénéficient d'une majoration de 1/2 point du coefficient d'amortissement dégressif, soit : 1,75 ; 2,25 et 2,75.

(3) Ces coefficients peuvent être appliqués aux matériels et outillages utilisés à des opérations de recherche scientifique et technique ouvrant droit au crédit d'impôt recherche, s'ils ont été acquis ou fabriqués à partir du 1er janvier 2004.

➤ *Amortissements des voitures particulières*

La base maximale d'amortissement des véhicules de tourisme est fonction de l'année d'acquisition ou de location de véhicule et au taux d'émission de CO_2 par kilomètre[1].

(1) Voir le *Manuel DCG4 Droit fiscal 2017/2018*, de E. Disle, J. Saraf, N. Gonthier-Besacier et J.-L. Rossignol (Dunod Éditeur).

➤ *Biens amortissables de faible valeur (tolérance fiscale et non règle impérative)*

Déduction immédiate si leur valeur unitaire HT n'excède pas 500 € HT. Cette mesure est applicable aux logiciels d'une valeur unitaire HT n'excédant pas le seuil cité ci-avant.

c) Les régimes d'amortissements exceptionnels

Principaux cas	
Types d'immobilisations	**Régimes d'amortissements**
Logiciels.	Amortissement sur 12 mois à compter du 1er jour du mois d'acquisition pour les acquisitions réalisées au cours d'exercices ouverts avant le 1er janvier 2017.
• Matériels destinés à économiser de l'énergie et équipement de production d'énergie renouvelable, acquis ou fabriqués avant le 01.01.2011. • Immeubles antipollution achevés avant le 01.01.2011 qui s'incorporent de manière fonctionnelle à des installations de production. • Matériels acquis ou fabriqués avant le 01.01.2011 et destinés à réduire le niveau acoustique d'installations existant au 31.12.1990.	Amortissement sur 12 mois à compter de la date de mise en service
Immeubles construits avant le 01.01.2014 par les PME dans les zones prioritaires.	Amortissement exceptionnel égal à 25% du prix de revient. La valeur résiduelle des constructions est amortissable sur leur durée normale d'utilisation.
Robots industriels acquis ou créés par les PME entre le 1.10.13 et le 31.12.16 Imprimantes 3D acquises ou créées entre le 01.10.15 et le 31.12.16.	Amortissement exceptionnel sur 24 mois à compter de la mise en service.
Suramortissement en faveur de l'investissement productif acquis ou créé entre le 15.04.2015 et le 14.04.2017(1).	Déduction de 40 % de la valeur d'origine répartie pour la durée normale d'utilisation du bien.
Suramortissement des véhicules peu polluants	Déduction de 40 % répartie sur la durée d'utilisation pour les biens acquis en 2016 et 2017.
(1) Pour plus de détail, voir le Manuel DCG4 Droit fiscal 2016/2017, de E. Disle, J. Saraf, N. Gonthier-Besacier et J.-L. Rossignol (Dunod Éditeur).	

d) Le traitement fiscal des amortissements différés

Il s'agit d'amortissements non comptabilisés.

Situation	Désignation	Conséquences fiscales
Amortissements différés en contravention avec la règle de l'amortissement minimal posée par l'article 39 B.	Ils sont *irrégulièrement* différés.	• Perte définitive du droit à déduction. • Prise en compte de cet amortissement pour la détermination du résultat de cession.
Amortissements différés en respectant l'article 39 B.	Ils sont *régulièrement* différés.	Modalités de reprise[1] : – ils ont été différés en période déficitaire[2] : l'entreprise a le choix entre un rattrapage massif sur les premiers exercices bénéficiaires ou une récupération étalée sur la durée restant à amortir ; – ils ont été différés en période bénéficiaire[1] : seule la récupération étalée est possible. Les amortissements récupérés sont déductibles.

(1) Les modalités de reprise qui vont être énoncées ne concernent que les biens amortis en dégressif. Pour les modalités de reprises des amortissements régulièrement différés des biens amortis selon le système linéaire : voir Droit fiscal, *Manuel et Applications DCG 4, E. Disle, J. Saraf, N. Gonthier-Besacier et J.-L. Rossignol, Dunod.*

(2) Sur le plan comptable.

2. Les provisions

a) Les conditions fiscales de déduction

Conditions de fond	Les pertes et charges prévisibles qui sont l'objet de la provision doivent : – être déductibles par nature ; – être nettement précisées ; – être probables et pas seulement éventuelles ; – résulter d'événements en cours à la clôture de l'exercice.
Condition de forme	Les provisions doivent être comptabilisées en charges par le compte de dotations.

Remarques

- Les provisions au sens comptable sont des passifs probables dont l'échéance ou le montant n'est pas fixé de façon précise. S'agissant d'un passif, les provisions doivent cumulativement respecter les critères suivants :
  - obligation à la clôture ;
  - obligation à l'égard d'un tiers ;
  - sortie de ressources ou bénéfice du tiers sans contrepartie.
- Outre certaines règles spécifiques, les dépréciations comptables doivent respecter les règles de fond et de forme relatives à la déductibilité fiscale des provisions.

b) Les principales provisions réglementées

Provision pour hausse des prix	La provision est déductible à concurrence de la fraction qui excède 10 % de la hausse constatée des prix d'un produit, sur une période maximale de deux exercices successifs[1]. La provision constituée au cours d'un exercice (N) est rapportée aux résultats de l'exercice en cours à l'expiration de la sixième année (N+6).
Provision pour prêts d'installation des salariés « essaimage »	Les entreprises qui consentent des prêts à taux privilégiés à des entreprises fondées par les membres de leur personnel peuvent constituer en franchise d'impôt une provision spéciale. Le montant déductible est égal à la moitié des sommes prêtées et/ou à 75 % du montant effectivement souscrit en capital, dans la limite globale de 46 000 € pour un même salarié[2].

(1) Le montant de la dotation est plafonné à 15 M€ par période de 12 mois, majoré, le cas échéant, d'une fraction égale à 10 % de la provision calculée avant plafonnement.

(2) La dépréciation des titres de la société constituée par l'ancien salarié n'est admise en déduction que pour la fraction qui excède la provision pour essaimage.

Exercices d'application

CAS 16 SOCIÉTÉ RAMEL

Thème : amortissements, conditions de déduction, régimes particuliers

M. Ramel est le dirigeant d'une petite SA créée le 1.07.N-2. Elle est spécialisée dans la pose de matériel de téléphonie et est installée à Clermont-en-Beauvaisis dans l'Oise. Son capital est de 30 000 € ; son exercice comptable coïncide avec l'année civile.

La SA Ramel a fait l'acquisition le 17.04.N-1 d'un testeur de connexion pour un prix HT de 31 969,52 € (date de mise en service : 17.04). Sa durée d'utilisation, qui correspond à sa durée d'usage, est de 5 ans. L'amortissement linéaire peut être considéré comme traduisant le rythme de consommation des avantages économiques. Toutefois, l'entreprise souhaite bénéficier sur le plan fiscal de l'amortissement dégressif. Le coefficient de déduction définitif était de 75 % (coefficient d'assujettissement de 1, coefficient de taxation de 0,75 et coefficient d'admission de 1) et l'exercice d'acquisition avait une durée de 18 mois. Coefficient d'amortissement dégressif à appliquer : 1,75.

➲ Questions

1) Présenter les plans d'amortissements comptable et fiscal de ce bien.

2) En N, le coefficient de taxation définitif est fixé à 64 % (les autres coefficients demeurent inchangés). Quelles sont les conséquences sur la question 1 ?

3) L'entreprise pourrait-elle retenir pour le testeur sur les plans comptable et fiscal un mode d'amortissement calculé en fonction du nombre d'heures de marche de la machine ? Si oui, à quelles conditions ?

4) La société omet de comptabiliser les amortissements de N (exercice bénéficiaire au plan comptable). Quelles sont les conséquences sur la question 1 au plan comptable ? Au plan fiscal ?

La SA Ramel a acheté un véhicule de tourisme de marque Peugeot pour 29 900 € TTC, TVA au taux normal, le 01.06.N. M. Ramel souhaite l'amortir comptablement selon la cote argus (évaluation argus de la voiture fin N : 24 804 €). La durée probable d'utilisation est de 5 ans et le véhicule a un taux d'émission de CO2 de 223g/km.

➲ Question

5) Quelle est la conséquence sur le plan fiscal ?

La redevance de crédit-bail sur la voiture break utilisée par M. Ramel pour ses déplacements professionnels, versée début N, a été comptabilisée correctement dans le compte « 6122 Crédit-bail mobilier » pour 4 216 € TTC. La société de location a acquis ce véhicule le 01.09.N-1 pour un prix TTC de 20 570 €. Elle l'amortit sur 5 ans en linéaire. Le contrat de crédit-bail a une durée de 4 ans. Ce break est considéré comme non polluant. (taux d'émission de CO^2 ≈110 g/km)

➲ Question

6) Quelle est la conséquence sur le plan fiscal ?

Le 01.04.N-3, la société Ramel a acquis un logiciel de gestion intégrée pour un prix de 22 640 €. M. Ramel l'a amorti sur le plan comptable selon le mode linéaire, en 4 ans, tout en bénéficiant fiscalement des avantages liés à l'acquisition de logiciels.

➲ Question

7) Quel est le plan d'amortissement de ce logiciel et quelles sont ses conséquences fiscales ?

La SA Ramel a acquis le 04.01.N+2 un matériel de production de 100 000 € HT. La durée d'utilisation est de 4 ans car la SA Ramel a convenu avec son fournisseur que le matériel serait repris au bout de cette durée pour un prix fixé à 15 000 € HT. La mise en service est intervenue le 16 février N. Le rythme d'amortissement est linéaire et correspond à la consommation des avantages économiques mais la durée d'usage admise fiscalement est de 8 ans. Ce bien est toutefois éligible à l'amortissement dégressif (coefficient 2,25).

➲ Question

8) Quelles sont les conséquences de cette opération sur le résultat fiscal de l'exercice N+2 ?

Le 1er mars N+2, la société Ramel a acquis et mis en service un appareil de contrôle et de mesure spécifique pour 46 000 € (TVA au taux normal) subventionné par l'État à hauteur de 50 %. Ce bien est amorti fiscalement en dégressif sur 5 ans. En comptabilité, la dotation aux amortissements d'exploitation pour ce matériel est calculée selon le mode linéaire sur une durée de 5 ans également. L'entreprise applique pour ses subventions d'équipement en comptabilité et en fiscalité les dispositions de l'article 42 septies du CGI.

➲ Question

9) Indiquer le montant de la reprise de subvention comptabilisée et imposable au titre de l'exercice N+2.

Fin N+3, le résultat fiscal prévisionnel de l'exercice s'établit à - 84 000 €. Afin d'optimiser sa situation fiscale, M. Ramel souhaite reprendre par anticipation les amortissements dérogatoires et la subvention de la question 9.

➲ Questions

10) Est-ce possible sur le plan comptable ? Sur le plan fiscal ? Quelles sont les conséquences sur le résultat fiscal ?

11) M. Ramel se demande s'il peut à nouveau reprendre ultérieurement l'amortissement dégressif sur le matériel en cas de résultat fiscal bénéficiaire. Que peut-on lui répondre ?

Le 28 mai N+4, la société Ramel a acquis pour 6 000 € HT un serveur permettant la mise en réseau des travaux des personnels de l'entreprise. La mise en service du serveur a nécessité certains aménagements pour un coût de 4 000 € HT ainsi que le recours à certains conseils informatiques pour lesquels la société Ramel a dépensé la somme de 4 500 € HT.

La mise en service est intervenue le 1er septembre N+4. Le serveur sera amorti en linéaire sur 6 ans mais M. Ramel entend profiter des avantages fiscaux liés à l'amortissement dégressif.

La durée d'usage de ce type de bien est de 3 ans par hypothèse. Ce bien n'est pas éligible au suramortissement productif.

➲ Questions

12) Déterminer le coût d'entrée comptable du serveur et préciser son prix de revient fiscal.

13) Présenter le plan d'amortissement du serveur en précisant le montant des dotations aux amortissements déductibles.

14) Mêmes travaux qu'à la question 2 mais avec les hypothèses cumulatives suivantes :

- **l'entreprise Ramel ne souhaite pas bénéficier de l'amortissement dégressif ;**
- **la durée d'utilisation retenue par l'entreprise est de 3 ans alors que les usages prévoient 6 ans.**

Le 1er juin N+6, la SA Ramel a procédé à une augmentation de capital et a acquis un petit local complémentaire déjà achevé pour un prix de 50 000 €. Les frais de notaire, les frais d'acte et les droits d'enregistrement réglés à l'acquisition sont de 4 000 € et la SA Ramel a opté comptablement pour la prise en compte de ces frais dans le coût d'entrée des immobilisations. Le local n'a pas été décomposé au plan comptable car il ne comporte pas d'élément dont la durée d'utilisation est différente de l'immobilisation dans son ensemble. Au plan comptable, le local est amorti en linéaire sur 30 ans alors qu'au plan fiscal sa durée d'usage est de 20 ans. Il a été mis en service dès l'acquisition.

La SA Ramel comptabilise des amortissements dérogatoires ou procède aux réintégrations nécessaires quand la durée d'usage fiscale diverge de la durée réelle d'utilisation comptable.

En terme de l'année N+8, la croissance de l'activité de la SA Ramel est en fort repli et le local acquis en N+6 s'avère de moins en moins nécessaire à l'exploitation. Le test de dépréciation mené au terme de cet exercice fait ressortir une valeur d'utilité de 35 000 € et une valeur vénale nette des coûts de sortie chiffrés à 2 000 €, de 43 000 €. Les perspectives de reprise de l'activité demeurent toutefois très fortes.

➲ Question

15) Déterminer le montant de la dépréciation comptabilisée le 31.12.N+8 et préciser son sort fiscal.

Le 01.07.N, la société Hanaé acquiert un bien éligible au suramortissement en faveur de l'investissement productif. Le matériel d'une valeur de 100 000 € est amortissable sur 5 ans.

16) Déterminer le montant du suramortissement et préciser son sort fiscal. Quel sera le montant de la déduction si le bien est vendu le 1.04 N+3 ?

NB : Tous les calculs seront arrondis à l'euro le plus proche.

CAS 17 SOCIÉTÉ CHARON

Thème : charges non décaissées, difficultés diverses

La société anonyme Charon, au capital de 700 000 €, a été créée le 01.01.N-10. Elle a pour activité principale la fabrication et la vente de meubles. Grâce à une stratégie d'intégration verticale en amont, elle possède aujourd'hui plusieurs exploitations forestières en France et en Allemagne et contrôle diverses scieries.

La stratégie globale de la société est définie au sein d'un groupe de travail constitué de quatre administrateurs. L'objectif actuel est d'absorber les marges pratiquées par les intermédiaires de la distribution. Cette politique permettra à l'entreprise Charon de réduire ses tarifs en aval et de lutter efficacement contre la concurrence. Cette nouvelle orientation, validée par le conseil d'administration, se réalisera progressivement de N à N+5 par des prises de participation, des rachats d'entreprises et la mise en place d'un réseau de franchises.

L'entreprise Charon assure le conseil juridique et fiscal de l'ensemble des sociétés d'amont et d'aval déjà contrôlées ainsi que des franchisés.

Le directeur financier de l'entreprise Charon vous charge en janvier N+1 de traiter certains dossiers restés en suspens concernant des filiales.

Toutes les sociétés clôturent leur exercice comptable le 31 décembre de chaque année.

SA BEAUCHÈNE

Elle est spécialisée dans la vente de meubles et l'installation de cuisines encastrées; elle assure également le service après-vente. Elle a passé pour la première fois au 31.12.N une provision pour prestations à fournir au titre des garanties conventionnelles accordées d'un montant de 81 534 € calculée de la manière suivante :

$$\text{Coût moyen de l'intervention}^{(1)} \times \text{Nombre moyen d'interventions}^{(1)} \times \text{Indice de croissance du dernier chiffre d'affaires}$$

Éléments	N-2	N-1	N
Coût des interventions	148	145	157
Nombre d'interventions	508	496	520
Chiffre d'affaires	333 080	346 400	370 648

LA SA Beauchène a aussi constitué une provision pour frais financiers. En effet, l'octroi de délais de paiement à certains clients en difficulté et le règlement de charges non prévues ont entraîné courant décembre N un découvert bancaire important. La provision s'élève à 2 000 €. Elle a été calculée sur la base des tarifs habituellement pratiqués par l'établissement financier.

➲ Questions

1) Rappeler les règles relatives à la déductibilité des provisions pour prestations à fournir.

2) Les deux provisions passées seront-elles admises en déduction du résultat fiscal ?

(1) Etabli selon la moyenne relevée au cours des trois dernières exercices.

SNC SCIERIES BAZAULY

À la suite d'une décision de restructuration, figurent au bilan du 31.12.N de la SNC deux nouvelles provisions :

- une provision pour indemnités de licenciement économique d'un montant de 10 300 €. Les licenciements ont été décidés en date du 03.11.N et les indemnités seront versées en février N+1. Le comité d'entreprise ainsi que les six salariés en cause ont été régulièrement informés ;
- une provision pour prêts d'installation des salariés d'un montant de 10 000 €. Cette provision est relative à un prêt de 7 600 € (taux d'intérêt 3 %) accordé à un ancien cadre commercial parti créer sa société de ventes de jeux en bois. L'entreprise a souscrit au capital à hauteur de 2 400 € (20 % du capital).

➲ Questions

3) Préciser la nature comptable de la provision pour prêts d'installation aux salariés.

4) Analyser la déductibilité des deux provisions.

SARL SCIERIES DUBOIS

La société Dubois recourt à la provision pour hausse des prix depuis N-3, en raison d'importantes variations du prix d'achat affectant ses approvisionnements de matières premières. Au 31.12.N, vous disposez des renseignements suivants :

Éléments	Provision au 31.12.N-2	N-2		N-1		N	
		Quantité en stock (en m^3)	Prix unitaire moyen	Quantité en stock (en m^3)	Prix unitaire moyen	Quantité en stock (en m^3)	Prix unitaire moyen
Acajou	4 500	300	345	360	380	290	378
Teck	13 965	1 470	235	1 730	225	1 540	280
Merisier	1 064	760	250	450	307	605	339

La provision globale de l'exercice N-2 a été calculée par rapport aux prix de N-3. Jusqu'à présent, la dotation correspondait au montant maximum autorisé par la réglementation fiscale. Le comptable de la scierie a doté pour l'exercice N, sur décision de gestion, un montant de 38 000 €.

La société Dubois a également procédé à la constitution d'une provision pour renouvellement d'immobilisations pour une somme de 125 600 €. Elle est destinée à couvrir l'acquisition prochaine d'une nouvelle chaîne de dégrossissage et de découpe du bois.

➲ Questions

5) Contrôler le calcul de la dotation à la provision pour hausse des prix, comptabilisée au 31.12.N.

6) Déterminer le sort fiscal de la provision pour renouvellement des immobilisations.

SA DÉBIT

Parmi les comptes clients de la SA Débit figurent les créances suivantes.

- Créances sans risque libellées en monnaie étrangère :

Clients	Date de la créance	Montant de la créance	Cours initial	Cours au 31.12.N-1	Montant remboursé en N	Cours au 31.12.N
Tiev (Pologne)	31.10.N	160 000 PLN	1 PLN = 0,270 €	1 PLN = 0,297 €	0	1 PLN = 0,286 €
Smith (Grande-Bretagne)	26.12.N-1	52 750 £	1 £ = 1,50 €	1 £ = 1,52 €	22 450 £	1 £ = 1,47 €

- Créance risquée libellée en monnaie étrangère :

Clients	Date de la créance	Montant de la créance	Cours initial	Cours au 31.12.N-1	Montant remboursé en N	Cours au 31.12.N
Diterlich (Suisse)	15.01.N	40 832 CHF	1 CHF = 0,625 €	1 CHF = 0,629 €	Néant	1 CHF = 0,613 €

Conformément aux dispositions comptables en vigueur, la société constate à la clôture de l'exercice les écarts de conversion et les provisions correspondantes.

Elle a été informée le 30 novembre N qu'elle encaissera, en mars N+1, entre 20 % et 30 % de la créance sur Diterlish (CHF = franc suisse) pour solde de tout compte.

➲ Questions

7) Indiquer les règles comptables d'évaluation à suivre au 31.12.N pour les trois créances.

8) Quel est le régime fiscal des écarts de conversion, des gains et pertes définitifs et des différentes provisions ?

9) Déterminer les montants comptabilisés et indiquer les retraitements fiscaux.

SARL BIBUS

Cette société, contrôlée à 100 % par l'entreprise Charon, est un fabricant et un distributeur de meubles situé dans le sud de la France. Elle a soumis à l'expert-comptable les deux problèmes suivants.

- Elle a acquis le 05.01.N-4 pour 90 000 € HT une machine multifonctions qui permet à la fois de rectifier, de raboter, de scier... Elle a mis cette machine en service le 15.01.N-4 et l'a amortie fiscalement sur 5 ans en dégressif (coefficient = 1,75) en retenant comptablement l'amortissement linéaire sur la même durée. Elle a volontairement omis, en raison du déficit comptable, de comptabiliser l'amortissement de N-1.

  Dans l'attente d'une réponse, le comptable n'a constaté aucun enregistrement en N. L'entreprise entend continuer à bénéficier des avantages fiscaux associés à l'amortissement dégressif.
- La société a acquis pour 200 000 € HT une nouvelle installation dont l'utilisation et les frais d'entretien courants seront croissants dans le temps. Elle a été mise en service le 01.01.N. Elle a décidé de recourir à la technique de l'amortissement progressif sur 8 ans.

Le plan d'amortissement a été élaboré de la manière suivante :

Années	Taux	Base	Amortissement	Cumul	VNC
N	1	36	5 556	5 556	194 444
N+1	2	36	11 111	16 667	183 333
N+2	3	36	16 667	33 333	166 667
N+3	4	36	22 222	55 556	144 444
N+4	5	36	27 778	83 333	116 667
N+5	6	36	33 333	116 667	83 333
N+6	7	36	38 889	155 556	44 444
N+7	8	36	44 444	200 000	0

Exemple : L'amortissement de l'année N est égal à : 200 000 × 1/36 et celui de N+1 égal à 200 000 × 2/36.

NB : (36 = 1 + 2 + 3 + 4 + 5 + 6 + 7 + 8).

➲ Questions

10) Procéder aux régularisations comptables et fiscales induites par l'amortissement réellement différé sachant que l'exercice N est bénéficiaire au plan comptable.

11) À quelles conditions la technique de l'amortissement progressif pourra-t-elle être retenue, sur le plan comptable ? sur le plan fiscal ?

SOCIÉTÉ FRANCHISÉE SA KAEKI

Cette société distribue depuis peu les meubles fabriqués par le groupe. Elle a envoyé une télécopie à la SA Charon pour obtenir des conseils sur le traitement d'une opération concernant l'exercice N.

En substance, la télécopie relate les faits suivants.

La société Kaeki a consenti un engagement de caution dans le but de permettre à la SA Zéro, qu'elle détient à 60 % depuis sa création, d'obtenir un crédit d'un montant de 125 000 € pour financer de nouveaux investissements.

Depuis de nombreuses années, la SA Kaeki est en relation commerciale avec la SA Zéro dont la situation est jugée préoccupante depuis l'exercice N-1. Aussi, a-t-elle décidé de constituer une provision pour caution d'un montant de 125 000 €.

Le capital de la SA Zéro est de 60 000 €, divisé en 3 000 actions de 20 €. Son bilan se présente comme suit au 31.12.N :

Actif	Montant	Passif	Montant
Actif immobilisé et circulant	67 000	Capital Réserve légale Report à nouveau Résultat de l'exercice Dettes	60 000 6 000 - 69 000 - 8 000 78 000
Total	67 000	Total	67 000

La société Kaeki avait comptabilisé au 31.12.N-1 une dépréciation des titres de participation Zéro de 36 000 € et une provision complémentaire (compte 15) de 1 800 € (3 000 € × 60 %) parce qu'elle est détentrice de titres d'une société déficitaire. Au 31.12.N, elle a augmenté de 4 800 € la provision complémentaire.

Au 31.12.N-1 comme au 31.12.N, il n'y avait pas de plus-values latentes sur les autres titres de participation par simplification.

➲ Questions

12) Retrouver le montant de la dépréciation des titres au 31.12.N-1 et au 31.12.N ainsi que celui de la provision complémentaire.

13) La SA Kaeki peut-elle comptabiliser et déduire une provision par rapport à sa participation dans la SA Zéro déficitaire ?

14) Indiquer le régime fiscal de la dépréciation et de la provision pour engagement de caution.

CAS 18 SOCIÉTÉS BURI, SELA, CAUFFRY ET RANTIGNY

Thème : déductibilité des provisions

L'entreprise Buri (Banque universelle de refinancement immédiat) est une société bancaire (SA), filiale d'un constructeur d'automobiles. Elle est spécialisée dans le financement à crédit de ventes de voitures et gère chaque année 45 000 dossiers donnant lieu à 520 000 prélèvements. La société Buri a fait l'objet en N d'une vérification de comptabilité portant sur les exercices N-3 à N-1. Elle avait comptabilisé, au titre des exercices contrôlés, les charges suivantes :

Nature	N-3	N-2	N-1
Dépréciation des créances(1) (A)	260 000 €	282 000 €	271 000 €
Provision pour risque de non-recouvrement(2) (B)	381 000 €	438 000 €	411 000 €
Montant déduit du résultat fiscal (A) + (B)	641 000 €	720 000 €	682 000 €

(1) Calculée à partir des créances pour lesquelles le recouvrement amiable a échoué.

(2) Calculée sur les crédits accordés, déduction faite des créances litigieuses qui ont fait l'objet de la dépréciation. Le pourcentage de créances irrécouvrables mais non encore litigieuses est obtenu chaque mois, en appliquant au total des encours de crédits accordés un taux de pertes nettes (T) constatées au cours du trimestre précédent, avec T égal à :

$$T = \frac{\text{Créances brutes transférées en créances douteuses au cours de la période moins les créances recouvrées}}{(50\ \%\ \text{encours M-3} + 100\ \%\ \text{encours M-2 et M-1} + 50\ \%\ \text{encours M})/3}$$

Le vérificateur, dans ses conclusions, a rejeté la déduction de la provision pour risque de non-recouvrement.

➲ Question

1) Justifier la position du vérificateur.

La Société d'exploitation de Laigneville (SELA) a été autorisée, par arrêté préfectoral du 19.12.N-9, à exploiter à compter du 01.01.N-8 un centre de stockage des déchets ultimes (une décharge d'ordures ménagères).

L'arrêté lui impose :

- d'exploiter la décharge par zones successives de 2 000 m² au maximum ;
- de réaliser en fin d'exploitation des travaux d'aménagement consistant notamment à recouvrir les résidus d'une couche de terre d'au moins 5 mètres de hauteur.

L'entreprise a donc décidé de constituer, au 31.12.N-8, une provision pour travaux d'entretien et de réparations à raison des travaux d'aménagement qu'elle devra réaliser en fin d'exploitation (coût estimé des travaux : 686 025 € HT, dotations forfaitaires annuelles de 76 225 €).

➲ Question

2) La provision constituée est-elle déductible ? Justifier la position adoptée à partir des conditions générales de déduction des provisions.

La commune de Liancourt a accordé la concession du réseau électrique à la société Cauffry.

Fin N, elle a constitué une provision, d'un montant de 762 245 €, pour des travaux consistant à augmenter le diamètre des câbles conducteurs du réseau, à substituer des supports en béton aux supports en bois et à remplacer des transformateurs.

➲ Question

3) Quel est le régime fiscal de cette provision ?

L'entreprise Rantigny est une importante SA française spécialisée dans la fabrication de matériels destinés à l'industrie du bâtiment et des travaux publics. Elle achète au cours de l'exercice N, pour une somme de 2 500 000 €, 60 % d'une filiale commerciale située en Allemagne et lui prête pour 4 ans une somme de 1 725 000 €. Au cours du 1er trimestre de l'exercice N+2, elle augmente sa participation de 20 % dans sa filiale (montant de l'opération 600 000 €), son prêt de 1 050 000 € et estime le risque de non-recouvrement de ce dernier à 6 %.

Montant des pertes réalisées par la filiale			
	31.12.N	**31.12.N+1**	**31.12.N+2**
Capitaux propres en euros (1)	4 000 000	3 100 000	2 000 000
dont pertes de l'exercice	700 000	900 000	1 700 000

(1) Le montant des capitaux propres constitue une mesure fiable de la valeur d'utilité des titres.

➲ Question

4) Indiquer la nature et le montant des dépréciations et/ou provisions à constituer par la société Rantigny, compte tenu des résultats de sa filiale au 31.12.N et au 31.12.N+2.

10 CHAPITRE

Les plus et moins-values professionnelles à l'IS

1. Calcul du résultat fiscal de cession
2. Le régime des plus ou moins-values professionnelles
3. Application du régime et spécificités applicables aux entreprises relevant de l'IS

Synthèse de cours

1. Calcul du résultat fiscal de cession

La plus ou moins-value de cession se calcule en comparant le prix de cession net des frais de vente et la valeur nette fiscale. Cette dernière, encore appelée par le CGI « prix de revient », est obtenue en retranchant les amortissements fiscalement déductibles de la valeur d'origine fiscale.

2. Le régime des plus ou moins-values professionnelles

L'entreprise doit effectuer une compensation entre les plus-values et les moins-values à court terme d'un même exercice. La même règle s'applique aux plus et moins-values à long terme.

Nature du solde net dégagé	Régime fiscal	Conséquence sur le calcul du résultat fiscal
PV nette à court terme (CT)	Produit net imposable normalement au taux de droit commun	Aucune
MV nette à court terme (CT)	Charge nette déductible normalement	Aucune
PV nette à long terme (LT)	2 possibilités : – exonération (pour certains titres) ou imposition au taux réduit en vigueur après compensation avec des MVNLT antérieures ; – compensation du déficit.	• À déduire. • Aucune puisque, par le jeu des écritures comptables, cette PVNLT a déjà majoré le résultat comptable.
MV nette à long terme (LT)	Charge nette non déductible. Elle est imputable sur les PVNLT des 10 exercices suivants.	À réintégrer en totalité.

3. Application du régime et spécificités applicables aux entreprises relevant de l'IS

a) Les titres

En cas de cession de titres de participation, le prix de revient correspond à la valeur nette fiscale, c'est-à-dire après déduction des frais d'acquisition amortis ou déduits extra-comptablement (voir le chapitre 8). Pour les autres titres, le prix de revient est fonction de l'option comptable formulée, c'est-à-dire avec ou sans majoration des prix par les frais d'acquisition.

Nature	Sort fiscal	Précisions
• Titres de participation au sens comptable détenus depuis 2 ans au moins • Titres fiscalement assimilés à des titres de participation inscrits en titres de participation ou dans une subdivision spéciale du bilan depuis au moins 2 ans également tels ceux : – obtenus en exécution d'une offre publique d'achat ou d'une offre publique d'échange par l'entreprise initiatrice de l'offre ; – ouvrant droit au régime des sociétés mères.	• PVNLT exonérée avec réintégration d'une quote-part de frais et charge de 12 % dans le résultat fiscal(1). • MVNLT à réintégrer. Elle n'est par contre ni reportable, ni imputable.	Les dotations aux dépréciations ne sont pas déductibles et les reprises sont non imposables.
Titres à prépondérance immobilière cotés qui ont le caractère de titres de participation, détenus depuis au moins 2 ans.	• PVNLT imposée à 19 %. • MVNLT à réintégrer. Elles sont repointables sur 10 ans sur des PVNLT taxables à 15 % ou 19 %.	Les dotations aux dépréciations suivent le régime du MVLT à 19 % et les reprises celui des PVLT à 19 %.
Titres de placements (titres immobilisés ou valeurs mobilières de placement au sens comptable)(2).	Les cessions ne relèvent pas des plus et moins professionnelles et sont imposables ou déductibles au taux de droit commun.	Les dotations aux dépréciations sont des charges déductibles et les reprises, des produits imposables.

(1) 12 % du montant brut des plus-values de cession, c'est-à-dire sans compensation avec les moins-values de même nature.

(2) Les gains latents constatés à l'inventaire sur les titres d'OPCVM (SICAV, FCP) détenus par l'entreprise sont des produits non comptabilisés imposables au taux normal d'IS, à réintégrer sur l'imprimé 2058. Les pertes latentes sont des charges non comptabilisées déductibles, donc à déduire ; en contrepartie, la dépréciation est à réintégrer. Lors de la cession de ces titres, il convient de tenir compte des écarts d'évaluation déjà imposés et/ou déduits.

b) Les produits de la propriété industrielle

➤ *Cessions de brevets et assimilés*

Les cessions de brevets et assimilés relèvent du régime des PVLT taxables à 15 % après compensation avec les MVNLT antérieures et reportables. Les brevets et assimilés doivent être détenus depuis au moins 2 ans.

Le délai de 2 ans n'est pas exigé en cas de mise au point par l'entreprise elle-même.

La plus ou moins-value se calcule par différence entre le prix de cession et la valeur nette comptable du brevet.

La plus-value est toujours à long terme mais, s'agissant d'éléments amortissables (brevets, procédé de fabrication…) lorsqu'ils sont inscrits à l'actif du bilan, la moins-value est toujours à court terme.

➤ *Les concessions de brevets*

Le résultat net des concessions de licences de brevet suit le régime des PVLT. Il est taxé au taux de 15 %.

Pour le concessionnaire, les redevances sont déductibles du résultat fiscal.

c) Les autres biens incorporels et corporels cédés

Les résultats de cessions des autres biens (amortissables ou non) tels les logiciels, les terrains, les constructions, les matériels…, pour les sociétés soumises à l'IS, sont imposables au taux normal de l'IS ou au taux réduit en faveur des PME si l'entreprise relève de ce dispositif.

Ils relèvent toujours des plus et moins-values professionnelles mais sont uniquement à court terme quels que soient la durée de détention ou le niveau des amortissements.

> **Remarque** : Les plus-values provenant de sinistre ou d'expropriation peuvent faire l'objet d'une imposition étalée, à compter de l'exercice suivant, sur la durée moyenne d'amortissement déjà pratiquée pour les biens concernés. La durée d'étalement ne peut excéder 15 années et le montant étalé ne peut excéder la PVNCT globale de l'exercice. La provision pour impôt comptabilisée doit être réintégrée.

Exercice d'application

CAS 19 **SOCIÉTÉ MÉLO**

Thème : régime des cessions de titres, calcul du résultat fiscal de cession, qualification, problème des transferts de titres de compte à compte

La société anonyme Mélo, dont le chiffre d'affaires excède 8 000 000 €, a réalisé, au cours de l'exercice N sur son portefeuille de titres, les opérations suivantes :

- Le 17.08.N, cession de 1 000 actions Méli au prix unitaire de 150 €. Ces titres sont inscrits au compte « Valeurs mobilières de placement ».

Date d'acquisition	Quantité	Prix unitaire
01.04.N-1	500	150 €
15.06.N-2	1 000	170 €
10.05.N-3	500	120 €

Dépréciation existante au 31.12.N-1 : 10 000 €.
Cours moyen de décembre N : 135 €.

- Le 25.09.N, cession de 4 500 actions Mane pour un prix unitaire de 400 €. Ces titres sont inscrits au compte « Titres de participation ».

Date d'acquisition	Quantité	Prix unitaire
01.01.N-3	3 000	300 €
30.01.N-1	5 000	370 €

Dépréciation existante au 31.12.N-1 : 190 000 €.
Valeur d'usage au 31.12.N : 360 € ; cours moyen de décembre N : 350 €.

➲ Question

Calculer, pour chaque opération, le résultat de cession et indiquer son régime fiscal en retenant les options les plus favorables. Si nécessaire, retenir un taux d'IS de 33,1/3 %.

11
CHAPITRE

Le paiement de l'IS et la gestion des déficits

1. Le report des déficits
2. Le paiement de L'IS
3. Le calcul du solde de l'IS

Synthèse de cours

1. Le report des déficits

Nature du déficit	Régime fiscal[1]
Déficit fiscal exercice N	*Régime normal* (régime du report en avant) : imputation sur les éventuels bénéfices fiscaux des exercices suivants sans limitation de durée. Cependant, le montant du déficit imputable **sur l'exercice** est plafonné à 1 000 000 € + 50 % du bénéfice imposable de l'exercice excédent 1 000 000 €. *Régime optionnel*[2] : rétro-imputation du déficit (dans la limite de 1 000 000 €) uniquement sur le bénéfice fiscal N-1. Ce report en arrière fait naître une créance égale au produit du déficit imputé par le taux d'IS de l'exercice de réalisation du bénéfice d'imputation (LF 2001)[3]. L'excédent de déficit qui n'a pas pu être reporté en arrière est reporté en avant.

(1) Pour les exercices clos à compter du 21 septembre 2011.
(2) L'option est souscrite sur un imprimé spécial n° 2039.
(3) La créance d'impôt doit être égale à l'impôt payé au titre des bénéfices d'imputation.

Remarques

- La jurisprudence du Conseil d'État n'est plus applicable : l'option pour le report en arrière ne peut plus porter sur les déficits reportables subis au cours des exercices antérieurs.
- Le bénéfice d'imputation correspond aux bénéfices soumis à l'IS au taux normal ou au taux réduit en faveur des PME diminués des distributions prélevées et des bénéfices dont l'impôt a été payé par des crédits d'impôts.
- Si un déficit est imputable sur des bénéfices taxables au taux réduit en faveur des PME et au taux normal, il s'impute alors en priorité sur ceux imposables au taux normal de l'IS.

2. Le paiement de L'IS

a) Les taux

Catégories	Droit commun	PVNLT[1]
Société dont le CAHT est < 7 630 000 € et dont le capital, entièrement libéré, est détenu à 75 % au moins pour des personnes physiques	• 15 % dans la limite de 38 120 €[2] • 28 % pour la fraction du bénéfice imposable comprise entre 38 120 € et 75 000 € • 33 1/3 % au-delà	• Exonération sous conditions des titres de participation et assimilés • Taxation à 15 % des cessions de brevets et du résultat net des concessions de brevets
Autres sociétés, groupements et entités ne relevant pas d'un dispositif spécifique	• 33 1/3 % sur la totalité du bénéfice imposable	

(1) Voir le chapitre 10 précédent.

(2) Les bénéfices exonérés, taxés à 15 % au titre des PVNLT et hors du champ d'application de l'IS, sont exclus de ce seuil.

b) Contribution sociale des sociétés de 3,3 %

Sociétés concernées	Taux et assiette	Paiement
Personnes morales soumises à l'IS au taux normal ou réduit, dont le chiffre d'affaires HT est > à 7 630 000 €.	3,3 % sur la fraction de l'IS de référence[1] excédant 763 000 €	Suit les modalités de paiement de l'IS soit : – 4 acomptes au taux de 0,825 % ; – solde réel avec la liquidation de l'IS.

(1) La somme des IS à taux normal et à taux réduit avant toute déduction correspond à l'« IS de référence ».

Sont exonérées :

– les personnes morales non soumises à l'IS ;

– les organismes sans but lucratif même s'ils sont soumis à l'IS à un taux particulier ;

– les sociétés dont le CA HT est inférieur à 7 630 000 € et dont le capital, entièrement libéré, est détenu au minimum à 75 % par des personnes physiques ou par des sociétés ayant un CA < 7 630 000 € et détenues elles-mêmes, au moins à 75 %, par des personnes physiques.

Remarques

- Juridiquement distincte de l'impôt sur les sociétés, la contribution sociale sur les bénéfices est cependant établie, contrôlée et recouvrée comme l'IS.
- Une contribution exceptionnelle de 10,7 % de l'IS est instituée pour les sociétés réalisant un CA HT ≥ 250 000 000 €, qui clôturent leur exercice à partir du 31 décembre 2011. Elle est applicable aux exercices clos jusqu'au 30.12.2016.
- Une contribution exceptionnelle de 3 % est également due par les sociétés soumises à l'IS en France, autres que les PME, sur les distributions de dividendes.
- Depuis le 1er octobre 2012, l'IS doit être acquitté par télépaiement. Le non-respect de cette obligation est sanctionné par l'application d'une majoration de 0,2 %.

c) Les acomptes provisionnels

➤ *Régime normal*

Chaque acompte est égal à 1/4 de l'impôt dû au titre :

- du résultat imposé au taux réduit de 15 % (IS – PME) ;
- du résultat imposé à 28 % ;
- du résultat imposé au taux normal ;
- du résultat net des concessions de licence d'exploitation imposé au taux de 15 %.

REMARQUES

- Il n'y a jamais d'acompte sur l'éventuelle PVNLT taxée au taux réduit applicable.
- Le dernier acompte des grandes entreprises relève d'un dispositif de calcul particulier.

Les acomptes ne sont pas exigibles lorsque l'impôt afférent à l'exercice de référence n'excède pas 3 000 €. Le contribuable qui estime que le montant total des acomptes déjà versés au titre d'un exercice est . à l'impôt qu'il devra payer au titre de l'exercice concerné, peut se dispenser du versement des acomptes restants.

➤ *Sociétés nouvelles*

Elles sont dispensées de tout versement d'acompte au cours de leur premier exercice d'activité.

3. Le calcul du solde de l'IS

a) Détermination du bénéfice fiscal. Ce bénéfice est arrondi à l'euro le plus proche.

b) Imposition de ce bénéfice au taux en vigueur. L'impôt obtenu est arrondi à l'euro le plus proche.

c) Imposition des plus-values nettes à long terme de l'exercice au taux applicable.

d) Déduction des acomptes versés et détermination du solde de l'impôt dû.

REMARQUES

- L'imputation des crédits d'impôt associés à certains dividendes de source étrangère s'opère en fonction du taux d'IS auquel ils auraient été imposés s'ils avaient été comptabilisés, soit 66,2/3 % (100 % - 33,1/3 %) pour les sociétés relevant du taux normal de l'IS et 85 % (100 % - 15 %) pour les bénéfices taxés au taux réduit de l'IS.
- L'imputation des crédits d'impôt associés à certains dividendes de source étrangère ne peut pas, en cas d'excédent, s'imputer sur l'impôt au taux réduit des PVLT.
- Le taux et l'imputation de la retenue à la source supportée sur les revenus mobiliers et les redevances de source étrangère (crédit d'impôt) dépendent du contenu des conventions ou accords destinés à éviter les doubles impositions, conclus entre la France et les autres pays du monde. Il existe des régimes spécifiques et des exonérations, notamment dans le cadre européen. En l'absence de convention ou assimilée, aucun crédit d'impôt n'est imputable.
- L'imputation des autres crédits d'impôt (crédit d'impôt recherche notamment) s'opère sur l'IS dû au taux normal et au taux réduit mais avant prise en compte de la contribution sociale, contribution sur laquelle ces crédits ne s'imputent pas.

Exercices d'application

CAS 20 SOCIÉTÉ STRATOS

Thème : déficits fiscaux, report en arrière, report en avant

L'entreprise industrielle Stratos est une société anonyme importante qui a connu de graves difficultés financières au cours de l'exercice N à la suite de la faillite d'un important client. Selon les estimations du directeur financier, les conséquences néfastes de cet événement sur la rentabilité de la société devraient se faire sentir pendant plusieurs années.

Au 31.12.N, date de la fin de l'exercice comptable, le résultat fiscal apparaissant à la ligne XJ « Résultat fiscal avant imputation des déficits reportables de l'imprimé fiscal 2058-A est un déficit fiscal de 400 000 € ».

Fin N, la société Stratos opte pour le report en arrière de son déficit.

Informations relatives aux exercices précédents

Exercices	Résultats fiscaux	Taux normal de l'IS	PVNLT		Crédits d'impôt sur titres[3]	Autres crédits d'impôt imputables
			Montant	Taux réduit d'IS		
N-5	175 000	33,1/3 %				
N-4	124 000	33,1/3 %	23 000	15 %		
N-3	117 000	33,1/3 %				
N-2[1]	(25 000)[2]	33,1/3 %				
N-1	184 000[5]	33,1/3 %	10 000	15 %	4 500	23 150[4]

(1) Le 30.06, l'entreprise a procédé à une distribution de dividende pour un montant de 50 000 € prélevé sur le bénéfice comptable N-3.
(2) Perte fiscale reportée en avant.
(3) Crédits d'impôt attachés à des dividendes encaissés de sociétés étrangères non filiales.
(4) Il s 'agit d'un crédit d'impôt recherche.
(5) Après imputation de la perte fiscale N-2.

Remarque : La société Stratos ne remplit pas les conditions pour bénéficier de l'IS aux taux réduits (15 % et 28 %) en faveur des PME. Elle a distribué le 30.06.N un dividende de 10 000 € prélevé sur le bénéfice comptable N-1.

➲ Questions

1) **Sous quelles conditions une entreprise peut-elle opter pour le report en arrière du déficit N ?**
2) **Calculer le montant de la créance fiscale résultant du report en arrière du seul déficit de l'exercice N.**
3) **Le recours au report en arrière des déficits absorbe-t-il le déficit de l'exercice N ?**
4) **Quels sont les principaux avantages du report en arrière par rapport au régime normal ?**

CAS 21 SOCIÉTÉ AUVILLER

Thème : détermination du résultat fiscal et incidence des options et des conventions

La société anonyme Auviller est un équipementier automobile de renommée mondiale. Elle est dirigée par M. Lamarre. Son siège social est situé dans l'Aisne. Ses filiales et succursales sont implantées en France et en Europe du Nord. L'évolution récente de son marché a conduit la société à prendre des participations dans des jeunes PME à fort potentiel technologique.

Vous êtes chargé par M. Daffes, le directeur administratif et financier, de déterminer le résultat fiscal de l'exercice N en adoptant les solutions fiscales les plus favorables pour l'entreprise.

Le service comptable vous communique les renseignements suivants :

1) L'exercice comptable s'étend du 1er septembre au 31 août.
2) La SA Auviller a opté pour le régime spécial des sociétés mères.
3) Toutes les écritures comptables ont été correctement enregistrées et le résultat comptable (y compris les résultats des succursales) avant impôt s'élève à 6 500 000 €.
4) *Succursale.* La société Auviller a subi au cours de l'exercice comptable une perte de 400 000 € dans une usine exploitée en Belgique. L'usine représente un établissement stable au sens des conventions fiscales internationales.
5) *Participations :*
   - la société Auviller possède 60 % des parts sociales de la SARL Milly qui fabrique des pistons, des injecteurs, et qui a son siège social dans l'Oise (en France). Cette société a réalisé le 31.12.N-1 un bénéfice comptable de 275 000 € et distribué le 30.06.N un dividende global de 300 000 € ;
   - elle a perçu le 15.07.N un dividende net de 102 000 € en provenance d'une société allemande dont elle détient 4 % (prix d'achat des titres : 2 000 000 €). En Allemagne, les dividendes versés à des sociétés non-résidentes subissent une retenue à la source de 15 %. La retenue à la source est supprimée lorsque les dividendes sont distribués à des sociétés possédant au moins 10 % du capital ;
   - elle possède 65 % d'une société en Norvège qui a réalisé, au 31.12.N-1, une perte de 700 000 € ;
   - le 15.06.N, elle a comptabilisé en produits financiers un dividende net de 400 000 € reçu de la SA Beigne installée dans la Somme (France), et dont elle détient 3 % des actions (prix d'achat de la participation : 5 000 000 €) ;
   - elle a pris, en N-2, une participation de 40 % des parts sociales de la SNC Nemis, spécialisée dans la fabrication de régulateurs électroniques de combustion. Cette SNC n'a pas opté pour l'IS et a réalisé au 31.12.N-1 un bénéfice fiscal de 231 250 €. Elle a distribué, le 2.08.N, une somme de 63 315 €, qui a été comptabilisée par la société Auviller en produits financiers.
6) La *participation des salariés* déterminée légalement était de 954 580 € au titre de l'exercice précédent. Celle inscrite dans les comptes de l'exercice N est de 942 325 €.
7) *Concessions de licences d'exploitation.* La société Auviller a mis au point et breveté en N-2 un nouveau type d'injecteur pour les moteurs Diesel. Elle concède la licence d'exploitation de ce brevet à sa filiale norvégienne (redevances versées en N : 100 000 €). Il n'y a pas de retenue à la source sur les redevances en provenance de Norvège, sauf exception.

Les frais d'étude, de dossier, et de maintenance des brevets représentent annuellement 33 000 €.

8) *Cession d'un brevet d'invention.* Le 30.06.N, la société a cédé un brevet concernant un procédé d'usinage mis au point par elle-même le 1.10.N-3 :
   - coût de production = 250 000 €,
   - amortissements pratiqués à la date de la cession = 137 500 €,
   - prix de cession = 120 500 € HT.

9) Déficit reportable existant au 01.09.N : 670 930 €.

➲ Questions

1) Déterminer le montant du résultat fiscal au titre de l'exercice allant du 01.09.N-1 au 31.08.N.

2) Calculer le montant de l'impôt sur les sociétés et de la contribution sociale.

3) Même question, mais en supposant que la France n'a pas signé de convention avec l'Allemagne.

4) Même question qu'en 2, mais en supposant cette fois-ci que la participation dans la société allemande est de 12 %.

Remarques :

- La SA Auviller ne remplit pas les conditions pour bénéficier des taux réduits d'imposition des PME, ni pour être exonérée de la contribution sociale de 3,3 % compte tenu de la détention de son capital. Par simplification pour les questions 3 et 4, le dividende net perçu reste fixé à 102 000 €.
- Son CAHT est inférieur à 250 millions d'euros.

12
CHAPITRE

Les mesures d'aides fiscales : le crédit d'impôt recherche et autres crédits d'impôt

Synthèse de cours

1. Objectif et définition

Ces mesures ont pour vocation d'encourager certaines actions, en accordant aux entreprises des créances sur l'État imputables sur l'impôt. En principe, ces crédits d'impôt sont remboursables en cas d'excédent.

2. Typologie (principaux régimes)

Nature du crédit d'impôt	Modalités de calcul	Traitements comptable et fiscal
Crédit d'impôt recherche	Option annuelle de l'entreprise • Concerne les entreprises industrielles, commerciales, artisanales ou agricoles soumises à un régime réel d'imposition et relevant de l'IS ou de l'IR[1] • Concerne les dépenses de recherche suivantes : – les rémunérations des chercheurs et techniciens (cotisations sociales comprises) directement affectés aux opérations de recherche fondamentale, appliquée ou de développement expérimental ; – les dépenses de fonctionnement évaluées de façon forfaitaire ; – les dotations déductibles aux amortissements des immobilisations créées ou acquises à l'état neuf directement affectées aux opérations de recherche ; – le coût des opérations de recherche sous-traitées, les frais de prise de brevet, les frais de normalisation des produits, les frais de défense des brevets et de veille technologique[2]...	• Crédit d'impôt toujours positif ou nul. • Comptabilisation : – si le CIR est imputé immédiatement, il est comptabilisé en moins de l'IS ; – s'il n'est pas imputé (ou partiellement), il est comptabilisé au compte 699 « Produits : crédit d'impôt recherche » (fiscalement, ce produit n'est pas imposable : il est donc à déduire sur l'imprimé 2058A) ; – la fraction excédentaire du CIR est imputable sur l'IS des trois années suivantes[5][6].

☞

Nature du crédit d'impôt	Modalités de calcul	Traitements comptable et fiscal
	• Montant du crédit d'impôt : – dépenses de recherche de l'année × 30 %. – pour les dépenses qui excèdent 100 millions d'euros, le taux de 30 % est ramené à 5 %. • Dépôt d'une déclaration n° 2069.	L'excédent non imputé est remboursé(5)(6).
Crédit d'impôt pour la compétitivité et l'emploi (CICE)(3)	• S'applique aux entreprises relevant de l'IR ou de l'IS d'après un régime réel • Crédit = Taux × Base : – taux : 7 % ; – base : salaires bruts n'excédant pas 2,5 fois le Smic.	• Crédit imputé sur l'IS ou l'IR. • Le CICE non imputé au titre d'une année N constitue une créance sur l'État utilisable pour le paiement de l'IS ou l'IR dû au titre des 3 années suivantes ; à défaut, elle est remboursée par l'État(5).
Crédit d'impôt famille	• S'applique aux entreprises relevant de l'IR ou de l'IS et imposées d'après un régime réel. • Crédit = Taux × Dépenses engagées par l'entreprise(7) pour : – le financement et le fonctionnement des crèches, – l'aide financière aux services à la personne • Plafond global du crédit de 500 000 €.	Crédit imputé sur l'IR ou l'IS au titre de l'exercice où les dépenses ont été engagées.
Crédit d'impôt pour favoriser l'emploi des apprentis	• S'applique aux entreprises soumises à l'IR ou à l'IS et imposées d'après un régime réel et qui emploient des apprentis n'ayant pas achevé la première année de leur cycle de formation dans l'entreprise et qui préparent un diplôme ou un titre équivalent au plus au BTS ou à un DUT. • Crédit = 1 600 € par apprenti employé depuis au moins 1 mois (ou 2 200 € dans le cas d'un apprenti handicapé notamment). • Plafond égal au montant des dépenses de personnel relatives aux apprentis minorées des subventions publiques reçues.	S'impute sur l'IR ou l'IS dû, l'excédent est remboursé.

(1) Le crédit d'impôt est ouvert aux entités exonérées d'IR ou d'IS comme celles implantées dans certaines zones.

(2) Certains frais font l'objet d'une prise en compte limitée (cas des frais de normalisation) ou plafonnée (cas par exemple des frais de veille technologique retenus dans la limite de 60 000 € par an) mais aussi doublée (cas des dépenses de recherche confiées à des organismes publics)...

(3) Créé par la LFR 2012 n° 3.

(4) Il s'impute sur l'IR pour les entreprises relevant de cet impôt.

(5) Possibilité de remboursement immédiat pour les PME au sens communautaire, les entreprises nouvelles, les jeunes entreprises innovantes et les entreprises ayant fait l'objet d'une procédure de sauvegarde ou de conciliation, d'un redressement ou d'une liquidation judiciaire.

(6) Dans les sociétés de personnes dont les associés relèvent de l'IR, le crédit d'impôt est transféré aux associés au prorata de leurs droits.

(7) Le taux varie selon la nature de la dépense effectuée entre 25 % et 50 %.

Remarque : Il existe d'autres crédits d'impôts imputables sur l'IR ou sur l'IS tels :
- le crédit d'impôt pour dépenses de prospection commerciale (exportation hors UE) par les PME...
- le crédit d'impôt pour la formation du chef d'entreprise ;
- le crédit d'impôt pour la transition énergétique ;
- ainsi que des réductions soit d'IS (réduction pour les PME de croissance, pour souscription au capital des entreprises de presse), soit d'IS et d'IR (mécénat d'entreprise) ;
- outre les dispositifs de réduction d'IS, il existe des mécanismes d'exonération du bénéfice imposable tels les entreprises nouvelles, les entreprises implantées en zone franche urbaine...

Exercice d'application

CAS 22 SOCIÉTÉ LOJOIS

Thème : traitement fiscal du crédit d'impôt recherche

Vous venez d'être embauché dans le service fiscal de la société anonyme Lojois. Dans cette entreprise, les dépenses de recherche développement représentent le quart du chiffre d'affaires annuel hors taxes.

Pour tester vos connaissances, le chef du service fiscal, M. Dubourg, vous soumet un petit test et une application chiffrée sur le traitement du crédit d'impôt recherche.

1. Test proposé par M. Dubourg

Répondez par vrai ou faux aux affirmations ci-dessous, en justifiant vos réponses.

NB : CIR = crédit d'impôt recherche.

1) Le CIR se calcule par année civile, quelle que soit la date de clôture de l'exercice comptable.
2) Le CIR est réservé aux seules entreprises industrielles et commerciales soumises à l'impôt sur les sociétés.
3) Les opérations de recherche scientifique et technique visées par le CIR couvrent les trois domaines de la recherche fondamentale, de la recherche appliquée et du développement expérimental, réalisées dans l'Espace Économique Européen.
4) Toutes les dépenses des personnels affectés à la recherche sont retenues pour le calcul du CIR.
5) Les dépenses de fonctionnement exposées pour les opérations de recherche (frais d'électricité des laboratoires par exemple) sont uniformément retenues pour un montant forfaitaire de 50 % des dépenses des personnels affectés exclusivement à la recherche.
6) Les annuités d'amortissement de toutes les constructions directement affectées aux opérations de recherche ouvrent droit au CIR.
7) Les annuités d'amortissement des biens achetés d'occasion, directement affectés à la recherche, ouvrent droit au CIR.
8) Les annuités d'amortissement de tous les brevets possédés par l'entreprise ouvrent droit au CIR.
9) Une entreprise qui utilise pendant 5 ans une machine acquise neuve, à raison de 6 mois par an, à des opérations de recherche, pourra tenir compte d'une demi-annuité d'amortissement pour déterminer le CIR afférent à chaque année.

10) Des annuités théoriques d'amortissement des immobilisations affectées à la recherche et prises en crédit-bail sont incorporées dans le calcul du CIR.

11) Les dotations aux amortissements prises en compte dans le calcul du CIR sont les dotations fiscalement déductibles.

12) Les dépenses servant d'assiette ou calcul du CIR ne sont pas plafonnées mais le CIR ne peut excéder 20 millions d'euros par année.

2. Application chiffrée proposée par M. Dubourg

L'entreprise Barois est une importante société anonyme implantée à Aulnay-sous-Bois (93). Son exercice comptable coïncide avec l'année civile.

Elle a déclaré les éléments suivants :

Éléments	N	N+1	N+2	N+3
IS dû	83 650 €	0 €	0 €	705 000 €
Crédit d'impôt-recherche	637 500 €	127 500 €	0 €	191 250 €

➲ Question

Indiquer, pour chaque année, l'utilisation du CIR et le montant de l'IS à payer.

13

CHAPITRE

Cas de synthèse sur l'IS

CAS 23 SOCIÉTÉ MAXENCE

La société Maxence clôt son exercice comptable le 31.12.N.

Présentation de l'entreprise

- *Forme juridique :* société anonyme non cotée.
- *Dénomination sociale :* Maxence SA.
- *Capital social :* 150 000 € (actions de 50 €) entièrement libéré.
- *Associés :* Yves de Saint-Maxence : 60 %, président du conseil d'administration ; Paul Désageux : 5 %, directeur général et directeur financier salarié ; Roger Cinqueux : 5 % ; divers actionnaires personnes physiques : 15 % ; divers actionnaires personnes morales : 15 %.
- *Objet social :* fabrication et commercialisation d'équipements sportifs.
- *Chiffre d'affaires :* 7 120 300 € HT en N contre 6 970 500 € HT en N-1.

Informations concernant l'exercice N

Les écritures comptables ont été correctement passées et le résultat comptable avant impôt s'élève à 414 766 €.

1) Les *charges d'exploitation* comprennent :
   - la contribution sociale de solidarité, 2 750 € (montant N-1 : 2 700 €) ;
   - la taxe sur les voitures des sociétés, 3 800 € ;
   - des remboursements de frais réels du chef comptable (cadre), 419 € ; de M. Désageux, administrateur, 1 050 € ;
   - une allocation forfaitaire pour frais allouée au chef comptable, 460 € ; à M. Désageux, 1 200 €.
2) Les *charges financières* comprennent des intérêts au taux de 5 % versés à M. Cinqueux sur une somme de 85 298 € qu'il a laissée toute l'année N à la disposition de la société sur son compte courant.
3) Les *amortissements* de l'exercice comprennent une somme de 6 506 € qui correspond à un rattrapage en N d'une annuité d'amortissement linéaire non comptabilisée en N-1.
4) Une *provision* pour indemnités de licenciement dotée en N-1 pour 39 000 € a été reprise en N intégralement. La provision correspondait au licenciement économique d'un salarié ayant refusé une modification essentielle de son contrat de travail. Le salarié avait été régulièrement convoqué en N-1 et la provision correspondait pour 30 000 € aux indemnités de licenciement et pour 9 000 €, aux indemnités compensatrices de congés payés.

5) La *succursale* de Rome a réalisé un bénéfice de 95 000 €. Elle peut être considérée comme un établissement stable au sens de la jurisprudence du Conseil d'État.

6) Dans les *produits financiers* figurent :
- des dividendes d'une société anonyme française dont Maxence détient 25 % du capital, 50 000 € ;
- des dividendes d'une autre société anonyme française mais dont Maxence ne détient que 1 % du capital, 10 500 €.

7) Dans les *produits exceptionnels*, figure un dégrèvement de la contribution économique territoriale de 19 620 €.

8) Le bénéfice comptable avant impôt comprend :
- une plus-value de 33 000 € résultant d'un sinistre intervenu le 30.06.N sur une machine achetée le 02.01.N-3 (amortissement linéaire sur 8 ans) ;
- une plus-value nette à long terme de 84 000 € sur cession de titres de participation (il n'y a eu qu'une seule cession) ;
- une provision pour impôt (déterminée sur la base du taux normal de l'IS) consécutive à l'étalement de la plus-value résultant du sinistre.

9) *Renseignements complémentaires :*
- La société Maxence dispose au 01.01.N d'un déficit reportable en avant de 35 000 €.
- Elle a bénéficié pour la première fois en N, d'un crédit d'impôt recherche de 7 600 €.
- L'entreprise Maxence a acheté le 10.05.N, 20 actions de SICAV pour 4 000 € chacune. La valeur liquidative au 31.12.N est de 3 783 €. Le compte titres a été déprécié en conséquence.
- Elle dispose du solde d'une créance provenant d'un report en arrière du déficit fiscal N-2 d'un montant de 1 580 €.
- La société a versé, au cours de l'exercice N, quatre acomptes d'IS pour un montant total de 20 775 €.
- Taux maximum des intérêts déductibles : 2,15 %.
- La société Maxence a opté pour le régime spécial des sociétés mères et pour l'étalement des PVNCT résultant de sinistres.

➲ Questions

1) Calculer le résultat fiscal de l'exercice N.

2) Liquider l'impôt et calculer le solde d'IS à payer avant le 15.05.N+1.

CAS 24 SA TIB

L'entreprise Travaux Immobiliers Bretons (TIB) est une société anonyme familiale de taille moyenne qui réalise tous travaux de réparation sur immeubles, travaux intérieurs et extérieurs depuis 10 ans. Le capital de 40 000 € est intégralement libéré. Il est détenu à 60 % par M. et Mme Lefebre, à 10 % par les parents de M. et Mme Lefebre et, pour les 30 % restants, par le frère de M. Lefebre.

Elle s'adresse à des entreprises et des particuliers. Afin de faciliter la gestion de ses approvisionnements elle a pris une participation importante dans la société Matériaux du Sud-Ouest. Elle possède aussi deux autres établissements, le premier en France et le second en Espagne. L'établissement français acquis en N-6 est une SARL dénommée TER (Travaux d'Entretien et de Rénovation). Elle est contrôlée à 95 % par la SA TIB. L'établissement espagnol créé en N-3 est une succursale qui dispose d'un personnel propre et d'une comptabilité autonome. Le directeur en l'occurrence le frère de M. Lefebre, dispose d'une large indépendance de gestion.

L'acquisition de ces deux établissements a permis d'augmenter notablement l'activité mais la SA TIB voudrait encore élargir sa clientèle.

L'exercice comptable coïncide avec l'année civile. Les écritures d'inventaire relatives à l'année N ayant été enregistrées, le chef comptable prépare les documents de synthèse et la liasse fiscale. Le chiffre d'affaires hors taxes est de 4 975 520 € et le bénéfice comptable de N s'élève à 344 338 €, avant participation et impôt sur les sociétés.

Parmi les charges de l'exercice, on relève :

- 441,34 € TTC de redevance mensuelle de crédit-bail pour un véhicule de tourisme non polluant (base fiscale d'amortissement : 18 300 €). La valeur d'origine du véhicule était de 23 630 € TTC et le contrat a été signé le 1er novembre N-1. Le véhicule est amortissable linéairement sur cinq ans ;
- 10 850 € de jetons de présence versés globalement aux sept administrateurs. La moyenne des cinq rémunérations les plus élevées de l'entreprise est de 26 860 € ;
- 2 900 € de redevance versée à la SARL TER pour l'exploitation d'un brevet acquis par la SARL en N-4 ;
- 2 440 € d'intérêts versés à M. Lefebre, PCA de la SA TIB, suite à l'avance en compte courant de 50 000 € consentie dès le milieu de l'année passée ;
- 7 000 € d'amortissement au titre de la résidence à usage d'habitation mise à la disposition de M. et Mme Lefebre qui ne versent aucun loyer. Les charges engagées pour l'année N sur cette résidence sont de 1 134 € HT et le montant de l'avantage en nature, évalué réellement et déclaré par la SA TIB, est de 7 200 € ;
- 3 690 € de provision pour risque d'activité ;
- 263 € de pénalités correspondant à 80 € de pénalité d'assiette pour la TVA et 183 € de pénalité pour retard de paiement de la contribution sur la valeur ajoutée des entreprises.

Parmi les produits comptabilisés, on relève :

- 2 506 € de dividendes en provenance de la société Matériaux du Sud-Ouest et, 7 600 € en provenance de la SARL TER. La SA TIB a opté pour le régime des sociétés mères et filiales ;
- 4 500 € de dividendes divers. Il s'agit de la rémunération des actions du portefeuille-titres détenu par la TIB ;
- la perception depuis cette année d'une redevance de 3 900 € relative à la concession d'une licence d'exploitation de brevet consentie à une autre société de travaux immobiliers. Les frais de gestion consécutifs à ce contrat signé en N s'élèvent à 78 €. Le brevet est détenu depuis N-4 ;
- la cession de 150 actions au prix unitaire de 23 € de la société Matériaux du Sud-Ouest dans laquelle l'entreprise TIB détient 17 % du capital. Les titres ont été achetés en plusieurs lots, le premier de 126 titres à 19 € l'unité le 17.03.N-8 et le second de 299 titres à 22 € l'unité le 21.06.N-1. La valeur des titres au 31.12.N-1 était de 21,50 € ; elle est de 24 € au 31.12.N. Les cessions de titres sont valorisées selon la méthode qui maximise la PVLT exonérée et minimise l'impôt à 33,1/3 % sur les plus-values à court terme. Aucune autre cession de ce type n'a été pratiquée dans le passé et, elle ne remet pas en cause le régime des sociétés mères puisque la participation représente encore 11 % du capital.

Autres renseignements

- La SARL TER a réalisé une perte importante de 72 520 € suite à la réorganisation de l'ensemble des activités.
- La succursale espagnole a réalisé un bénéfice de 87 956 €.

- Le bénéfice fiscal imposable en N-1 était de 162 450 € et la fraction maximale a été taxée aux taux réduits de 15 et 28 %.
- L'effectif de la SA TIB n'atteint pas 50 personnes, toutefois les dirigeants font participer les salariés aux résultats depuis N-2. L'accord dérogatoire signé à cette date prévoit une participation calculée selon la formule légale. La participation de N a été évaluée à 46 019 € ; celle de N-1 était de 33 282 €.
- Le taux moyen des prêts à taux variables (TMPV) est de 2,15 %.

➲ Questions

1) Déterminer le bénéfice imposable et l'impôt sur les sociétés dû par la société TIB au titre de l'année N. Calculer le solde à payer avant le 15 mai N+1.

2) Calculer le montant du bénéfice net comptable de la SA TIB pour l'exercice N.

3) La situation déficitaire de la SARL TER paraît durable d'après l'état prévisionnel de l'activité au 31.12.N. Selon le gérant, à peine un quart du déficit existant pourra être apuré rapidement. Le gérant voudrait reporter en arrière les trois-quarts du déficit existant et disposer ainsi d'une créance mobilisable.

◗ *Données comptables et fiscales*

Année	Résultat comptable	Résultat fiscal
N	- 72 520	- 60 000
N-1	14 500	20 000
N-2	38 200	37 000
N-3	90 900	100 000

	Distributions pratiquées
Août N	8 000
Août N-1	30 000
Août N-2	70 000
Août N-3	80 000

◗ *Autres renseignements*

- La SARL bénéficie de l'IS-PME à 15 % dans la limite du seuil fiscal.
- Aucune distribution n'aura lieu en août N+1 compte tenu du déficit de l'exercice N.

4) Compte tenu des difficultés de trésorerie, le gérant de la SARL TER a décidé de se séparer du siège social actuel pour réintégrer les anciens locaux dont le bail arrive à échéance le 1.03.N+1. La cession de l'immeuble interviendra le 1.04.N+1 pour 300 000 €. Le gérant souhaiterait connaître les conséquences de cette cession au regard de la TVA.

◗ *Données relatives à l'immeuble*

- Achevé par la SARL TER et mis en service le 1.02.N-5.
- Montant HT de la livraison à soi-même hors frais financiers : 196 000 €. Elle a été soumise à la TVA.
- Amortissement linéaire sur 30 ans.
- Compte tenu de l'activité de location, le coefficient de taxation définitif a évolué de la façon suivante :

N-5	N-4	N-3	N-2	N-1	N
70 %	78 %	84 %	87 %	79 %	72 %

- Le coefficient d'assujettissement et celui d'admission sont constants et égaux à 1.

Nota : Tous les calculs seront arrondis à l'euro le plus proche.

CAS 25 SARL PLUDIS

La SARL Pludis, au capital de 15 000 €, est une petite entreprise de fabrication artisanale de tuiles et de faîteaux (décors pour toit). Elle a été créée il y a plus de 15 ans par M. Pludis et son épouse. L'exercice comptable correspond à l'année civile.

Au cours de l'exercice N, M. Pludis a réalisé plusieurs opérations affectant notablement le patrimoine professionnel de la SARL. Ces opérations sont liées, d'une part, à un recentrage sur la fabrication de tuiles en vue de la vente de l'entreprise lors du départ à la retraite de M. Pludis dans les quelques années à venir et, d'autre part, à l'absence quasi-totale de vente d'épis de faîtage. De surcroît, M. Pludis a fait face à un important sinistre dû aux inondations de l'automne.

La SARL Pludis bénéficie de la taxation des bénéfices aux taux réduits de 15 % et 28 % et le résultat fiscal provisoire, avant impôt et traitement des opérations décrites ci-après s'établit à 54 900 €.

L'arrêt de la fabrication des décors de toit a permis de céder le droit au bail de la boutique de vente et d'exposition pour 10 060 €. Le droit au bail a été acquis début N-13 pour 6 035 €. Plusieurs outillages totalement amortis et sans valeur ont été mis au rebut à l'exception d'un seul revendu courant mai N pour 3 800 €. Cet outillage a été acquis en avril N-3 pour 14 000 € et été amorti fiscalement en dégressif sur 6 ans.

A également été revendu fin juin N, pour 2 500 € un brevet relatif à la fabrication de moules particuliers acheté début N-14 pour 3 000 € et exploité par M. Pludis. Ce brevet a été amorti comptablement sur 20 ans. Par contre, M. Pludis n'a pas cédé le brevet qu'il a mis au point lui-même en N-7 et dont il a concédé, depuis plusieurs années l'exploitation à une importante société anonyme de fabrication industrielle de tuiles et accessoires. Les revenus bruts de ce brevet sont de 9 600 € pour l'exercice N et les charges de gestion peuvent être évaluées à 800 €. Les revenus nets retirés en N-1 par la concession de ce brevet étaient de 8 500 €.

Le neveu de M. Pludis, M. Chaume, couvreur et associé majoritaire de la SARL Couverture, a décidé d'associer son fils Georges à l'entreprise. M. Pludis a, de ce fait, cédé en septembre N à Georges l'intégralité de sa participation dans le capital de la SARL Couverture, soit 180 parts sociales pour un prix total de 23 400 €.

La SARL Couverture avait initialement un capital 25 000 € (500 parts sociales de valeur nominale égale à 50 €) et M. Pludis avait acquis :

- 100 parts lors de la constitution de la SARL en N-8 ;
- 50 parts lors du divorce de son neveu en N-3 au prix unitaire de 100 € ;
- 30 parts lors d'une augmentation de capital de 100 parts sociales au terme de l'année N-1 avec un prix d'émission unitaire de 120 €.

À la même date et compte tenu à la fois de la cession de ses parts sociales dans la SARL Couverture et des mesures fiscales affectant depuis plusieurs années l'imposition réelle des dividendes, M. Pludis en a profité pour se séparer des autres titres figurant au bilan en valeurs mobilières de placement en passant deux ordres de bourse :

- le premier pour la vente au prix unitaire de 9 € des 100 actions Postplus acquises en N-3 pour 19 € ;
- le second pour la vente au prix unitaire de 30 € des 75 actions Tévé acquises en N-1 pour 26 €.

Fin octobre, une inondation a endommagé sérieusement un petit bâtiment servant au stockage provisoire de certains matériaux et outillages inutilisés provisoirement. Par chance, les matériaux et outillages entreposés ont pu être évacués à temps à l'exception de deux petites machines pour lesquelles M. Pludis a payé 715 € de frais de réparation en novembre N, réparation sans laquelle les machines auraient dû être mises au rebut.

Le bâtiment a été construit par la SARL en N-8 et utilisé à compter du 1er septembre N-8. Le coût de production du bâtiment était de 30 000 €. Il était amorti en linéaire sur 20 ans (durée et mode uniques car la décomposition en composants distincts n'était par significative). Les dommages ne sont pas réparables et l'indemnité d'assurance est estimée selon les éléments du contrat à 24 327 €. L'expert est venu constater les dégâts début novembre et la compagnie a confirmé la somme évaluée qui sera versée début janvier N+1.

Comptablement, la valeur nette comptable du bâtiment a entraîné un mouvement du compte 675 « Valeurs nettes des éléments d'actifs cédés ». Aucun amortissement exceptionnel n'a été pratiqué.

M. Pludis vous communique également les renseignements suivants :

- les cessions de titres sont toutes valorisées selon la règle du premier entré, premier sorti ;
- l'ensemble des opérations ne peut pas être placé sous le dispositif d'exonération des plus-values sur transmission d'une branche d'activité ;
- les parts sociales de la SARL Couverture, inscrites en comptabilité au compte « Titres de participation », n'ont jamais été dépréciées compte tenu de leur valeur d'utilité ;
- les cours moyens du dernier mois boursier de l'exercice comptable étaient de :
  - 20 € en N-3, 16 € en N-2, 6 € en N-1 et 10 € en N pour les actions Postplus,
  - 27 € en N-1 et 29 € en N pour les actions Tévé ;
- le résultat fiscal définitif de l'exercice précédent était de 28 780 € ;
- il n'y a aucune cession d'élément d'actif depuis l'exercice N-3 ;
- toutes les écritures comptables ont été correctement enregistrées ;
- l'entreprise retient toujours les dispositions fiscales les plus favorables.

➲ Questions

1) Déterminer les plus et moins-values nettes ainsi que les autres charges et produits.

2) Préciser le sort des plus et moins values nettes ainsi que des autres opérations.

3) Déterminer le résultat fiscal définitif et calculer le solde d'impôt à payer avant le 15.05.N+1.

4) Calculer les acomptes d'IS de l'exercice N+1.

5) Quelles sont les conséquences des opérations au regard de la TVA et des droits d'enregistrement ?

Nota : Toutes les sommes sont indiquées pour leur montant hors taxes ou hors droits d'enregistrement et tous les calculs seront arrondis à l'euro le plus proche.

14 CHAPITRE

Les bénéfices industriels et commerciaux

Synthèse de cours

Les règles qui permettent de définir le revenu net BIC sont, pour l'essentiel, celles qui conduisent à calculer le bénéficie imposable dans les sociétés soumises à l'IS.

1. Les produits financiers

Les revenus comptabilisés provenant du portefeuille-titres sont imposés séparément dans la catégorie revenus mobiliers : dividendes d'actions et intérêts des obligations…

> **Remarque** : Les revenus distribués, de source française comme de source étrangère, sont déclarés pour le montant net encaissé, et imposés après déduction d'un abattement de 40 %.

2. Le régime des plus ou moins-values professionnelles

a) Calcul du prix de cession

Les plus ou moins-values de cession se calculent en comparant le prix de cession net des frais de vente et la valeur nette fiscale appelée par le CGI « prix de revient ».

Le prix de revient est obtenu en retranchant à la valeur d'origine fiscale, les amortissements fiscalement déductibles pour les immobilisations amortissables.

b) Qualification fiscale des plus ou moins-values

Dans les entreprises relevant des BIC, les plus ou moins-values réalisées sur les cessions d'immobilisations relèvent du régime des plus ou moins-values professionnelles.

	Plus-values		Moins-values	
Nature des éléments cédés	Durée de détention			
	Moins de 2 ans	2 ans et plus	Moins de 2 ans	2 ans et plus
Éléments amortissables	CT	CT dans la limite des amortissements. LT au-delà	CT	CT
Éléments non amortissables	CT	LT	CT	LT

Remarque : Les plus-values immobilières à long terme réalisées depuis le 1er janvier 2006 dans le cadre d'une activité commerciale, industrielle, libérale ou agricole, sont imposées après application d'un abattement de 10 % par année de détention au-delà de la cinquième.

En pratique, les plus-values réalisées sur des biens immobiliers détenus depuis plus de 15 ans sont donc totalement exonérées.

Cet abattement est appliqué par les services fiscaux au moment du calcul de l'imposition.

c) Détermination et régime d'imposition des plus ou moins-values nettes

➤ *Détermination par compensation*

L'entreprise opère de façon extra-comptable la compensation entre toutes les plus ou moins-values :

- à court terme pour faire apparaître la plus ou moins-value nette à court terme de l'exercice ;
- à long terme pour faire apparaître la plus ou moins-value nette à long terme de l'exercice.

➤ *Régime d'imposition*

Nature du solde dégagé	Régime fiscal	Conséquence sur l'imprimé n° 2058 A : « Tableau de passage du résultat comptable au résultat fiscal »
PV nette à CT (1)	2 possibilités : - produit imposable comme élément du résultat fiscal ; - option pour l'étalement de l'imposition sur 3 ans à compter de l'exercice de réalisation.	Aucune. En N : déduction des 2/3 de la PVNCT. En N+1 et en N+2 : réintégration de 1/3 de la PVNCT
MV nette à CT	Charge nette déductible normalement	Aucune.

☞

☞

Nature du solde dégagé	Régime fiscal	Conséquence sur l'imprimé n° 2058 A : « Tableau de passage du résultat comptable au résultat fiscal »
PV nette à LT(1)	2 possibilités : - imposition au taux réduit de 16 % (majoré des prélèvements sociaux(2)) après compensation avec les MVNLT antérieures ; - maintenue dans le résultat fiscal de l'exercice afin de compenser un déficit.	À déduire. Aucune.
MV nette à LT	Charge nette non déductible. Elle est imputable sur les PVNLT des 10 exercices suivants.	À réintégrer en totalité.

(1) Les plus-values provenant de sinistres ou d'expropriations bénéficient :

- d'un étalement de l'imposition sur la durée moyenne d'amortissement déjà pratiquée des biens en cause pour les PVCT. Cet étalement, dont le point de départ est fixé à l'exercice suivant, est limité à 15 années. Le montant étalé ne peut excéder la PVNCT totale de l'exercice. Il n'y a aucune provision pour impôt à réintégrer car la constatation d'une telle provision concerne le régime de l'IS ;

- d'un différé de paiement de 2 ans de l'imposition due au titre des PVLT.

(2) Les prélèvements sociaux forment un total de 15,5 % correspondant à : la CSG (8,2 %), la CRDS (0,5 %) et le prélèvement social (4,5 %) + contribution additionnelle au prélèvement social (0,3 %) + prélèvement de solidarité (2 %).

d) Le régime des titres en portefeuille

➤ *Principes*

Dans les entreprises soumises aux BIC, toutes les catégories de titres figurant à l'actif du bilan relèvent du régime des plus ou moins-values professionnelles dans la mesure où ils sont considérés comme immobilisés au sens fiscal, c'est-à-dire :

- les titres en portefeuille détenus depuis plus de 2 ans ;
- les titres en portefeuille détenus depuis moins de 2 ans mais se rattachant à des titres de même nature détenus en portefeuille depuis plus de 2 ans.

Les titres sont évalués à leur prix de revient au sens fiscal lors des cessions.

Catégories	Régime fiscal du résultat de cession
Cession de titres détenus depuis 2 ans et plus	PV ou MV LT
Cession de titres détenus depuis moins de 2 ans mais se rattachant à des titres de même nature détenus depuis 2 ans et plus.	PV ou MV CT
Cession de titres ne faisant pas partie de l'actif immobilisé (titres détenus depuis moins de 2 ans et ne rattachant pas à des titres de même nature détenus depuis plus 2 ans).	Produit imposable ou charge déductible

Remarque : Si la cession porte sur des titres identiques mais acquis en plusieurs lots à des dates différentes, il convient de retenir la méthode « du premier entré, premier sorti ». Toutefois, pour les titres de participation, l'entreprise peut retenir le prix de revient moyen pondéré (à condition qu'il n'aboutisse pas à créer ou augmenter une MVCT). Dans ce cas, pour la qualification de la plus ou moins-value en fonction de la durée de détention, l'entreprise doit procéder à une ventilation proportionnelle entre les différents lots de titres.
La méthode retenue devra être appliquée pour toutes les cessions ultérieures.

➤ *Cas des titres d'OPCVM*

La cession de titres d'OPCVM peut être soumise au régime des plus ou moins-values si les titres sont considérés comme immobilisés au sens fiscal.

Par contre, à la différence des sociétés soumises à l'IS, **les plus-values latentes sur les titres d'OPCVM ne sont pas imposables.**

➤ *Sort des dotations et des reprises de dépréciations*

Les dépréciations suivent le régime des plus ou moins-values à long terme quelles que soient la nature et la durée de détention des titres auxquels elles se rapportent (dotation = MVLT ; reprise = PVLT).

e) Le régime des produits de la propriété industrielle

Nature	Régime	Conditions
Résultat net des concessions de licences d'exploitation de brevets	PV à LT	Les brevets ou les inventions brevetables doivent : - faire partie de l'actif immobilisé ; - avoir été acquis à titre onéreux depuis plus de 2 ans ou ; - avoir été mis au point par l'entreprise ou acquis gratuitement.
Profit tiré par la cession d'un brevet ou d'une invention brevetable.	PV à LT	
Perte tirée par la cession d'un brevet ou d'une invention brevetable.	MV à CT	

Remarque : Pour le concessionnaire, le taux de déduction des redevances est de 45 % (15 %/33,1/3 %) s'il relève de l'IR. Cependant, la déduction sera de 100 % à condition que l'élément concédé soit effectivement exploité par le concessionnaire et qu'il prouve, pour les exercices ouverts à compter du 13.10.11, que l'exploitation est réelle et lui crée une valeur ajoutée.
Si le concédant renonce au régime du long terme, la redevance supportée par le concessionnaire reste déductible à 100 %.

f) Dispositif d'exonération dégressive des petites entreprises (art. 151 septies du CGI)

Contribuables concernés	Exploitants individuels et les sociétés de personnes soumises à l'IR			
Activités concernées	Activités commerciales, artisanales, agricoles, industrielles ou libérales exercées depuis 5 ans au moins.			
Dispositif d'exonération des plus-values à CT et à LT	Activité	Exonération totale (Pmin)[1]	Imposition partielle	Imposition totale (Pmax)[2]
	Ventes et fournitures de logement[4] Prestations de services	R[3] ≤ 250 000 R ≤ 90 000	250 000 < R ≤ 350 000 90 000 < R ≤ 126 000	R > 350 000 R > 126 000
	Montant imposable de la PV en cas de taxation partielle :	$PV \times \frac{R - Pmin}{(Pmax - Pmin)}$		
Plus-values exclues du dispositif d'exonération	• Les plus-values réalisées sur les terrains à bâtir inscrits à l'actif d'une entreprise[5]. • Les redevances de concessions de brevet.			
Régime fiscal des moins-values à CT et à LT	• La MV nette à CT peut être imputée sur les bénéfices de l'exercice même si elle entraîne un déficit d'exploitation. • La MV nette à LT peut être imputée sur les PV nettes à LT des 10 exercices suivants.			

(1) Plafond minimum. (2) Plafond maximum.
(3) Moyenne des recettes ou du CAHT des deux derniers exercices clos.
(4) À l'exception des locations meublées qui relèvent du régime des prestations de services.
(5) Elles sont soumises au régime des plus-values professionnelles quels que soient la durée d'exercice de l'activité et le montant des recettes.

3. Les charges de personnel

a) Les salaires

Les différents cas	Régime fiscal	Conséquences sur le 2058-A
Rémunérations versées à l'exploitant individuel et aux associés en nom des sociétés de personnes.	Non déductibles car ces rénumérations sont considérées comme des prélèvements anticipés de bénéfices.	À réintégrer.

☞

Les différents cas	Régime fiscal	Conséquences sur le 2058-A
Salaires du conjoint[1] de l'exploitant ou d'un associé des sociétés de personnes • L'entreprise adhère à un centre de gestion agréé. • L'entreprise n'adhère pas à un centre agréé : – mariés sous le régime de la séparation des biens ; – autres régimes[2].	 Déduction « illimitée ». Déduction « illimitée ». Déduction limitée à 17 500 €.	 Aucune correction fiscale. L'excédent est à réintégrer.
Salaires versés aux autres membres de la famille (si le travail est effectif et si la rémunération n'est pas exagérée).	Déductibles.	Aucune correction fiscale.
Salaires versés au personnel de l'entreprise.	Déductibles.	Aucune correction fiscale.

(1) Participant effectivement à l'exercice de la profession et sous la condition expresse d'acquitter les cotisations sociales obligatoires.
(2) Les époux sont mariés sous le régime de la communauté ou de la participation aux acquêts.

b) Les cotisations sociales (régime de droit commun)

Régime fiscal		Conséquences sur le 2058-A
Cotisations sociales personnelles de l'exploitant et des associés en nom		
Les cotisations obligatoires sont déductibles. Les cotisations versées au titre des régimes facultatifs d'assurance vieillesse, de prévoyance ou de perte d'emploi sont déductibles dans les limites suivantes :		Aucune conséquence sur le 2058-A. L'excédent éventuel est à réintégrer. (*NB : Pour les associés des sociétés de personnes, les limites sont appréciées distinctement pour chaque associé.*) Les cotisations sont déductibles des résultats imposables de l'exercice au titre duquel elles sont dues.
• assurance vieillesse :	10 % du PASS + 25 % du bénéfice imposable[1] compris entre 1 PASS et 8 PASS[2].	
• prévoyance :	7 % du PASS + 3,75 % bénéfice imposable[1]. L'ensemble est plafonné à 3 % de 8 PASS.	
• perte d'emploi :	1,875 % du bénéfice imposable[1] plafonné à 8 PASS **ou** 2,5 % du PASS.	
Cotisations sociales du conjoint de l'exploitant, du conjoint associé, des autres membres de la famille et du personnel de l'entreprise		
Déductibles.		Aucune correction fiscale.

(1) Le bénéfice imposable correspond au bénéfice fiscal avant déduction des cotisations en cause et des reports déficitaires. Il comprend également certains bénéfices exonérés comme ceux des entreprises nouvelles.
(2) Plafond annuel de Sécurité sociale.

4. Les autres charges

- La taxe sur les véhicules de société est déductible du bénéfice fiscal des sociétés de personnes relevant de l'IR.
- Les dons ne sont pas déductibles du résultat fiscal et doivent être réintégrés. Ils ouvrent droit à une réduction d'impôt de 60 % des versements effectués.

Les versements sont retenus dans la limite de 5 ‰ du chiffre d'affaires HT.

Les exploitants peuvent opter pour le régime prévu pour les particuliers.

Exercices d'application

CAS 26 ENTREPRISE BRETEUIL

Thème : calcul du résultat fiscal et imposition de l'exploitant

L'entreprise individuelle Breteuil, implantée dans la Somme, transforme des matières plastiques pour réaliser des supports de publicité sur les lieux de vente.

Elle réalise un chiffre d'affaires annuel de 860 000 € HT. Elle a dégagé au cours de l'exercice N un bénéfice comptable de 54 116 €.

M. Leritiet, comptable de l'entreprise, a enregistré les éléments suivants :

1. Primes d'assurances

- Prime d'assurance-vie sur la tête de M. Breteuil au profit de l'entreprise : 275 €.
- Prime d'assurance multirisques pour l'entreprise : 990 €.

2. Cadeaux

- Cadeaux pour les principaux clients de l'entreprise : 2 700 € HT (il s'agit de 100 cadeaux d'une valeur unitaire de 27 € HT).
- Cadeaux d'anniversaire pour la fille de M. Breteuil : 850 € TTC (la fille de M. Breteuil n'a aucune relation commerciale avec l'entreprise).

3. Dons à la Fondation de France (fondation d'intérêt général reconnue d'utilité publique)

1 000 €.

4. Loyers et charges locatives

- Loyer du local commercial : 2 410 € HT.
- Loyer de l'appartement personnel de M. Breteuil : 2 840 €.
- Frais de location d'une résidence secondaire pour les vacances d'hiver de M. et Mme Breteuil. Montant : 1 320 €.

5. Honoraires versés

- À l'expert-comptable de l'entreprise pour les travaux de l'exercice : 3 150 € HT.
- À l'avocat de l'entreprise : 1 250 € TTC. Le dossier traité concerne un litige entre M. Breteuil et le syndic de son appartement personnel.

6. Impôts et taxes

- CET : 235 €.
- Impôt sur le revenu de M. Breteuil : 4 085 €.

7. Charges de personnel

- Rémunération de M. Breteuil : 23 800 €.
- Rémunération de Mme Breteuil, secrétaire comptable dans l'entreprise : 18 000 €.
- Rémunération du fils de M. et Mme Breteuil pour un travail temporaire pendant les vacances : 1 400 €.
- Rémunérations des deux salariés de l'entreprise : 42 000 €.
- Cotisations sociales de M. Breteuil :
  - assurance maladie, régime obligatoire de base : 5 488 € ;
  - régime facultatif complémentaire de prévoyance : 1 310 €.

8. Frais généraux divers

- Frais de réparation sur un véhicule de tourisme : 521 € TTC. Cette voiture figure à l'actif du bilan et est utilisée exclusivement pour l'exploitation.

9. Amortissements et provisions

- Amortissements du véhicule de tourisme non polluant :
  - valeur d'acquisition : 22 300 € TTC ;
  - date d'acquisition : 05.02.N-1 ;
  - amortissement linéaire sur 5 ans.
- Reprise de dépréciation des valeurs mobilières de placement : 400 €.
- Reprise d'une provision constituée l'année précédente pour un procès devant un tribunal de police pour un excès de vitesse de M. Breteuil : 1 050 €.

10. Cession au cours de l'exercice

Le 01.06.N, vente à un autre utilisateur d'une machine-outil (bien non décomposé) au prix de 17 691 € HT :

- date d'acquisition : 05.04.N-3 ;
- prix d'acquisition : 40 000 € HT ;
- amortissement pour dépréciation jusqu'à la date de la cession : 25 333 € ;
- amortissement dérogatoire jusqu'à la date de la cession (l'entreprise a choisi d'amortir fiscalement le bien en dégressif) : 4 800 €.

11. Produits divers

- Il a été porté en « 76 Produits financiers », 1 900 € de dividendes. Les actions ont été inscrites à l'actif.
- Des loyers encaissés (18 000 €) figurent dans le compte « 752 Revenus des immeubles non affectés aux activités professionnelles » (l'immeuble est inscrit au bilan).

12. L'entreprise a réalisé au cours des exercices précédents

- En N-1 : une plus-value nette à court terme s'élevant à 10 002 €.
- En N-2 : une plus-value nette à court terme s'élevant à 13 890 €.

13. Renseignements complémentaires

- L'entreprise utilise toujours les possibilités d'étalement qui lui sont offertes.
- Toutes les sommes sont données pour leurs montants annuels.
- L'entreprise n'est pas adhérente à un centre de gestion agréé.
- Base fiscale d'amortissement des véhicules de tourisme : 18 300 € (taux entre 60 et 130 g/km).
- Plafond annuel de la Sécurité sociale : 39 228 €.
- M. et Mme Breteuil sont mariés sous le régime de la communauté.

➲ Questions

1) Déterminer le résultat imposable de l'exercice N à l'IR dans la catégorie des BIC.

2) Indiquer comment l'entreprise sera imposée.

3) Si le résultat fiscal de l'exercice N était un déficit, quel serait son traitement fiscal ?

(D'après un sujet de concours)

NB : Arrondir les calculs à l'euro le plus proche.

CAS 27 SOCIÉTÉ BOULINCOURT

Thème : calcul et analyse des plus ou moins-values de cession

La SNC Boulincourt, spécialisée dans la fabrication et dans la commercialisation de vêtements de loisir, doit faire face au cours de l'exercice N à des problèmes de trésorerie passagers. Pour y remédier, elle décide de se séparer d'un certain nombre d'actifs. Vous êtes chargé par la direction de l'aspect fiscal du dossier et avez comme consigne de proposer les solutions les moins imposées.

Les écritures comptables de cession ont été correctement passées par le service financier et le bénéfice comptable définitif avant impôt s'établit à 560 000 €.

On vous transmet l'état des cessions suivant :

Biens cédés	Prix d'achat	Date d'acquisition	Solde du compte « amortissements pour dépréciation » (1)	Date de la cession	Prix de cession
• Ensemble immobilier	135 000 € HT (2)	01.07.N-7	20 400 €	01.11.N	300 000 € (3)
• Bâtiment industriel (4)	55 000 € HT	01.01.N-25	28 554 €	15.12.N	230 000 €
• Machine (5)	115 000 € HT	01.03.N-2	55 583 €	01.08.N	49 834 € HT
• Mobilier de bureau	7 000 € HT	01.03.N-3	2 392 € (6)	31.07.N	6 200 € HT
• Immeuble d'habitation (7)	99 000 € (8)	11.01.N-9	18 975 €	10.08.N	236 000 € (8)
• Voiture Renault Mégane	23 320 € TTC	15.08.N-1	3 887 €	15.06.N	16 800 € (9)

☞

Biens cédés	Prix d'achat	Date d'acquisition	Solde du compte « amortissements pour déprécia-tion » (1)	Date de la cession	Prix de cession
• Contrat de crédit-bail (10)				02.11.N	6 000 € HT
• 20 actions de SICAV	16 000 €	01.04.N-3		01.12.N (11)	7 500 €

(1) Y compris la dotation de l'exercice N.

(2) Dont 45 000 € HT pour le terrain. L'ensemble est destiné à l'exploitation.

(3) Les droits d'enregistrement payés par l'acheteur se sont élevés à 6 480 €. Un reversement de TVA de 15 876 € a été correctement enregistré. Le plan d'amortissement de l'immeuble avait été fixé à 25 ans.

(4) Construction amortie en linéaire sur 50 ans.

(5) Subventionnée à hauteur de 30 % par le conseil régional de Picardie. L'entreprise a enregistré cette subvention dans les capitaux propres. Sur le plan fiscal, l'imposition échelonnée a été retenue (application des dispositions de l'article 42 septies du CGI).

La machine est amortie sur 5 ans en linéaire.

(6) Amortissement linéaire sur 10 ans. L'annuité de N-1 non comptabilisée a été rattrapée en N.

(7) Il s'agit d'un immeuble de placement.

(8) Le plan d'amortissement de l'immeuble était de 50 ans en linéaire. L'acquisition et la cession ont été soumises aux droits d'enregistrement. L'évaluation du prix de cession a entraîné des frais d'expertise de 4 000 € HT.

(9) Revendue à un négociant en biens d'occasion (taux d'émission de CO_2 entre 60 et 130 g/km).

Le prix de cession correspond au montant du chèque. Amortissement linéaire sur 5 ans.

(10) Les conditions du contrat sont les suivantes : date de souscription 02.05.N-3. Prix d'achat par le crédit-bailleur 13 000 € HT. Durée d'amortissement, 10 ans. Durée de location, 5 ans. Redevance annuelle 2 750 € HT, échéance à terme échu le 02.05 de chaque année. Prix d'achat à l'échéance du contrat 800 € HT.

(11) 10 actions de SICAV vendues. Les valeurs liquidatives unitaires sont les suivantes : 820 € au 31.12.N-3, 860 € au 31.12.N-2, 780 € au 31.12.N-1 et 730 € au 31.12.N.

Renseignements complémentaires

- Les déductions extra-comptables diverses s'élèvent à 7 065 € et les réintégrations diverses à 12 804 €.
- L'exercice comptable coïncide avec l'année civile.
- Le coefficient de déduction de la SNC Boulincourt est égal à 100 % pour l'ensemble de ses acquisitions, sauf exception.
- La TVA au taux normal s'applique à l'ensemble des opérations sauf mentions contraires.
- La période de régularisation de la TVA à retenir pour les constructions et les terrains est de 20 ans.
- Sauf décision contraire de la direction, les plus-values à court terme sont étalées sur 3 ans.
- Le taux d'IS est de 33 $^1/_3$ %.

- Un incendie a détruit le 01.07.N l'entrepôt de stockage :

Biens détruits	Prix d'achat HT	Date d'acquisition	Durée et mode d'amortissement	Montant de l'indemnité d'assurance versée en N
Entrepôt de stockage	70 000 €	01.07.N-3	Linéaire 10 ans	76 000 €
Stock de vêtements	27 000 €	5.02.N		30 000 €
Machine plieuse	35 000 €	01.01.N-3	Fiscal : dégressif sur 5 ans (coef. 1,75) Comptable : linéaire sur 5 ans	11 539 €

NB : Par simplification, il sera considéré que :
- les immobilisations corporelles cédées n'ont pas été décomposées ;
- les durées d'utilisation des biens amortissables correspondent aux durées d'usage fiscales.

➲ Questions

1) Calculer et analyser les résultats fiscaux de cession.

2) Déterminer les plus-values nettes de l'exercice.

3) Déterminer le résultat fiscal de N et préciser le montant de la PV nette à LT imposable.

4) En supposant que l'entreprise Boulincourt a opté pour l'IS, calculer le résultat fiscal dans cette hypothèse.

NB : Arrondir l'ensemble des calculs à l'euro le plus proche.

CAS 28 SNC LES AMIS RÉUNIS

Thème : imposition du résultat fiscal dans les sociétés de personnes relevant de l'impôt sur le revenu

Albert Hébasque, Jeremy Mac Hasquet et Sam Défrise exploitent depuis l'année N-8 , dans le sud de la France, une SNC spécialisée dans la fabrication et la commercialisation d'un produit régional de caractère : le Fiscalou.

M. Hébasque est le gérant de la société. Le capital se répartit de la manière suivante :
- M. Hébasque, 35 % ;
- M. Mac Hasquet, 35 % ;
- M. Défrise, 30 %.

Le chiffre d'affaires moyen annuel de la société, en constante progression, s'élève à 1 200 000 € HT.

Au cours de l'exercice N, la société a dégagé un bénéfice comptable (ligne HN de l'imprimé fiscal n° 2053) de 142 692 €.

Informations à caractère fiscal

1. Charges de personnel

a) La rémunération de M. Hébasque, comptabilisée dans le compte 641, s'élève à 36 588 €.

b) La rémunération de son épouse, salariée à plein temps dans l'entreprise, a été comptabilisée pour un montant de 18 083 €.

c) Parmi les charges sociales comptabilisées, 26 526 € concernent les cotisations obligatoires des associés au régime social des travailleurs non salariés (Hébasque : 9 452 € ; Mac Hasquet : 8 842 € ; Défrise : 8 232 €) et 4 573 € les cotisations sociales de Mme Hébasque. Elles ont été intégralement prises en charge par l'entreprise.

2. Frais généraux

Il a été comptabilisé une somme de 1 829 € correspondant à la cotisation annuelle versée à la société de chasse. Elle concerne des zones de chasse que la société met à la disposition de ses plus gros clients.

3. Pénalités et taxes

Ont été comptabilisées dans les comptes de l'entreprise :

a) Une pénalité d'assiette de la CET pour un montant de 178 €.

b) Une majoration de retard de paiement de taxe d'apprentissage pour 76 €.

c) Une amende pour infraction à la législation du travail pour 46 €.

4. Charges financières

Les trois associés ont apporté chacun en compte courant une somme de 15 000 € rémunérée au taux de 4,83 %.

5. Amortissements

La société a pris en crédit-bail mobilier un véhicule de tourisme neuf d'une valeur de 24 400 € TTC. La redevance annuelle comptabilisée s'élève à 5 793 € TTC (durée normale d'utilisation : 5 ans, amortissement linéaire, base fiscale d'amortissement : 18 300 € TTC).

6. Provisions

a) 4 406 € de provisions pour licenciement économique ont été comptabilisés.

b) En début d'exercice comptable, l'entreprise a procédé à une reprise de provision pour perte de change constituée en N-1 pour un montant de 762 €. En décembre N, une provision pour perte de change de 236 € a été dotée.

7. Divers

a) À la suite d'une opération réalisée avec l'étranger, l'entreprise a comptabilisé un gain de change de 133 €.

b) À la fin de l'exercice comptable, un écart de conversion actif de 236 € a été comptabilisé.
Au titre de l'exercice précédent, la SNC avait enregistré un écart de conversion actif de 762 €.

8. Plus et moins-values professionnelles

a) L'entreprise a réalisé en N-2 une plus-value nette à court terme de 4 116 €.

b) L'entreprise a mis au rebut une machine-outil d'une valeur nette comptable de 3 506 € pour laquelle elle a procédé à un amortissement complémentaire.

c) L'entreprise a cédé 5 336 € un camion totalement amorti acquis 90 000 €.

d) L'entreprise a cédé 8 842 € de valeurs mobilières de placement qu'elle détenait en portefeuille depuis N-5 et inscrites dans la comptabilité pour un montant de 8 385 €.

e) Durant l'exercice différentes autres cessions de biens immobilisés ont généré une plus-value à court terme de 4 267 €.

On signale par ailleurs que :

- pour l'imposition des plus-values, l'entreprise désire bénéficier des possibilités d'étalement maximum ;
- l'année comptable coïncide avec l'année civile ;
- la SNC est soumise aux BIC, régime du réel normal ;
- l'entreprise est adhérente à un centre de gestion ;
- taux moyen des prêts à taux variables (TMPV) : 2,03 %.

➲ Questions

1) Calculer le résultat fiscal de l'exercice N.

2) Déterminer le résultat imposable à l'impôt sur le revenu de chaque associé.

NB : Arrondir les calculs à l'euro le plus proche.

(D'après un sujet de concours)

15
CHAPITRE

Les revenus catégoriels autres que les bénéfices industriels et commerciaux

Synthèse de cours

1. Fiscalité des ménages

a) Les traitements et salaires (TS)

- **Revenu brut imposable** = rémunérations versées aux personnes qui sont liées par un contrat de travail à leur employeur + avantages en nature.
- **Charges déductibles :**

Les cotisations sociales obligatoires[1] (la CSG et le RDS ne sont pas déductibles intégralement).

Les *frais professionnels* (dépenses engagées dans le cadre du travail) :

- déduction forfaitaire de 10 % (déduction minimum : 426 €, déduction maximum : 12 183 €) ; la déduction minimum est portée à 938 € pour les demandeurs d'emploi depuis plus d'un an ;
- ou déduction des frais réels avec justificatifs.

b) Revenus des capitaux mobiliers (RCM)

- **Revenu imposable** = revenus mobiliers perçus au cours de l'année (dividendes, intérêts d'obligations...) – frais et charges admis en déduction et les abattements éventuels.

REMARQUE : Les sommes réputées distribuées doivent être majorées de 25 %.

- Un prélèvement obligatoire non libératoire est appliquée sur le montant brut[2].

(1) Le taux de la CSG est de 7,5 % (5,1 % de CSG déductible et 2,4 % non déductible). Le taux de CRDS est de 0,5 % ; cette cotisation n'est pas déductible.
(2) Voir Manuel *DCG 4, Droit fiscal*, de E. Disle, J. Saraf, N. Gonthier-Besacier et J.-L. Rossignol.

- **Abattement de 40 % :** les dividendes de source française et étrangère perçus par les particuliers sont soumis à l'IR après un abattement de 40 % de leur montant.

c) Les revenus fonciers

➤ *Micro-foncier*

- Les bailleurs dont les recettes brutes annuelles n'excèdent pas 15 000 € sont placés de plein droit sous ce régime simplifié.
- Le revenu imposable est déterminé comme suit :

Recettes brutes déclarées [A] – Abattement de 30 % sur [A]

- Le bailleur peut opter pour le régime réel par le dépôt d'une déclaration n° 2044. Cette option est irrévocable pendant 3 ans.

➤ *Régime réel*

- **Revenu imposable** = loyers encaissés (construction ou terrain) par le foyer fiscal + revenus accessoires procurés par l'immeuble (recettes provenant de la location du droit d'affichage par exemple).
- **Charges déductibles**

Elles doivent avoir été payées par le propriétaire au cours de l'année d'imposition. Elles comprennent (liste non limitative) :

- dépenses de réparation, d'entretien et d'amélioration ;
- frais de gérance et de gardiennage ;
- impôts et intérêts des dettes contractées pour l'acquisition, la construction ou l'amélioration de l'immeuble ;
- les primes d'assurance ;
- les frais de gestion de l'immeuble ;
- amortissement de l'immeuble…

Les frais de gestion comprennent les frais de procédure, les frais de gardiennage, les frais de gérance, les commissions d'agence… Les autres frais de gestion (frais de correspondance et de téléphone, par exemple) sont réputés couverts par un forfait de 20 € par local.

- **Imputation des déficits fonciers**

Les déficits sont déductibles, à hauteur de 10 700 € du revenu global imposable à l'IR.

La partie du déficit supérieure à 10 700 € n'est déductible que des revenus fonciers des 10 années suivantes.

> **Remarque :** Concernant les intérêts d'emprunt, la fraction de leur montant qui excède celui des recettes brutes du ou des immeubles est déductible des revenus fonciers futurs.

2. Fiscalité des entreprises

a) Les bénéfices non commerciaux (BNC)

➤ Revenu imposable

Recettes brutes annuelles	Déclaration contrôlée Supérieures 33 200 € HT	Régime micro-entreprise Inférieures à 33 200 € HT
Résultat imposable	Revenus nets professionnels(1) (déductions faites des amortissements des immobilisations professionnelles). Possibilité de bénéficier des avantages d'une association agréée(2).	Recettes annuelles × 66 %(3) *NB* : L'abattement forfaitaire de 34 % sur les recettes ne peut être inférieur à 305 €.
Obligations comptables	Tenue d'une comptabilité de trésorerie(4).	Registre et livre-journal.

(1) Activités libérales ou autres activités non rattachées à une autre catégorie de revenus.

(2) Identiques à ceux résultant de l'adhésion à un centre de gestion agréé dans le cadre des BIC. Le résultat imposable des contribuables non adhérents à une association agréée sera majoré de 25 % pour le calcul de l'IR.

(3) Le résultat calculé ne contient pas les plus ou moins-values réalisées.

(4) Les titulaires de revenus non commerciaux dont les recettes excèdent 33 200 € HT peuvent opter pour la tenue d'une comptabilité d'engagement.

➤ Règles spécifiques

Les plus-values nettes à long terme sont imposées séparément à l'IR au taux réel de 31,5 %. Le dispositif d'exonération dégressive des petites entreprises, présenté au chapitre 17, est applicable aux contribuables soumis aux BNC.

b) Les bénéfices agricoles (BA)

- **Revenu imposable** = bénéfices provenant de la culture, de l'élevage ainsi que des exploitations forestières, des marais salants et de la pisciculture.
- **Régimes d'imposition :**

Évaluation forfaitaire(1)	Réservée aux entreprises dont les recettes annuelles(2) sont inférieures ou égales à 82 200 €. Le bénéfice est forfaitaire et déterminé à l'aide d'un abattement de 87 % qui ne peut être inférieur à 305 €.

☞

Évaluation réelle	1. Le régime réel normal : – recettes supérieures ou égales à 350 000 € ; – détermination du résultat imposable selon des règles similaires à celles des BIC. 2. Le régime du réel simplifié(3) : – recettes comprises entre 82 200 € et 350 000 € ; – certaines simplifications existent en ce qui concerne les provisions, les stocks, l'auto-consommation, les obligations comptables et déclaratives.

(1) Option possible pour le réel simplifié ou normal.

(2) Il s'agit de la moyenne des recettes annuelles, calculée sur les trois années consécutives précédent l'année d'imposition.

(3) Option possible pour le réel normal.

Exercices d'application

CAS 29 SNC TILLON ET CIE

Thème : imposition personnelle des associés – BIC, TS, RCM, RF

La société en nom collectif Tillon et Cie est une entreprise florissante, installée à Charleville-Mézières (Ardennes), qui gère des banques de données et des logiciels d'accès sur le réseau internet. Ses effectifs sont de 20 salariés.

La société a été créée en N-3 et son capital s'élève à 15 000 € (100 parts sociales numérotées de 1 à 100 de valeur nominale 150 € chacune). M. Tillon possède les parts numérotées de 1 à 40.

La gérance de la société est assurée par un salarié non associé. La société Tillon et Cie, qui arrête ses comptes le 31.12, n'a pas opté pour l'impôt sur les sociétés et n'a pas encore adhéré à un centre de gestion agréé.

Le cabinet d'expertise comptable Machin vous confie ce dossier et vous charge d'analyser l'imposition personnelle de M. Tillon.

Informations pour le calcul de l'impôt sur le revenu

Salaires

- Leur fils, majeur, est marié et imposé de manière séparée.
- M. Tillon, ingénieur en électronique, est chef du service « développement et multimédia » de la société Tillon. Il est lié à cette dernière par un contrat de travail. Il a perçu, au cours de l'année N, une rémunération nette de 48 900 € et une allocation forfaitaire pour frais d'emploi de 1 525 €.

- Ses cotisations sociales personnelles d'associé, prises en charge par la société, se sont élevées pour l'année N à 1 906 €.
- Mme Tillon est secrétaire dans la société de son mari. Elle a reçu de son employeur le relevé des sommes perçues ainsi libellé : « traitements, salaires, émoluments imposables perçus au titre des revenus de l'année N : 18 051,66 € (1) ». (Rémunération brute : 22 000 €, cotisations sociales précomptées hors CSG et RDS : 2 860 €, CSG : 1 621,13 € dont 1 102,37 € déductibles, CRDS : 108,08 €.) (CSG = 7,5 %, CRDS = 0,5 %.)

  Les époux Tillon sont mariés sous le régime de la communauté.

Autres revenus

- Les époux Tillon ont encaissé au cours de l'année N :
  - 2 286 € de dividendes nets provenant de sociétés soumises à l'IS ;
  - 1 220 € d'intérêts d'obligations 2006 de sociétés françaises privées ;
  - 305 € d'intérêts provenant de sommes déposées sur un livret A de caisse d'épargne.

  Le livret A a été ouvert avant le 03.09.1979.
- M. et Mme Tillon possèdent un appartement de type F2 dans le vieux Sedan, qu'ils louent non meublé à une cousine enseignante. Le loyer mensuel est de 540 € et il est payable à terme échu le 5 de chaque mois (par exemple le loyer de mars est versé le 5 avril). Ils vous ont fourni les renseignements suivants concernant les dépenses effectuées pour l'appartement et réglées par eux :
  - travaux d'isolation thermique, montant facturé et payé 2 290 € TTC ;
  - prime d'assurance incendie, 677 € ;
  - frais de gestion (garde et commissions de gérance), 230 € ;
  - taxe d'enlèvement des ordures ménagères, 90 € (ce montant a été remboursé à M. Tillon par son locataire) ;
  - intérêts des emprunts contractés pour financer l'acquisition de l'appartement, 1 830 € ;
  - taxe foncière, hors taxe d'ordures ménagères, 430 €.

Renseignements concernant la SNC Tillon

- Le bénéfice fiscal commun à répartir s'élève à 326 800 € pour l'exercice N, (il s'agit du bénéfice imposable après déduction des dividendes et des sommes bénéficiant personnellement à chaque associé).
- La plus-value nette à long terme de l'exercice est de 3 350 €.
- La SNC Tillon a encaissé, sur des actions Carrefour comptabilisées en « Titres de placement », un dividende global net de 11 400 €.

⊃ Questions

1) **Préparer, en choisissant les options fiscales les plus favorables, la déclaration des revenus N des époux Tillon en précisant :**
   - **les catégories de revenus imposables ;**
   - **les montants déclarés pour chacune d'elles.**

   Le taux marginal d'imposition des époux Tillon est de 41 %.

   Les époux Tillon ont donc un revenu imposable situé dans la 4e tranche.

   Pour l'imposition de leurs revenus fonciers, ils ont opté pour le régime du réel.
2) **Calculer le montant du revenu brut global N et du revenu imposable N (après abattements) du foyer fiscal Tillon.**

CAS 30 SNC JOLIVET ET CIE

Thème : imposition personnelle des associés : BIC, TS, RCM, BNC

La société Jolivet et Cie, créée en N-8, est une société en nom collectif au capital de18 000 €. Ce capital est divisé en 120 parts sociales de valeur nominale 150 € chacune, réparties de la manière suivante :

- Mme Jolivet : 72 parts,
- M. Milano : 48 parts.

La gérance de la société est assurée par un salarié non associé. Cette société n'a pas opté pour l'impôt sur les bénéfices des sociétés, n'a pas adhéré à un centre de gestion agréé et ne fait pas appel à un professionnel comptable autorisé. Son activité, liée au commerce de détail, consiste essentiellement à vendre des produits alimentaires.

Le bénéfice figurant au bilan établi au 31.12.N (ligne DI du tableau n° 2051) s'élève à 57 930 €. (Il correspond au résultat fiscal.)

Informations sur la situation fiscale des associés

Situation de Madame Jolivet

- M. et Mme Jolivet sont mariés sous le régime de la communauté légale.
- Leurs deux enfants, majeurs, sont mariés et imposés de manière séparée.
- M. Jolivet, salarié de l'industrie, a perçu en N une rémunération nette imposable de 28 360 €. Il n'a pas opté pour la déduction des frais réels.
- Les époux Jolivet disposent par ailleurs d'un portefeuille-titres se composant essentiellement de 3 000 actions Zedde, société soumise à l'impôt sur les sociétés. Le dividende net unitaire perçu en N a été de 2,30 euros.

Situation de Monsieur Milano

- M. et Mme Milano sont mariés sous le régime de la séparation des biens avec une clause de participation aux acquêts.
- Leur seul enfant, Pierre, âgé de 24 ans, poursuit des études supérieures universitaires. Il a travaillé durant l'été N, dégageant un salaire à déclarer de 4 000 €. Il a demandé son rattachement au foyer fiscal de ses parents.
- Mme Milano est médecin généraliste et possède un cabinet médical à Paris qu'elle exploite sous forme individuelle. Au titre de l'année N, elle vous a communiqué les renseignements suivants :

  Recettes :
  - total des honoraires encaissés au cours de l'année : 178 000 €
  - honoraires rétrocédés par le docteur Roger pour des gardes de nuit assurées en remplacement par Mme Milano : 2 000 €
  - dividendes d'actions françaises inscrites au bilan : 6 000 €

  Dépenses :
  - loyers du cabinet : 9 530 €
  - cotisations sociales obligatoires du professionnel libéral (allocations familiales, invalidité, décès, maladie et maternité) : 8 850 €
  - cotisations au régime facultatif de retraite : 9 500 €

- cotisations au syndicat professionnel des médecins : 300 €
- rémunération brute annuelle de l'opérateur en radiologie : 29 400 €
- CFE et CVAE : 2 290 €
- taxe d'habitation : 1 180 €
- redevances de crédit-bail concernant l'appareil de radiologie : 6 860 €
- achat de diverses fournitures TTC : 1 031 €

• Primes d'assurances :
  - locaux et matériels professionnels : 808 €
  - véhicule professionnel : 1 375 €
  - responsabilité professionnelle : 3 050 €
• Frais de voiture (carburant, entretien...) : 3 915 €
• Électricité du cabinet : 1 121 €
• Dépenses de téléphone :
  - ligne professionnelle : 1 372 €
  - téléphone portable :
    communications professionnelles : 658 €
    communications privées : 164 €
• Don à la Ligue nationale contre le cancer : 380 €
• Le véhicule utilisé par le docteur Milano a été acheté le 01.06.N-3 pour une somme TTC de 27 440 €. Il a été inscrit sur le registre ses immobilisations (décision de gestion). Il est amortissable sur 5 ans. Cette voiture est utilisée à hauteur de 80 % pour les besoins professionnels. Ce coefficient d'utilisation professionnelle résulte du rapport entre le kilométrage professionnel libéral et le kilométrage total effectué dans l'année.
  Le plafond d'amortissement des voitures particulières à retenir est 18 300 €.
• Un télécopieur figurant sur le registre des immobilisations a été acheté au comptant le 15.09.N pour 960 € TTC. Il sera amorti en linéaire sur 4 ans.
• Les autres biens sont complètement amortis.
• L'exercice comptable coïncide avec l'année civile.
• Mme Milano adhère, depuis quelques années déjà, à une association agréée.
• Les cotisations au régime facultatif complémentaire de retraite de Mme Milano ne dépassent pas le montant maximal de déduction.
• Le SMIC mensuel est égal à 1 480,27 €.

➲ Question

Préparer la déclaration des revenus de l'année N des époux Jolivet, puis des époux Milano, en précisant les catégories de revenus imposables et les montants déclarés pour chacune d'elles.

16 CHAPITRE

La fiscalité personnelle des dirigeants

Synthèse de cours

1. Principes

Sociétés de personnes soumises à l'IR	Les rémunérations[1] versées aux dirigeants ne sont pas déductibles du résultat fiscal. Elles constituent fiscalement un prélèvement anticipé de bénéfice. Elles sont donc incluses dans la quote-part de résultat fiscal imposable au nom de chaque associé.
Sociétés de capitaux relevant de l'IS	*Société versante :* la rémunération constitue une charge déductible si elle n'est pas exagérée. *Bénéficiaire :* – les rémunérations versées aux dirigeants de SA (PCA, directeur général, membres du directoire) et aux gérants minoritaires de SARL sont imposées dans la catégorie des traitements et salaires ; – les rémunérations versées aux gérants majoritaires de SARL, aux gérants associés commandités de sociétés en commandite par actions sont imposées dans la catégorie particulière des « revenus des gérants et associés » (art. 62 du CGI).

(1) Les allocations forfaitaires et assimilées suivent le même régime que les rémunérations.

2. Régime des indemnités et des allocations forfaitaires pour frais

Sommes versées	Dirigeant salarié[1]	Dirigeant non salarié
Remboursement de frais réels	*Société :* charges déductibles. *Bénéficiaire :* non imposable à l'IR.	*Société :* charges déductibles. *Bénéficiaire :* non imposable à l'IR.

☞

Sommes versées	Dirigeant salarié[1]	Dirigeant non salarié
Allocations forfaitaires pour frais	*Société* : charges déductibles. *Bénéficiaire* : imposable à l'IR en traitements et salaires (TS).	*Société* : charges déductibles. *Bénéficiaire* : non imposables à l'IR.
Cas du cumul des remboursements des frais réels et des allocations forfaitaires pour frais	*Société* : les deux sont déductibles. *Bénéficiaire* : les remboursements ne sont pas imposables, les allocations forfaitaires sont imposables en TS.	*Société* : les allocations forfaitaires ne sont pas déductibles[2]. *Bénéficiaire* : le remboursement n'est pas imposable. L'allocation est imposable dans la catégorie RCM de l'IR car elle est assimilée à un revenu distribué.

(1) C'est-à-dire dont la rémunération pour les fonctions de dirigeant est fiscalement considérée comme un salaire (déclaration en TS).
(2) Cette mesure s'applique également aux cadres et aux salariés non dirigeants.

3. Intérêts des comptes courants ordinaires

Les intérêts perçus par un particulier sont imposables à l'IR[1] dans la catégorie des revenus des capitaux mobiliers (RCM). Le bénéficiaire supporte un prélèvement obligatoire de 24 %. Ce prélèvement peut, sous certaines conditions, être libératoire de l'IR[1]. Les contribuables qui répondent à certains critères peuvent demander une dispense de versement[1].

Exercice d'application

CAS 31

M. DE MONSACQ

Thème : imposition personnelle du dirigeant

M. Hubert du Fermoir de Monsacq, célibataire, est le président du conseil d'administration (PCA) de la Compagnie foncière de Monsacq (SA au capital intégralement libéré de 3 000 000 €, soit 200 000 actions de 15 €), cotée à la Bourse de Paris. Il détient 55 % des actions.

Sa rémunération nette annuelle au titre de l'année N s'élève à 150 000 €. Il a par ailleurs perçu une allocation forfaitaire pour frais d'emploi d'un montant de 10 000 €.

La société met à la disposition gratuite du PCA une résidence d'agrément appartenant à la société, moyennant un loyer symbolique de 500 € par mois (montant annuel de l'avantage en nature déclaré par la société : 25 000 €). La société ne comptabilise pas les avantages en nature.

(1) Voir l'ouvrage *DCG 4, Droit fiscal, Manuel et Applications*, de E. Disle, J. Saraf, N. Gonthier-Besacier et J.-L. Rossignol, Dunod.

M. du Fermoir de Monsacq a laissé, tout au long de l'année, les sommes suivantes en comptes courants :

- 40 000 € en compte courant bloqué rémunérés au taux de 2,03 % (moyenne annuelle des taux moyens des prêts à taux variable) ;
- 70 000 € en compte courant ordinaire rémunérés au taux de 9 %.

Le PCA utilise également une voiture appartenant à la société (prix d'acquisition

28 000 € TTC, amortie en linéaire au taux de 20 %) pour les besoins de sa fonction et en partie pour ses besoins privés (1/4 de l'utilisation totale). Avantage en nature déclaré, 3 000 €[1] ; charges exposées par l'entreprise, 1 000 €. (Plafond d'amortissement fiscal à retenir : 18 300 €.)

M. du Fermoir de Monsacq est également administrateur d'une des filiales de la Foncière de Monsacq. À ce titre, pour l'année N, il a reçu les sommes suivantes :

- jetons de présence ordinaires, 10 000 € (fraction non déductible du résultat fiscal : 2 500 €) ;
- jetons de présence spéciaux, 27 000 € (fraction non déductible : 5 500 €).

Enfin, il a encaissé en N, 59 500 € de dividendes (dont 48 000 € proviennent de sa participation dans la Compagnie foncière de Monsacq).

Renseignements complémentaires

- M. du Fermoir de Monsacq atteint la tranche maximale du barème de l'IR.
- Les calculs sont arrondis à l'euro le plus proche.

➲ Questions

1) La non-comptabilisation des avantages en nature est-elle légale comptablement et fiscalement ?

2) Indiquer si M. Hubert du Fermoir de Monsacq peut bénéficier de l'imposition libératoire sur les intérêts de comptes courants.

3) Indiquer de façon chiffrée comment seront imposés les revenus perçus par M. de Monsacq.

(1) Évaluation réelle.

17
CHAPITRE

Le régime d'imposition des plus-values des particuliers

Synthèse de cours

1. Principes

Régime d'imposition applicable aux cessions d'éléments du patrimoine privé	
Nature du bien cédé	**Régime fiscal**
Meubles meublants, voitures..., bateaux de plaisance et, sur option, bijoux et objets précieux.	Régime des plus-values sur biens meubles : – ces plus-values sont soumises à l'IR au taux forfaitaire de 19 %[1] ; – exonération si le montant total des cessions est inférieur ou égal à 5 000 €.
Immeubles et titres des sociétés à prépondérance immobilière (sociétés ou groupements non soumis à l'IS pour lesquels l'actif est constitué pour plus de 50 % d'immeubles affectés à l'exploitation industrielle, commerciale, agricole ou artisanale).	Régime des plus-values immobilières[1] : – soumises à l'IR au taux forfaitaire de 19 % [1] [2] [3] ; – exonération si le montant des cessions ne dépasse pas 15 000 €. La 3e LR 2012 a instauré une taxe sur les plus-values supérieures à 50 000 €[1].
Titres : – valeurs mobilières cotées (actions, obligations et assimilées) ; – titres non cotés (actions, obligations, parts sociales et assimilés) ; – titres d'OPCVM ; – participation dans des sociétés non cotées soumises à l'IS ; – parts de sociétés de personnes relevant de l'IR dans laquelle le contribuable n'exerce pas son activité professionnelle.	L'imposition au barème progressif. *Remarque* : en cas de cession de valeurs mobilières au conjoint, ascendants ou descendants du cédant, la plus-value de cession bénéficie d'un abattement majoré. *Ce régime est subordonné aux conditions suivantes :* – une participation supérieure à 25 % ; – la non-revente à un tiers des titres acquis par le cessionnaire pendant un délai de 5 ans.

☞

Nature du bien cédé	Régime fiscal
Parts de sociétés de personnes relevant de l'IR dans laquelle le contribuable exerce son activité professionnelle.	Régime des plus-values professionnelles. La plus-value doit être minorée des quotes-parts de bénéfices imposées non distribuées, au cours de la période de détention des titres.

(1) Taux effectif 34,5 % (il faut ajouter à 19 % les prélèvements sociaux, la CSG de 8,2 %, la CRDS de 0,5 %, le PS de 4,5 % et les CAPS de 0,3 et NPS de 2 %).

(2) Principales exonérations :
- *vente de la résidence principale ;*
- *la cession d'immeubles détenus depuis plus de 30 ans.*

(3) Le notaire est chargé d'établir la déclaration relative à la plus-value immobilière et du paiement de l'impôt pour le compte du vendeur.

(4) Voir le manuel de cours.

(5) La LF pour 2011 a supprimé le seuil de cessions ; il y a donc, désormais, taxation de la PV dès le premier euro. La LF pour 2012 crée, à compter du 01.01.2011, un dispositif de report d'imposition pour certaines cessions, qui peut, sous conditions, se transformer en exonération définitive de la plus-value.

2. Le régime des moins-values sur titres

Au cours de l'année, les pertes subies sur la cession de certains titres sont imputées sur les plus-values réalisées sur les autres titres. Si cette compensation dégage une perte (MV nette), la moins-value nette est reportable sur les PV nettes des 10 années suivantes. Il n'existe aucune possibilité d'imputation sur le revenu global imposable à l'IR.

Exercices d'application

CAS 32 M. TOUTLEMONDE

Thème : plus-values des particuliers, revenus fonciers et amortissement des logements neufs donnés en location

M. Toutlemonde désire rendre liquide une partie de son patrimoine personnel, au moindre coût fiscal. Il vient vous consulter sur les différentes cessions qu'il envisage de réaliser en N. Indépendamment des éventuelles plus-values dégagées par les cessions, M. Toutlemonde atteint déjà la tranche maximale du barème progressif de l'IR.

Cessions envisagées

a) M. Toutlemonde, non-propriétaire de sa résidence principale, est propriétaire de deux appartements qu'il donne en location. Il souhaite céder l'un de des deux appartements et vous communique les renseignements suivants :
- 1er appartement : il a été acquis 40 000 € le 01.01.N–17. Les frais d'acquisition se sont élevés à 3 900 €. Prix de vente possible, compte tenu des conditions actuelles du marché immobilier local : 150 000 € ;

- 2e appartement : il a été acheté 65 000 € le 01.07.N-4 avec des frais d'acquisition de 6 100 € (frais d'agence et de notaire). Prix de vente maximal possible : 53 000 €.

b) Il envisage également de céder à des tiers en franchise d'impôt une partie de son portefeuille de titres, dont la composition est la suivante :
- SICAV, prix d'acquisition 6 000 €. Leur valeur liquidative a toujours été au-dessus du prix d'achat (valeur liquidative moyenne : 9 100 €) ;
- des parts sociales d'une SARL représentant 30 % du capital, souscrites pour un montant de 2 400 €. Cette société a toujours été bénéficiaire et les parts sont estimées, à la date où M. Toutlemonde vient vous consulter, à 9 800 € ;
- des actions d'une société non cotée achetées 23 000 € et estimées récemment à 19 800 €. Elles représentent 5 % du capital.

NB : Les titres ne remplissent pas les conditions pour bénéficier du report d'imposition institué par la LF pour 2012.

⊃ Questions

1) Indiquer à M. Toutlemonde comment il doit organiser ses cessions pour être le moins fiscalisé possible.

2) La situation de trésorerie de M. Toutlemonde s'étant dégradée, il décide de vendre les deux appartements en novembre N. Le premier appartement sera vendu au prix de 150 000 €, le second au prix de 76 000 €, son prix de vente étant devenu subitement attractif. La plus-value de l'appartement n° 1 étant exonérée :
- **calculer la plus-value de cession de l'appartement n° 2 ;**
- **calculer l'impôt que devra payer M. Toutlemonde, contributions comprises.**

CAS 33 LA FAMILLE VENTOUT

Thème : étude des plus-values des particuliers

M. Pierre Ventout est propriétaire d'une maison d'habitation à Reims qu'il occupe depuis le 15 mars N-9 à titre de résidence principale ainsi que :
- d'une villa en Bretagne acquise le 3 juin N-12 pour 106 714 € hors frais (frais d'agence et de notaire) ;
- d'un appartement dans le Massif Central acquis le 20 février N-7 pour 100 000 € hors frais.

La villa en Bretagne et l'appartement ne sont pas loués et servent régulièrement de résidences secondaires à toute la famille.

Muté à Paris avec son épouse, il a décidé de se séparer de sa maison de Reims, acquise 232 000 € hors frais, et de son appartement dans le Massif Central.

La maison située à Reims a été vendue pour 345 000 € le 15 mai N et l'appartement pour 143 500 € le 15 juin N. M. Ventout a dû acquitter 2 300 € de frais de certification (absence d'amiante par exemple) dont 1 000 € pour la vente de l'appartement. Concernant la maison, il peut justifier de 46 000 € TTC de travaux d'agrandissement.

Par contre, pour l'appartement, il n'a pas de justificatif. Aucune des dépenses de travaux n'a toutefois été déduite pour le calcul de l'impôt sur le revenu.

La vente de l'habitation de Reims s'est accompagnée de la cession de la cuisine équipée pour 4 900 €. La cuisine et les équipements avaient été acquis et installés pour 4 600 €.

Jacques, le frère de M. Ventout, a décidé de réorganiser l'ensemble de son patrimoine aussi bien en terme de composition (biens immobiliers, titres, œuvres d'art...) qu'en terme de localisation (actions étrangères, immeubles en province...). Pour l'année N, il a notamment vendu :

- deux appartements loués nus à Amiens. Le premier a dégagé une plus-value immobilière après abattements de 21 000 € et le second, une moins-value immobilière de 11 000 € ;
- 1 000 actions Royal Oil au prix de 42 € transmises en mars N-4 pour 54 € ; les 54 € sont la valeur retenue dans l'acte majorée d'une quote-part des frais de donation acquittés de 7 € par titre en moyenne ;
- 200 SICAV monétaires au prix de 100 € acquises courant N pour 92 € ; les 92 € correspondent au prix d'acquisition majoré des frais d'acquisition de 1,87 € HT par titre ;
- 800 obligations AL au prix de 80 (coupon attaché) acquises en juin N-5 pour 71 € ; les 80 € contiennent 3 € d'intérêts et les 71 € correspondent au prix d'acquisition majoré des frais de 1,73 € HT par titre.

La banque de Jacques prélève 2,5 % de frais de négociation HT sur le montant brut de chaque cession. La cession des titres Royal Oil a entraîné en sus des frais, un impôt de bourse de 103 €. En outre, le portefeuille de Jacques fait également état d'une plus-value résultant de la fusion de deux sociétés Sitenav et Nifoas.

Outre les cessions de parts sociales (SNC Tri et SARL Dec) prévues pour l'année N+1, Jacques continuera en N+1 et N+2 à céder ses biens immobiliers et mobiliers.

Léa, la sœur de Pierre Ventout, est présidente du conseil d'administration de la société anonyme Arche. Plus âgée que ses deux frères, elle envisage depuis plusieurs mois de se retirer du conseil d'administration et de céder ses actions à son fils aîné. Sa participation dans la SA Arche est évaluée au 15 septembre N à 260 000 € et représente 65 % du capital (6 500 actions sur 10 000 actions de valeur nominale de 15 €).

La SA Arche n'est pas cotée sur un marché réglementé.

➲ Questions

1) Déterminer les plus-values immobilières imposables de Pierre Ventout ainsi que l'impôt dû contributions comprises.

2) Quel aurait été le montant de la plus-value imposable sur l'appartement vendu par Pierre Ventout s'il avait été cédé le 15 juin N+8 ?

3) Préciser la nature puis déterminer le montant de la plus-value imposable pour la revente de la cuisine équipée.

4) Quel est le montant de la plus-value immobilière imposable suite aux cessions opérées par Jacques Ventout ?

5) Les cessions de titres réalisées en N par Jacques Ventout sont-elles imposables ? Dans l'affirmative, déterminer le montant de l'impôt dû et préciser les obligations déclaratives.

6) Quel est le sort fiscal pour Jacques Ventout de la plus-value réalisée lors de la fusion des deux sociétés Sitenav et Nifoas ?

7) Déterminer la plus-value imposable sur la cession de la participation de Léa Ventout et préciser les conditions d'exonération de cette cession.

18

CHAPITRE

La liquidation, la déclaration et le paiement de l'IR

Synthèse de cours

1. Principes (CGI, art. 13)

- **Revenu net catégoriel** = Revenu brut catégoriel – Dépenses effectuées pour l'acquisition et la conservation du revenu.
- **Revenu imposable catégoriel** = Revenu net – Abattements éventuels.
- **Revenu brut global** = Somme des revenus nets catégoriels du foyer fiscal – Déficits imputables.
- **Revenu global net** = Revenu brut global – Charges du revenu global[(1)].
- **Revenu imposable** = Revenu global net – Abattements.

2. Le quotient familial

C'est un mécanisme atténuateur des effets de la progressivité du barème de l'IR, qui prend en compte la situation familiale du contribuable et le nombre de personnes à sa charge :

$$\text{Quotient familial} = \frac{\text{Revenu global imposable du foyer fiscal}}{\text{Nombre de part}}$$

C'est sur ce quotient (revenu imposable pour une part) que l'on calcule l'impôt I correspondant à une part en appliquant le barème de l'IR.

L'impôt brut du foyer fiscal est obtenu en multipliant I par le nombre de parts du foyer.

(1) Conditions de déductibilité :
– la déduction doit être prévue par le CGI ;
– les charges ne doivent pas avoir déjà été déduites du revenu d'une catégorie ;
– elles doivent avoir été payées au cours de l'année d'imposition ;
– elles doivent être détaillées dans la déclaration n° 2042 et justifiées.
Pour plus de détails sur les charges déductibles du revenu global, voir l'ouvrage de E. Disle, J. Saraf, N. Gonthier-Besacier et J.-L. Rossignol, *DCG 4 Droit fiscal, Manuel et Applications*, Dunod.

3. Les réductions d'impôt

À la différence des charges du revenu global qui sont déduites avant calcul de l'impôt, les charges ouvrant droit à des réductions d'impôt sont déduites **après calcul de l'impôt**. Elles sont soumises aux mêmes conditions de déduction que les charges du revenu global[1].

4. Les contributions additionnelles à l'IR

Ces contributions ne concernent que les **personnes physiques domiciliées fiscalement en France**. Les sociétés, quel que soit leur régime fiscal, ne sont pas concernées.

- **La contribution sociale généralisée (CSG).** Elle concerne les revenus suivants :
  - CSG au taux de 8,2 % : revenus du patrimoine. La CSG sur les revenus du patrimoine est déductible à concurrence de 5,1 % ;
  - CSG au taux de 7,5 % : revenus d'activité (exemple : salaires) après abattement forfaitaire de 1,75 %[2].
- **La contribution au remboursement de la dette sociale (CRDS).** Taux 0,5 % sur :
  - revenus d'activité et de remplacement perçus, après abattement de 1,75 % ;
  - revenus du patrimoine perçus ;
  - revenus de l'épargne exonérés d'IR (exemple : plan d'épargne logement).

> ATTENTION : Pour les salaires, pensions, revenus professionnels, sur les 7,5 % de CSG, 5,1 % sont déductibles pour le calcul de l'IR ; les 2,4 % supplémentaires sont non déductibles du revenu imposable. La CRDS est également non déductible pour le calcul de l'IR.

- **Le prélèvement social (4,5 %), la contribution additionnelle (0,3 %) et le nouveau prélèvement de solidarité (2 %), soit un total de 6,8 %, sur :**
  - revenus du patrimoine ;
  - produits de placements soumis au PL ;
  - revenus de l'épargne exonérés d'IR.

(1) Voir l'ouvrage de E. Disle, J. Saraf, N. Gonthier-Besacier et J.-L. Rossignol, *ibid.*

(2) Les revenus de remplacement sont passibles du taux de 7,5 % pour les allocations de préretraite perçues par les salariés dont la préretraite a pris effet depuis le 11.10.2007, du taux réduit de 6,6 % pour les autres allocataires de préretraite et les pensions de retraite et d'invalidité, et de 6,2 % pour les autres revenus de remplacement.

Mini-cas d'évaluation

Voici une série de 15 questions portant sur l'impôt sur le revenu. Il vous est proposé plusieurs solutions possibles. Il peut y avoir plusieurs bonnes réponses.

1 M. Dedilet, salarié, est payé le 3 de chaque mois. Au titre de l'année N, il doit déclarer :

- ❑ *A* les salaires de janvier N à décembre N.
- ❑ *B* les salaires de décembre N-1 à novembre N.
- ❑ *C* les salaires de janvier N à novembre N.

2 Les avantages en nature consentis par l'employeur (logement, chauffage, éclairage, habillement, nourriture, etc.) sont :

- ❑ *A* exonérés d'IR.
- ❑ *B* imposés dans la catégorie des BNC.
- ❑ *C* imposés dans la catégorie des traitements et salaires.

3 Soit un ménage de salariés dans lequel le mari, M. Gafard, représentant de commerce, a perçu une rémunération nette de 130 000 €. Les salaires de l'épouse, qui travaille occasionnellement, se sont élevés à 1 500 € et ceux du fils, mineur, à 230 €. Le revenu imposable du foyer est de :

- ❑ *A* 130 000 €.
- ❑ *B* 131 730 €.
- ❑ *C* 118 557 €.
- ❑ *D* 116 769 €.

4 Mlle Lébru est hôtesse de l'air chez Air France. Elle a perçu en N une rémunération nette globale de 40 000 € et des allocations pour frais d'emploi s'élevant à 3 000 €. Ses frais réels justifiés sont de 2 700 €. Son salaire net imposable après déduction pour frais professionnels s'élève à :

- ❑ *A* 36 000 €.
- ❑ *B* 37 300 €.
- ❑ *C* 40 300 €.

5 M. Dargot met gratuitement à la disposition de son neveu un appartement. On vous fournit les données annuelles suivantes :

– valeur locative brute :	4 500 €
– assurance payée :	560 €
– quote-part de charges communes :	610 €
– travaux d'électricité, montant facturé et payé :	230 €

Combien doit-il déclarer en revenus fonciers ?

- ❑ *A* 0 €.
- ❑ *B* 4 500 €.
- ❑ *C* 3 100 €.

6 Les adhérents des centres de gestion agréés bénéficient sous conditions :

- ❑ *A* d'une dispense de l'application de la majoration de 25 % de leur bénéfice imposable.
- ❑ *B* d'une réduction pour frais de tenu de comptabilité et d'adhésion.
- ❑ *C* de la déduction intégrale du salaire du conjoint.

7 L'entreprise individuelle Vedienne exploite depuis six ans un « cybercafé » (activité relevant des BIC). Elle a réalisé en N un chiffre d'affaires total de 120 000 € HT dont 28 000 € HT pour l'activité « Internet », un bénéfice imposable de 13 500 € et une PVNLT de 2 300 €.

Quel est le régime fiscal de cette entreprise ?

- ❑ *A* Réel normal + régime des plus-values professionnelles.
- ❑ *B* Réel simplifié d'imposition (RSI) pour l'activité café et micro-entreprise pour l'activité « Internet ».
- ❑ *C* RSI pour les deux activités et régime des plus-values professionnelles.
- ❑ *D* RSI pour les deux activités et régime des petites entreprises pour la PVNLT.

8 Les époux Vantail ont une fille, Alicia, âgée de 20 ans. Elle exerce la profession de comptable. Quelle sera la situation fiscale des intéressés ?

- ❑ *A* Alicia, imposable personnellement sur ses revenus de l'année ; ses parents, imposables sur les revenus du foyer avec 2 parts.
- ❑ *B* Alicia, non imposable ; ses parents, imposables sur les revenus du foyer, y compris les revenus d'Alicia, avec 2,5 parts.
- ❑ *C* Alicia, non imposable ; ses parents, imposables avec 3 parts.

9 M. Vedienne (exploitant, voir question 7) a fait le 15.12.N un don de 1 000 € à la Fondation de France.

- ❑ *A* Il peut déduire le don de son résultat imposable BIC.
- ❑ *B* Il a le droit à une réduction d'IR égale à 60 % de 1 000 €, soit 600 € dans la limite de 5 pour mille de son chiffre d'affaires.
- ❑ *C* Il peut bénéficier d'une déduction de 1 000 € de son revenu global imposable avant calcul de l'impôt.

10 M. Tourdesse dispose au titre de l'année N des revenus nets catégoriels suivants :

- TS : 22 000 €
- BIC : - 15 000 €
- RCM : 1 000 €
- RF : - 12 000 € (fraction du déficit correspondant à des intérêts d'emprunt excédant les recettes brutes : 7 000 €).

Le revenu brut global imposable sera de :

- ❑ *A* - 4 000 € (déficit global).
- ❑ *B* 0 €.
- ❑ *C* + 3 000 €.

11 M. Ledis, célibataire, a déclaré en « Revenus des valeurs mobilières » de l'imprimé fiscal n° 2042 un montant de dividendes provenant d'une société allemande de 1 500 € dont 225 € de retenues à la source. Son impôt sur le revenu à payer après imputation des réductions d'impôt s'élève à 1 200 € L'impôt dû sera de :

- ❑ *A* 1 200 €.
- ❑ *B* 450 €.
- ❑ *C* 975 €.

12 M. Lermu est gérant depuis 5 ans de la SARL Menil. Il détient 35 % des parts sociales, sa femme en possède 10 % et son fils âgé de 14 ans 7 %. Sa rémunération annuelle de gérant

s'élève à 33 000 € ; il a perçu également une allocation forfaitaire pour frais de 2 000 €. Ses frais professionnels réels et justifiés (essentiellement des frais de transport de son domicile au lieu de travail, 30 km/jour) s'élèvent à 1 400 €.

Compte tenu de sa situation, M. Lermu sera imposé à l'IR :

- ❑ *A* en traitements et salaires, il pourra alors bénéficier d'une déduction forfaitaire (10 %) de ses frais professionnels ou déduire ses frais réels.
- ❑ *B* dans la catégorie des gérants et associés (régime de l'article 62 du CGI), il pourra alors déduire ses frais professionnels, soit de manière forfaitaire à hauteur de 10 %, soit pour leur montant réel.
- ❑ *C* dans la catégorie des BNC.

13 M. Gérard Manhézité, médecin, vous consulte sur le point suivant : il exploite un cabinet de manière individuelle et il a perçu en N un revenu imposable (bénéfice) dans la catégorie des BNC de 150 000 €. Ses cotisations sociales personnelles déductibles se sont élevées à 11 000 €. Son revenu professionnel est-il :

- ❑ *A* soumis à la CSG et à la CRDS sur une base de 150 000 € ?
- ❑ *B* soumis à la CSG et à la CRDS sur une base de : 150 000 € + 11 000 € = 161 000 € ?
- ❑ *C* non soumis à la CSG et à la CRDS ?

14 Mme Unchouestinchou, qui a payé son impôt sur le revenu dans les délais légaux, s'est vu appliquer la majoration de 10 %. Elle veut contester. À qui doit-elle s'adresser ?

- ❑ *A* Au service des impôts des particuliers.
- ❑ *B* À la préfecture.
- ❑ *C* Au ministre de l'Économie et des Finances.

15 En cas de déclaration tardive, le contribuable doit payer :

- ❑ *A* 0,40 % d'intérêt de retard et 40 % de pénalité.
- ❑ *B* 0,40 % d'intérêt de retard et une majoration de 10 % au minimum.
- ❑ *C* 0,40 % d'intérêt de retard et une majoration maximale de 10 %.

Exercice d'application

CAS 34 LA FAMILLE LAMBERT

Thème : détermination et paiement de l'IR

M. et Mme Lambert, domiciliés en Bretagne, sont mariés et ont 3 enfants mineurs. M. Lambert est avocat. Les revenus de son activité professionnelle sont imposés en BNC, selon le régime de la déclaration contrôlée. Mme Lambert est infirmière salariée. Leur revenu net imposable s'établit à 90 000 € pour l'année N. Il correspond à la somme des revenus catégoriels hors revenus taxés à taux forfaitaire. Leurs trois enfants, Victor, Alain et Aurélie, sont scolarisés respectivement en maternelle, dans le primaire et en lycée.

M. et Mme Lambert détiennent un portefeuille de valeurs mobilières composé principalement d'actions. Les autres produits détenus correspondent à des intérêts d'obligations. Les actions ont rapporté 7 000 € de dividendes nets et les obligations, 1 460 € de revenus nets.

Mme Lambert, dont la rémunération après déduction des retenues salariales est de 27 000 €, n'a pas opté pour la déduction des frais réels. Elle a payé une cotisation syndicale de 179 € en octobre N.

M. Lambert a versé 900 € aux Restaurants du cœur en novembre N et a réglé 2 800 € de frais de crèche pour leur dernier enfant avant son entrée en maternelle à la rentrée scolaire de septembre N. Le don aux Restaurants du cœur a été fait à titre personnel et non dans le cadre de sa profession.

Pour le paiement de l'IR, M. et Mme Lambert sont mensualisés depuis de nombreuses années.

Documentation

Barème de l'impôt sur le revenu pour N :

Valeur du quotient R/N	Taux
Inférieure ou égale à 9 710	0,00 %
Supérieure à 9 710 et inférieure ou égale à 26 818	14,00 %
Supérieure à 26 818 et inférieure ou égale à 71 898	30,00 %
Supérieure à 71 898 et inférieure ou égale à 152 260	41,00 %
Supérieure à 152 260	45,00 %

L'avantage en impôt procuré pour une demi-part est plafonné à 1 512 € pour N.

Les cotisations syndicales ouvrent droit à une réduction d'impôt de 66 % de leur montant. Elle est plafonnée à 1 % du montant du revenu brut après déduction des cotisations et contributions sociales.

Le maximum des sommes retenues pour le calcul de la réduction d'impôt de 75 % des dons à des organismes d'aide aux personnes en difficultés est de 530 € pour N. L'excédent des sommes peut être retenu pour la déduction relative aux autres dons au taux de 66 %.

Les contribuables qui ont à leur charge des enfants poursuivant des études dans le secondaire ou le supérieur bénéficient d'une réduction d'impôt de :

- 61 € pour un enfant collégien ;
- 153 € pour un enfant lycéen ;
- 183 € pour un enfant suivant une formation de l'enseignement supérieur.

Les frais de garde des enfants de moins de 7 ans ouvrent droit à un crédit d'impôt de 50 % du montant des dépenses. Les frais pris en compte sont plafonnés à 2 300 € par enfant à charge.

Les époux Lambert ne bénéficient pas du mécanisme de la décote ni, de la prime pour l'emploi.

Les mensualités d'IR sont calculées sur l'impôt de référence, c'est-à-dire sur l'impôt sur le revenu excluant les taxations exceptionnelles et proportionnelles.

➲ Questions

1) Déterminer le montant de l'impôt sur le revenu dû en N+1 par les époux Lambert au titre des revenus de l'année N.

2) Préciser la date limite de dépôt de la déclaration n° 2042 ainsi que le montant des dix mensualités de l'année N+2.

19
CHAPITRE

Les droits d'enregistrement

Synthèse de cours

1. Principes

Le mot « enregistrement », sur le plan fiscal, désigne à la fois une **formalité et un impôt.**

a) La formalité

Elle constitue une analyse d'événements juridiques réalisée par le service des impôts. Elle donne date certaine aux actes sous seing privé.

b) L'impôt

L'enregistrement permet la taxation des opérations de la vie juridique (cessions d'immeubles, cessions de fonds de commerce, cessions de parts sociales, certaines catégories d'actes juridiques...).

Les droits d'enregistrement sont perçus au profit de l'État.

Certaines taxes sont perçues au profit des communes, des régions et d'organismes divers.

2. Les différentes catégories de droits

- **Les droits fixes :** ils s'appliquent aux actes non soumis aux droits proportionnels ou progressifs, ainsi qu'aux actes exempts de l'enregistrement qui sont présentés volontairement à cette formalité.
- **Les droits proportionnels :** ils s'appliquent principalement aux mutations à titre onéreux d'immeubles et de fonds de commerce, ainsi qu'aux opérations concernant les sociétés.
- **Les droits progressifs :** ils s'appliquent principalement aux successions et donations.

REMARQUE : En cas de cumul d'un droit fixe et de droits proportionnels et progressifs, seul le plus élevé des deux montants est perçu. De même, lorsqu'il existe plusieurs droits fixes, un seul est perçu. Les apports qui entrent dans le champ d'application de la TVA sont exonérés de droits d'enregistrement lorsqu'ils sont réalisés lors de la constitution de la société.

3. Déclaration et liquidation des droits

La déclaration et le paiement des droits, le plus souvent à la recette des impôts concernée, incombent à l'acquéreur ou au bénéficiaire de l'apport dans le mois qui suit l'acte.

Mini-cas d'évaluation

Voici une liste d'affirmations. Répondez par vrai ou faux, en justifiant votre choix.

1 Certaines mutations sont soumises aux droits d'enregistrement du seul fait de leur existence.

2 Certains actes sont soumis aux droits d'enregistrement en raison de la qualité de la personne qui les rédige.

3 Les cessions de terrains à bâtir sont soumises à la TVA immobilière à laquelle s'ajoute la taxe fixe de publicité foncière (TPF) de 125 €.

4 En cas de vente d'un fonds de commerce avec reprise des dettes par l'acquéreur, l'assiette des droits d'enregistrement est constituée par la valeur brute du fonds, déduction faite de la reprise du passif.

5 En l'absence d'écrit (d'acte), les cessions de parts sociales échappent aux droits d'enregistrement.

6 Le paiement des droits d'enregistrement doit être effectué par l'acquéreur.

7 L'apport en société d'une entreprise individuelle ne coûte que 375 €.

8 Pour exercer son contrôle sur les droits d'enregistrement, l'administration dispose d'un délai de 5 ans.

9 Les apports à titre pur et simple d'immeubles, de fonds de commerce, d'espèces..., entre des sociétés passibles l'une et l'autre de l'IS, sont exonérés de droits d'enregistrement..

10 La mise en société d'une entreprise individuelle provoque la régularisation de la TVA déduite sur les biens apportées.

Exercices d'application

CAS 35 SOCIÉTÉ FLORIAN

Thème : droits d'enregistrement dus lors d'une constitution de société

Une société anonyme, la société Florian, est constituée à Dunkerque avec effet rétroactif le 01.04.N à la suite du regroupement de plusieurs entreprises individuelles et de petites ou moyennes sociétés spécialisées dans la commercialisation de petits matériels de bureau.

Les trois futurs associés apportent les éléments suivants :

1er apporteur : M. Yves Moulin

- Un immeuble à usage de bureau : 83 850 €
- Des valeurs mobilières de placement (actions) : 26 700 €
- Des espèces : 10 000 €

M. Moulin a fait construire l'immeuble, dont l'achèvement remonte au 8 février N-3. Il a dû contracter un emprunt hypothécaire de 34 300 € sur lequel il reste à rembourser à la banque 16 800 € au 01.04.N, dette qui est reprise par la société en formation.

2e apporteur : la SARL Burodécor

- Une clientèle : 38 110 €
- Un droit au bail : 16 800 €
- Du matériel : 18 300 €
- Des dettes fournisseurs : 47 600 €

3e apporteur : M. Emmanuel Destrée

- Un fonds de commerce comportant :
  - un droit au bail : 27 440 €
  - du matériel : 24 400 €
  - un brevet : 30 500 €
  - des stocks de marchandises neuves : 53 400 €
  - des créances : 12 200 €
  - du numéraire : 34 300 €
- Un immeuble à usage de dépôt acheté en N (date d'achèvement : 15.02.N-5), valeur d'apport 298 400 €. L'immeuble sera affecté à l'exploitation.

Le fonds de commerce est grevé d'un passif de 23 600 € et l'immeuble d'un emprunt hypothécaire de 54 900 €. M. Destrée s'est engagé à conserver ses actions pendant 3 ans.

NB : Pour les apports mixtes, la société Florian a désigné dans les statuts les biens apportés à titre onéreux et les biens apportés à titre pur et simple.

Questions

1) **Déterminer distinctement, pour chaque opération d'apport, les droits d'enregistrement exigibles en optant pour la solution la plus favorable.**

2) **Indiquer à quelle date sont exigibles les différents droits et à qui incombent les droits exigibles et leur régime fiscal.**

CAS 36 SA SELROU

Thème : mise en société d'une entreprise individuelle

La SARL Selrou a été transformée en SA en N-6 sur décision des associés, tous frères et sœurs. Alain Selrou, l'aîné, a alors quitté la société familiale et créé sa propre entreprise individuelle.

L'entreprise individuelle d'Alain Selrou « AS Peinture » est spécialisée, comme la SA Selrou, dans la peinture et la rénovation des bâtiments.

Mais, compte tenu des difficultés que rencontre aujourd'hui Alain Selrou pour l'obtention de certains marchés et se faire référencer auprès des entreprises du bâtiment, il a finalement décidé le 01.10.N de rejoindre ses frères et sœurs en apportant son entreprise individuelle.

➲ Questions

À l'aide des informations données en annexe :

1) Déterminer le régime de l'apport de M. Alain Selrou au regard des droits d'enregistrement et de la TVA.

2) Déterminer les droits applicables à cet apport et précisez le redevable (aucune option n'a été prise par l'apporteur). La SA Selrou a indiqué dans l'acte d'apport l'imputation des dettes qui lui est la plus favorable.

3) Quelles sont les conditions à respecter pour que la SA Selrou soit exonérée de droits d'enregistrement ? Quels en sont les inconvénients ?

4) Dans le régime de droit commun, l'apport en société d'une entreprise individuelle est assimilé à une cession d'entreprise, ce qui entraîne l'imposition immédiate au nom de l'ancien exploitant :

– des bénéfices d'exploitation non encore taxés ;

– des plus-values latentes de l'actif immobilisé (plus-values/moins-values d'apport).

En conséquence, déterminer le résultat fiscal imposable de AS Peinture dans les trois hypothèses suivantes :

– M. Alain Selrou ne bénéficie d'aucun régime dérogatoire ;

– le chiffre d'affaires n'excède pas 90 000 € TTC.

5) Combien de titres recevra M. Alain Selrou en rémunération de son apport dans l'hypothèse où les marchandises en stock seraient effectivement soumises à TVA ?

ANNEXE

Bilan de l'entreprise individuelle AS Peinture au 30.09.N.

Actif	Brut	Amortissements et provisions	Net	Passif	Montant
Terrain[1]	10 670		10 670	Capital	32 289
Construction[2]	42 681	13 160	29 521	Résultat[6]	7 781
ITMOI[3]	16 770	5 450	11 320		

☞

Actif	Brut	Amortissements et provisions	Net	Passif	Montant
Mat. de transport[3]	13 800	8 970	4 830	Prov. réglementées	
Aut. immo. corp.[4]	7 000	1 361	5 639	(amort. dérog.)[3][4]	1 720
Stock de			2 500	Emprunts[7]	18 525
marchandises	2 500			Fournisseurs	6 062
Créances clients	1 677		1 677		
Disponibilités[5]	2 284		2 284	Dettes diverses	2 064
Totaux	97 382	28 941	68 441	Totaux	68 441

(1) Le terrain a été transmis par donation le 15.01.N-6.

(2) L'entrepôt a été achevé le 01.08.N-6. Sa durée d'amortissement a été fixée à 20 ans.

(3) Les matériels industriels et de transport ont été renouvelés en juillet N-3. Les premiers sont amortis en linéaire sur 10 ans et les seconds en dégressif sur 5 ans. Le solde des amortissements dérogatoires est de 1 623 €.

(4) Les autres immobilisations corporelles correspondent au matériel informatique acquis en mars N. Elles ont été amorties en dégressif sur 3 ans. Le solde des amortissements dérogatoires est de 97 €.

(5) 1 912 € en compte banque et 372 € en caisse.

(6) Le résultat fiscal provisoire avant retraitement des plus ou moins-values s'élève à 23 436 €.

(7) L'emprunt (valeur nominale : 28 000 €, durée : 7 ans, taux d'intérêt : 8 %) est lié au renouvellement des matériels

NB : Aucune immobilisation amortissable n'a été décomposée. L'entreprise AS Peinture applique la mesure de simplification pour les PME prévu par l'article 322-4 du PCG : elle a donc retenu les durées d'usage fiscales comme durées réelles d'utilisation pour ses immobilisations. Cependant, elle considère l'amortissement dégressif comme un mode d'amortissement fiscal.

Évaluation des apports de M. Alain Selrou

Clientèle[2]	13 000	Matériel informatique[2]	2 000
Terrain et construction[1]	49 000	Stocks de marchandises[2]	selon bilan
Matériel industriel[2]	9 000	Créances clients[2]	selon bilan
Matériel de transport[2]	700	Disponibilités	selon bilan

(1) Dont 25 % pour le terrain.

(2) Fonds de commerce au sens juridique.

Renseignements relatifs à la SA Selrou

Le capital de 120 000 € est divisé en 3 000 actions de 40 € et la valeur de l'action est évaluée à 150 €.

20 CHAPITRE

La fiscalité locale

Synthèse de cours

1. La contribution économique territoriale (CET)[1]

La CET est formée par l'addition de deux cotisations :

- la cotisation foncière des entreprises ;
- la cotisation sur la valeur ajoutée des entreprises.

a) La cotisation foncière des entreprises (CFE)

➤ *Champ d'application*

• La CFE est due, chaque année, par les personnes physiques ou morales qui exercent en France, à titre habituel, une activité professionnelle non salariée.

> **Remarque** : les activités de locations ou sous locations d'immeubles (autres que les immeubles nus à usage d'habitation) dont les recettes brutes dépassent 100 000 € sont passibles de la CFE.

• Il existe des exonérations permanentes (activités exercées par les collectivités publiques, les activités et organismes agricoles, certaines activités artisanales…) et des exonérations temporaires sur décision des collectivités locales (entreprises nouvelles, jeunes entreprises innovantes…)[2].

➤ *Base d'imposition*

• L'assiette de la CFE est constituée, pour la généralité des entreprises, de la valeur locative (VL) des biens passibles d'une taxe foncière situés en France (terrains, constructions, installations…), à l'exclusion des équipements et biens mobiliers (outillages, matériels, mobiliers, agencements).

• Il existe un abattement de 30 % sur la VL des établissements industriels.

(1) Cette CET a remplacé la taxe professionnelle à compter du 1er janvier 2010.

(2) Voir l'ouvrage d'E. Disle, J. Saraf, N. Gonthier-Besacier et J.-L. Rossignol, *DCG 4 Droit fiscal*, Manuel et Applications, Dunod, 2017.

- La période de référence à retenir pour déterminer les bases de la CFE est l'avant-dernière année civile précédant celle de l'imposition. Pour une imposition en N, la période de référence est N–2, mais la VL doit être calculée suivant les règles en vigueur au 1er janvier de l'année d'imposition.

➤ *Calcul, déclaration et paiement*

- Montant = Base × Taux d'imposition (taux votés par les communes)
  – Dégrèvements et réductions (ex. : *dégrèvement pour réduction d'activité*)
  \+ Frais de gestion (3 %) et majorations (ex. : *taxe additionnelle pour le financement des chambres de commerce et d'industrie*)
- Tous les redevables de la CFE sont assujettis, au lieu de leur principal établissement, à une cotisation minimum.
- La CFE est établie dans chaque commune où le redevable dispose de locaux ou de terrains (avis d'imposition dématérialisé).
- La CFE est due pour l'année entière par le redevable qui exerce l'activité le 1er janvier, sauf dérogations.
- Une déclaration annuelle des bases d'imposition au mois de mai doit être effectuée l'année précédant celle de l'imposition (N–1 pour la CFE due en N).
- Paiement (par prélèvement ou téléréglement) :

Montant total de la CFE due en N-1	Dates de paiement de la CFE due en N
< 3 000 €	15.12.N au plus tard
≥ 3 000 €	15.06.N Acompte 50 % (base = CFE payée en N-1) 15.12.N Solde(1)

(1) Les redevables ont la faculté d'opter pour un régime de mensualisation.

b) La cotisation sur la valeur ajoutée des entreprises (CVAE)

➤ *Champ d'application*

- La CVAE est due par les personnes qui exercent une activité imposable à la CFE et dont le CA HT est supérieur à 152 500 € (sauf exonérations).
- Comme pour la CFE, les locations (sauf les activités de location à usage d'habitation) sont imposables à la CVAE lorsque le redevable en retire des recettes brutes au moins égales à 100 000 €.

➤ *Calcul, déclaration et paiement*

- Montant de la CVAE due au titre de l'année N (CVAE (N))(1) =
  Valeur ajoutée produite en N × 1,5 %
  – Dégrèvement variable selon le CAHT(2)
  – Dégrèvement fixe de 1 000 € (si CA HT < 2 000 000 €)
  \+ Taxe additionnelle (financement des chambres de commerce et d'industrie)

(1) C'est-à-dire calculée sur la VA de l'année N.

(2) Les entreprises dont le chiffre d'affaires n'excède pas 50 000 000 € peuvent sur demande imputer un dégrèvement.

Le mécanisme du dégrèvement variable aboutit à ne pas soumettre à la cotisation les redevables dont le chiffre d'affaires est inférieur à 500 000 €[1].

- La valeur ajoutée doit être calculée au niveau de l'ensemble de l'entreprise et selon des règles spécifiques[1].
- La CVAE (N) doit être déclarée sur l'imprimé spécial n° 1330-CVAE et acquittée spontanément (auto-liquidée) par les redevables en mai N+1.
- La déclaration doit être souscrite par voie électronique par toutes les entreprises.
- Le paiement de la CVAE doit se faire, pour toutes les entreprises, par télérèglement.
- Les modalités de paiement de la CVAE (N) :

Montant total de la CVAE calculée sur la VA N-1 (CVAE N-1)	Dates de paiement
< 3 000 €	Paiement intégral de la CVAE N en mai N+1
≥ 3 000 €	15/06/N : Acompte 50 % (base = CVAE N-1) 15/09/N : Acompte 50 % (base = CVAE N-1) Mai N+1 : Solde CVAE N[1]

(1) En cas d'excédent de versement, un remboursement est effectué par l'État dans les 60 jours de la date de dépôt de la déclaration.

c) Le plafonnement de la CET en fonction de la valeur ajoutée (PFVA)

- La CET (N) est plafonnée à 3 % de la VA (N).
- Dégrèvement lié au PFVA = CET (N) – 3 % de la VA (N).
- Le dégrèvement s'applique au niveau de l'entreprise, pour l'ensemble de ses établissements et doit être demandé. Il ne peut avoir pour effet de ramener la CET à un montant inférieur à celui de la cotisation minimum de CFE.

2. Les autres impôts locaux

a) La taxe d'habitation

- **Locaux imposables** (CGI, art. 1407) : les logements affectés à l'habitation principale et leurs dépendances (garages par exemple), les locaux professionnels faisant partie intégrante de l'habitation principale et les résidences secondaires.
- **Personnes imposables** (CGI, art. 1408) : personnes qui occupent les logements au 1er janvier de l'année d'imposition (propriétaires, locataires ou occupants à titre gratuit)[2].
- **L'assiette de la taxe :** la valeur locative cadastrale définie par les services fiscaux. Il existe des abattements concernant les logements affectés à l'habitation principale (bénéficiaires du RMI notamment). Par ailleurs, la taxe est plafonnée à 3,44 % du revenu pour les contribuables (autres que ceux qui bénéficient d'un abattement total ou partiel) dont les ressources ne dépassent pas certains seuils.

(1) Voir l'ouvrage d'E. Disle, J. Saraf, N. Gonthier-Besacier et J.-L. Rossignol, *DCG 4 Droit fiscal*, Manuel et Applications, Dunod.

(2) Le critère retenu pour l'imposition est le critère d'occupation permanente. Si plusieurs occupants sont concernés au cours d'une même année, l'imposition est établie au nom de l'occupant du 1er janvier.

b) Les taxes foncières

Elles sont composées de deux taxes :

– la taxe foncière sur les propriétés bâties ;

– la taxe foncière sur les propriétés non bâties.

La taxe foncière sur les propriétés bâties est **due par les propriétaires** de constructions au 1er janvier (sont également concernées les dépendances : sols des constructions par exemple).

La base imposable est constituée par la valeur locative cadastrale sous déduction d'un abattement de 50 % pour frais et charges de gestion tels que l'entretien, les réparations… (CGI, art. 1388). La taxe est liquidée par les services des impôts.

La taxe foncière sur les propriétés non bâties frappe les propriétaires de terrains non bâtis (par exemple : carrières, mines, tourbières...). La base imposable est égale à 80 % de la valeur locative cadastrale.

Exercices d'application

CAS 37 ENTREPRISE LIMÉREAU

La SNC Liméreau est un magasin de décoration spécialisé dans l'habitat de petite surface. Elle est implantée près de Lyon. Son exercice comptable coïncide avec l'année civile. L'entreprise n'utilise pas de biens pris en crédit-bail, ni en location.

On vous fournit, pour l'exercice N, un extrait de la balance par soldes concernant les comptes de gestion :

N° de compte	Nom du compte	Solde débiteur	Solde créditeur
601	Achats de matières premières	4 000	
6031	Variations des stocks de matières premières		1 000
6037	Variation des stocks de marchandises	100 000	
6061	Fournitures non stockables (eau, énergie)	50 000	
6068	Autres matières et fournitures	5 000	
607	Achats de marchandises	800 000	
615	Entretien et réparations	20 000	
616	Primes d'assurances	6 500	
6226	Honoraires	2 000	
6231	Annonces et insertions	3 800	
6236	Catalogues et imprimés	3 700	

☞

N° de compte	Nom du compte	Solde débiteur	Solde créditeur
626	Frais postaux et de télécommunications	1 200	
631	Impôts, taxes, et versements assimilés sur rémunérations (administrations des impôts)	2 200	
635	Autres impôts, taxes, et versements assimilés (administrations des impôts)	9 375(1)	
645	Charges de Sécurité sociale et de prévoyance	115 000	
647	Autres charges sociales	3 000	
6611	Intérêts des emprunts et dettes	8 000	
665	Escomptes accordés	5 000	
6712	Pénalités, amendes fiscales et pénales	200	
6811	Dotations aux amortissements sur immobilisations incorporelles et corporelles	120 000	
707	Ventes de marchandises		2 501 500
7097	RRR accordés sur ventes de marchandises	1 500	
722	Production d'immobilisations corporelles(2)		10 000
765	Escomptes obtenus		500

(1) Dont CET N-1 = 6 450 € (CET = 4 650 €, CVAE = 1 800 €).
(2) Dont charges déductibles de la valeur ajoutée (matières premières, honoraires...) 2 000 €.
Dont charges non déductibles de la VA (charges de personnel) 8 000 €.

➲ Questions

1) Déterminer la valeur ajoutée (au sens de la CVAE).

2) Calculer la CVAE à payer au titre de l'exercice N.

3) En indiquer les modalités de paiement.

CAS 38 SOCIÉTÉ LECOMTE

La SA Lecomte est une entreprise de mécanique générale, qui fait de la sous-traitance pour l'industrie automobile. Elle est implantée dans l'Oise et exploite deux établissements : l'un à Compiègne et l'autre à Beauvais. Elle clôt son exercice comptable le 31 décembre de chaque année.
Au titre de l'année N, elle a reçu deux avis d'imposition à la CFE :

	Établissement 1	Établissement 2
CFE (hors CCI)(1)	40 000 €	25 000 €

(1) Les taxes additionnelles à la CFE (taxes pour frais de chambres de commerce et d'industrie et chambres de métiers) n'entrent pas dans le calcul de la cotisation éligible au plafonnement.

La CVAE de l'année N pour l'ensemble de l'entreprise (établissements 1 et 2) a été calculée de la manière suivante :

- CVAE due : 2 000 000 € 1,14 % = 22 800 €
- Frais de gestion : 22 800 € 1 % = 228 €

Total à payer : 23 028 €

Remarque : Le taux de 1,14 % représente le taux effectif de la CVAE, calculé en tenant compte du dégrèvement variable en fonction du CAHT.

➲ Questions

1) Calculer le dégrèvement lié au plafonnement en fonction de la valeur ajoutée.

2) Indiquer brièvement la procédure de demande de dégrèvement.

3) Indiquer les modalités d'imputation du dégrèvement.

21 CHAPITRE

L'impôt de solidarité sur la fortune

Synthèse de cours

1. Personnes imposables (CGI, art. 885 A)

Il s'agit des personnes physiques :

- qui ont leur domicile fiscal en France ;
- ou qui, n'ayant pas leur domicile fiscal en France, y possèdent des biens imposables.

Remarque : C'est la situation au 1er janvier de l'année qui est prise en compte.

2. Patrimoine imposable

Il est constitué par l'ensemble des biens (français et étrangers) appartenant au foyer fiscal, dont la valeur au 1er janvier dépasse un certain seuil (1 300 000 € pour 2015).

Le patrimoine imposable est un patrimoine net. En effet, il est minoré des dettes existant au 1er janvier.

Les principales exonérations sont les suivantes :

- les biens professionnels ;
- les bons anonymes ;
- les brevets ;
- les œuvres d'art ;
- les forêts pour les trois quarts de leur valeur ;
- les titres détenus par un groupe d'associés non qualifiés de biens professionnels et qui font l'objet d'un engagement collectif de conservation d'une durée minimale de 6 ans (exonération à concurrence des trois quarts de leur valeur). Cet engagement collectif est appelé par les praticiens « pacte Dutreil ».

L'assiette de l'ISF est constituée par la valeur vénale au 1er janvier du patrimoine imposable.

Le barème de calcul de l'ISF est un barème par tranches :

Fraction de la valeur nette taxable du patrimoine(1)	Taux
N'exédant pas 800 000 €	0
Comprise entre 800 000 € et 1 300 000 €	0,50
Comprise entre 1 300 000 € et 2 570 000 €	0,70
Comprise entre 2 570 000 € et 5 000 000 €	1,00
Comprise entre 5 000 000 € et 10 000 000 €	1,25
Supérieure à 10 000 000 €	1,50
(1) Valeur pour 2017	

3. Réductions et plafonnement

Il existe des réductions d'ISF :

- réduction au titre des investissements dans les PME ;
- réduction au titre des dons à certains organismes.

Le total formé par l'ISF, l'IR, la contribution exceptionnelle sur les hauts revenus, les prélèvements libératoires, les prélèvements sociaux ne peut excéder 75 % des revenus de l'année précédente. Dans le cas contraire, l'excédent(1) vient minorer l'ISF.

Pour le calcul du plafonnement, sont retenus :

- les revenus nets imposables soumis à l'impôt sur le revenu ;
- les revenus mobiliers soumis à un prélèvement libératoire ;
- les revenus exonérés d'IR ;
- les plus-values réalisées ;
- les déficits catégoriels (fonciers, BA, BIC, BNC) imputables sur le revenu global(2).

Exercice d'application

CAS 39 ÉPOUX DU FERMOIR DE MONSACQ

Yves-Hubert et Edmonde du Fermoir de Monsacq sont à la tête d'un important patrimoine dont le montant dépasse 1 300 000 €. Ils se posent un certain nombre de questions concernant l'ISF. Ils vous consultent à ce sujet.

➲ Questions

1) Yves-Hubert du Fermoir de Monsacq (YHUFM) possède un immeuble à Neuilly (92) ; les trois quarts de cet immeuble sont loués à une société anonyme dont il possède 70 % des actions

(1) L'excédent est plafonné pour les contribuables dont le patrimoine taxable atteint la quatrième tranche du barème.

(2) Les déficits catégoriels (fonciers, BIC à caractère non professionnel, moins-values sur cessions de valeurs mobilières) non imputés sur le revenu global sont exclus pour le calcul du plafonnement (déficits fonciers supérieurs à 10 700 € par exemple).

et dont il est le PCA (valeur vénale de l'immeuble au 01.01.N : 610 000 €). Le quart restant est occupé par les époux de Monsacq.
Cet immeuble peut-il être qualifié de bien professionnel et échapper à l'ISF ?

2) YHUFM détient 30 % du capital d'une seconde SNC non soumise à l'IS et dans laquelle il n'exerce aucune activité professionnelle. Il se demande s'il doit déclarer ses parts sociales dans son patrimoine imposable à l'ISF ?

3) YHUFM envisage de vendre en N+1 à un ami de la famille une grande partie des actions de la SA dans laquelle il est PCA. Il veut en conserver 20 %. Quelles seront les conséquences sur son ISF ?

4) La valeur nette du patrimoine imposable des époux du Fermoir de Monsacq, au 01.01.N, s'élève à 2 270 000 €. Le calcul effectué par YHUFM donne un impôt à payer de 9 290 €. Qu'en pensez-vous ?

5) Madame Anémone du Fermoir de Monsacq (AFM), mère d'YHUFM, vit chez son fils depuis la mort de son mari survenue en décembre N–1. YHUFM se demande s'il peut bénéficier d'une réduction pour personne à charge ?

La mère d'YHFM n'est pas titulaire de la carte d'invalidité.-

6) AFM possède des biens propres, en particulier une propriété située en Touraine et estimée à 686 000 € au 01.01.N. Ce bien doit-il être intégré dans le patrimoine imposable à l'ISF du foyer de son fils ?

7) AFM, par acte authentique de donation, a transmis à son fils YHUFM en N+2 sa résidence secondaire située à La Baule. Elle est évaluée en pleine propriété à 546 667 €.
Anémone du Fermoir de Monsacq a pris à sa charge les frais de donation qui, hors émoluments du notaire, se sont élevés à 19 790 €. Elle est âgée de 67 ans et s'est réservé l'usufruit du bien .

YHUFM doit-il intégrer ce bien dans son patrimoine taxable ?

8) YHUFM a contracté courant N+1 diverses dettes dont les évaluations au 01.01.N+2 sont les suivantes :
- capital restant dû et intérêts courus pour un total de 49 496 € relatifs à un emprunt immobilier souscrit pour l'acquisition d'un immeuble destiné à la location ;
- caution donnée pour le financement de l'appartement de son fils majeur. La note d'information bancaire fait ressortir un solde dû de 38 070 €, intérêts échus non payés inclus ;
- reconnaissance de dette à AFM concernant une dette de jeu contractée au casino de Deauville, qu'elle a acquittée pour la somme de 9 680 €. Aucun droit d'enregistrement n'a été payé ;
- dette relative à l'agrandissement d'un des bureaux de la SA dont YHUFM est le PCA. Le solde inscrit au bilan de la SA est de 19 634 € et sera réglé le 01.04.N+2 sans difficulté ;
- montant des impôts (ISF, IR sur les revenus N+1, taxe d'habitation...) prévus et à payer en N+2 : 45 089 €.

Quelles dettes seront admises en déduction pour le calcul du patrimoine imposable à l'ISF au 01.01.N+2 ?

9) Monsieur Verdo, marié sous le régime légal avec la sœur d'YHUFM, dispose d'un patrimoine personnel (résidences, portefeuille-titres, mobiliers et véhicules...) évalué au 01.01.N à 1 775 000 €.

La majorité de ses revenus professionnels provient d'une société anonyme (SA) dont il assume la présidence du conseil d'administration et dont il possède 30 % des actions. L'actif net total de la SA est évalué à 4 500 000 € alors que :

- l'actif net professionnel représente 3 825 000 € ;
- la valeur de marché de l'entreprise avoisine les 5 000 000 €.

Courant juin N, monsieur Verdo envisage de déclarer 1 775 000 €, sa participation dans la société anonyme étant exonérée d'ISF. Qu'en pensez-vous ?

22
CHAPITRE

IR, IS petites et moyennes entreprises et entreprises nouvelles

Synthèse de cours

1. Régime et mode d'imposition

a) Régime d'imposition

Quelle que soit la forme juridique de l'entreprise, le chiffre d'affaires conditionne le régime d'imposition : réel normal, réel simplifié et micro-entreprises[1].

Pour les entreprises exerçant une activité commerciale, industrielle ou artisanale, le régime d'imposition applicable concerne à la fois l'impôt sur les bénéfices et la TVA.

Le chiffre d'affaires est retenu pour son montant réalisé (et non encaissé) et hors opérations exceptionnelles, comme par exemple les cessions d'immobilisations.

b) Impôt sur les sociétés, impôt sur le revenu

Sous réserve des options possibles, la forme juridique[2] de l'entreprise détermine le mode d'imposition des bénéfices comme il a été vu dans le chapitre 10.

c) Adhésion aux centres de gestion agréés (CGA)

Les centres de gestion agréés (CGA), pour leurs membres :

- fournissent une assistance en matière de gestion et de déclaration fiscale ;
- sont habilités pour tenir la comptabilité[3] ;
- organisent des actions de formation et de prévention.

Les CGA sont ouverts aux personnes soumises à l'IR ou à l'IS. Les avantages fiscaux liés à l'appartenance à un CGA sont les suivants :

- absence de majoration de 1,25 du bénéfice imposable.

(1) Voir l'ouvrage d'E. Disle, J. Saraf, N. Gonthier-Besacier et J.-L. Rossignol, *DCG 4 Droit fiscal*, Manuel & Applications, Dunod.
(2) Attention, l'entreprise individuelle n'est pas une forme juridique au sens de la loi sur les sociétés commerciales.
(3) Dans ce cas, les centres de gestion habilités doivent isoler leur activité de tenue de comptabilité dans une association de gestion et de comptabilité (Agec).

Mais attention, cet avantage fiscal n'est accordé qu'aux exploitants individuels et aux associés de sociétés de personnes n'ayant pas opté pour l'IS.

Les adhérents sont tenus de respecter certaines obligations comme la communication des éléments nécessaires à la gestion de leur dossier au centre de gestion et l'acceptation des règlements par chèque.

> **Remarque :** L'avantage résultant de la dispense de majoration est étendu à compter du 1.01.2010 aux non-adhérents qui font appel aux services d'un professionnel de l'expertise comptable autorisé par l'administration et ayant conclu avec elle une convention :
>
> - déduction intégrale du salaire du conjoint de l'adhérent ;
> - réduction d'impôt pour frais de comptabilisation et d'adhésion égale aux deux tiers des dépenses exposées. Le montant de la réduction est plafonné à 915 €.

Les CGA sont réservés aux entreprises industrielles, commerciales, artisanales et agricoles. Les associations agréées (AGA) sont destinées aux professions libérales. Les adhérents relevant des CGA ou des AGA peuvent être regroupés au sein d'une organisation mixte de gestion agréée

2. Les possibilités offertes aux petites entreprises

En plus des avantages fiscaux liés à l'adhésion à un CGA, les petites entreprises peuvent bénéficier du régime des micro-entreprises et de l'exonération des plus-values.

a) Le régime des micro-entreprises

Ce régime concerne principalement les exploitants individuels(1) qui réalisent un chiffre d'affaires inférieur à 82 200 € HT pour les livraisons de biens ou à 32 900 € HT pour les prestations de services.

Le redevable est dispensé de déclaration et de paiement de la TVA et son bénéfice imposable (hors plus ou moins-values) est déterminé de la façon suivante :

- 29 % des recettes annuelles pour les activités d'achat-revente ;
- 50 % des recettes annuelles pour les prestations de services ;
- 66 % des recettes annuelles pour les professions non commerciales.

b) Exonération des plus-values professionnelles

Les plus-values de cession réalisées par les entreprises individuelles et les sociétés de personnes soumises à l'IR peuvent être exonérées sous conditions(2).

3. Régime de faveur pour les PME

La loi de finances pour 2001 a introduit un dispositif réduisant progressivement à 15 % le taux d'impôt sur les sociétés pour les PME dans la limite d'un plafond (38 120 €).

---

(1) Sont exclues les sociétés soumises à l'IS, les SNC et les activités dont l'objet est en relation avec des opérations immobilières. Les exploitants individuels relevant du régime micro-BIC qui ont opté pour le versement social libératoire (« micro-social ») peuvent, sous certaines conditions, exercer une option pour le régime de l'auto-entrepreneur. Ils peuvent aussi choisir de se placer sous le RSI ou le RN.

(2) Voir chapitre 14.

a) Champ d'application

Il concerne tous les redevables soumis à l'IS, c'est-à-dire :
- les sociétés soumises à l'IS de plein droit ou sur option ;
- les groupements qui se livrent à des opérations lucratives (associations, syndicats...).

b) Conditions d'application

Les sociétés soumises à l'IS doivent respecter les conditions suivantes :
- avoir réalisé un chiffre d'affaires HT de 7 630 000 € au plus ;
- être détenues directement ou indirectement à 75 % par des personnes physiques ;
- avoir un capital entièrement libéré.

Les groupements doivent uniquement respecter la condition liée au chiffre d'affaires.

c) Modalités d'application

Régime applicable	
Taux d'imposition du bénéfice imposable dans la limite de 38 120 €	15 %
Taux d'imposition du bénéfice fiscal compris entre 38 120 € et 75 000 € (LF pour 2017)	28 %
Bénéfice imposable excédant le seuil de 75 000 €	33,1/3 %

4. Les entreprises nouvelles

a) Principes

En vertu de l'article 44 *sexies* du CGI, les entreprises nouvelles en cas d'implantation avant le 31.12.2020 dans les zones d'aide à finalité régionale (AFR) peuvent bénéficier sous certaines conditions d'un allégement total ou partiel d'IR ou d'IS, de la date de création jusqu'au terme du 59e mois d'activité inclus.

b) Principales conditions à remplir

Aucune condition de forme juridique n'est exigée, mais si l'entreprise est une société, le capital ne doit pas être détenu pour plus de 50 % directement ou indirectement par d'autres sociétés.

L'activité industrielle, commerciale ou artisanale exercée, doit être réellement nouvelle : sont donc exclues les restructurations, extensions ou reprises d'activités préexistantes.

L'entreprise doit relever d'un régime réel d'imposition.

Remarques

- La réalisation d'une fraction de chiffre d'affaires représentant au plus 15 % en dehors de la zone d'implantation ne remet pas en cause l'exonération. Au-delà du seuil de 15 %, les bénéfices sont taxés à l'IR ou à l'IS selon les règles de droit commun et en proportion du chiffre d'affaires hors zone. Cette exception ne vise toutefois que les activités non sédentaires.
- Les entreprises qui se créent en zone de redynamisation urbaine (ZRU) à compter du 01.01.2011 ne peuvent plus bénéficier de ce régime.
- Il existe un régime particulier pour les entreprises nouvelles qui se créent en zone de revitalisation rurale (ZRR).

c) Les exonérations

L'exonération concerne les bénéfices et les plus-values.

Périodes	Pourcentage d'exonération du bénéfice imposable
24 premiers mois	100 % du bénéfice
12 mois suivants	75 % du bénéfice
12 mois suivants	50 % du bénéfice
12 mois suivants	25 % du bénéfice

Remarque : Il existe un dispositif d'exonération pour les entreprises implantées en zones franches urbaines (ZFU).

5. Les jeunes entreprises innovantes (JEI)

a) Principes

Les entreprises de taille moyenne, exerçant une activité industrielle, commerciale ou non, peuvent, quels que soient leur forme et leur régime d'imposition, prétendre au statut spécifique de « jeunes entreprises innovantes » si elles réalisent des **projets de recherche et de développement.**

Ce statut offre diverses exonérations fiscales pendant 8 ans au maximum.

b) Conditions cumulatives

1	Taille de l'entreprise	Effectif < 250 salariés et CA < 50 000 000 € ou total du bilan < 43 000 000 €.
2	Âge de l'entreprise	Date de création n'excédant pas 8 ans.
3	Dépenses de recherche	Au minimum 15 % des charges annuelles totales fiscalement déductibles.
4	Détention du capital social	À 50 % au moins par des personnes physiques ou par des sociétés qualifiées elles-mêmes de JEI.
5	Activité nouvelle	Les concentrations, restructurations, extensions ou reprises d'activités préexistantes sont exclues.

c) Exonérations

1	Impôt (IR ou IS)	Exonération à 100 % pour le premier exercice bénéficiaire[1]. Exonération à 50 % pour l'exercice suivant.
2	Impôts locaux	Exonération pendant 7 ans de la CET et de la taxe foncière sur décision des collectivités territoriales.
(1) Dans la limite de 8 ans d'existence.		

6. Régime des « pôles de compétitivité »

La LF pour 2005 a créé des « pôles de compétitivité ».

Les « pôles de compétitivités » sont des regroupements dans une zone géographique donnée d'entreprises, d'établissements d'enseignement supérieur et d'organismes de recherche engagés ensemble dans des projets de recherche innovants.

Les entreprises participant à un projet de recherche et développement agréé par l'État et implantées dans un « pôle de compétitivité » peuvent bénéficier d'une exonération d'impôts (IR-IS) sur les bénéfices de 100 % pour les 3 premiers exercices, puis de 50 % pour les 2 exercices suivants.

Exercices d'application

CAS 40 ENTREPRISE BLÉRIAUD

Thème : calcul du résultat fiscal et liquidation de l'impôt

L'entreprise Blériaud est une société anonyme non cotée installée à Creil dans l'Oise. Elle est spécialisée dans la fabrication et la commercialisation de fournitures de bureau.

Son capital est composé de 3 000 actions de 15 € entièrement libérées. Il est détenu à 80 % par la famille de M. André Blériaud, PCA de la société. Le reste des actions appartient à diverses sociétés picardes de capital-risque.

Elle réalise un chiffre d'affaires annuel hors taxes de 4 650 000 €. Elle arrête ses comptes le 31 décembre de chaque année.

Vous disposez des renseignements suivants pour l'année N :

- le résultat comptable avant impôt, correctement évalué, s'élève à : 688 250 € ;
- la société dispose d'un portefeuille de 100 actions de SICAV ; valeur unitaire liquidative au 1.01.N : 1 080 €, au 31.12.N : 1 100 € ;
- elle a une participation de 40 % dans la SNC Gary et Cie, qui a distribué courant N un bénéfice de 73 750 €. L'entreprise Gary a réalisé une perte fiscale de 82 000 € au titre de l'exercice N, clos le 31 décembre. Cette SNC n'a pas opté pour l'IS ;
- la société Blériaud a versé à M. Laugut, cadre comptable, des allocations forfaitaires pour frais professionnels pour un montant de 5 500 €. Elle lui rembourse par ailleurs les frais qu'il engage dans le cadre de son emploi ;
- M. Blériaud dispose dans la société d'un compte courant bloqué qui lui a rapporté un intérêt annuel de 19 800 €. La fraction non déductible pour la société s'élève à 5 250 € ;
- la PVNLT de l'exercice s'élève à 50 000 €. Elle résulte exclusivement de redevances de concessions de licences d'exploitation de brevets.

➲ Questions

1) La société Blériaud peut-elle bénéficier du dispositif de taxation aux taux réduits prévus pour les PME ?
2) L'application de ce régime serait-elle possible si l'entreprise Blériaud était détenue par une société réalisant un chiffre d'affaires de 6 090 000 €, cette société étant contrôlée à 90 % par la famille Blériaud ?
3) Calculer le résultat fiscal de l'exercice N.
4) Liquider l'IS de l'exercice N.

CAS 41 ENTREPRISE DIDIER

Thème : IR, IS, changement de forme juridique et option pour un régime d'imposition

M. Didier exerce depuis une dizaine d'années la profession d'artisan électricien sous la forme individuelle. Il souhaiterait changer de forme juridique et créer une SARL dans laquelle il serait gérant majoritaire et à laquelle, il apporterait l'intégralité de son entreprise individuelle.

Néanmoins, deux points restent en suspens :

- le choix du régime fiscal ;
- le choix des autres associés.

Étant chargé de son dossier dans le cabinet Auditex, il vient vous consulter. Vous arrondirez les calculs à l'euro le plus proche

➲ Questions

1) Indiquer le régime fiscal de taxation du bénéfice réalisé par M. Didier exploitant, puis calculer ce résultat pour l'année N.
2) Afin de préparer votre étude, vous effectuerez les travaux suivants :
   a) Déterminer le montant global de l'impôt dû par le couple Didier en distinguant les différents revenus nets catégoriels.
   b) Caractériser fiscalement la SARL de famille par rapport à la SARL classique.
   c) Préciser, dans l'hypothèse où la future société créée serait soumise à l'IS, les conséquences sur le régime d'imposition à la TVA.
   d) Calculer le résultat fiscal de l'exercice N dans l'hypothèse où l'entreprise serait soumise à l'IS et chiffrer l'incidence de cette option par rapport à l'imposition personnelle des époux Didier en tenant compte des éléments suivants :
      - la SARL remplit les conditions pour bénéficier du dispositif de taxation aux taux réduits du résultat fiscal ;
      - la totalité du bénéfice, après dotation à la réserve légale, est appréhendée par le couple. Toutefois, pour faciliter le comparatif, vous supposerez que le bénéfice distribuable en N+1 et taxable en N+2 est imposé à l'IR dès l'année N+1;
      - la CSG déductible pour les revenus du patrimoine sera supposée égale à 1 884 €.
3) Formuler un conseil opérationnel à M. Didier, notamment en ce qui concerne l'option pour le régime fiscal des sociétés de personnes.

ANNEXES

Annexe 1 : Renseignements relatifs à l'entreprise individuelle

M. Didier adhère depuis N-4 à un centre de gestion agréé. Il a réalisé en N un chiffre d'affaires global de 150 410 € HT.

L'exercice N-1 était bénéficiaire comptablement et fiscalement. Il comportait une PVNCT de 9 231 € dont l'imposition a été étalée.

Le résultat comptable avant impôt de l'année N est de 24 006 € :

Données de N nécessaires pour la détermination du résultat fiscal	Montants
• Dividendes nets perçus de diverses sociétés françaises cotées, participations, à 5 %. Les actions sont inscrites au bilan	10 027 €
• Reprise sur dépréciation des VMP	2 750 €
• Cession au cours de 67 € de 200 actions GT figurant au compte 503 Actions. 50 de ces actions ont été acquises le 01.01.N-1 à un cours de 52 € et 160 autres à un cours de 35 € en N-7	Résultat de cession à déterminer et à qualifier
• Cession d'une machine le 01.07.N pour 14 579 € HT. Elle avait été acquise le 06.01.N-2 pour 14 500 € HT et amortie fiscalement en dégressif sur 5 ans (coef. 1,75)	VNC et résultat de cession à déterminer
• Rémunération de l'exploitant inscrite en charge	17 145 €
• Amortissement de la camionnette(1) de l'entreprise	2 130 €
• Amortissement de la Mercedes(1) de M. Didier (véhicule non polluant) acquise en N-1 pour 36 775 € TTC et utilisée professionnellement en grande partie (linéaire sur 5 ans)(2)	7 355 €
• Gains latents sur actions de SICAV	425 E €

(1) Immobilisations non décomposées.

(2) Base fiscale d'amortissement : 18 300 €.

Annexe 2 : Renseignements personnels relatifs aux époux Didier

- La femme de M. Didier, salariée depuis peu à temps partiel dans une autre entreprise, a perçu un salaire annuel imposable de 15 750 €.
- Aucun des membres du couple n'a opté dans la déclaration des revenus pour la déduction des frais professionnels réels.
- Le couple a un enfant scolarisé en lycée et un autre de 27 ans, étudiant, à qui il verse une pension alimentaire de 2 450 €.
- La location d'une maison individuelle reçue en héritage en N-10 a rapporté un revenu annuel de 5 401 €. La taxe foncière est de 608 €. Les frais de gérance se sont élevés à 205 €. Les autres frais (frais de gestion, primes d'assurances, amortissement) se sont élevés à 800 €.
- La CSG déductible en N sur les revenus du patrimoine s'élève à 1 884 €.

Annexe 3 : Renseignements généraux pour l'année N

- Extrait du barème progressif pour le calcul de l'impôt sur les revenus de N :

Quotient R/N	Taux (T)	Quotité à déduire (Q)
Jusqu'à 9 710 €	0,00 %	0,00
De 9 710 à 26 818 €	14,00 %	1 359,40
De 26 818 à 71 898 €	30,00 %	5 650,28
De 71 898 à 152 260 €	41,00 %	13 559,06
Plus de 152 260 €	45,00 %	19 649,46

Principe : R = revenu net global ; N = nombre de parts.
(R × T) - (Q × N) = impôt

- Plafonnement de la demi-part s'ajoutant à deux parts pour les contribuables mariés : 1 512 €.
- Réduction d'impôt pour enfant scolarisé :
  - en collège : 61 €
  - en lycée : 153 €
  - dans l'enseignement supérieur : 183 €
- Plafonnement de la pension alimentaire : 5 738 €.
- Revenus fonciers : régime du micro-foncier : abattement de 30 %. M. Didier n'a formulé aucune option.
- M. Didier amortit ses immobilisations non décomposables sur les durées d'usage fiscales (application de la mesure de simplification comptable en faveur des PME).
- Pour le calcul du résultat fiscal soumis à l'IS, les VMP possédées par l'entreprise Didier ne sont pas fiscalement des titres de participation.
- Les calculs seront arrondis à l'euro le plus proche.

CAS 42 SA MICROSYS

Thème : entreprise nouvelle, régime des PME

La société anonyme Microsys a été créée le 01.07.N-3 dans une zone d'aide à finalité régionale (AFR) par trois informaticiens et un commercial anciennement salariés de la SA Mil. Elle bénéficie du régime de l'exonération en faveur des entreprises nouvelles.

Le siège social et l'ensemble des moyens d'exploitation (matériels et personnel) sont implantés dans la zone AFR à l'exception d'un petit local de vente complémentaire (filialisé) acquis en N-2.

La composition du capital (apports en numéraire uniquement) est la suivante :

– M. Philipart, PCA :	300 actions, soit :	9 300 €
– M. Deriver, administrateur :	200 actions, soit :	6 200 €
– Mme Dirige, administrateur :	200 actions, soit :	6 200 €
– M. Magaert, administrateur :	50 actions, soit :	1 550 €
– Mme Ventout, administrateur :	50 actions, soit :	1 550 €
– M. Ventout, administrateur :	100 actions, soit :	3 100 €
– SA Mil, administrateur :	350 actions, soit :	10 850 €
	1 250 actions, soit :	38 750 €

La date de clôture de l'exercice est fixée le 30 juin de chaque année.

Les résultats comptables, qui ont connu une forte progression sur la période N-3 à N-1, sont désormais orientés à la baisse. On vous fournit les renseignements suivants :

Éléments	Exercice du 01.07.N au 30.06.N+1	Exercice du 01.07.N+1 au 30.06.N+2
Résultat comptable avant impôt sur les sociétés	- 6 085 €	11 163 €
Pertes latentes sur actions de SICAV régulièrement dépréciées	4 367 €	5 106 €
Dividendes reçus de la filiale bénéficiant du régime des sociétés mères	4 720 €	5 520 €
Jetons de présence versés	16 009 €	16 765 €
Moyenne des 5 personnes les mieux rémunérées	36 220 €	38 180 €
Provision pour indemnités de licenciement économique		16 216 €
Autres déductions fiscales	703 €	

Autres renseignements

- Les chiffres d'affaires HT des exercices clos le 30.06.N+1 et le 30.06.N+2 s'élèvent respectivement à 416 300 € (dont prestations de service : 49 970 €) et 471 450 € (dont prestations de service : 71 700 €)
- Le bénéfice fiscal de N-1/N était de 27 472 €
- L'entreprise reporte en avant les déficits réalisés
- L'entreprise a opté en N-2 pour le régime des sociétés mères et des filiales
- L'entreprise ne fait pas de concession de licences d'exploitation de brevets
- Le taux de TVA utilisé par Mycrosys est le taux normal.
- La SA Microsys relève de l'IS au taux normal.

➲ Questions

1) Rappeler les règles relatives à l'exonération des entreprises nouvelles.

2) Calculer les résultats fiscaux des exercices clos le 30.06.N+1 et le 30.06.N+2.

3) Calculer les acomptes et les soldes de liquidation de l'impôt sur les sociétés pour la période du 01.07.N+1 au 30.06.N+3.

23 CHAPITRE

Le contrôle fiscal

Synthèse de cours

1. Les moyens de contrôle de l'administration fiscale

Ils sont au nombre de trois et sont constitués :

- du droit de communication ;
- des droits de vérification, de visite et de saisie ;
- du droit de reprise.

L'administration ne peut intervenir pour contrôler et corriger des insuffisances ou des omissions dans les déclarations des contribuables que pendant un certain délai fixé par la loi. Ce délai de reprise est, sauf exceptions, de trois ans pour l'IR, l'IS et les contributions additionnelles. Il comprend l'année en cours de vérification et les trois années précédentes. Exceptionnellement, pour l'année 2017 et suite au passage au prélèvement à la source au 01/01/2018, le délai de reprise passe de 3 à 4 ans pour l'IR.

2. Formes de la vérification

La vérification fiscale peut revêtir trois formes principales :

- le contrôle sur pièces, encore appelé « travaux de cabinet » ;
- l'examen contradictoire de l'ensemble de la situation fiscale personnelle pour les particuliers ;
- la vérification de comptabilité pour les entreprises et les sociétés.

La vérification de comptabilité réside dans un examen sur place de la comptabilité de l'entreprise qui est informée de ce contrôle et du type d'impôt vérifié (BIC/IR, IS et TVA) par un avis adressé par lettre recommandée avec accusé de réception[1].

(1) L'article L 47 du LPF ne fournit aucune précision sur le caractère raisonnable du délai à respecter entre la remise de l'avis de vérification et le début effectif de la vérification. L'administration fiscale retient en général un délai de 15 jours. Le Conseil d'État estime qu'il s'agit d'une question de fait. En tout état de cause, un délai d'un seul jour est considéré comme insuffisant. Un délai de deux jours pleins constitue un délai minimum.

Remarque : L'administration fiscale peut aussi recourir à la procédure d'examen de comptabilité. Cet examen est effectué à distance d'après les fichiers des écritures comptables (FEC) communiqués par l'entreprise.

L'avis précise les années soumises à la vérification. Il stipule que le contribuable a le droit de se faire assister par un conseil de son choix pendant la durée du contrôle(1). Il est accompagné de la charte du contribuable.

Le contribuable a droit à un débat oral et contradictoire avec le vérificateur, sauf en cas de procédure de taxation d'office.

À l'issue des vérifications, le vérificateur peut adresser au contribuable, avant l'expiration du délai de reprise, une proposition de rectification mentionnant le montant rappelé et les taxes et pénalités exigibles(2).

3. Les voies de recours

À la suite d'une proposition de rectification, le contribuable dispose d'un délai de trente jours pour faire parvenir son acceptation ou ses observations et contestations motivées (droit de réponse). Ce délai peut être porté à soixante jours sur demande du contribuable.

À défaut de réponse, le contribuable est supposé avoir accepté la rectification et celle-ci est mise en recouvrement.

En cas de désaccord avec l'administration fiscale, le contribuable peut :

- saisir, pour avis, la commission départementale des impôts directs et des taxes sur le chiffre d'affaires(3) ou la commission départementale de conciliation(4) ;
- faire une réclamation devant le directeur des services fiscaux ;
- faire un recours contentieux devant les tribunaux compétents (tribunaux administratifs ou TGI).

Remarque : Depuis le 1er mars 1998, les contribuables peuvent faire appel des décisions rendues par le TGI en matière de droits d'enregistrement, d'ISF et de contributions directes.

4. Réclamation

Lorsqu'un contribuable n'acquitte pas spontanément dans les délais légaux les impôts et taxes dont il est redevable normalement ou par rectification, il peut faire l'objet :

- d'une lettre de rappel adressée par le Trésor public ;
- d'un commandement de payer ;
- d'une procédure de saisie (vente ou attribution).

(1) En principe illimitée, elle ne peut excéder 3 mois si le chiffre d'affaires HT est inférieur à 783 000 € (opérations d'achats-ventes) ou à 236 000 € (prestations de services).

(2) Voir l'ouvrage d'E. Disle, J. Saraf, N. Gonthier-Besacier et J.-L. Rossignol, *Manuel et Applications, Droit Fiscal DCG 4*, Dunod.

(3) Cette commission doit se limiter à l'examen et à la solution des questions de fait, à l'exclusion des questions de droit.

(4) Elle est compétente pour les droits d'enregistrement et l'ISF. Sous certaines conditions de taille, le contribuable peut également saisir pour avis consultatif, la commission nationale des impôts directs et des taxes sur le chiffre d'affaires.

Le contribuable peut s'opposer aux poursuites en adressant, sur papier libre, dans les deux mois, un courrier. La décision, ou l'absence de réponse de l'administration, permet au contribuable d'introduire un recours contentieux.

Lorsqu'un contribuable conteste l'assiette de l'impôt ou les pénalités infligées ou estime être indûment imposé, il doit d'abord introduire un recours gracieux [(1)]. Dans les deux mois de la notification de la décision (ou dans les six mois en l'absence de réponse), il peut saisir le tribunal administratif ou le TGI selon le cas.

Mini-cas d'évaluation

Chaque élément du test peut comporter une ou plusieurs bonnes réponses.

1 Le contrôle sur pièces est :

- ❑ *A* Un mode de contrôle s'exerçant dans les locaux du contribuable.
- ❑ *B* Un mode de contrôle sommaire exercé de manière interne par l'administration fiscale et visant à rectifier les erreurs matérielles évidentes constatées dans les déclarations envoyées par les contribuables.
- ❑ *C* Un examen critique des déclarations envoyées à l'aide des renseignements et documents détenus par l'administration.

2 Si le contrôle sur pièces a révélé des anomalies, le service des impôts va :

- ❑ *A* Faire une demande de renseignements auprès du contribuable.
- ❑ *B* Faire une demande d'éclaircissement(s) ou de justification(s).
- ❑ *C* Proposer une rectification.
- ❑ *D* Faire une vérification dans l'entreprise ou un examen contradictoire de l'ensemble de la situation fiscale personnelle s'il s'agit d'un particulier.

3 Le droit de communication est un moyen de contrôle de l'administration fiscale. Il est réglementé par le CGI dans la partie intitulée « Livre des procédures fiscales », articles L. 81 à L. 167 A. Ce droit peut être exercé :

- ❑ *A* À l'encontre des particuliers et des entreprises.
- ❑ *B* Auprès des entreprises privées.
- ❑ *C* Auprès des tribunaux, des administrations publiques et d'organismes divers (banques, assurances, caisses de retraite, associations...).

4 Les documents susceptibles d'être communiqués par les sociétés commerciales aux services des impôts sont :

- ❑ *A* Uniquement les livres comptables obligatoires.
- ❑ *B* Les livres comptables obligatoires accompagnés des pièces comptables justificatives (pièces de recettes et de dépenses par exemple).
- ❑ *C* Les livres comptables obligatoires et les documents annexes, plus les registres de transfert d'actions et d'obligations, les feuilles de présence aux assemblées.

5 L'administration ne peut exercer son droit de contrôle et de vérification que pendant un certain délai fixé par la loi, appelé délai de reprise.

Dans le cas d'une société, par exemple, les services des impôts pourront vérifier et réparer les omissions et les erreurs constatées dans ses déclarations de l'exercice clos le 31.12.N :

- ❑ *A* Jusqu'au 31.12.N+4.
- ❑ *B* Jusqu'au 31.12.N+3.
- ❑ *C* Jusqu'au 31.12.N+5.

6 La vérification sur place de la comptabilité d'une entreprise par un agent des impôts a pour objet :

- ❑ *A* De permettre au vérificateur de certifier qu'elle est régulière et sincère.
- ❑ *B* De permettre au vérificateur de contrôler les éléments constituant la base du résultat fiscal déclarée par l'entreprise.
- ❑ *C* De négocier le montant de la rectification qui servira à la détermination de sa commission.

7 La durée d'une vérification sur place de la comptabilité est :

- ❑ *A* De 6 mois.
- ❑ *B* Illimitée.
- ❑ *C* Limitée à 3 mois si le chiffre d'affaires HT ne dépasse pas 783 000 € (236 000 € pour les prestataires de services).

8 Selon le livre des procédures fiscales du CGI, la procédure de vérification doit permettre l'instauration d'un débat oral et contradictoire entre le vérificateur et le contribuable. Cette expression signifie :

- ❑ *A* Que l'organisation de la procédure doit garantir l'instauration d'un dialogue évolutif et constructif à tous les stades de la vérification.
- ❑ *B* Qu'à l'issue de la procédure, l'administration organisera un débat en présence du contribuable pour déterminer son sort.
- ❑ *C* Que l'administration prêchera le faux au cours de la procédure pour connaître le vrai.

9 Un vérificateur a relevé, courant N+1, au cours du contrôle de la comptabilité de l'entreprise X les irrégularités suivantes :

- **compte caisse créditeur en N-2 et en N ;**
- **absence systématique d'inventaires en N-2, N-1 et N ;**
- **absence de pièces justificatives.**

- ❑ *A* Le contribuable pourra tout de même utiliser sa comptabilité pour justifier ses bases d'imposition déclarées. Les irrégularités constatées restent insuffisantes pour lui enlever toute valeur probante.
- ❑ *B* Ces éléments constituant de graves irrégularités, le vérificateur sera amené à rejeter la comptabilité pour absence de valeur probante. Le contribuable ne pourra pas s'appuyer sur sa comptabilité. Le vérificateur reconstituera le résultat et le chiffre d'affaires déclarés.
- ❑ *C* Les irrégularités constatées vont globalement entraîner le rejet de la comptabilité, mais le contribuable pourra utiliser certaines pièces ou écritures comptables.

10 L'entreprise Y a subi, au cours du 1er semestre N+1, une vérification de comptabilité portant sur les exercices, N-2, N-1 et N. Le vérificateur n'a rencontré le contribuable qu'à trois reprises : la première fois pour emporter le grand-livre, le livre journal et le livre d'inventaire (ce dernier est tenu manuellement) ; la deuxième, pendant une durée d'une heure, pour étudier un problème relatif à l'inventaire physique du stock ; la troisième pour récupérer son parapluie. Une proposition de rectification a été adressée à l'entreprise Y le 15.09.N+1 (montant de la rectification 200 000 € suite, soi-disant, à une irrégularité dans la valorisation du stock). Les documents emportés par le vérificateur ont été restitués le 30.11.N+1.

Cette vérification de comptabilité est :

❑ *A* Régulière.

❑ *B* Irrégulière et le réhaussement notifié également.

❑ *C* Irrégulière, mais le réhaussement sera maintenu.

11 L'entreprise Z utilise le logiciel Alpha qui a été élaboré par son service informatique. Il effectue la facturation à partir des bons de sortie saisis par le magasinier, la gestion des stocks et la comptabilité générale.

Les factures étant toutes simples, les informaticiens de l'entreprise Z ont automatisé leur comptabilisation. Après édition, le total HT, la TVA et le montant TTC sont stockés dans un fichier permanent sur disque dur. Le détail des factures n'est pas conservé. En matière de comptabilité générale, le logiciel fait disparaître physiquement les écritures lettrées à chaque clôture mensuelle. L'entreprise Z n'effectue pas systématiquement de sauvegarde de ces écritures.

À la clôture de l'exercice, l'entreprise sauvegarde les écritures centralisées et les à nouveaux définitifs.

D'autre part, l'entreprise Z utilise depuis deux ans une comptabilité analytique assez sophistiquée, élaborée sur tableur par un stagiaire de l'École des mines. Ce dernier a quitté l'entreprise à la fin de son stage en emportant toute la documentation relative à la conception et à la compréhension des feuilles de calculs. Les données analytiques ne sont pas sauvegardées.

Dans le cadre de la procédure particulière de vérification des comptabilités informatisées prévue par l'article L. 13 du LPF, l'entreprise risque-t-elle :

❑ *A* Un rejet de comptabilité et une évaluation d'office de ses bases d'imposition ?

❑ *B* Rien ?

❑ *C* Une évaluation d'office et une amende de 150 % «des droits éludés» pour opposition à contrôle fiscal ?

12 Toute rectification fiscale entraîne la mise en œuvre de la procédure de rectification contradictoire prévue par l'article L. 55 du LPF. Cette procédure comporte les étapes suivantes :

❑ *A* Proposition de rectifications envisagées par l'administration fiscale, ouverture d'un délai de réponse du contribuable de 15 jours, puis mise en recouvrement des rectifications.

❑ *B* Proposition de rectifications, puis mise en recouvrement dans les 30 jours de la proposition.

❑ *C* Proposition de rectifications, délai de réponse de 30 jours, intervention éventuelle de la commission départementale, mise en recouvrement des impositions supplémentaires.

13 Une entreprise faisant l'objet d'une vérification refuse de présenter ses livres comptables au contrôleur des impôts. Quelle sera la conséquence ?

- ❑ *A* Une évaluation d'office des bases d'imposition.
- ❑ *B* Un abandon de la vérification.
- ❑ *C* L'intervention des forces de l'ordre.

14 Une entreprise faisant l'objet d'une vérification de comptabilité se voit réclamer par le contrôleur des impôts sa comptabilité sous format dématérialisé. Il s'agit de lui fournir le fichier des écritures comptables (FEC) généré à partir d'une exportation depuis le logiciel comptable de l'entreprise. L'entreprise ne peut pas le fournir au vérificateur, car elle ne peut pas respecter le format technique informatique imposé par l'administration fiscale pour la construction du fichier lui-même et pour l'alimentation de données. Que risque l'entreprise ?

- ❑ *A* La mise en œuvre de la procédure de taxation d'office, car cela caractérise une opposition à contrôle fiscal.
- ❑ *B* Des pénalités en cas de défaut de présentation.
- ❑ *C* Un contrôle de l'intégralité de la comptabilité informatisée.

24 CHAPITRE

Cas de synthèse sur la fiscalité professionnelle et personnelle

CAS 43 LA SNC VANTELLIE

Thème : résultat fiscal d'une société en nom collectif, imposition personnelle des associés, taxe d'apprentissage et contrôle fiscal

La société Vantellie, spécialisée dans la conception et la fourniture de matériels et services pour l'aérospatial, a été constituée sous forme de SNC en N-7 par M. Michel Vant et Mme Charlotte Ellie qui détiennent respectivement 270 parts sociales et 230 parts sociales. Le capital, intégralement libéré, est de 75 000 € (500 parts de 150 €) et la société emploie sept salariés en contrat à durée indéterminée dont l'épouse de M. Michel Vant.

Le régime déclaratif de la société est celui du réel normal. Son bénéfice fiscal est imposé à l'IR, dans la catégorie des BIC au nom de chaque associé, compte tenu de l'activité commerciale de l'entreprise. À la clôture de l'exercice N (le 31.12), la société a dégagé un résultat comptable correctement calculé de 95 615 €.

M. Paul Leroux, l'expert-comptable de la société, vous charge de la préparation de la liasse fiscale de la société. Vous devez notamment déterminer le résultat fiscal de l'exercice N ainsi que les diverses informations à communiquer aux associés pour leur imposition personnelle.

Après lecture et analyse des documents correspondants à l'exercice, vous relevez les éléments suivants : la taxe d'apprentissage (TA) de l'exercice N d'un montant de 1 360 € a été comptabilisée de la façon suivante :

Journal	Date	Comptes	Intitulé	Libellé	Débit	Crédit
OD[1]	31.12.N	6312	Taxe d'apprentissage - Administration des impôts	TA	693	
		4486	État et autres collectivités publiques - Charges à payer			693
		6335	Versements libératoires ouvrant droit à l'exonération de la taxe d'apprentissage	Subventions libératoires de TA	667	
		4386	Organismes sociaux - Charges à payer.			667

(1) Opérations diverses.

Les 667 € de versements libératoires correspondent à des subventions que la SNC Vantellie renouvelle chaque année. En l'occurrence, il est actuellement prévu de verser avant le 15 février N+1 :
- une première subvention de 354 € au centre de formation des apprentis de son département ;
- une seconde subvention de 313 € au lycée d'enseignement technologique de la ville où réside Mme Charlotte Ellie. Le relevé des charges à payer ayant la nature fiscale de provisions est joint chaque année à la déclaration des résultats ;
- Mme Charlotte Ellie, gérante, a perçu une rémunération mensuelle de 3 300 € à laquelle s'ajoute une prime de gérance de 700 € par mois. Cette somme a été comptabilisée en charge de personnel. M. Michel Vant est un associé actif dans la SNC et, il perçoit à ce titre une rémunération annuelle de 36 000 € sans aucune prime ;
- la SNC a supporté les cotisations obligatoires et facultatives de Mme Charlotte Ellie et de M. Michel Vant. Les cotisations s'élèvent à 41 000 € dont 21 780 € pour Mme Charlotte Ellie et 19 220 € pour M. Michel Vant. Cependant, elles ne comprennent pas la CSG et la CRDS directement supportées et payées par les deux associés à hauteur de 7 000 € pour Mme Charlotte Ellie et de 8 200 € pour M. Michel Vant ;
- figure également dans les charges de personnel, la rémunération brute annuelle de Mme Vant pour 35 700 €. Les époux Vant sont mariés sans contrat de mariage. Les cotisations sociales (CSG et CRDS comprises) s'élèvent à 6 643 € dont 900 € au titre de la CSG et de la CRDS non déductibles. La masse salariale brute totale est de 200 000 € et les cotisations sociales patronales correspondantes sont de 86 596 €. La SNC Vantellie n'emploie aucun apprenti ;
- une dotation aux amortissements d'un véhicule de tourisme non polluant (émission de CO^2 de 60 à 130 g/km) acquis courant N-2 pour 34 684 € TTC. Le véhicule est amorti en comptabilité sur la base des kilomètres parcourus annuellement rapportés aux kilomètres d'utilisation estimés sur 5 ans, soit 200 000 km. Le relevé des kilomètres parcourus en N fait état de 44 348 km. Par ailleurs, la TVTS associée à ce véhicule et comptabilisée en charges est de 1 770 € ;
- Mme Charlotte Ellie et M. Michel Vant laissent en compte courant depuis N-1 respectivement 125 000 € et 85 000 €. Ces sommes sont rémunérées au taux annuel de 2,55 % ;
- la SNC, par l'intermédiaire de sa gérante, a fait pour la première fois cette année un don de 950 € à une association locale à but non lucratif reconnue d'intérêt général ;
- compte tenu de la spécificité de ses activités, une partie des contrats facturés par la SNC sont des contrats à long terme répondant aux conditions fixées par le Plan comptable général, ils sont comptabilisés selon la méthode à l'avancement du chiffre d'affaires. Le chiffre d'affaires total de la SNC est de 6 053 000 € HT et 40 % proviennent de l'utilisation de cette technique. Les charges correspondant à ces contrats sont évaluées pour l'exercice N à 1 694 840 € HT. Elles n'ont donné lieu à aucun mouvement du compte 7134 « Variation des en-cours de production de services » ;
- figurent en produits financiers, des dividendes de titres de placement inscrits à l'actif pour une somme nette de frais de 1 780 €. Les pourcentages de détention des sociétés françaises correspondants sont tous inférieurs à 1 % ;
- le portefeuille-titres de la SNC comprend également 212 SICAV monétaires acquises en N-1 pour 101 € l'unité et valorisées à 21 518 € au 31.12.N-1. Au 31.12.N, la valeur liquidative unitaire des SICAV est de 100,50 € et une dépréciation globale de 106 € a été comptabilisée ;
- figure dans le compte 766 « Gains de change » un montant de 126 € lié au règlement partiel d'une dette sur un fournisseur anglais. La dette restante a entraîné l'inscription au passif du bilan d'un écart de conversion passif de 284 € ;
- l'entreprise a réalisé une plus-value suite à la cession pour 110 000 € d'un terrain à bâtir acquis en N-3 et jugé nécessaire à l'exploitation. Le terrain figurait en comptabilité pour 66 000 € HT et la SNC n'a pas réalisé d'autre cession au cours de l'exercice N.

Les autres renseignements dont vous disposez sont les suivants :

- Pour la détermination du résultat fiscal de l'exercice précédent, la société a déduit 1 800 € relatifs à l'étalement sur 3 ans d'une plus-value nette à court terme.
- Les cotisations sociales personnelles des associés aux régimes facultatifs de retraite, de prévoyance et de perte d'emploi, prises en charge par la société, sont inférieures aux plafonds de déduction autorisés.
- La société n'est pas adhérente d'un centre de gestion agréé et n'a pas recours à un expert-comptable.
- Le SMIC mensuel est de 1 480,27 €.
- Le plafond annuel de la sécurité sociale est de 39 228 €.
- Le taux moyen des prêts à taux variable (TMPV) aux entreprises d'une durée supérieure à 2 ans est de 2,03 %.
- Les dons aux œuvres et autres organismes consentis au titre du mécénat d'entreprise ouvrent droit à une réduction d'impôt de 60 % de leur montant, les versements étant pris en compte dans la limite de 5 pour mille du chiffre d'affaires HT. Les exploitants relevant de l'impôt sur le revenu ont le choix entre cette réduction d'impôt et celles prévues à l'attention de l'ensemble des contribuables alors que dans les sociétés de personnes et groupements assimilés, la réduction d'impôt est calculée au niveau de la société puis répartie entre les associés au prorata de leurs droits afin d'être imputée sur leur IR respectif.
- Le taux de la CSG qui s'applique aux revenus entrant dans la catégorie des BIC, BNC ou des BA est de 7,5 %. L'assiette de la CSG ne bénéficie toutefois pas de l'abattement forfaitaire de 1,75 %. La CRDS, calculée au taux de 0,5 %, suit les mêmes règles que la CSG. La CSG est déductible à hauteur de 5,1 % et la CRDS est non déductible.
- La société Vantellie a décidé de distribuer l'intégralité de son résultat comptable N.
- Le taux de taxe d'apprentissage est de 0,68 %. Le quota lié à l'apprentissage est de 26 % et le hors quota de 23 %.
- Les calculs seront arrondis à l'euro le plus proche.

➲ Questions

1) Calculer le résultat fiscal de l'exercice N de la SNC Vantellie.

2) Déterminer les montants des revenus catégoriels à déclarer à l'IR au titre de l'année N par les époux Vant et préciser le traitement qui sera effectué pour leur imposition.

3) Quelle est la conséquence fiscale pour M. Michel Vant, du don effectué par la SNC ?

4) Mme Charlotte Ellie et M. Michel Vant envisagent pour leur entreprise, une option pour l'impôt sur les sociétés. Dans cette hypothèse, calculer le résultat fiscal de l'exercice N et le montant de l'IS correspondant. Cette option aurait-elle des conséquences sur l'impôt sur le revenu des époux Vant ?

5) Justifier l'existence et les montants associés à la taxe d'apprentissage au titre de l'année N.

6) Rappeler les principales règles relatives à la vérification de comptabilité par l'administration fiscale et préciser si l'option pour l'IS envisagée aura des conséquences à ce sujet.

CAS 44 LES ÉPOUX TAMORIGES

Thème : impôt sur le revenu, participation à la formation professionnelle continue, impôt de solidarité sur la fortune et régimes déclaratifs

Monsieur et Madame Tamoriges se sont mariés sans contrat pendant leurs études supérieures et ont trois enfants :

- Adrien, âgé de 13 ans est au collège ;
- Elodie, âgée de 17 ans est au lycée ;
- Agnès, âgée de 20 ans fait des études supérieures.

Madame Tamoriges est salariée dans la société anonyme Otrates spécialisée dans la production de conditionnements. Elle assure les fonctions de contrôleur-qualité. L'attestation produite par la société Otrates mentionne un montant de rémunération à déclarer de 34 000 € pour l'année N. Les frais professionnels engagés par Madame Tamoriges sont évalués à 4 500 €. Elle perçoit une indemnité forfaitaire de 600 € par an. Tous les frais réels peuvent être valablement justifiés.

Depuis sa majorité, Agnès travaille chaque année durant les vacances d'été pendant plus d'un mois dans la société Otrates. Pour l'année N, l'attestation de la société mentionne un montant de rémunération à déclarer de 1 100 €. Les frais professionnels engagés par Agnès sont évalués à 170 €. Elle ne perçoit aucun remboursement, ni indemnité forfaitaire. Elle est rattachée au foyer fiscal de ses parents depuis sa majorité. Elle ne vit pas au domicile de ses parents.

Monsieur Tamoriges est spécialisé dans la fourniture, l'installation et l'entretien de systèmes d'alarme pour les entreprises et les particuliers. Il exerce seul son activité sous la forme individuelle et tous les biens inscrits à l'actif du bilan sont nécessaires à l'activité. L'exercice comptable coïncide avec l'année civile et, pour l'année N, son résultat fiscal est de 69 668 €. Monsieur Tamoriges est adhérent d'un centre de gestion agréé. Son chiffre d'affaires se décompose de la façon suivante :

Éléments	CAHT de N	CAHT de N-1	CAHT de N-2
Fournitures et accessoires	230 000 €	210 000 €	203 000 €
Installations et entretien / Particuliers	120 000 €	90 000 €	88 000 €
Installations et entretien / Entreprises	150 000 €	160 000 €	145 000 €

Monsieur et Madame Tamoriges ont perçu au cours de l'année N les revenus financiers suivants (montants avant précompte de contributions sociales) :

- 1 490 € (crédit d'impôt de 107 € compris) de dividendes de sociétés européennes et étrangères ;
- 2 988 € de dividendes de sociétés françaises ;
- 1 522 € d'intérêts d'obligations et de comptes de dépôts ;
- 267 € d'intérêts sur un livret A.

Courant septembre N, Monsieur Tamoriges a vendu pour 15 870 € de SICAV afin de financer différents travaux dont notamment le remplacement de la chaudière. Cette cession ne bénéficie d'aucune exonération. Les SICAV avaient été acquises il y a sept ans pour un coût global de 7 120 €.

Monsieur et Madame Tamoriges ont également encaissé 9 300 € de loyers (dont 100 € de taxe d'enlèvement des ordures ménagères et 200 € TTC d'entretien du système de chauffage) relatifs à un bien loué depuis le 1er avril N-1 à Monsieur et Madame Sentois. Les charges annuelles relatives à ce bien sont les suivantes :

- 185 € de prime d'assurance propriétaire dont 85 € au titre du risque d'impayé ;
- 200 € TTC pour le contrat d'entretien, de ramonage et de dépannage de la chaudière, payés à l'entreprise Lecat ;
- 3 680 € d'intérêts de l'emprunt souscrit en N-1 pour financer une partie de l'acquisition ;
- 784 € de taxe foncière (montant comprenant la taxe pour ordures ménagères de 100 €).

La gestion de l'immeuble est assurée par Mme Tamoriges qui en estime le coût à 10 € par mois en moyenne.

Les époux Tamoriges ont joint à leur déclaration d'ensemble des revenus N-1, une déclaration spéciale n° 2044 au titre des revenus fonciers.

Monsieur et Madame Tamoriges ont également versé au cours de l'année N :

- 8 000 € à une entreprise privée agréée de services à la personne pour 6 h de ménage-repassage par semaine ;
- 200 € à un parti politique auquel M. Tamoriges a adhéré ;
- 150 € à une association de défense du patrimoine ;
- 1 829,61 € au titre des prélèvements sociaux de 15,5 % sur les revenus du capital taxable à l'impôt sur le revenu de N-1. Ces revenus ne comprennent aucune somme taxable à taux proportionnel ;
- 930 € au titre des prélèvements sociaux de 15,5 % sur les intérêts d'obligations et les dividendes encaissés en N. Cette somme a été précomptée par l'établissement financier ayant versé les revenus. La CSG déductible correspondante est de 306 € ;
- 450 € tous les mois à leur fille Agnès afin qu'elle acquitte ses frais de logement, de repas, de scolarité et ses dépenses personnelles.

Les sommes et les dépenses sont toutes justifiées.

Les renseignements fiscaux dont vous disposez sont les suivants :

- la déduction forfaitaire de 10 % pour frais professionnels des salariés est au minimum de 426 € et au maximum de 12 183 € ;
- les salaires versés aux élèves et étudiants âgés de 25 ans au plus au 1er janvier de l'année d'imposition en rémunération d'activités exercées pendant leurs études secondaires ou supérieures ou exercées durant leurs congés scolaires ou universitaires sont, sur option des intéressés, exonérés dans la limite de 3 fois le SMIC mensuel, soit une limite de 4 441 € en N ;
- en l'absence d'adhésion à un centre de gestion agréé ou de recours à un expert-comptable, les revenus professionnels sont majorés de 25 % ;
- pour le calcul de l'impôt sur le revenu et sur décision des époux Tamoriges, les dividendes sont imposables en RCM après un abattement de 40 % ;
- pour le calcul de l'impôt sur le revenu, les revenus fonciers imposables selon le régime du micro-foncier bénéficient d'un abattement de 30 %. L'abattement s'applique aux recettes de toute nature perçues par le propriétaire et il couvre l'ensemble des charges de la propriété. Par contre, pour le calcul du revenu foncier imposable selon le régime du réel normal, il convient de tenir compte des précisions suivantes :
  - le bailleur peut faire abstraction des recettes ayant la nature de charges déductibles,
  - les primes d'assurance payées sont déductibles quel que soit le risque couvert,
  - les frais de gestion sont déductibles pour leur montant effectif et comprennent notamment les frais de procédure, les rémunérations des concierges ainsi que les honoraires de gérance versés à un tiers. Les autres frais de gestion sont déductibles pour un montant forfaitaire de 20 € par local,

  - les intérêts d'emprunt sont déductibles mais au maximum dans la limite du revenu brut. Les intérêts excédant le revenu brut forment un déficit non imputable sur le revenu global du contribuable mais sur les revenus fonciers des 10 années suivantes,
  - les déficits fonciers (fraction des intérêts admis en déduction comprise) sont imputables sur le revenu global du contribuable dans la limite de 10 700 €. Les sommes excédant cette limite forment un déficit imputable sur les revenus fonciers des 10 années suivantes ;
- les pensions alimentaires sont imposables pour le bénéficiaire à hauteur du montant admis en déduction du revenu de celui qui les verse. Les pensions alimentaires imposées bénéficient de l'abattement de 10 % avec un minimum de 379 € par pensionné et un plafond de 3 715 € par foyer fiscal. Les pensions alimentaires versées à des enfants majeurs sont déductibles du revenu dans la limite de 5 738 € par enfant.

Toutefois, sans avoir de justification à fournir, les dépenses de nourriture et d'hébergement sont déductibles pour un montant forfaitaire de 3 410 € lorsque l'enfant est hébergé chez ses parents. Les autres dépenses sont déductibles pour leur montant réel et justifié :

- les prélèvements sociaux sur les revenus du patrimoine comportent la contribution sociale généralisée (CSG) au taux de 8,2 %, la contribution au remboursement de la dette sociale (CRDS) au taux de 0,5 %, le prélèvement social (PS) au taux de 4,50 %, la contribution additionnelle au taux de 0,30 % et le nouveau prélèvement de solidarité au taux de 2 %. À l'exception des revenus financiers pour lesquels la CSG précomptée en N est déductible en N, la CSG supportée au titre d'un exercice sur les autres revenus imposables du patrimoine est déductible à hauteur de 5,1 % du revenu brut global imposable de l'exercice suivant. Aucune CSG déductible n'est accordée pour les revenus du patrimoine taxables à un taux forfaitaire ou proportionnel ;
- le barème d'imposition à l'impôt sur le revenu pour 1 part est le suivant :

Valeur du quotient R/N	**Taux**
Inférieure ou égale à 9 710	0,00 %
Supérieure à 9 710 et inférieure ou égale à 26 818	14,00 %
Supérieure à 26 818 et inférieure ou égale à 71 898	30,00 %
Supérieure à 71 898 et inférieure ou égale à 152 260	41,00 %
Supérieure à 152 260	45,00 %

- le plafonnement de l'avantage en impôt résultant des effets du quotient familial est de 1 512 € pour chaque demi-part additionnelle ;
- les dons ouvrent droit à une réduction d'impôt égale à :
  - 75 % des sommes versées aux organismes d'aide aux personnes en difficulté (plafond de 530 €),
  - 66 % des sommes versées aux autres organismes (plafond égal à 20 % du revenu imposable) ;
- la réduction d'impôt pour frais de scolarisation est de 61 € pour un enfant scolarisé en collège, 153 € pour un enfant scolarisé au lycée et 183 € pour l'enseignement supérieur ;
- les sommes versées par un particulier à raison de l'emploi d'un salarié à domicile ouvrent droit à une réduction ou un crédit d'impôt spécifique. Il est égal à 50 % des sommes effectivement supportées par le contribuable dans la limite annuelle de 12 000 € majorée de 1 500 € par enfant à charge. Le plafond total ne peut excéder 15 000 € ;
- les travailleurs non salariés doivent consacrer chaque année au financement de leur formation une contribution égale à 0,15 % du plafond annuel de sécurité sociale de l'année précédant

celle de la mise en recouvrement. La date limite de paiement est fixée au 15 février et les non salariés disposant de faibles revenus professionnels bénéficient d'une exonération totale ;

- le plafond annuel de sécurité sociale est de 39 228 € pour l'année N ;
- l'ISF s'applique aux personnes physiques dont le patrimoine net taxable excède 1 300 000 €.

➲ Questions

1) Déterminer le montant imposable pour chaque catégorie de revenus du foyer fiscal Tamoriges puis, calculer le montant de l'impôt sur le revenu dû ainsi que celui des prélèvements additionnels.

2) M. et Mme Tamoriges s'interrogent sur deux points précis de leur imposition :

– le premier concerne le maintien du rattachement de leur fille Agnès : ils souhaiteraient savoir s'ils n'ont pas fiscalement intérêt à ne plus la compter à leur charge. Aussi, après avoir rappelé les règles liées au rattachement d'un enfant majeur, déterminer les conséquences fiscales et financières du détachement d'Agnès sur l'imposition des époux Tamoriges ;

– le second concerne l'opportunité d'une option pour une taxation au taux forfaitaire de l'IR des produits de placement à revenu fixe. Aussi, après avoir rappelé la nature des revenus financiers pouvant être soumis, déterminer les conséquences fiscales et financières de l'option pour les époux Tamoriges.

Nota :

- le raisonnement devra tenir compte des éventuelles conséquences sur les prélèvements sociaux ;
- les deux points sont indépendants.

3) Rappeler les règles de détermination et de paiement de la participation des employeurs à la formation professionnelle continue. Préciser si l'entreprise de M. Tamoriges est assujettie à cette taxe.

4) Calculer le montant de l'ISF dû par M. et Mme Tamoriges, sachant que leur patrimoine net total est évalué au 1er janvier N à 1 000 000 €, dont 300 000 € concernant l'évaluation de l'entreprise individuelle de M. Tamoriges ?

5) Indiquer le régime déclaratif dont relève M. Tamoriges pour son entreprise, compte tenu du montant de son chiffre d'affaires.

CORRIGÉS

Chapitre 1
La TVA, principes et champ d'application

Mini-cas d'évaluation

Opération	Activité imposée	Activité exonérée	Activité imposée sur option	Activité hors champ d'application
1 M. Brito est propriétaire d'une agence de location. Il a pour activité principale de mettre en rapport les personnes qui cherchent soit à prendre, soit à donner à bail toutes espèces de locaux.	Oui, il s'agit de prestations de services imposables par nature.			
2 La SARL Grand Large est spécialisée dans la commercialisation de matériel informatique et de progiciels pour la navigation de plaisance. Elle assure également sur demande l'assistance technique et la formation.	Oui, car la SARL effectue des livraisons de biens et des prestations de services à titre onéreux, imposables par nature.			
3 L'entreprise Guerville a procédé à l'échange d'un ordinateur valant 5 000 € contre du conseil en organisation effectué par une association de consultants retraités.	Oui, l'opération est soumise à TVA, elle s'analyse comme une double vente (vente de matériel et vente de prestations). L'imposition est en principe indépendante du statut juridique : l'association facturera la TVA (1).			

☞

CORRIGÉS

☞

Opération	Activité imposée	Activité exonérée	Activité imposée sur option	Activité hors champ d'application
4 La société de transport urbain Carbus assure gratuitement le transport des personnes âgées grâce à une subvention de la ville.	La subvention est imposable, car elle constitue la contrepartie d'un avantage directement procuré à la ville.			
5 Mme Dierique possède un petit étang qu'elle loue 450 € par an au club de pêche de son village.				Mme Dierique se contente de gérer son patrimoine privé. Elle n'exerce pas d'activité économique.
6 M. Malaque est un professeur de bridge de grand renom. Il est généralement rémunéré directement par ses élèves. Accessoirement, il dispense un enseignement dans le club de sa ville dans lequel il a la fonction de moniteur salarié.	M. Malaque agissant à titre indépendant, la rémunération versée par ses élèves est soumise à la TVA (prestation de services effectuée à titre onéreux)[2].			Pour son activité dans le club, en tant que salarié sa rémunération n'est pas taxable (existence d'un lien de subordination) : « le salariat chasse la TVA ».
7 M. Vilain est professeur de fiscalité à l'université.				Activité non imposable car M. Vilain n'est pas un assujetti.
8 M. Loiseau est propriétaire d'un appartement situé en centre ville, qu'il donne en location à un cabinet médical.			Exonération avec option. Mais ici, l'option n'est pas conseillée car les activités médicales étant exonérées de TVA, le médecin ne pourrait pas récupérer la TVA facturée.	

☞

Opération	Activité imposée	Activité exonérée	Activité imposée sur option	Activité hors champ d'application
9 La SA Portfolio a pour unique objet la prise de participations minoritaires dans des jeunes entreprises du secteur des services aux collectivités locales.				La SA n'a pas la qualité d'assujetti à la TVA (application de la jurisprudence de la Cour de justice européenne)[3].
10 M. Guilbert est propriétaire d'un petit cheptel bovin de 10 têtes en Normandie. Après élevage, il emmène ses bêtes à l'abattage. Une fois abattues, elles font l'objet d'une vente à la cheville (demi-gros). Ses recettes totales sont inférieures à 46 000 €.		Il n'est pas redevable de la TVA. Ses recettes sont inférieures à 46 000 € et il s'agit d'une activité d'élevage. Il bénéficie du remboursement forfaitaire de TVA destiné à compenser la taxe ayant grevé ses approvisionnements et ses investissements.	Il peut opter globalement pour le régime simplifié de l'agriculture et sera redevable de la TVA soit : – avec des acomptes trimestriels et une régularisation annuelle au moment de la déclaration ; – avec des déclarations trimestrielles fondées sur les opérations réalisées[4].	
Mme Guilbert tient dans un bâtiment de la ferme, une petite échoppe de vente de produits fermiers locaux. Plusieurs exploitants agricoles locaux se sont en effet regroupés au sein d'un GIE pour faciliter la commercialisation de leurs produits.	Oui, les opérations réalisées par des GIE qui commercialisent les produits de leurs membres ayant la qualité d'exploitant agricole sont soumises au régime général de la TVA.			

☞

Opération	Activité imposée	Activité exonérée	Activité imposée sur option	Activité hors champ d'application
11 M. et Mme Lamis sont prestidigitateurs et assurent régulièrement des spectacles, soit pour des collectivités publiques, soit pour des organisateurs de spectacles privés.	Oui, les spectacles de prestidigitation sont taxés sur la base du prix hors TVA exigé du spectateur.			Les entrées gratuites ne sont pas imposables.
12 M. Jand est un auteur indépendant de romans policiers. Il a récemment changé d'éditeur car il va ainsi pouvoir bénéficier d'un tirage plus important. Une partie des romans va être traduite en américain et en allemand afin d'être commercialisée aux États-Unis et en Allemagne.	Oui, car les auteurs indépendants de romans sont soumis de plein droit à la TVA pour les sommes perçues. Toutefois, les auteurs bénéficient pour la TVA d'une franchise particulière (42 900 €) et du système de la retenue à la source par l'éditeur pour le paiement de la TVA(5).	Les exportations et les livraisons intracommunautaires de romans sont exonérées sous réserve de prouver la réalité de l'opération.		

(1) Les associations réputées sans but lucratif bénéficient d'une franchise de 60 540 € pour leurs opérations commerciales accessoires : Cette dispense vise les impôts commerciaux (TVA, IS, taxe professionnelle), et est assortie de conditions strictes en terme de gestion désintéressée et de prépondérance des activités non lucratives.

(2) Les cours et les leçons particulières sont exonérés de TVA lorsqu'ils sont dispensés par des personnes physiques qui perçoivent la rémunération correspondante directement de leurs élèves. Cette exonération ne s'applique pas aux disciplines telles que : les jeux de cartes, le yoga...

(3) La détention par une holding de participations financières dans ses filiales ne relève pas d'une activité économique. La perception de dividendes n'est donc pas une activité financière taxable.

(4) Cette possibilité est une option dans le régime simplifié de l'agriculture.

(5) Les auteurs peuvent bénéficier pour l'ensemble de leurs opérations de la franchise de droit commun (82 200 € pour les ventes, 32 900 € pour les prestations de services). Mais les deux franchises (de droit commun et particulière) ne peuvent pas se cumuler.

13 Il s'agit de l'autofabrication d'un bien n'ouvrant pas droit à une déduction totale. Cette livraison à soi-même est donc soumise à la TVA et donnera lieu à une TVA collectée de : 60 960 × 20 % = 121 920 €.

Cette TVA n'est pas récupérable, en effet les véhicules de transport de personnes immobilisés sont exclus du droit à déduction (coefficient d'admission nul).

14 Il s'agit de l'autofabrication d'un bien n'ouvrant pas droit à une déduction totale.

L'opération est donc taxable au titre des livraisons à soi-même car la TVA sur achat n'a pas été intégralement déduite :

- TVA exigible : 7 000 × 20 % = 1 400 €.

- TVA récupérable : 1 400 × 60 % = 840 €.
- Coût financier : 1 400 × 840 = 560 €.

> **Remarque** : Les 560 € de TVA non déductible s'ajoutent au coût de l'immobilisation et seront partiellement récupérés par la voie de l'amortissement fiscalement déductible.

15 Il s'agit d'une prestation de services à soi-même pour des besoins privés du dirigeant autoconsommation de service). L'opération est taxable au titre des livraisons à soi-même pour les raisons suivantes :

- la prestation est faite pour des besoins autres que ceux de l'entreprise ;
- la TVA a été déduite lors de l'acquisition du bien (les exclusions du droit à déduction concernant les véhicules de transport de personnes ne sont pas applicables aux biens donnés en location, lorsque cette location est taxable comme c'est le cas ici pour la société qui est une entreprise de location).

Conséquences pour l'entreprise de M. Pita :

- TVA collectée sur le prix de revient du service ;
- TVA non déductible car l'opération ne concerne pas l'exploitation

16 L'opération est taxable au titre des livraisons à soi-même. Le bien prélevé sur le stock est destiné à un membre du personnel (autoconsommation) et la TVA facturée initialement au moment de l'achat a été déduite. La TVA exigible est de 1 000 × 0,2 = 200 €. Cette TVA n'est pas récupérable, car le bien va être utilisé par un membre du personnel pour les besoins privés.

17 Il s'agit ici d'un prélèvement pour les besoins privés de l'exploitant et de sa famille. L'opération n'est pas taxable au titre des livraisons à soi-même mais M. Bonnetable devra reverser en fin d'année la TVA initialement déduite à l'acquisition.

18 M. Demarc est un exploitant agricole obligatoirement soumis à la TVA car son chiffre d'affaires dépasse 46 000 €. La coopérative effectue des opérations commerciales entrant dans le champ d'application de la TVA. M. Demarc est à la fois fournisseur et client de la coopérative, mais ces opérations sont indépendantes l'une de l'autre. Il ne s'agit donc pas d'une livraison à soi-même. Chaque opération sera traitée normalement au regard de la taxe.

19 Les travaux d'agrandissement ont été réalisés pour les besoins personnels du dirigeant (autoconsommation). Ils ont donné lieu à une déduction de TVA à hauteur de 3 559 €. L'opération constitue une livraison à soi-même d'une construction soumise à la TVA sur la base du prix de revient de l'immeuble soit :

- prix de revient : 25 743 € = (15 222 + 5 435 + 2 283 + 2 341 + 462)
- TVA collectée : 5 149 € = (25 743 × 0,2)
- coût total : 30 892 € = (25 743 + 5 149)

La TVA de 5 149 € n'est pas récupérable car ces biens sont destinés à être utilisés pour des besoins autres que ceux de l'entreprise. M. Joibourg ne peut pas bénéficier du taux de TVA de 10 % sur les travaux dans les logements car :

- sa résidence a été achevée il y a moins de deux ans ;
- les travaux effectués concourent à la réalisation de constructions neuves (par exemple, addition d'un garage).

Les travaux de construction des seize logements sont soumis à la TVA, conformément aux dispositions de l'article 256 du CGI. Ils relèvent du taux réduit à 5,5 % puisqu'il s'agit de la construction de logements sociaux détenus par des bailleurs professionnels.

CORRIGÉS

Chapitre 2
La TVA collectée

Exercices d'application

CAS 1 Sociétés Loginet, Sousse et Domingues

Question 1

Pour la vente des 5 micro-ordinateurs, la TVA de 490 € est exigible à la livraison, c'est-à-dire en avril. Les modalités de règlement sont sans influence sur l'exigibilité.

La vente des progiciels par téléchargement intervient en l'absence de support matériel (transmission par voie télématique et non par l'intermédiaire d'un CD-rom). L'opération constitue une prestation de services immatériels. L'exigibilité de la TVA est donc fixée à l'encaissement du prix. Chaque paiement est réputé comprendre une fraction du montant HT et la TVA correspondante.

Analyse de l'exigibilité

Mois d'exigibilité	Vente micro-ordinateurs		Prestation de services	
	Base HT	TVA	Base HT	TVA
Mars	-	-	460/1,2 = 383,33	76,67
Avril	2 500	490	-	-
Mai	-	-	3 726/1,2 = 3 105[1][2]	621,00

(1) Pour le paiement par virement bancaire, la date d'encaissement est réputée se situer à l'inscription de la somme au compte du fournisseur (information obtenue sur l'avis de crédit de la banque).
(2) 4 186 - 460 = 3 726 €.

Question 2

La facture établie au 25 juin se présentera de la manière suivante :

• Remorque prix catalogue :	25 150,00
• Remise exceptionnelle 10 % :	- 2 515,00
Prix net :	22 635,00
• Majoration forfaitaire pour travaux de facturation et rapidité d'exécution :	230,00
• Prime d'assurance-crédit :	610,00
Montant total HT :	23 475,00
TVA (20 %) :	4 695,00
	28 170,00
Intérêts pour règlement à terme :	1 220,00

À déduire :

- Acompte à la commande : - 3 772,50
- Reprise de votre ancienne remorque : - 1 530,00

Montant à payer : 24 087,50

Remarques : La reprise de la remorque constitue une modalité de paiement du prix de la remorque neuve; elle n'a donc pas d'incidence sur la base d'imposition. Les primes d'assurance-crédit sont considérées comme des frais accessoires assimilables à des compléments de prix; elles sont soumises à la TVA sauf lorsqu'elles sont refacturées au client en tant que débours.

La TVA de 4 695 € est exigible en juin, mois au cours duquel a lieu la délivrance du bien. Le transfert du pouvoir de disposer du bien comme un propriétaire a eu lieu à la sortie des biens de l'usine (vente aux conditions « départ »).

Question 3

Pour déterminer le régime applicable en cas de changement de taux, il faut selon l'administration fiscale utiliser la notion d'exigibilité (instruction du 27 mars 2000, 3C-4-00 confirmé par l'instruction du 10 février 2012, 3C-1-12). L'entreprise Domingues effectuant des travaux immobiliers qui relèvent du régime des prestations de services, l'exigibilité intervient lors de l'encaissement des acomptes ou du prix.

Périodes	Fait générateur	Exigibilité	Taux applicable
Du 27.12 N au 28.02 N+1	28.02	31.03[1]	10 %
Du 01.03 au 30.04	30.04	postérieure au 30.04[1]	10 %

(1) Postérieure au 01.01.N+1.

Le mémoire établi le 30 avril se présentera de la manière suivante :

- travaux de réfection du 27.12.N aux 28.02.N+1 : 53 360
- TVA (10 %) : 5 336
- travaux de réfection du 01.03 au 30.04 : 38 100
- TVA (10 %) : 3 810

Total : 100 606
dont TVA : 9 146
Reste dû : 41 910

La TVA de 5 336 € a été exigible le 31 mars à la date de paiement de la facture intermédiaire. Les 3 810 € de TVA seront exigibles au moment de l'encaissement du solde des travaux de réfection.

Question 4

L'acompte, qui a été encaissé avant le 01.01.N+1, doit être considéré TTC après application de la TVA au taux de 5,5 %. Inversement, l'encaissement du solde du mémoire intervenant après le 01.01.N+1, il serait soumis au taux de 10 %.

	Montant	TVA	Date d'exigibilité
Acompte HT Solde	17 336,49(1) 74 123,51(2)	953,51(3) 7 412,34(4)	27.12.N 30.04.N+1
Total	91 460	8 365,85	

(1) (18 290/1,055). (2) (91 460 - 17 336,49). (3) (17 336,49 × 5,5 %). (4) (74 123,41 × 10 %).

CAS 2 Société Infograph

Question 1

Pour les biens meubles corporels, l'exigibilité de la TVA est située à la date de livraison (en pratique, c'est la date de facturation qui est retenue).

Pour les prestations de services, les biens meubles incorporels et les travaux immobiliers, l'exigibilité de la TVA intervient à l'encaissement du prix (y compris sur les avances et acomptes).

Si l'entreprise choisit l'option du paiement de la TVA sur les débits, l'exigibilité de la TVA intervient à l'inscription des sommes dues au compte client, c'est-à-dire à la facturation. S'il y a versement d'acomptes, la TVA reste exigible sur le montant des sommes encaissées avant facturation. L'option ne peut avoir pour conséquence de retarder l'exigibilité de la taxe.

La mention de l'option sur la facture est fortement recommandée.

Question 2

En cas de ventes et de prestations de services faisant l'objet d'une facturation unique, l'exigibilité de la TVA est constituée par la délivrance des marchandises en ce qui concerne les ventes et par les encaissements en ce qui concerne les prestations de services.

Mois d'exigibilité et somme perçue en euros	Vente du matériel câblage + micro-ordinateur		Prestation de services installation + formation	
	Base HT	TVA	Base HT	TVA
Octobre : 17 855,08 €(1)		néant	4 410(2)	882
Novembre : 17 855,08 €	31 557(3)	6 311,40	4 410(2)	882
Janvier : 17 855,09 €		néant	4 410(2)	882(4)

(1) 53 565,25/3.
(2) ([(4 116 + 9 114) × 1,20]/3)/1,20 ou (4 116 + 9 114)/3.
(3) Exigibilité à la facturation (26 221 + 5 336).
(4) L'escompte de la lettre de change le 15 décembre n'a pas d'incidence sur l'exigibilité de la TVA.

Question 3

Pour le fournisseur, c'est une mesure de simplification, la règle d'exigibilité est la même pour les biens et les services ; c'est également un argument commercial, le client pouvant déduire la TVA avant même de l'avoir réglée.

L'option présente pour le fournisseur un inconvénient dû au décalage entre l'inscription au compte de TVA et son encaissement.

L'option sur les débits simplifie le suivi de la TVA collectée et de la TVA déductible, mais le fournisseur est conduit à faire l'avance de trésorerie du montant de la TVA.

Question 4

Mois d'exigibilité et somme perçue en euros	Vente du matériel câblage + micro		Prestation de services installation + formation	
	Base HT	TVA	Base HT	TVA
Octobre : 17 855,08 €(1)		néant	4 410(1)	882
Novembre : 17 855,08 €	3151 557	6 311,40	8 820	1 764
Janvier : 17 855,09 €		néant		néant

(1) L'option ne peut avoir pour effet de retarder l'exigibilité de la taxe.

CAS 3 Atelier Dubois

Remarque : S'agissant de livraisons de biens, la TVA sur les ventes de meubles est exigible à la date de facturation.

- Le client **Duchaine** fait l'objet d'une procédure collective. La liquidation judiciaire ayant été prononcée le 25.11.N, la SARL Dubois peut donc engager la procédure prévue par l'article 272 du CGI et récupérer la TVA payée à l'État, soit 4 560 €, par imputation sur la déclaration de décembre.
- Le client **Vieillebranche** fait l'objet d'une ouverture de procédure collective au 5.12.N ; le caractère réellement irrécouvrable de sa créance n'est pas démontré. L'entreprise Dubois ne peut donc pas engager la procédure prévue à l'article 272. Elle doit attendre pour cela le jugement de clôture.
- La décision du tribunal de commerce de fixer un plan de redressement concernant **Dutronc** consacre le caractère partiellement irrécouvrable de sa créance. Dubois peut donc récupérer par imputation, sur la déclaration de décembre, 40 % de 3 000, soit 1 200 € de TVA.
- **Bellefeuille** doit être déprécié à 100 % du fait du caractère douteux de sa créance (principe de prudence). Pour pouvoir récupérer la TVA, Dubois doit apporter la preuve que la créance est définitivement impayée. Ce qui n'est pas encore le cas dans la mesure où Dubois n'a pas épuisé les voies de recours dont il dispose pour obtenir le règlement de sa créance.
- La disparition du client **Futet** a été dûment établie. Sa créance est donc réellement impayée. Dubois peut récupérer par imputation sur la déclaration de TVA de décembre la somme de 914 €.

CORRIGÉS

Chapitre 3
La TVA déductible

Exercices d'application

CAS 4 Société Mixtebis

Question 1

La SAS Mixtebis a une activité située hors du champ d'application de la TVA (gestion des participations) et des activités situées dans le champ d'application de la TVA (prestations de conseil et d'assistance).

Son assujettissement à la TVA étant réduit, elle ne peut pas récupérer l'intégralité de la TVA facturée au titre du photocopieur car il est affecté à l'ensemble des activités de l'entreprise.

Le coefficient de déduction de ce bien est égal à 0,8 (0,8 × 1 × 1) pour l'année N :

- CAS = 0,8 (1 - 1/5) car l'entreprise a retenu un coefficient unique représenté par la superficie des locaux ;
- CAT = 1 car les activités situées dans le champ de la TVA ouvrent droit à récupération de la TVA ;
- CAD = 1 car le photocopieur ne fait pas partie des exclusions ou restrictions du droit à déduction ;

La TVA déductible au titre de l'année N pour le photocopieur est de 640 € (4 000 × 20 % × 0,8).

Question 2

Le photocopieur est un bien meuble immobilisé dont le délai de régularisation de la TVA déduite est fixé à 5 ans.

Au titre de l'année N+2, le produit des coefficients d'assujettissement et de taxation a varié de plus de 1/10e par rapport à l'année N [(0,55 × 1) - (0,8 × 1) = |0,25|]. La SAS Mixtebis doit reverser 40 € de TVA (4 000 × 20 % × 0,25 × 1/5).

Au titre de l'année N+4, l'écart entre le produit des coefficients d'assujettissement et de taxation de l'année considérée et ceux de l'année d'acquisition n'excède pas 10 points [(0,7 × 1) - (0,8 × 1) = | 0,1 |]. Aucune régularisation annuelle n'est à opérer.

Au titre de l'année N+6, aucune régularisation annuelle n'est exigée car le délai de régularisation de 5 années est dépassé.

CAS 5 Société Laville

Question 1

a) Calcul des coefficients de taxation forfaitaire de chaque secteur d'activité

L'entreprise Laville exerce des activités qui ne sont pas soumises à des dispositions identiques au regard de la TVA. De plus, chaque activité peut être matériellement et administrativement individualisée (locaux, personnel, comptabilité distincts). La société est donc concernée par la sectorisation de ses activités. Chaque secteur est considéré comme une entreprise distincte pour l'exercice du droit à déduction. L'entreprise Laville a donc constitué trois secteurs.

Secteur	Élément	Numérateur	Dénominateur
Activité de ventes de marchandises	Ventes en France intégralement soumises à TVA	496 368	496 368
	Livraisons intracommunautaires exonérées ouvrant droit à déduction	175 460	175 460
	Exportations exonérées ouvrant droit à déduction	96 500	96 500
	Remboursements forfaitaires de frais aux clients soumis à TVA	38 110	38 110
	Subvention d'équipement pour l'atelier d'emballage de marchandises	Exclue	Exclue
	Indemnité d'assurance pour sinistre sur le stock de marchandises	Exclue	Exclue
	Autres recettes non taxables		Néant
	Totaux	806 438	806 438
	Coefficient de taxation (N/D)	**1**	
Locations immobilières	Opérations non soumises à la TVA en l'absence d'option	Néant	Néant
	Totaux	0	0
	Coefficient de taxation (N/D)	**0**	
Gestion de crédits	Intérêts des prêts exonérés de TVA	Néant	Néant
	Totaux	0	0
	Coefficient de taxation (N/D)	**0**	

b) Calcul du coefficient de taxation forfaitaire global et définitif de la société Laville pour l'année N

Élément	Numérateur	Dénominateur
Ventes en France soumises à TVA	496 368	496 368
Livraisons intracommunautaires exonérées ouvrant droit à déduction	175 460	175 460
Exportations exonérées ouvrant droit à déduction	96 500	96 500
Remboursements forfaitaires de frais aux clients soumis à TVA	38 110	38 110
Opérations immobilières non soumises à la TVA en l'absence d'option	-	164 648
Intérêts des prêts exonérés de TVA	-	70 130
Subvention d'équipement pour l'atelier d'emballage de marchandises	Exclue	Exclue
Indemnité d'assurance pour sinistre sur le stock de marchandises	Exclue	Exclue
Totaux	806 438	1 041 216
Coefficient de taxation (N/D) arrondi à deux décimales par excès	**0,78**	

Question 2

L'entreprise Laville n'a pas sectorisé ses activités et ne dispose donc pas de coefficients de taxation forfaitaires propres à chaque secteur d'activité.

Elle doit tout de même déterminer l'utilisation de chaque bien et de chaque service par rapport aux opérations imposables ou non qu'elle effectue. En effet, seule la TVA afférente à des biens ou des services utilisés pour des opérations ouvrant droit à déduction peut être déduite.

Toutefois et sans autorisation préalable de l'administration fiscale, l'entreprise Laville peut retenir, par année civile, un coefficient de taxation forfaitaire unique pour l'ensemble des biens et services acquis. Ce coefficient aurait pour valeur 0,78 selon la question 1.

Question 3

Les immobilisations acquises en N sont communes à l'ensemble des activités ouvrant droit à déduction et n'ouvrant pas droit à récupération de la TVA. La TVA facturée par le fournisseur sera déductible selon le coefficient de déduction provisoire de 0,6 (1 × 0,6 × 1) soit 18 294 € (152 450 × 20 % × 0,6).

Le coefficient de taxation forfaitaire de l'année N connu au plus tard le 25.04.N+1 est différent du coefficient de taxation provisoirement retenu (0,78 contre 0,6). De ce fait les CDE provisoires et définitifs sont différents. Quel que soit l'écart entre les coefficients, une régularisation doit intervenir.

L'entreprise Laville devra effectuer une déduction supplémentaire de : 5 488,2 € (152 450 × 20 % × 0,18).

La variation excédant 5 points, l'entreprise Laville devra modifier le prix de revient des immobilisations. Celles-ci ont été enregistrées pour 164 646 € (152 450 + 12 196) et doivent être réduites à 159 157,8 € (164 646 - 5 488,2). L'annuité d'amortissement de l'année N si elle a déjà été comptabilisée, devra être rectifiée en conséquence.

La date butoir de la régularisation est fixée au 25 avril N+1. Cependant, d'un point de vue comptable, il est préférable de la pratiquer avant la date d'établissement définitif des comptes annuels, pour respecter le principe d'indépendance des exercices.

CAS 6 Entreprise Caramba

Question 1

1) Toute personne qui mentionne la TVA sur une facture est redevable de cette taxe. En conséquence, l'entreprise Caramba est redevable de la TVA facturée à 20 %, soit 1 830 €. Le client ne peut pas récupérer la TVA. Cependant, en cas de bonne foi, les tribunaux et l'administration fiscale admettent que l'opération puisse être régularisée, c'est-à-dire :

- restitution du différentiel de taxe par l'État à l'entreprise Caramba, soit : 9 150 × (20 % - 10 %) = 915 € ;
- déduction de la TVA par le client à hauteur de 9 150 × 10 % = 915 €.

L'entreprise Caramba doit établir une facture rectificative.

2) Cette opération est une livraison à soi-même non soumise à la TVA. Il s'agit de biens ne constituant pas des immobilisations, prélevés pour les besoins de l'exploitation. La TVA sur achat a été déduite intégralement car la valeur des cadeaux est inférieure à 65 € TTC pour chaque bénéficiaire (980/20 = 49).

3) La TVA de 374,40 € est intégralement déductible puisque les frais ont été engagés dans l'intérêt de l'exploitation.

4) L'entreprise Caramba ne pourra déduire la somme de 120 € qu'en janvier N+1. La formation étant une prestation de services, la TVA est déductible au cours du mois du paiement.

5) Le scooter est un véhicule conçu pour transporter des personnes n'ouvrant pas droit à déduction de la TVA. Le bien sera comptabilisé pour son montant TTC, soit 2 280 € (1 900 + 380) et sera amortissable sur cette base.

6) Le camion et le véhicule de société étant des véhicules utilitaires destinés à transporter des marchandises, les réparations réalisées ouvrent droit à déduction. L'entreprise Caramba peut déduire une TVA de 214 €, [(460 + 610) × 20 %] en décembre car le fournisseur a opté sur les débits.

La voiture de tourisme est un bien exclu du droit à déduction. La TVA de 46 € (230 × 20 %) liée à la facture de réparation n'est pas déductible.

7) Les opérations sont effectivement soumises à la TVA et la facture rectificative est justifiée. Selon une réponse ministérielle, les tarifs fixés pour la rémunération de cette activité s'entendent toutes taxes comprises car il s'agit de tarifs maximaux. En conséquence la TVA facturée doit être de (148/1,20) × 20 %, soit 24,67 € et non pas 29 €. L'opération étant assimilée à un service rendu sur un bien exclu du droit à déduction, l'entreprise Caramba ne peut pas déduire cette TVA.

8) Ces opérations constituent une exception à la non-déductibilité des biens et services utilisés par le personnel. Il s'agit d'immobilisations spécialement affectées à la satisfaction collective des besoins du personnel. La TVA de 610 € [(2 290 + 760) × 20 %] est déductible au titre du mois de décembre.

9) Le voilier acquis est un engin conçu pour le transport de personnes. Néanmoins, il a pour vocation exclusive de participer à des compétitions à des fins publicitaires. La TVA de 10 672 € (53 360 × 20 %) sera déductible en décembre.

10) Les TVA de 87,71 € [(526,24/1,2) × 0,2] et 29,90 € [(179,40/1,2) × 0,2] sont intégralement déductibles. Le diesel est un carburant totalement déductible dès lors que le véhicule ouvre droit à déduction ce qui est le cas des véhicules utilitaires. Le GPL est un carburant déductible quel que soit le véhicule (tourisme ou utilitaire) par exception.

11) Le chauffage constitue une dépense à la fois professionnelle (l'atelier) et privative (le logement de l'exploitant). La TVA facturée est déductible dans la limite du coefficient de déduction et notamment du coefficient d'assujettissement. L'entreprise peut utiliser un critère physique pour déterminer le coefficient d'assujettissement, soit ici 0,75 (15/20). Ainsi, le coefficient de déduction de l'opération est de 0,75 (0,75 × 1 × 1).

La TVA déductible en décembre compte tenu de l'option sur les débits du fournisseur est de 570 € (3 800 × 20 % × 0,75).

Question 2

Cette modification réglementaire a des conséquences pour le scooter car il s'agit d'une immobilisation utilisée dans l'intérêt de l'exploitation et pour laquelle le délai de régularisation n'est pas épuisé. Le voilier n'est pas concerné car la TVA facturée a été intégralement récupérée.

Le scooter ouvre droit à un complément de déduction de la TVA à hauteur de 76 € (1 900 × 19,6 % × 0,5 × 2/5) car il reste deux années (N+3 et N+4) dans le délai de régularisation de 5 ans relatif aux biens meubles. Le nouveau coefficient d'admission de 0,5 devient le coefficient de référence pour une éventuelle régularisation globale future. Par contre, le délai de régularisation de 5 années, délai qui court depuis l'année N, n'est pas modifié.

CAS 7 Entreprise Vanpamaehl

1) La cession n'est pas soumise à la TVA car elle intervient après le délai de 5 ans et l'entreprise n'a pas opté pour l'application de la TVA sur la cession. Le bien a ouvert droit à récupération intégrale de la TVA facturée compte tenu de son affectation au secteur 1. Il reste 14 années entières (20 - 6) et le cédant doit reverser 12 810 € de TVA [91 500 × 20 % × (0 - 1) × 14/20] car l'immeuble est une immobilisation dont la cession intervient avant l'épuisement du délai de 20 ans.

L'acquéreur, l'entreprise Bienjouet, peut déduire 7 686 € (91 500 × 20 % × 14/20 × 0,6) de TVA compte tenu du délai restant et de son coefficient de déduction. L'entreprise Vanpamaehl doit délivrer à l'acheteur une attestation.

2) La cession du local le 5.04.N est une mutation dans les cinq années qui suivent son achèvement. Elle est réalisée au bénéfice d'un professionnel de l'immobilier. L'entreprise Vanpamaehl doit donc soumettre la cession à la TVA à 20 %, soit une TVA collectée de 62 000 € (310 000 × 20 %). Le nouvel acquéreur peut déduire la TVA facturée par l'entreprise Vanpamaehl selon sa situation au regard du droit à déduction de la TVA.

3) Les deux ordinateurs du service comptable sont communs aux deux secteurs d'activité. La TVA facturée au moment de l'acquisition a été déduite à hauteur de 80 %, soit 720 € (2 250 × 2 × 20 % × 80 %). Le vol n'a pas été déclaré et il est intervenu dans les 5 ans de l'acquisition. Il entraîne un reversement de TVA de 432 € (2 250 × 2 × 20 % × 80 % × 3/5).

Si le dirigeant avait porté plainte, il n'y aurait pas de reversement de TVA à effectuer.

4) Dans cette situation, il y a deux possibilités :

- régime normal, s'agissant d'un véhicule de transport de personnes ayant la nature d'une immobilisation, la TVA facturée à l'achat n'est pas déductible, en conséquence sa revente échappe à la TVA ;
- régime optionnel, l'entreprise Vanpamaehl peut décider d'effectuer une revente soumise à la TVA. Dans ce cas la TVA collectée sera de 2 033 € (12 198/1,20 × 20 %) car s'agissant d'un chèque, la somme est TTC. Elle pourra ainsi bénéficier d'un complément de déduction égal à 2 220 € (18 500 × 20 % × 1 × 3/5).

5) Le transfert d'un bien d'un secteur soumis à TVA à un secteur exonéré est taxé comme une livraison à soi-même sur la base de la valeur vénale du bien. La TVA à verser à l'État est de 10 700 € (53 500 × 20 %). Cette TVA n'est pas récupérable car le coefficient de déduction est nul compte tenu du coefficient de taxation forfaitaire du deuxième secteur.

6) L'activité du PCA étant commune aux deux secteurs d'activité, la TVA facturée à l'achat du bureau a été déduite pour : 2 551 × 20 % × 80 % = 408,16 €. S'agissant d'un bien mobilier d'investissement ayant ouvert droit à déduction de la TVA, sa revente est obligatoirement taxable et entraîne 159,67 € de TVA exigible (958/1,2 × 20 %).

L'entreprise Vanpamaehl a droit à un complément de déduction de 20,41 € (2 551 × 20 % × (1 - 0,8) × 1/5) car la cession de cette immobilisation intervient avant l'épuisement de délai de régularisation de 5 ans.

CAS 8 Société Rousseloy

Question 1

Biens ou services	TVA facturée (A)	Affectation	Précisions	Coefficient de déduction (B)	TVA déductible (A × B)
Voiture de tourisme	3 658	Secteur 1	Véhicule de transport de personnes immobilisé et affecté à un secteur ouvrant droit à déduction mais exclu par disposition réglementaire.	1 × 1 × 0 = 0	0,00 €
Ordinateur	137,20	Secteur 2	Bien ouvrant droit à déduction affecté à un secteur n'ouvrant pas droit à déduction.	1 × 0 × 1 = 0	0,00 €
Camionnette neuve	2 744	Commun	Véhicule utilitaire ouvrant droit à déduction dans la limite de son utilisation, ici commune.	1 × 0,7 × 1 = 0,7	1 920,80 €

Question 2

Sur les deux premières acquisitions (véhicule de tourisme et ordinateur), il n'y a aucune incidence compte tenu de leur nature ou de leur affectation (voir la question précédente). Par contre, pour la camionnette, une régularisation de la TVA provisoirement déduite est obligatoire avant le 25 avril N+1. Le coefficient de déduction définitif de l'exercice N est de 0,67 (1 × 0,67 × 1). La société Rousseloy doit reverser 82,32 € de TVA [13 720 × 20 % × (0,67 - 0,7)].

Ce reversement n'a pas d'impact sur le prix de revient de la camionnette car l'écart entre les coefficients de déduction provisoires (0,7) et définitif (0,67) n'excède pas 5 points.

Avec un coefficient de taxation définitif de 63 %, le coefficient de déduction définitif de l'exercice N s'établit à 0,63 (1 × 0,63 × 1). Le reversement de TVA est de 192,08 € (13 720 × 20 % × (0,63 – 0,7)) et la société Rousseloy doit modifier le prix de revient de la camionnette immobilisée pour le porter à 14 718,74 € (14 526,74 + 192) car la différence entre les coefficients provisoires (0,7) et définitif (0,63) excède 5 points.

Question 3

La cession du véhicule de tourisme est exonérée de TVA puisqu'il n'a pas ouvert droit à déduction. Aucune régularisation globale n'est de ce fait exigée.

La solution est identique quelle que soit la date de la cession et notamment si la cession intervient en N+5.

Si le cessionnaire est un négociant en biens d'occasion, la réponse reste la même car le bien est une immobilisation exclue intégralement du droit à déduction. Toutefois, le cessionnaire étant un négociant en biens d'occasion, le cédant peut soumettre volontairement la cession à la TVA ce qui lui permettra de récupérer une partie de la TVA initialement facturée et non déduite.

La cession intervenant en N+3, le délai de régularisation restant est d'une année (5 - 4) et le complément de déduction de TVA s'élève à 731,60 € [18 290 × 20 % × (1-0) × 1/5].

Si la cession intervient en N+5 auprès d'un négociant en biens d'occasion, le cédant n'a aucun intérêt à soumettre l'opération à la TVA car le délai de régularisation est épuisé et aucun complément de déduction ne sera accordé.

Question 4

S'agissant d'une immobilisation pour laquelle l'écart entre le produit des coefficients d'assujettissement et de taxation pour les exercices N et N+2 excède 10 points ((1 × 0,74) - (1 × 0,63) = 0,11 et 0,11 > 0,10), la société Rousseloy doit procéder à une régularisation annuelle de la TVA déduite. Le complément de déduction est de 60,37 € (13 720 × 20 % × 0,11 × 1/5). La régularisation devra être effectuée au plus tard le 25 avril N+3.

Le délai de régularisation des biens mobiliers d'investissement est de 5 ans. Si la variation avait lieu en N+5, aucune régularisation annuelle n'aurait été exigée car le délai serait épuisé.

Question 5

La cession d'un bien mobilier d'investissement dont la TVA a été partiellement ou intégralement récupérée à l'acquisition est obligatoirement soumise à la TVA soit 1 219,60 € de TVA exigible (6 098 × 20 %). La cession étant taxable et intervenant en N+3 durant le délai de régularisation, elle permet à la société Rousseloy de bénéficier d'un complément de déduction car elle porte sur une immobilisation dont la TVA d'amont n'a pas été intégralement récupérée. Le complément de déduction de TVA s'élève à 203,06 € (13 720 × 20 % × 37 % × 1/5).

La réponse est similaire car la cession de l'immeuble :

- est obligatoirement taxable puisqu'elle correspond à une mutation dans le délai de 5 ans ;
- entraîne un complément de déduction car la TVA d'amont n'a pas été intégralement récupérée.

Par contre, le complément de déduction s'élève à 812,23 € (13 720 × 20 % × 37 % × 16/20) car la régularisation globale se calcule ici par vingtièmes et il reste 16 années entières (20 - 4).

> **Remarque :** Qu'il s'agisse d'un bien mobilier d'investissement ou d'un immeuble, la cession ne dispense pas l'entreprise d'effectuer la régularisation annuelle éventuellement applicable (variation du produit des coefficients d'assujettissement et de taxation considérés supérieurs à 1/10e) au titre de l'exercice N+3.

CAS 9 Société Julien

Question 1

S'agissant de biens non exclus du droit à déduction, la TVA facturée est récupérable en N à hauteur du coefficient de déduction unique de 0,48 (0,6 × 0,8 × 1), soit à déduire 14 112 € (29 400 × 0,48) pour le local et 658,56 € (1 372 × 0,48) pour le serveur.

Question 2

La société Julien doit effectuer, avant le 25 avril N+2, une régularisation annuelle de la TVA déduite sur ces acquisitions car :

- les biens correspondent à des immobilisations ;

- les délais de régularisation de 20 ans pour le local et de 5 ans pour le serveur ne sont pas épuisés ;
- le produit des coefficients d'assujettissement et de taxation de l'exercice N+1 diffère de plus de 10 points de celui des coefficients définitifs de l'exercice N ((0,3 × 0,5) - (0,6 × 0,8) = 0,33 et 0,33 > 0,1).

La société Julien doit reverser 575,65 € de TVA dont 485,10 € (29 400 × 0,33 × 1/20) au titre du local et 90,55 € (1 372 × 0,33 × 1/5) au titre du serveur.

Si le coefficient d'assujettissement unique était de 0,45 et celui de taxation forfaitaire de 0,9, aucune régularisation annuelle ne serait exigée car l'écart entre le produit des coefficients d'assujettissement et de taxation de l'exercice N+1 et de l'exercice N n'excéderait pas 1/10e ((0,45 × 0,9) - (0,6 × 0,8) = 0,07).

Question 3

La cession du local correspond à la mutation d'un immeuble au-delà du délai de 5 ans. Le vendeur n'ayant pas opté pour la TVA, la cession n'est pas soumise à la TVA. La cession intervient avant l'épuisement du délai de 20 ans et correspond à un bien immobilisé dont la TVA d'amont a été partiellement récupérée. Elle entraîne un reversement de TVA de 9 172,80 € (29 400 × 0,48 × 13/20) car le délai restant est de 13 années entières (20 - 7).

Le reversement correspond à une régularisation globale et les variations annuelles des coefficients d'assujettissement et de taxation, qu'elles aient donné lieu ou non à une régularisation annuelle, sont sans incidence sur son calcul.

La société Julien devra également reverser 485,10 € de TVA avant le 25.04.N+7 au titre de l'année N+6 car les coefficients d'assujettissement et de taxation n'ont pas varié (voir question 2).

CAS 10 Société anonyme Net

Question 1

Biens ou services	TVA facturée (A)	Affectation	Précisions	Coefficient de déduction (B)	TVA déductible (A × B)
Nouveaux locaux	488 000 × 20 % = 97 600 €	Commune	Bien immobilisé ouvrant droit à déduction affectée à l'ensemble des activités.	0,9 × 0,89 × 1 = 0,81	79 056 €
Matériel informatique	(24 739,33/1,20) × 20 % = 4 123,22 €	Commune	Bien immobilisé ouvrant droit à déduction affecté à l'ensemble des activités.	0,9 × 0,89 × 1 = 0,81	3 339,81 €

☞

Biens ou services	TVA facturée (A)	Affectation	Précisions	Coefficient de déduction (B)	TVA déductible (A × B)
Nouveaux matériels de lavage	((4 394/1,20)/0,99) × 20 % = 739,73 €	Secteur net-toyage	Bien immobilisé ouvrant droit intégralement à déduction car il est affecté à un secteur soumis à la TVA.	1 × 1 × 1 = 1	739,73 €
Petits matériels et fournitures	225 × 20 % = 45 €	Secteur net-toyage	Biens non immobilisés ouvrant droit intégralement à déduction car ils sont affectés à un secteur soumis à la TVA.	1 × 1 × 1 = 1	45 €
Logiciel de gestion de placements	(1 348/1,20) × 20 % = 224,67 €	Hors champ	Immobilisation exclusivement affectée à des opérations situées hors du champ d'application de la TVA	0 × 1 × 1 = 0	0,00 €
Fournitures administratives	(2 300,80/1,20) × 20 % = 383,47 €	Commune	Biens non immobilisés ouvrant droit à déduction affectés à l'ensemble des activités.	0,9 × 0,89 × 1 = 0,81	310,61 €
Travaux d'électricité	365 × 20 % = 73 €	Commune	Service non immobilisé ouvrant droit à déduction affecté à l'ensemble des activités. La TVA ne sera toutefois pas déduite en mai N mais en juillet N lors du règlement car le prestataire n'a pas opté pour la TVA d'après les débits.	0,9 × 0,89 × 1 = 0,81	59,13 €

Question 2

La 1re régularisation à effectuer concerne l'ensemble des biens et services immobilisés ou non dont la TVA a été provisoirement déduite sur la base d'un coefficient de déduction lui-même provisoire. Cette régularisation est obligatoire et doit intervenir avant le 25 avril N+1.

Biens ou services	TVA facturée (A)	Régularisation			
		Coefficient de déduction provisoire de N (B)	Coefficient de déduction définitif de N (C)	Nature	Montant A × (B – C)
Nouveaux locaux	97 600 €	0,81	0,84 × 0,92 × 1 = 0,78	Reversement	2 928 €
Matériel informatique	4 123,22 €	0,81	0,84 × 0,92 ×1 = 0,78	Reversement	123,70 €
Nouveaux matériels de lavage	732,33 €	Aucune compte tenu de l'affectation (coefficient de déduction = 1)			
Petits matériels et fournitures	45 €	Aucune compte tenu de l'affectation (coefficient de déduction = 1)			
Logiciel de gestion de placements	224,67 €	Aucune compte tenu de l'affectation (coefficient de déduction = 0)			
Fournitures administratives	383,47 €	0,81	0,84 × 0,92 × 1 = 0,78	Reversement	11,50 €
Travaux d'électricité	73 €	0,81	0,84 × 0,92 × 1 = 0,78	Reversement	2,19 €

La seconde régularisation concerne principalement les immobilisations dont les variations annuelles des coefficients d'assujettissement et de taxation excèdent 10 points. Au cas présent, ne sont pas concernés :

- les nouveaux matériels de lavage et les petits matériels et fournitures conséquemment à leur affectation au secteur nettoyage (coefficient de déduction = 1) ;
- le logiciel de gestion de placement relatif aux opérations placées hors du champ d'application de la TVA (coefficient de déduction = 0) ;
- les fournitures administratives et les travaux d'électricité compte tenu de leur nature

Analyse de l'évolution des coefficients d'assujettissement (CAS) et de taxation (CTA)

Produit des coefficients de référence	Produit des coefficients de l'année considérée	Régularisation si écart > 10 points	Produit des coefficients de l'année considérée	Régularisation si écart > 10 points	Produit des coefficients de l'année considérée	Régularisation si écart > 10 points
$CAS^N \times CTA^N$	$CAS^{N+1} \times CTA^{N+1}$		$CAS^{N+2} \times CTA^{N+2}$		$CAS^{N+3} \times CTA^{N+3}$	
0,84 × 0,92 = 0,78	0,78 × 0,88 = 0,69	Non car 0,69 – 0,78 = |0,09|	0,62 × 0,85 = 0,53	Oui car 0,53 – 0,78 = |0,25|	0,5 × 0,72 = 0,36	Oui car 0,36 – 0,78 = |0,42|

Régularisations annuelles de TVA			
Biens ou services	Exercice N+1	Exercice N+2	Exercice N+3
Nouveaux locaux	Néant	97 600 × 0,25 × 1/20 = 1 220 €	97 600 × 0,42 × 1/20 = 2 049,60 €
Matériel informatique	Néant	4 123,22 × 0,25 × 1/5 = 206,16 €	4 123,22 × 0,42 × 1/5 = 346,35 €

Les régularisations annuelles correspondent toutes à des reversements de TVA compte tenu de l'évolution des coefficients.

Question 3

Le montant de taxe calculé par le siège social sur ses salaires de juin N+1 s'élève à 10 442 €. Pour le règlement, il convient de tenir compte du rapport d'assujettissement de l'exercice précédent fixé à 14 % car la SA Net est partiellement assujettie à la taxe sur les salaires. De plus, les entreprises qui ont un rapport d'assujettissement compris entre 10 % et 20 % bénéficient d'un barème spécifique. Pour un rapport calculé de 14 %, le rapport définitif est de 8 %. La SA Net devra donc régler 835,36 € de taxe sur les salaires (10 442 × 8 %).

Question 4

La cession d'un bien meuble d'investissement ayant ouvert droit à déduction de la TVA est obligatoirement soumise à la TVA. La TVA exigible sera de : 4 345 × 20 % = 869 €. L'acquisition n'ayant pas ouvert droit à une déduction intégrale de la TVA, l'entreprise bénéficie d'un complément de déduction de TVA car les biens cédés correspondent à des immobilisations dont la cession intervient avant l'épuisement du délai de régularisation de 5 ans.

Le complément de déduction de la TVA est de 241,90 € (4 123,22 × (1 - 0,78) × 2/5 × 2/3) car il reste deux années entières (5 - 3).

La réponse serait similaire sur le fond mais différente au niveau des montants. La cession d'un bien immeuble est obligatoirement soumise à la TVA si elle intervient dans les 5 ans de son achèvement, soit à collecter 91 200 € de TVA (456 000 × 20 %). L'acquisition n'ayant pas ouvert droit à une déduction intégrale de la TVA et la cession de cette immobilisation intervenant avant l'épuisement du délai de 20 ans, la SA Net bénéficie d'un complément de déduction de TVA de 18 251,20 € (97 600 × (1 - 0,78) × 17/20) car il reste 17 années entières (20 - 3).

Question 5

La SA Net va devenir un holding pur. Sur le plan juridique, il s'agit d'une entreprise qui n'a plus d'activité industrielle.

La proposition du président lors du conseil d'administration de juin N+2 entraînera d'importantes modifications au regard de la TVA et de la taxe sur les salaires. L'entreprise n'aura plus d'activités soumises à la TVA puisqu'elle gérera uniquement des participations. Elle devra mensuellement faire face à une taxe sur les salaires nettement plus élevée que celle déterminée à la question 3.

Chapitre 4
La territorialité de la TVA

Exercices d'application

CAS 11 Société Unterlin

Question 1

a) TVA collectée (A) 297 733 €

- Sur ventes de produits finis France :

  1 291 240 × 20 % = 258 248 €

  Exigibilité décembre car la facturation a eu lieu en décembre.
- Sur acquisitions intracommunautaires :
  - matières : 73 940 × 20 % = 14 788 €
  - immobilisations : 123 485 × 20 % = 24 697 €

La TVA est exigible et récupérable (sauf exclusions légales) chez l'acheteur. L'exigibilité a lieu le 15 du mois suivant celui de la délivrance du bien ou à la date de facturation si elle est antérieure au 15(1). La TVA due à l'État est rattachable à la déclaration de décembre puisque la facture est parvenue au cours de ce mois.

NB : Les ventes de produits hors UE (exportations) et celles réalisées de la France vers un autre État membre de l'UE (livraisons intracommunautaires) sont exonérées de TVA.

b) TVA déductible (B) 230 350 €

- Sur achats de matières France :

  745 475 × 20 % = 149 095 €
- Sur acquisitions intracommunautaires :
  - matières : 14 788 €
  - immobilisations : 24 697 €
- Sur acquisitions d'immobilisations France :

  38 110 × 20 % = 7 622 €
- Sur prestations de services facturées en décembre (les factures portant la mention « TVA sur les débits », la TVA est déductible à la facturation) :

  170 740 × 20 % = 34 148 €

c) TVA à payer (A) – (B) 67 383 €

(1) Le fait générateur (la délivrance du bien) doit avoir eu lieu entre le 1er et le 15 du mois.

CORRIGÉS

Question 2

31.12.N		
44571 « TVA collectée »	258 248	
4452 « TVA due intracommunautaire »(1)	39 485	
445661 « TVA déd. sur autres biens et services »(2)		183 243
445662 « TVA déd. sur autres biens et services » UE		14 788
445621 « TVA déd. sur immobilisations »(3)		7 622
445622 « TVA déd. sur immobilisations » UE		24 697
44551 «TVA à décaisser »		67 383
Télédéclaration CA3 décembre N		
20.01.N+1		
44551 « TVA à décaisser »	67 383	
512 « Banques »		67 383
Télépaiement n°...		

(1) 14 788 + 24 697.
(2) 149 095 + 34 148.
(3) Voir ci-dessus corrigé 1 b.
(4) 24 697 (voir ci-dessus corrigé 1 a et 1 b).

Remarque : Préalablement à tout échange de biens intracommunautaire, chaque assujetti d'un État membre de l'UE doit être doté d'un numéro individuel d'identification à 13 chiffres. Ce dernier constitue la clef de voûte du système mis en place en Europe le 01.01.1993.

Ce numéro est national et comporte un préfixe alphabétique permettant d'identifier l'État membre de l'UE qui l'a attribué (exemple : « FR » pour la France). Il est unique, invariant, et doit figurer obligatoirement sur les factures.

En cas d'acquisition intracommunautaire, l'acheteur a l'**obligation** de communiquer au fournisseur son numéro d'identification, qui sera porté sur la facture. À défaut d'identification, l'exonération de la livraison intracommunautaire est caduque et l'opération devient taxable dans le pays de départ, comme une opération interne. Cette obligation d'information et de mention sur la facture du numéro d'identification de l'acheteur est également impérative pour le vendeur car à une « AIC » correspond nécessairement une « LIC ».

CAS 12 Société Europa

PARTIE 1

Opérations	Qualification de l'opération	Calculs	TVA collectée	TVA déductible sur ABS	TVA déductible sur immobilisations
Azursoleil	Exportation				
Meridional	Interne	759 000 × 0,20	151 800		

☞

Opérations	Qualification de l'opération	Calculs	TVA collectée	TVA déductible sur ABS	TVA déductible sur immobilisations
Palace					
Costa Brava	Liv. IC[1]	néant			
Sol					
Marrakech	Export	néant			
Tour					
Kotcheiv	Liv. IC	néant			
Rotburg	Liv. IC	néant			
Steinberg	Acq. IC	472 500 × 0,20	94 500	94 500	
Ricaud	Interne	548 750 × 0,20		109 750	
Ricotto	Acq. IC	228 000 × 0,20	45 600	45 600	
Elbrido	Import	314 000 × 0,20		62 800	
Hirscht	Acq. IC	289 000 × 0,20	57 800	57 800[1]	
Achats véhicules utilitaires	Interne	(203 320/1,20) × 0,20			33 886,67
(1) IC = intracommunautaire.		**Totaux**	197 900	370 450	33 886,67
		Crédit de TVA	206 436,67		

Au regard de la TVA, le territoire français s'entend du territoire métropolitain (y compris la Corse), des DOM et de la principauté de Monaco.

Les cinq départements d'outre-mer (Martinique, Guyane, Guadeloupe, Réunion et Mayotte depuis le 31.03.2011) sont considérés comme des territoires d'exportation par rapport à la France.

L'Union économique comprend : l'Allemagne, l'Autriche, la Belgique, la Bulgarie, Chypre, le Danemark, l'Espagne, l'Estonie, la Finlande, la France, la Grèce, la Hongrie, l'Irlande, l'Italie, la Lettonie, la Lituanie, le Luxembourg, Malte, les Pays-Bas, la Pologne, le Portugal, la République Tchèque, la Roumanie, le Royaume-Uni, la Slovaquie, la Slovénie et la Suède.

Toutes les opérations intracommunautaires ont fait l'objet de livraison et de facturation en avril. Aussi, l'exigibilité aura lieu le mois même.

L'exigibilité de la TVA en matière d'importations a lieu lors du passage en douane (ici également en avril). Elle ne figure pas dans la TVA collectée, à la différence des acquisitions intracommunautaires, car elle a été acquittée lors du dédouanement.

PARTIE 2

Rappel : La TVA est exigible à la facturation, ou le 15 du mois suivant le fait générateur (la livraison des biens) en l'absence de facture.

a) Concernant l'opération 1

Si la facture est antérieure à la livraison, il n'y a pas d'exigibilité selon l'administration fiscale, car il n'y a pas de livraison. Dans ce cas (sauf nouvelle facture), on collectera et déduira le 15 du mois suivant le fait générateur (ici indéterminé) (solution issue de la documentation administrative 3B24-5).

b) Concernant l'opération 2

L'exigibilité de la TVA interviendra le 15 du mois suivant le fait générateur (la livraison), c'est-à-dire en juin, mais le droit à déduction ne pourra se faire qu'au moment où la facture sera reçue.

Chapitre 5 Liquidation de la TVA, régime normal et régime du réel simplifié

Mini-cas d'évaluation

1 Réponse *C*

Le crédit de TVA est en priorité reporté sur les déclarations ultérieures et imputé sur la taxe due. À la demande du contribuable et sous certaines conditions, le crédit de TVA peut faire l'objet d'un remboursement soit annuel, soit trimestriel, soit mensuel.

Crédit de taxe	Montant du minimum	Périodicité	Date de la demande
Occasionnel	≥ 150 €	Annuelle	31 décembre
Permanent	≥ 760 €	Mensuelle	Mois suivant

2 Réponse *B*

Cette TVA omise est récupérable jusqu'au 31.12 de la deuxième année qui suit celle de l'omission. Une ligne spéciale de la déclaration de TVA est prévue à cet effet. Après cette date, le droit à déduction est définitivement perdu.

3 Réponse *A*

L'acompte est obtenu en appliquant le taux de 55 % à la TVA due en N-1. La TVA ayant grevé les immobilisations ne vient pas minorer le versement d'acompte. Elle sera traitée au moment du dépôt de la déclaration annuelle. Par dérogation, le redevable peut demander le remboursement car son montant est au moins égal à 760 € (7 620 × 20 % = 1 524 €).

4 Réponse *C* **ou** *B*

Pour le calcul de l'acompte du premier semestre, on applique à la TVA due au titre de l'année précédente le taux de 55 %. Le redevable peut régler l'acompte de 20 169 € et solliciter le remboursement de la TVA grevant les immobilisations (réponse *C*) ou régler la TVA réellement due du premier semestre N (réponse *B*). Cette possibilité est ouverte car la TVA réelle semestrielle est inférieure d'au moins 10 % de l'acompte : 3 833 < (20 169 × 90 %).

5 Réponse *B*

L'acompte du premier semestre N est calculé à partir de la TVA N-1. La base de cet acompte est la TVA due avant déduction de la TVA afférente aux immobilisations.

La TVA du semestre relative aux biens constituant des immobilisations ne vient pas en minoration de l'acompte calculé. Elle sera régularisée sur la déclaration annuelle[1].

6 Réponse *C*

Le redevable peut se dispenser du versement du 2e acompte s'il estime que l'acompte déjà versé au titre de l'exercice est égal ou supérieur au montant de la taxe finalement due.

L'inondation survenue le 06.09 va largement amputer la TVA effectivement due pour l'année N puisque 65 % des ventes sont réalisées dans les six premiers mois de l'année.

Compte tenu de la stabilité des ventes et de la corrélation entre le chiffre d'affaires et la TVA de base, l'acompte versé est déjà supérieur à la TVA probablement due : 15 903,25 € contre 28 915 × (1 - 0,65) = 10 120,25 €].

> **Remarque :** La réponse donnée au point A correspond au calcul exact du premier acompte à payer. La réponse fournie au point B est égale au montant forfaitaire du 2e acompte.

7 Réponse *B*

L'entreprise Hezit réalise à la fois des ventes et des prestations de services. Le régime des micro-entreprises est applicable lorsque les deux conditions ci-dessous sont cumulativement réunies :

- le chiffre d'affaires global n'excède pas 82 200 € HT ;
- le chiffre d'affaires se rapportant aux prestations de services est inférieur à 32 900 € HT.

Dans le cas présent, la seconde solution n'est pas respectée, l'entreprise relève donc de plein droit du RSI.

8 Réponse *B*

La totalité de la TVA collectée et de la TVA déductible doit être retenue pour le calcul de la TVA réellement due au titre de l'exercice clos.

Les acomptes déjà versés viennent en déduction de la TVA à payer.

On ne tient pas compte du crédit de TVA puisque son imputation sur les acomptes a déjà été réalisée (l'énoncé fournit le montant des acomptes payés).

9 Réponse *A*

M. Anthony a un chiffre d'affaires qui ne dépasse pas 82 200 € HT. Par conséquent, il relève du régime des micro-entreprises et bénéficie de la franchise en base de TVA.

N'ayant formulé aucune option pour la TVA, il ne peut récupérer aucune taxe et ses factures doivent comporter la mention « TVA non applicable, article 293 B du CGI ».

(1) La procédure de remboursement trimestriel peut s'appliquer puisque son montant est au moins égal à 760 €.

10 Réponse *C*

Les redevables soumis au régime des micro-entreprises n'ont aucun paiement de TVA à effectuer. Cet avantage doit être nuancé car l'absence de TVA collectée entraîne la non-récupération de la TVA grevant les acquisitions de biens et services ainsi que celle relative aux investissements. D'une part la baisse potentielle du prix de vente est partiellement compensée par la hausse des charges et du coût des investissements, et d'autre part, l'entreprise ne profite pas d'un crédit de taxe quand les achats et/ou investissements sont élevés.

De plus, des obligations comptables existent car l'entreprise doit tenir un registre détaillant les achats et un livre-journal récapitulant les recettes appuyés dans les deux cas des justificatifs nécessaires. Par mesure de simplification, le bénéfice imposable (voir partie 3) est déterminé en appliquant aux recettes annuelles un abattement égal à 71 % pour les activités de vente ou 50 % pour les prestations de services.

L'inconvénient de ce régime est qu'une entreprise en déficit se retrouve imposable sur 29 % ou 50 % de ses recettes alors qu'elle n'a réalisé aucun bénéfice.

Chapitre 6
Cas de synthèse sur la TVA

CAS 13 Cabinet d'expertise Loïc

DOSSIER 1 : L'ENTREPRISE AURÉLIE

Question 1

a) TVA exigible (A)

- Sur les ventes en France : il s'agit d'une livraison de biens meubles corporels dont l'exigibilité est située à la livraison, soit : 17 600 × 20 % = 3 520 €.
- Sur les ventes en Belgique : il s'agit d'une livraison intracommunautaire de biens meubles corporels. La TVA n'est pas exigible en France mais dans le pays d'arrivée. Elle sera liquidée par les entreprises belges qui ont fourni leur numéro d'identification intracommunautaire selon le taux en vigueur dans cet État.
- Sur les réparations facturées en France : ces prestations de services, avec option sur les débits, ont entraîné l'exigibilité de la TVA lors de la facturation pour 3 100 × 20 % = 620 €.
- Sur les locations facturées en France : comme précédemment, il s'agit de prestations de services pour lesquelles l'entreprise Aurélie a opté pour la TVA sur les débits, soit : 18 400 × 20 % = 3 680 €.

- Sur les prestations de services et les locations encaissées : aucune TVA n'est exigible compte tenu de l'option sur les débits formulée par l'entreprise Aurélie.
- Sur acquisitions intracommunautaires et assimilées : pour le micro-ordinateur, l'exigibilité est fixée le 15 du mois suivant celui de la livraison ou à la date de la facture si celle-ci est délivrée à l'acquéreur avant. Ici, la facturation et la livraison sont simultanées, aussi la date d'exigibilité correspond à la date de facturation, soit : 3 700 × 20 % = 740 €.
- Sur livraisons à soi-même :
  - don d'une console et d'un billard à un salarié : il s'agit de l'affectation d'un bien stocké pour des besoins autres que ceux de l'entreprise. Cette opération n'est pas soumise à la TVA. Ce n'est pas une LASM.

    Remarque : L'autofabrication par les salariés de l'entreprise d'une aire de stockage pour les besoins de l'entreprise n'est pas soumise à TVA. En effet, elle n'est pas considérée comme une livraison à soi-même, car la TVA sur les matières premières et les autres charges utilisées pour la construction a été déduite à 100 % (CDE de la société Aurélie = 100 %).

- Sur autres opérations :
  - vente d'une console neuve à un particulier espagnol : par application du régime des ventes à distance le lieu d'imposition est réputé se situer en France puisque le total des ventes à distance réalisé par l'entreprise Aurélie à destination de l'Espagne n'excède pas le seuil fixé en euros par le pays d'arrivée. Soit : 1 400 × 20 % = 280 € ;
  - vente de la voiture d'occasion : le paiement est considéré TTC (voir explications données au niveau du calcul de la TVA récupérable ci-dessous), soit (7 989 €/1,20) × 20 % = 1 331,50 €.

Assiette de la TVA : 50 879,77 € soit 50 880 €

TVA collectée : 10 175,95 € (50 880 × 20 %) soit 10 176 €

b) TVA récupérable (B)

- Sur immobilisations :

- acquisition intracommunautaire du micro-ordinateur : 740 € de TVA à déduire ;
- acquisition de matériel de réparation : la déductibilité s'opère à la livraison pour : 1 800 × 20 % = 360 €.

TVA déductible sur immobilisations : 1 100 €.

- Sur autres biens et services :
  - sur achats de pièces détachées à un fournisseur suisse : c'est une importation et l'exigibilité intervient au moment du dédouanement. La TVA doit être acquittée par l'entreprise Aurélie. La TVA payée n'apparaît pas sur la déclaration CA3. Cette TVA demeure récupérable au niveau des acquisitions de biens et de services, soit : 6 583 € × 20 % = 1 316,60 € ;
  - facture de l'organisme lillois de formation : il s'agit d'une prestation de service pour laquelle le fournisseur n'a pas opté pour la TVA sur les débits. La déductibilité se situe donc au paiement pour 177,55 € (20 % × 1 775,52 × 50 % d'honoraires payés). Les dépenses d'hébergement constituent une exclusion légale du droit à déduction car il s'agit de biens et services utilisés par des dirigeants ou le personnel de l'entreprise pour lesquels aucune TVA n'est récupérable ;

CORRIGÉS

- sur facture du transporteur français : il s'agit d'une prestation de service pour laquelle le prestataire n'a pas opté pour la TVA d'après les débits (aucune mention sur la facture). La TVA de 300 € (1 500 × 20 %) sera déductible en juillet au moment du paiement ;
- sur facture de travaux d'électricité (prestation de services avec option du fournisseur pour la TVA sur les débits : déductibilité = facturation) soit : 600 × 20 % = 120 € à déduire ;
- don d'une console et d'un billard : aucune TVA n'est à déduire (voir le calcul de la TVA exigible).

TVA déductible sur autres biens et services : 1 914,15 € soit 1 914 €

- Complément de déduction : vente à un négociant en biens d'occasion d'une voiture de fonction ; l'entreprise Aurélie a soumis la cession à la TVA et peut ainsi bénéficier d'un complément de déduction :

TVA facturée : (18 000 × 20 %) =	3 600 €
Délai restant dans le délai de 5 ans (5 - 3) :	2
Complément de déduction : 3 600 × 2/5 =	1 440 €

TVA à payer au titre du mois de juin : 10 176 - (1 100 + 1 914 + 1 440) = 5 722 €.

REMARQUE : La prime d'aménagement du territoire, octroyée par la DATAR, est située hors du champ d'application de la TVA. En effet, les sommes versées ne constituent pas le prix payé pour un service rendu ou une vente.

Question 2

(Voir formulaire de déclaration CA3 page suivante.)

Précisions sur certaines lignes de la déclaration CA3 :

(01) 17 600 + 3 100 + 18 400 + 1 400
(02) 6 680
(03) 3 700
(06) 3 800

(17) Ligne 3 × 0,20
(19) (3 700 + 1 800 + 8 800) × 0,20
(20) (6 583 + 888 + 600) × 0,20
(21) complément de déduction sur le véhicule : 1 440 €

A MONTANT DES OPÉRATIONS RÉALISÉES

	Opérations imposables (H.T.)	Code	Montant		Opérations non imposables	Code	Montant
01	Ventes, prestations de services	0979	40500	04	Exportations hors UE	0032	
02	Autres opérations imposables	0981	6680	05	Autres opérations non imposables	0033	
2A	Achats de prestations de services intracommunautaires (article 283-2 du Code général des impôts)	0044		06	Livraisons intracommunautaires	0034	3800
03	Acquisitions intracommunautaires (dont ventes à distance et/ou opérations de montage : ...)	0031	3700	6A	Livraisons d'électricité, de gaz naturel, de chaleur ou de froid non imposables en France	0029	
3A	Livraisons d'électricité, de gaz naturel, de chaleur ou de froid imposables en France	0030		07	Achats en franchise	0037	
3B	Achats de biens ou de prestations de services réalisés auprès d'un assujetti non établi en France (article 283-1 du Code général des impôts)	0040		7A	Ventes de biens ou prestations de services réalisées par un assujetti non établi en France (article 283-1 du Code général des impôts)	0043	
3C	Régularisations...... (Important : cf. notice)	0036		7B	Régularisations...... (Important : cf. notice)	0039	

B DÉCOMPTE DE LA TVA À PAYER

TVA BRUTE

		Code	Base hors taxe	Taxe due
	Opérations réalisées en France métropolitaine			
08	Taux normal 20 %	0207	50880	10176
09	Taux réduit 5,5 %	0105		
9B	Taux réduit 10 %	0151		
	Opérations réalisées dans les DOM			
10	Taux normal 8,5 %	0201		
11	Taux réduit 2,1 %	0100		
12				
	Opérations imposables à un autre taux (France métropolitaine ou DOM)			
13	Ancien taux	0900		
14	Opérations imposables à un taux particulier (décompte effectué sur annexe 3310 A)	0950		
15	TVA antérieurement déduite à reverser	0600		
16	**Total de la TVA brute due (lignes 08 à 15)**			10176
17	**Dont TVA sur acquisitions intracommunautaires**	0035		740
18	**Dont TVA sur opérations à destination de Monaco**	0038		

La ligne 11 ne concerne que les DOM. Les autres opérations relevant du taux de 2,1 % continuent d'être déclarées sur l'annexe 3310 A.

TVA DÉDUCTIBLE

		Code	Montant
19	Biens constituant des immobilisations	0703	1100
20	Autres biens et services	0702	1914
21	Autre TVA à déduire (dont régularisation sur de la TVA collectée [cf. notice] ...)	0059	1440
22	Report du crédit apparaissant ligne 27 de la précédente déclaration	8001	
23	**Total TVA déductible (lignes 19 à 22)**		4454
24	Dont TVA non perçue récupérable par les assujettis disposant d'un établissement stable dans les DOM (articles 295-1-5° et 295 A du code général des impôts)	0709	

22A *Indiquer ici le coefficient de taxation forfaitaire applicable pour la période s'il est différent de 100 %* ..... %

CRÉDIT

		Code	Montant
25	Crédit de TVA (ligne 23 – ligne 16)	0705	
26	Remboursement demandé sur formulaire n° 3519 joint	8002	
AA	Crédit de TVA transféré à la société tête de groupe sur la déclaration récapitulative 3310-CA3G	8005	
27	Crédit à reporter (ligne 25 – ligne 26 – ligne AA) *(Cette somme est à reporter ligne 22 de la prochaine déclaration)*	8003	

Attention ! Une situation de TVA créditrice (ligne 25 servie) ne dispense pas du paiement des taxes assimilées déclarées ligne 29.

TAXE À PAYER

		Code	Montant
28	TVA nette due (ligne 16 – ligne 23)		5722
29	Taxes assimilées calculées sur annexe n° 3310 A	9979	
30	Sommes à imputer, y compris acompte congés	9989	
31	Sommes à ajouter, y compris acompte congés	9999	
AB	Total à payer acquitté par la société tête de groupe sur la déclaration récapitulative 3310-CA3G **(lignes 28 + 29 – 30 + 31)**	9991	
32	**Total à payer (lignes 28 + 29 – 30 + 31 – AB)** *(N'oubliez pas de joindre le règlement correspondant)*		5722

Les dispositions des articles 39 et 40 de la loi n° 78-17 du 6 janvier 1978 relative à l'informatique, aux fichiers et aux libertés, modifiée par la loi n°2004-801 du 6 août 2004, garantissent les droits des personnes physiques à l'égard des traitements des données à caractère personnel.
Si vous réalisez des opérations intracommunautaires, pensez à la déclaration d'échanges de biens (livraisons de biens) ou à la déclaration européenne de services (prestations de services) à souscrire auprès de la Direction Générale des Douanes et des Droits Indirects (cf. notice de la déclaration CA3).

DOSSIER 2 : LA SOCIÉTÉ FRIGOR

Question 1

La date d'exigibilité détermine la période à laquelle il faut rattacher la TVA collectée sur les ventes et récupérer la TVA sur les achats.

Cette date correspond à la date de livraison (en pratique la date de facturation) pour les ventes de biens et à la date des encaissements pour les prestations de services.

Opérations	Base	Taux	TVA collectée	Commentaires
Ventes de produits finis	73 000	20 %	14 600	L'exigibilité correspond à la date de livraison pour les biens. Les livraisons intracommunautaires et les exportations sont exonérées, soit : 85 000 - 7 000 - 5 000.
Acquisitions intracommunautaires	18 000	20 %	3 600	L'exigibilité correspond à date de facturation car il y a concomitance avec la livraison, soit : 12 000 + 6 000.
Encaissements de services	33 707	20 %	6 741	L'exigibilité correspond à la date des encaissements car l'entreprise n'a pas opté sur les débits. À retenir : 40 448/1,20 = 33 706,66 € arrondis à 33 707 €.
Ventes de déchets neufs d'industrie	-	-	-	S'agissant de clients assujettis et disposant d'un n° d'identification à la TVA, la TVA sera autoliquidée par eux.
Prélèvement sur les stocks	600	20 %	120	La livraison à soi-même est taxable car le bien prélevé change de nature. La TVA ne sera pas récupérable car le bien va satisfaire des besoins privés.
Totaux	**125 307**		**25 061**	

Question 2

Opérations	Base	Taux	TVA déductible	Commentaires
Sur immobilisations	30 000	20 %	6 000	Y compris les acquisitions intra-communautaires pour 12 000 € car l'entreprise dispose d'une facture.
Sur autres biens	27 000	20 %	5 400	Y compris les acquisitions intra-communautaires de 6 000 €.
Sur services facturés	9 000	20 %	1 800	Services facturés en décembre avec option sur les débits par les fournisseurs.
Sur services payés	1 734	20 %	347	Services payés en décembre sans option sur les débits, soit : 2 081/1,20 = 1 734,16 € arrondis à 1 734 €.
Autres TVA à déduire	7 661	20 %	1 532	Récupération de la TVA définitivement impayée sur le client Ofrais : 9 193/1,20 = 7 660,83 €, soit 7 661 €.
Totaux	**75 395**		**15 079**	

Rappel

- Les options formulées par le fournisseur de prestations de services et/ou de travaux immobiliers contingentent le droit à déduction de la TVA chez le client.
- La machine-outil que l'entreprise s'est livrée à elle-même pour son objet social n'est pas soumise à la TVA, car la TVA sur les biens et services ayant servi à sa fabrication a été intégralement déduite.

Question 3

Avant de déterminer la TVA à payer au titre du mois de décembre, il faut vérifier que la précédente déclaration de TVA ne comportait pas un crédit de TVA reportable.

Opérations	Base	Taux	Montant	Total
Produits finis	72 000	20 %	14 400	
Prestations de services encaissées	27 671	20 %	5 534	21 934
Acquisitions intracommunautaires	10 000	20 %	2 000	
Immobilisations	22 000	20 %	4 400	
Achats	19 000	20 %	3 800	10 826
Services facturés	7 000	20 %	1 400	
Services payés(1)	6 128	20 %	1 226	
TVA à payer au titre du mois de novembre				11 108
(1) (6 435 + 919) / 1,20.				

En l'absence de crédit de TVA reportable, la TVA de décembre à payer est de 9 982 € (25 061 - 15 079).

DOSSIER 3 : LA SARL FANNY

Question 1

a) TVA exigible

- Sur ventes en France (exigibilité = livraison = facturation) : 495 500 × 20 % = 99 100 €
- Sur ventes à destination de la Guyane (exportations[1]) : exonérées
- Sur ventes à destination de la Réunion (exportations[1]) : exonérées
- Sur ventes à destination de Wallis et Futuna (exportations[1]) : exonérées
- Sur ventes à une plate-forme pétrolière : 65 500 × 20 % = 13 100 €

  Remarque : Les eaux territoriales font partie du territoire français au sens fiscal.
- Sur ventes à destination de la Suisse (exportations) : exonérées
- Sur ventes vers l'Allemagne (livraisons intracommunautaires) : exonérées
- Sur ventes du micro-ordinateur : il s'agit de la vente d'un bien d'occasion dont le paiement doit être considéré TTC : (1 200/1,20) × 20 % = 200 €
- Sur la revente du véhicule à l'exportation à une entreprise algérienne : exonérée
- Sur vente du local : la cession est soumise à la TVA car il s'agit d'une mutation dans les cinq ans de l'achèvement réalisée par un assujetti. L'acquisition en l'état futur d'achèvement en N-3 a été aussi soumise à la TVA. Le règlement est TTC : (101 062/1,20) × 20 % = 16 844 €
- Sur acquisitions intracommunautaires (achats en provenance de l'UE sauf ceux en provenance de la Martinique considérés comme des importations) : (129 602 - 34 301) × 20 % = 19 060 €

Total de l'assiette de la TVA :	741 519,33 €	arrondi à	741 519 €
Total de la TVA collectée :	148 303,87 €	arrondi à	148 304 €

b) TVA récupérable

Immobilisations : machines : 44 125 × 20 % = 8 825 €

Biens et services :

- sur matières premières : 406 000 × 20 % = 81 200 €
- sur acquisitions intracommunautaires : (129 602 - 34 301) × 20 % = 19 060 €
- sur importations :
  - achats en provenance de la Martinique[2] : 34 301 × 20 % = 6 860 €
  - achats hors UE : 59 500 × 20 % = 11 900 €

(1) Pour l'application de la TVA, la vente d'un bien hors de France métropolitaine à destination des DOM et TOM est considérée comme une exportation. Inversement, l'acquisition de biens et services de ces départements et territoires est assimilée à une importation.

(2) Pour l'application de la TVA, la vente d'un bien hors de France métropolitaine à destination des DOM et TOM est considérée comme une exportation. Inversement, l'acquisition de biens et services de ces départements et territoires est assimilée à une importation.

Total de l'assiette de la TVA :	639 227 €		
Total de la TVA déductible :	127 845,4 €	arrondi à	127 845 €

TVA à payer : 148 304 - 127 845 = 20 459 €

c) Mode de déclaration et de paiement

Compte tenu du montant des ventes du mois de novembre N et des indications fournies :

- l'entreprise Fanny relève du régime du réel normal ;
- son CAHT de l'exercice précédent est largement supérieur à 783 000 €.

L'entreprise Fanny a l'obligation de télédéclarer et de télépayer sa TVA.

Question 2

a) Cadre A : Montant des opérations réalisées

Ligne 1 :	Montant HT des opérations internes de ventes et de prestations de services soumises à TVA :		
	- ventes en France :		495 500 €
	- ventes à la plate-forme :		65 500 €
		soit :	561 000 €
Ligne 2 :	Autres opérations internes taxables :		
	- cession du micro-ordinateur : 1 200/1,20 =		1 000 €
	- cession du local : 101 062/1,20 =		84 218 €
		soit :	85 218 €
Ligne 3 :	Acquisitions intracommunautaires : (129 602 - 34 301) =		95 301 €
Ligne 4 :	Exportations :		
	- Guyane :		85 900 €
	- Réunion :		34 360 €
	- Wallis et Futuna :		8 490 €
	- Suisse :		143 140 €
	- vente de la voiture à l'entreprise algérienne :		7 176 €
		soit :	279 066 €

Ligne 5 : Aucun montant n'est à indiquer pour cette catégorie.

Ligne 6 : Livraisons intracommunautaires : 243 800 € (vente à l'Allemagne)

Les montants des lignes 03 et 06 de la déclaration sont exacts mais les lignes 01, 02, 04 et 05 doivent être rectifiées.

b) Cadre B : Décompte de la TVA à payer

Ligne 8 : Total ligne 1 + ligne 2 + ligne 3 = 741 519 €

Ligne 16 : Taxe due = 148 304 €

Ligne 17 : TVA sur acquisitions intracommunautaires : 19 060 €
(95 301 × 20 %)

Le montant de la base hors taxe et celui de la taxe due sont exacts puisque les erreurs ci-dessus correspondent à des reports oubliés ou incorrects, mais sans incidence sur leur calcul. Par contre, il est nécessaire d'indiquer le montant de la TVA sur les acquisitions intracommunautaires, absent de la déclaration provisoire.

Ligne 19 : Montant exact, car : 44 125 × 20 % = 8 825 €.

Ligne 20 : TVA déductible sur autres biens et services en provenance de la France, de l'UE et de l'étranger, soit : 112 160 + 6 860 = 119 020 €.

Ligne 21 : Néant, la TVA sur les biens en provenance de la Martinique doit figurer à la ligne 20. Aucune mention ne doit figurer ligne 21.

Ligne 24 : Montant exact (voir question 1).

Le montant de la TVA déductible est exact mais il faut rectifier la déclaration provisoire et additionner la TVA sur les achats en provenance de la Martinique avec la TVA déductible sur les autres biens et services.

c) Taxe à payer

Lignes 28 et 32 : Montants faux.

La taxe due est fausse.

Question 3

a) Cession de la voiture de fonction à l'entreprise algérienne

Elle ouvre droit, pour l'entreprise Fanny, à un complément de déduction car :

- la cession du véhicule intervient durant le délai de régularisation ;
- la TVA sur achat a été partiellement déduite ;
- la cession du bien est soumise à la TVA puisque les exportations sont assimilées à des opérations imposables au taux de 0 %.

> Remarque : Cette possibilité n'avait pas vocation à s'appliquer pour la question 1 puisque la totalité de la TVA ayant grevé l'acquisition avait été récupérée (voir l'énoncé) compte tenu de la nature du véhicule et de l'absence de point d'ancrage (véhicule utilitaire).
>
> Par contre, malgré la récupération intégrale de la TVA d'amont, aucune TVA n'était exigible sur la cession de ce bien d'investissement ; la revente s'effectuant à l'exportation.

- TVA initialement facturée (selon énoncé) : 2 842 €
- Délai restant : (5 - 3) = 2 années
- Complément de déduction : 2 842 × (1 - 0,8) × 2/5 = 227 €

b) Cession du local commercial

Elle ouvre droit, pour l'entreprise Fanny, à un complément de déduction puisque la vente est soumise à la TVA.

- TVA initialement facturée : (114 470 × 20 %) = 22 894 €
- Délai restant : (20 - 4) = 16 années
- Complément de déduction : 22 894 × (1 - 0,78) × 16/20 = 4 029 €

L'entreprise Fanny aurait pu bénéficier d'un complément de déduction de 4 176 € (227 + 3 949) en raison de la cession du véhicule et du local dans l'hypothèse d'une déduction limitée de la TVA sur ses opérations.

Chapitre 7 Champ d'application et territorialité de l'impôt sur les sociétés

Exercice d'application

CAS 14 Société Hix

Question 1

a) La filiale est juridiquement et fiscalement indépendante de la société-mère française. Elle relève du régime fiscal du pays d'implantation, ici le Portugal. La perte subie n'est donc pas déductible du résultat fiscal français. Il n'y a pas de retraitement extra-comptable à effectuer sur le résultat comptable pour passer au résultat fiscal, puisque l'opération n'a pas été comptabilisée au siège mais dans la comptabilité autonome de la filiale.

> **Remarque** : Dans la suite du cas, l'expression « pas de corrections fiscales sur l'imprimé n° 2058 » signifiera que la règle fiscale applicable à l'opération ne génère aucun retraitement pour passer du résultat comptable au résultat fiscal.

b) Les différentes succursales de la société Hix constituent des établissements stables possédant une autonomie propre (gestion décentralisée et contrôle *a posteriori*). La succursale de Londres est, selon la loi fiscale et la jurisprudence du Conseil d'État, une entreprise exploitée à l'étranger, même si la comptabilité est centralisée en France. Le bénéfice de 106 000 € n'est pas soumis à l'IS français, mais à l'IS anglais.

Les succursales ne sont pas, au sens du droit comptable, des entités distinctes de la société mère ; en conséquence leurs opérations figurent dans les comptes de l'entreprise Hix. Les 106 000 € ayant majoré son résultat comptable et n'étant pas imposables en France, il faut les déduire extra-comptablement de ce dernier pour obtenir le résultat fiscal.

c) Le bénéfice d'une filiale étrangère n'est pas imposable en France. Il n'entre dans le résultat fiscal français que dans la mesure où il est distribué. Il n'y a donc pas de corrections fiscales à effectuer sur l'imprimé n° 2058.

d) Les bénéfices réalisés à l'étranger dans le cadre d'établissements autonomes ne sont pas imposables en France. Symétriquement, une entreprise française ne peut imputer sur son bénéfice imposable les déficits réalisés dans ces établissements.

La somme de 170 000 € ayant minoré le résultat comptable et n'étant pas déductible est à réintégrer sur l'imprimé fiscal n° 2058.

e) Selon le Conseil d'État (1978), sous réserve des conventions internationales, un chantier d'une durée de plusieurs mois implanté hors de France constitue un établissement à l'étranger, même si certaines tâches de direction, de gestion ou d'approvisionnement sont assurées en France.

Il faut déduire extra-comptablement les 122 000 €, car ils sont réputés réalisés hors du territoire national.

f) L'expédition de composants électroniques constitue une livraison intra-communautaire imposable à l'IS français. Cette opération ayant majoré le résultat comptable, il n'y a aucun retraitement fiscal à opérer sur l'imprimé n° 2058.

g) Les opérations réalisées à l'étranger par une entreprise française et qui forment un cycle commercial complet ne sont pas imposables à l'IS en France.

Toutefois, la jurisprudence précise que lesdites opérations doivent être habituelles et détachables de l'activité française, et que la direction et la gestion de cette activité étrangère ne doivent pas être réalisées au siège social en France. L'achat en Belgique pour la revente en Écosse constitue donc un cycle commercial complet à l'étranger, dont les bénéfices ne sont pas imposables en France. Il faut donc déduire sur l'imprimé n° 2058 : 76 000 € (534 000 – 458 000) de bénéfice non imposable.

h) Les opérations réalisées à l'étranger par des entreprises françaises, par l'intermédiaire d'agents dépourvus de personnalité professionnelle indépendante, ne sont pas imposables à l'IS français mais à celui du pays en question.

Dans le cas de la société Hix, les 380 000 € comptabilisés en France ne sont imposables à l'IS qu'à hauteur de 60 %, soit 228 000 € (il s'agit d'exportations) ; conséquence sur le 2058 : déduction de 152 000 €.

i) Le Conseil d'État a jugé (1978 et 1989) que les bénéfices résultant de la livraison « clés en mains » d'une usine à l'étranger ne sont pas imposables en France pour la fraction de ces bénéfices correspondant aux opérations effectivement réalisées dans le pays d'implantation de l'usine.

La transposition de ces décisions jurisprudentielles au cas de l'entreprise Hix conduit à considérer que sur les 760 000 € comptabilisés dans les ventes de la société, 458 000 € sont des exportations imposables en France et 302 000 € sont des ventes localisées à l'étranger non imposables à l'IS et à déduire sur l'imprimé n° 2058.

j) Cette prestation d'assistance technique ne constitue pas une activité commerciale habituelle en Bulgarie. En conséquence, le produit réalisé à l'étranger est passible de l'IS en France. Ce dernier ayant été comptabilisé dans les produits de la société Hix, il n'y a aucun retraitement fiscal à effectuer sur l'imprimé n° 2058.

Question 2

Récapitulatif :

Éléments	Déductions	Réintégrations
Résultat comptable définitif avant impôt		1 372 041
Retraitements fiscaux : – opération 1 : néant – opération 2 :	106 000	

☞

Éléments	Déductions	Réintégrations
– opération 3 : néant		
– opération 4 :		170 000
– opération 5 :	122 000	
– opération 6 : néant		
– opération 7 :	76 000	
– opération 8 :	152 000	
– opération 9 :	302 000	
– opération 10 : néant		
Totaux	758 000	1 542 041

Question 3

Résultat fiscal : 1 542 041 - 758 000 = 784 041 €.

Question 4

Les conventions de double imposition signées par la France retiennent la notion d'établissement stable comme critère de localisation. L'établissement stable désigne une installation fixe dans laquelle l'entreprise exerce tout ou partie de son activité. Il peut prendre la forme d'une succursale ou d'une représentation commerciale. Un cycle commercial complet ne peut pas conventionnellement constituer un établissement stable. Les chantiers de construction ou de montage sont considérés comme des établissements stables au sens des conventions fiscales lorsqu'ils excèdent une certaine durée, en général 12 mois.

En conséquence de ce qui précède, l'application des critères conventionnels conduirait à imposer en France les 76 000 € de l'opération g. Les autres éléments de réponse donnés aux questions 1, 2 et 3 restent inchangés.

Chapitre 8 Les produits imposables et les charges décaissées déductibles

Mini-cas d'évaluation

1 Réponse *C* : Les dépenses de gros entretien sont déductibles de l'exercice au cours duquel elles sont engagées soit à déduire de façon extra-comptable 12 000 € du résultat fiscal de l'exercice N+4.

Les amortissements du composant gros entretien ne sont pas déductibles mais la réintégration est limitée à l'excédent de cet amortissement sur l'amortissement du prix de revient fiscal de la structure sur sa durée d'usage, soit à réintégrer : 2 167 € [(120 000/12) + (12 000/4)] - (130 000/12] ou [(12 000/4 - 10 000/12)].

CORRIGÉS

Remarque : L'instruction fiscale du 30.12.2005 relative aux actifs énonce que les amortissements non admis en déduction au titre du composant d'origine gros entretien, soit dans notre cas 6 667 € [(10 000/4 - 10 000/12) × 4], viennent minorer le montant de la réintégration liée au coût de remplacement du composant gros entretien et ceci de manière étalée sur la durée résiduelle fiscale d'amortissement de la structure.

Cette règle se vérifie par le calcul suivant : 3 000 € - 833 € = 2 167 € à réintégrer ([amortissement comptable du composant renouvelé (12 000/4)] - [étalement des amortissements non déduits initialement sur la durée résiduelle d'amortissement fiscal de la structure (6 667/(12 - 4))].

2 Réponse *C* : Les avantages en nature sont des biens concédés gratuitement par l'employeur à un salarié ou moyennant un prix inférieur à la valeur réelle de ces biens ou services (nourriture, logement, véhicule automobile). Ils sont compris dans la rémunération imposable.

Les entreprises qui accordent des avantages en nature doivent obligatoirement les inscrire en comptabilité, sous une forme explicite, en indiquant leur nature et leur valeur (CGI, art. 54 *bis*). Ils constituent alors des charges déductibles.

En pratique, le respect de cette règle pose de nombreuses difficultés. L'administration fiscale admet donc que, par dérogation, les entreprises s'abstiennent de comptabiliser les avantages en nature, à condition de :

- les faire figurer dans un état annexe ;
- les déclarer sur l'état DADS 1.

L'entreprise Ygrek a appliqué la tolérance administrative : le logement gratuit n'étant pas comptabilisé, il n'y a pas de correction extra-comptable à opérer sur l'imprimé 2058.

Quant à l'électricité, compte tenu des propos ci-dessus, la charge comptabilisée est déductible du résultat imposable.

3 Réponse *C* : La réception des marchandises n'ayant pas eu lieu à l'inventaire, elles ne doivent pas figurer dans le stock inventorié. L'achat comptabilisé doit être « extourné » des comptes de charges de l'exercice N et imputé en « 486 Charges constatées d'avance ».

Les marchandises ne seront la propriété de l'entreprise qu'à la livraison, l'achat minorera donc le résultat comptable de l'exercice N+1. Fiscalement, l'analyse est identique, c'est-à-dire que cet achat sera une charge déductible du résultat imposable N+1.

4 Réponse *A* : Dans le cadre d'opérations financières, lorsque l'abandon est consenti par plusieurs associés :

- à concurrence de la situation négative avant les abandons, chaque associé peut effectuer la déduction fiscale de son propre abandon dans la proportion de celui-ci par rapport au total de l'aide consentie ;
- à concurrence de la situation nette positive après les abandons, l'aide accordée par les associés n'est déductible de leur résultat fiscal que dans la proportion du pourcentage de la participation des associés qui, le cas échéant, ne participent pas à l'opération.

L'abandon, pour SMP, est déductible à hauteur de :

- fraction négative de la situation nette :
  - situation nette négative avant abandon : 130 000 - 160 000 = - 30 000 €
  - total des aides consenties : 70 000 + 42 000 + 7 800 = 119 800 €
  - fraction déductible : 30 000 × (70 000/119 800) = 17 529 € ;

- quote-part des autres associés ne participant pas à l'opération :
  - situation nette après abandons : - 30 000 + 119 800 = 89 800 €
  - fraction déductible : 89 800 × 4 % × (70 000/119 800) = 2 099 €
  - autre méthode : (70 000 - 17 529) × 4 % = 2 099 €.

Au total, l'abandon est déductible pour la SMP pour 19 628 €.

Il n'y a aucune réintégration à effectuer au plan fiscal car la fraction non déductible de l'abandon financier, soit 50 372 € (70 000 - 19 628), a été inscrite en comptabilité au compte « 261. Titres de participation » en tant que supplément d'apport.

5 Réponses *A, B, C* : L'entreprise a opté pour l'étalement de l'imposition. Les reprises se feront au même rythme que les amortissements fiscaux et seront imposables sans décalage.

Cependant, l'étalement de l'imposition sur plusieurs exercices n'est qu'une simple faculté offerte par le CGI et une entreprise peut toujours renoncer à appliquer un avantage fiscal. Dans le cas, les trois réponses proposées sont valables :

- la première correspond à la reprise normalement imposable, soit : 12 870 × 35 % = 4 504,50 € ;
- la seconde correspond au cas où l'entreprise renonce à l'étalement de la subvention, ce qui se traduit par le transfert dans les résultats comptable et fiscal de l'intégralité de la partie non encore reprise : 24 000 - [(24 000 × 35 % × 6/12) -+ ((24 000 - 4 200) × 35 %)] = 12 870 € ;
- la réponse *C* illustre une renonciation partielle de l'entreprise à l'étalement.

> **Remarque** : Les subventions d'équipement et les modalités de traitement fiscal retenues obéissent à l'article L. 123-17 du Code de commerce et la renonciation totale ou partielle est constitutive d'un changement de méthode comptable.

6 Réponse *A*.

Montant des jetons de présence déductibles :

5 % × 1 300 000/10 × 7,5[(1)] = 48 750 €.

Il faut donc réintégrer sur le 2058-A la somme de : 62 000 - 48 750 = 13 250 €.

7 Réponse *C*.

Les remboursements de frais pour 15 244 € [(10 671 + 4 573) sont déductibles s'ils sont justifiés. L'allocation forfaitaire du PCA pour 9 144 € (762 × 12), est également déductible même si elle se cumule avec les remboursements de frais car il s'agit d'un dirigeant d'une société soumise à l'IS pour lequel l'allocation sera dans tous les cas imposable à l'IR comme un complément de salaire.

À l'inverse, l'indemnité forfaitaire du directeur financier (salarié non-dirigeant) n'est pas déductible du résultat fiscal par application de la règle de non cumul.

De plus, cette somme représente un revenu réputé distribué. Le bénéficiaire, en l'occurrence le directeur financier, devra le déclarer dans la catégorie des revenus de capitaux mobiliers de l'IR. Cette somme est imposable pour 125 % de son montant et ne subit aucun abattement.

(1) Nombre d'administrateurs à retenir : 7 + (1 × 6/12) = 7,5.

CORRIGÉS

8 **Réponse** *A*.

- Calcul de la prime de remboursement : prime = 14 111,60 - 10 000 = 4 111,60 €.

Elle représente : 4 111,60/10 000 = 41 % du prix de souscription. La règle de répartition actuarielle prévue par l'article 238 **septies** E-II s'applique.

- Fraction de la prime à rattacher au résultat imposable :

Exercice	Nombre de jours	Fractions de prime (base année = 365 jours)	Fractions à rattacher
N	1.06 au 31.12 (214 jours)	$10\,000\,(1 + 9\,\%)^{[214/365]} - 10\,000 = 518{,}24$	518,24
N+1	1.01 au 31.05 (151 jours) 1.06 au 31.12 (214 jours)	900(1) - 518,24 = 381,76 $10\,900\,(1 + 9\,\%)^{[214/365]} - 10\,900 = 564{,}89$	381,76 + 564,89 = 946,65(2)

(1) Fraction de la prime acquise à la date anniversaire de l'emprunt : 10 000 × (1 + 9 %) - 10 000 = 900 €.
(2) Ou : (10 518,24 × 1,09) - 10 518,24.

Exercice d'application

CAS 15 Société Mably

Question 1

Opérations	Réintégrations	Déductions	Justifications
1. Exportations			Aucune correction fiscale, les exportations constituent selon l'article 209-I du CGI des produits normalement imposables.
Bénéfice réalisé en Martinique			Les 39 600 € comptabilisés dans le résultat comptable sont imposables. Il s'agit d'une succursale implantée en France.
2. Dividendes de la filiale d'Antibes	800	16 000	Application du régime des sociétés mères : les dividendes constituent des produits financiers non imposables. L'entreprise doit cependant réintégrer une quote-part pour frais et charges de 5 % du dividende, soit : 16 000 × 5 % = 800 €.
Dividendes d'une société détenue à 4 %			Aucune correction fiscale : s'agissant de dividendes ordinaires, ils sont normalement imposables.
Intérêts d'obligations			Aucune correction fiscale, les produits financiers comptabilisés sont normalement imposables.

Opérations	Réintégrations	Déductions	Justifications
Participation dans un GIE : - quote-part de bénéfice fiscal N	3 500		Le régime fiscal des GIE est celui des sociétés de personnes relevant de l'impôt sur le revenu. En conséquence, chaque membre du GIE est personnellement imposé, en fonction de son propre régime fiscal, sur la part du résultat fiscal correspondant à ses droits dans le groupement (régime de la transparence fiscale) : 10 500/3 = 3 500 €.
- distribution effectuée en N		2 300	Les 2 300 €comptabilisés en N en produits financiers sont issus d'un bénéfice déjà imposé en N-1. Ils sont à exclure de la base imposable.
3. Tablette numérique			Aucune correction extra-comptable. En effet, l'administration fiscale admet, par mesure de simplification, que les entreprises incorporent (décision de gestion) dans leurs charges les matériels et mobiliers dont la valeur unitaire n'excède pas 500 €HT. Aucune disposition du droit comptable[1] ne s'y opposant, la tolérance fiscale est applicable en comptabilité.
Prime annuelle d'assurance			Charge comptabilisée engagée dans l'intérêt de l'entreprise normalement déductible : pas de rectification à opérer.
Salaire du PCA	28 000		Sa rémunération, comptabilisée en charge de personnel, constitue une somme normalement déductible du résultat imposable, sous réserve des limitations posées par l'article 39-1-1° du CGI : « Les rémunérations ne sont admises en déduction des résultats que dans la mesure où elles correspondent à un travail effectif et ne sont pas excessives eu égard au service rendu », soit : 108 000 - 80 000 = 28 000.
TVTS	4 700		Cette taxe comptabilisée en charge n'est pas déductible dans les sociétés soumises à l'IS, elle doit être réintégrée dans la base imposable.
Don	1 500		Le don de 1 500 €n'est pas déductible du résultat fiscal. Il ouvre droit à une réduction d'impôt imputable sur l'IS dû[2].
Dépenses de chasse	24 530		Dépenses « somptuaires » exclues expressément des charges déductibles par l'article 39-4 du CGI, quel que soit le bénéficiaire.
CET			Impôt d'exploitation comptabilisé normalement déductible, donc il ne faut pas corriger extra-comptablement le résultat comptable.

Opérations	Réintégrations	Déductions	Justifications
Abandon de créance sur le client Besson			L'abandon de créance à caractère commercial (réalisé entre deux entreprises dans le cadre de leurs relations d'affaires) représente un produit normalement imposable pour le bénéficiaire et une charge déductible pour son auteur. Il n'y a aucune correction fiscale à opérer.
4. Les intérêts du compte courant créditeur de M. Jacon	1 010		Ces intérêts sont déductibles sous la condition et la limite suivante : – le capital doit être intégralement libéré ; – limite de taux fixée chaque année. Le capital est intégralement libéré mais le taux pratiqué est ≥ au TMPV, soit à réintégrer : 100 000 × (3,04 % - 2,03 %) = 1 010 €
5. Pénalité pour paiement tardif de la TVA	1 300		La déduction des pénalités de retard est interdite, que l'impôt en question soit déductible ou non.
Amende pénale	1 120		Expressément exclue du doit à déduction par le CGI (art. 39-2).
Abandon de créance à caractère financier	8 400		Ce type d'abandon ne se rencontre que dans les groupes de sociétés. Pour la société mère : – la filiale a une situation nette négative : charge déductible ; – la filiale a une situation nette positive : déductible dans la proportion du capital de la filiale détenue par les autres associés. Avant l'abandon de créance, la situation nette de la filiale est de - 3 000. Après l'abandon, elle est positive (- 3 000 + 15 000 = + 12 000). L'abandon est donc déductible à hauteur de : – fraction négative de la situation nette : 3 000 ; – quote-part des autres associés : 30 % × 12 000 = 3 600 ; – fraction déductible de l'abandon : 3 000 + 3 600 = 6 600 €. La fraction non déductible de l'abandon financier pour 8 400 € (15 000 - 6 600) doit être réintégrée.
Redressement fiscal	7 260		L'IS n'étant pas déductible de la base imposable, le rappel d'impôt constitue une charge comptabilisée non déductible à réintégrer.
6. Dégrèvement de contribution économique territoriale			Aucune correction fiscale à opérer. Un dégrèvement portant sur un impôt déductible est imposable normalement.

Opérations	Réintégrations	Déductions	Justifications
Indemnité d'assurance « homme clé »		24 000	Le capital versé présente un caractère indemnitaire. Le produit exceptionnel est imposable par cinquième dès l'année de comptabilisation, soit à déduire : 30 000 × 4/5 = 24 000 €.
7. Créance libellée en monnaie étrangère : - écart de conversion passif N-1 (gain latent) : $\frac{2\,000\,000}{100} \times (0,87 - 0,75)$		2 400	Cet écart contre-passé au 01.01.N est sur le plan fiscal une charge déductible du résultat imposable, alors que comptablement cette somme a été portée au débit du compte 477. Ne se trouvant pas dans le résultat comptable, elle doit être déduite extra-comptablement pour minorer le résultat fiscal. Selon l'article 38-2 bis du CGI, les gains latents comptabilisés en 477 constituent des produits imposables normalement.
- écart de conversion passif N : $\frac{1\,000\,000}{100} \times (0,92 - 0,75)$	1 700		Ils sont à réintégrer sur le 2058 puisqu'ils ne figurent pas dans le résultat comptable.
8. Charges financières			La quote-part de loyer de crédit bail à prendre en compte en tant que charges financières se monte à : 10 000 - (7 500 + 500) = 2 000 Même avec la prise en compte de cette opération, les charges financières nettes sont inférieures à 3 000 000 €, il n'y a donc aucune correction à apporter
Total	83 820	44 700	

(1) Au plan comptable, cette acquisition relève des actifs non significatifs pour lesquels le règlement CRC n° 2004-06 du 23.11.2004 autorise leur comptabilisation en charges de l'exercice.

(2) Sur le plan comptable, la réduction peut être comptabilisée en produit de l'exercice. Dans ce cas, elle constitue un produit non imposable à déduire lors du calcul du résultat fiscal.

Le résultat fiscal de l'exercice N est :

Résultat comptable avant impôt Total des réintégrations Total des déductions	482 310 € 83 820 € - 44 700 €
Bénéfice fiscal	**521 430 €**

La SA Mably est dispensée de la contribution sociale de 3,3 % de l'IS compte tenu de son chiffre d'affaires.

CORRIGÉS

Question 2

Si N = 2017 :

Bénéfice fiscal imposé à 15 %	38 120 × 15 %	5 718
Bénéfice fiscal imposé à 33,1/3 %	483 310 × 33,1/3 %	161 103
Réduction d'impôt mécénat	1 500 × 60 %	- 900
	Total	165 921

Question 3

Détermination du résultat fiscal : entreprise Mably DGI n° 2058-A	Ligne	Exercice clos le 31.12.N
Bénéfice comptable de l'exercice (482 310 - 165 921)	WA	316 389
I. Réintégrations		
• Avantages personnels non déductibles	WD	28 000
• Autres charges et dépenses somptuaires	WF	24 530
• Taxe sur les voitures particulières de sociétés	WG	4 700
• Amendes et pénalités : infraction législation prix et pénalité pour paiement tardif TVA	WJ	2 420
• Impôt sur les sociétés	WK	165 921
• Quote-part des bénéfices réalisés par un GIE	WL	3 500
• Réintégrations diverses (8 400 + 7 260 + 1 700 + 1 500 + 800 + 1 010)	WQ	20 670
Total I	WR	566 130
II. Déductions		
• Régime des sociétés mères et filiales	XA	16 000
• Déductions diverses (2 300 + 24 000 + 2 400)	XG	28 700
Total II	XH	44 700
III. Résultat fiscal		
Bénéfice (I - II)	XI	521 430
(1) Le don de 1 500 € peut valablement être retenu puisqu'il n'excède pas 5 ‰ du CA HT (2 100 000 × 5 % = 10 500). La loi de programmation pour la cohésion sociale a modifié les taux de déduction des dons effectués par les contribuables mais pas celui du régime du mécénat d'entreprise. Le taux d'imputation des dons effectués par les sociétés reste donc fixé à 60 %.		

Chapitre 9
L'analyse de la déductibilité des charges non décaissées

Exercices d'application

CAS 16 Société Ramel

Question 1

- TVA non déductible : 25 % × 31 969,52 × 20 % = 1 598,48.
- Base amortissable : 31 969,52 + 1 598,48 = 33 568.
- Point de départ de l'amortissement dégressif fiscal : 1.04.N-1 (1er jour du mois d'acquisition même si le bien n'est pas encore en service).
- Plans d'amortissement :

> **Remarque :** Bien que l'exercice d'acquisition dure 18 mois (du 1.07.N-2 au 31.12.N-1), l'amortissement dégressif se fera sur 5 exercices.

Années	Amortissement comptable	Amortissement fiscal	Amortissement dérogatoire
N-1	4 737(1)	8 812(2)	4 075
N	6 714	8 665	1 951
N+1	6 714	5 632	- 1 082
N+2	6 714	5 230	- 1 484
N+3	6 714	5 229	- 1 485
N+4	1 975		- 1 975

(1) 33 568 × 1/5 × 18/12 × 254/540 = 4 736,82 soit 4 737.
(2) 33 568 × 35 % × 18/12 × 9/18 = 8 811,6 soit 8 812.

Question 2

La variation du produit (coefficient de taxation de N × coefficient d'assujettissement de N) définitif de N est de plus de 10 points par rapport au produit de ces mêmes coefficients pour l'année d'acquisition d'origine et elle se situe à l'intérieur du délai de régularisation de 5 ans (voir partie 1 sur la TVA).

Montant du reversement de TVA à opérer en N :

1/5 (75 % - 64 %) × 6 393,9 = 110,65 €, soit 111 €.

La base amortissable n'est pas remise en cause, les plans d'amortissement ne sont donc pas modifiés rétroactivement. Le reversement de TVA comptabilisé en charge exceptionnelle va minorer les résultats comptable et fiscal de l'exercice N.

CORRIGÉS

Question 3

Le droit fiscal n'impose aucune méthode d'amortissement. La société Ramel peut donc retenir un mode d'amortissement fondé sur la durée d'utilisation du bien calculée en heures de marche si ce mode traduit au plan comptable le rythme de consommation des avantages économiques.

Toutefois, cette possibilité sera admise si le mode est pertinent et si la dépréciation, fixée à l'origine, ne varie pas de façon aléatoire. Par ailleurs, la règle de l'amortissement minimum doit être respectée.

Question 4

Au plan comptable, l'entreprise doit corriger cette omission. Elle va donc en N+1, comptabiliser les amortissements de l'exercice ainsi que ceux omis. Soit :

– 13 428 € de dotations aux amortissements d'exploitation (6 714 × 2) ;

– 869 € de dotations aux amortissements dérogatoires (1 951 - 1 082) ;

et donc 14 297 e d'amortissements comptables.

• Annuité N :	8 665 €
• Annuité comptabilisée :	0 €
Annuité différée : *(A) - (B)* =	8 665 €
Analyse de cet amortissement différé :	
– total des amortissements comptabilisés au 31.12.N : (4 737 + 4 075).	8 812 €
– total des amortissements théoriques linéaires au 31.12.N : (4 737 + 6 714)	11 451 €
• Amortissement irrégulièrement différé (11 451 - 8 812) :	2 639 €
• Amortissement régulièrement différé (8 665 - 2 639) :	6 026 €

L'amortissement irrégulièrement différé ne peut plus être déduit. L'entreprise a contrevenu à l'article 39-B du CGI. Par contre, les 6 026 € d'amortissement régulièrement différé demeurent déductibles.

Le bien étant amorti en dégressif et l'exercice comptable du différé bénéficiaire, le rattrapage est nécessairement étalé.

Au titre de l'exercice N+1, l'entreprise devra réintégrer 6 557 € :

[(24 756 - 2 639) × 35 %] = 7 741 € et 14 298 € - 7 741 € = 6 557 €.

Au titre des exercices ultérieurs, l'entreprise bénéficiera de déductions complémentaires, l'amortissement fiscalement admis devenant supérieur aux amortissements comptabilisés.

Cette pratique est condamnable sur le plan comptable, car elle est contraire aux prescriptions de l'article 123-20 du Code de commerce qui dispose que : « Même en cas d'absence ou d'insuffisance du bénéfice [comptable], il doit être procédé aux amortissements et provisions nécessaires. »

Question 5

La base fiscale d'amortissement des voitures particulières polluantes est limitée à 9 900 E TTC actuellement, d'où :

- Annuité comptable N : 29 900 - 24 804 = 5 096 €.
- Annuité fiscalement déductible : 9 900 × 20 % × 7/12 = 1 155 €.
- À réintégrer sur l'imprimé 2058 : 5 096 - 1 155 = 3 941 €

Remarque : Au plan comptable, l'entreprise Ramel ne peut pas retenir la cote argus à moins qu'elle traduise réellement le rythme de consommation des avantages économiques propres à l'entreprise pour ce véhicule. Par contre, l'évaluation argus pourra être retenue pour effectuer un test de dépréciation ou déterminer la valeur vénale du véhicule.

Question 6

Les entreprises qui prennent en location des voitures, neuves ou d'occasion, sont soumises, du point de vue de la déduction des loyers correspondants, à un plafonnement analogue à celui qui s'applique à l'amortissement des véhicules dont les entreprises sont propriétaires. Ce plafonnement concerne le loyer des voitures particulières prises, soit en crédit-bail, soit en location d'une durée supérieure à 3 mois (ou d'une durée inférieure à 3 mois renouvelables).

- Fraction de la redevance N non déductible = (20 570 - 18 300) × 20 % = 454 €.
- Montant déductible de la redevance = 4 216 - 454 = 3 762 €.
- À réintégrer : 454 €.

Question 7

Un régime de faveur a été institué pour les acquisitions de logiciels sous la forme d'un amortissement exceptionnel sur 12 mois.

Régime supprimé pour les logiciels acquis au cours d'exercices ouverts à compter du 1er janvier 2017

Le plan d'amortissement se présentera de la manière suivante :

Années	Amortissement économique (linéaire) (A)	Amortissement déductible (fiscal) (B)	Amortissement dérogatoire (comptabilisé) (C)
N-3	4 245(1)	16 980(3)	12 735(2)
N-2	5 660	5 660(4)	
N-1	5 660	-	- 5 660
N	5 660		- 5 660
N+1	1 415		- 1 415
Totaux	22 640	22 640	0

(1) $22\,640 \times 25\,\% \times \frac{270}{360} = 4\,245$ *(3)* $22\,640 \times \frac{9}{12} = 16\,980$ *(4)* $\left[22640 \times \frac{3}{12}\right] = 5\,660$

(2) $\left[22640 \times \frac{9}{12}\right] - 4\,245 = 12\,735$

Question 8

Au plan comptable, le matériel est amortissable sur le coût d'entrée diminué de la valeur résiduelle. Celle-ci peut comptablement être retenue car elle est significative et a été appréciée dès l'origine. Le matériel est amortissable selon le rythme retenu et sur sa durée réelle d'utilisation à compter de la mise en service.

Au plan fiscal, le matériel est amortissable sur son prix de revient sans déduction de la valeur résiduelle. S'agissant d'un bien non décomposé, il convient de retenir la durée fixée par les usages et d'appliquer le taux de l'amortissement dégressif à cette durée. Le point de départ est fixé au premier jour du mois d'acquisition.

La conjugaison des divergences de bases et de durées peut être réglée par la comptabilisation d'amortissements dérogatoires ou des réintégrations fiscales à opérer lors de la détermination du résultat fiscal.

Domaine	Calcul	Montant
Comptable	(100 000 - 15 000) × 1/4 × 315/360	18 593,75 €
Fiscal	100 000 × 1/8 × 2,25	28 125,00 €
Conséquence	Comptabilisation d'un amortissement dérogatoire déductible au plan fiscal	9 531,25 €

Question 9

L'application des dispositions de l'article 42 **septies** conduit à une reprise N+2 imposable égale à 13 417[1] × (23 000/46 000) ou encore 23 000 × 1,75 × 20 % × 10/12, soit 6 709 E.

> **Attention :** La reprise imposable de subvention doit se calculer par rapport aux amortissements fiscaux (ici en dégressif).

Question 10

Sur le plan fiscal, ces reprises anticipées ne constituent pas des infractions, car il est toujours possible de renoncer à des avantages fiscaux. Cette pratique aura pour conséquence de faire absorber ces reprises par le déficit et de les exonérer d'impôt sur les sociétés.

Cependant, du point de vue comptable, la reprise anticipée de la subvention dans le compte de résultat constitue un changement de méthode comptable autorisé par le Code de commerce s'il est motivé par une amélioration de l'information financière. Dans le cas contraire, il s'agit d'une faute comptable.

Conséquences sur le résultat fiscal : la reprise des amortissements dérogatoires et du solde de subvention ne résorbe pas le déficit fiscal prévisionnel.

Résultat fiscal prévisionnel	- 84 000 €
Solde amortissements dérogatoires[1]	+ 7 954 €
Fraction de la subvention non encore rapportée[2]	+ 10 589 €
Résultat fiscal possible	- 65 457 €
(1) (5 750 + 2 204). *(2) (23 000 - 6 709 - 5 702).*	

Question 11

L'excédent d'amortissement dégressif sur l'amortissement linéaire étant considéré par la société Ramel comme amortissement dérogatoire, les changements qui ont pour objet de permettre à

(1) 46 000 × 35 % × 10/12 = 13 417.

l'entreprise d'utiliser pleinement les possibilités offertes par l'administration fiscale diffèrent des méthodes comptables. En effet, les options fiscales sortent du champ d'application des principes comptables, et notamment du principe de permanence des méthodes, dans la mesure où seul l'objectif de bénéficier d'avantages fiscaux justifie leur comptabilisation. L'entreprise Ramel pourrait utiliser à nouveau l'amortissement dégressif. Mais cette possibilité n'offre aucun intérêt et s'avère techniquement impossible : les annuités d'amortissement dégressif étant inférieures à celles calculées linéairement.

Question 12

- Prix d'achat HT : 6 000
- Coûts directement attribuables : 8 500

Coût d'entrée en comptabilité : 14 500

L'administration fiscale s'appuie sur les règles comptables pour déterminer le prix de revient fiscal des immobilisations. Il n'y a donc pas de divergence et le prix de revient fiscal est de 14 500 €.

Question 13

Année	Amortissement technique		Amortissement fiscal déductible		Amortissement dérogatoire	
	Base	Linéaire sur 6 ans	Base	Dégressif sur 3 ans	Dotations	Reprises
N+4	14 500	806	14 500	4 028	3 222	
N+5	14 500	2 417	10 472	5 236	2 819	
N+6	14 500	2 417	5 236	5 236	2 819	
N+7	14 500	2 417				2 417
N+8	14 500	2 417				2 417
N+9	14 500	2 417				2 417
N+10	14 500	1 609				1 609
Totaux		14 500		14 500	8 860	8 860

14 500 × 1/6 × 4/12 = 805,56 soit 806 €.
14 500 × 1/3 × 1,25 × 8/12 = 4 027,78 soit 4 028 €.

La comptabilisation d'un amortissement dérogatoire permet à l'entreprise Ramel de profiter des avantages associés à l'amortissement dégressif mais également de respecter la règle fiscale relative aux amortissements calculés sur les durées d'usage.

Question 14

Année	Amortissement technique		Amortissement fiscal déductible		Réintégrations
	Base	Linéaire sur 3 ans	Base	Linéaire sur 6 ans	
N+4	14 500	1 611	14 500	806	805
N+5	14 500	4 833	14 500	2 417	2 416

☞

N+6	14 500	4 833	14 500	2 417	2 416
N+7	14 500	3 223		2 417	806
Totaux		14 500		8 057	6 443

14 500 × 1/3 × 4/12 = 1 611,11 soit 1 611 €
14 500 × 1/6 × 4/12 = 805,56 soit 806 €

L'entreprise doit réintégrer une fraction des amortissements car la durée d'usage est supérieure à la durée d'utilisation.

Remarque : Les amortissements non déduits (6 443 e) pourront l'être soit de façon extra-comptable sur la durée résiduelle d'usage, soit lors de la sortie de l'immobilisation du patrimoine.

Question 15

Il n'y a pas de divergence entre la comptabilité et la fiscalité sur la base amortissable conséquemment à l'intégration des frais d'acquisition puisque l'option fiscale doit être identique à l'option comptable. Par contre, les divergences de durées, s'agissant d'une immobilisation non décomposée, entraînent des amortissements dérogatoires.

Pour les trois premiers exercices, le plan est le suivant :

Année	Comptabilité				Fiscalité				Dérogatoire
	Base	Annuité	Cumul	Valeur nette	Base	Annuité	Cumul	Valeur nette	
N+6	54 000	1 050	1 050	52 950	54 000	1 575	1 575	52 425	525
N+7	54 000	1 800	2 850	51 150	54 000	2 700	4 275	49 725	900
N+8	54 000	1 800	4 650	49 350	54 000	2 700	6 975	47 025	900

Au terme de l'exercice N+8, le local s'est déprécié de façon réversible et il convient de ramener la valeur nette comptable à sa valeur actuelle soit à comptabiliser une dépréciation de 6 350 € (49 350 - 43 000). Il convient au plan comptable de retenir, pour le calcul de la dépréciation, la plus élevée des valeurs entre la valeur vénale et la valeur d'usage.

Fiscalement, la dépréciation des immobilisations amortissables est admise dès lors que :
- la perte est nettement précisée,
- la perte résulte d'événements en cours à la clôture,
- la dépréciation a été comptabilisée et ne revêt pas un caractère irréversible.

Ces conditions sont ici respectées. Toutefois, le calcul de la dépréciation admise fiscalement repose sur une comparaison entre la valeur vénale hors coûts de sortie et la valeur nette du bien au sens fiscal.
La dépréciation admise fiscalement est donc de 2 025 € (47 025 - (43 000 + 2 000) et il faut réintégrer 4 325 € (6 350 - 2 025) lors de la détermination du résultat fiscal de l'exercice N+8.

Remarque : Le montant à réintégrer correspond au solde des amortissements dérogatoires majoré des coûts de sortie ayant minoré la valeur vénale : 525 + (900 × 2) + 2 000 = 4 325 €.

Question 16

<table>
<tr><th></th><th>Détail du calcul</th><th>Déduction extra-comptable</th></tr>
<tr><td>N</td><td>100 000 × 40 % × 20 % × 6/12</td><td>4 000</td></tr>
<tr><td>N+1</td><td rowspan="4">100 000 × 40 % × 20 %</td><td rowspan="4">8 000</td></tr>
<tr><td>N+2</td></tr>
<tr><td>N+3</td></tr>
<tr><td>N+4</td></tr>
<tr><td>N+5</td><td>100 000 × 40 % × 20 % × 6/12</td><td>4 000</td></tr>
<tr><td colspan="2">Déduction si conservation pendant 5 ans</td><td>40 000</td></tr>
</table>

Si la SA vend le bien le 01.04.N+3, la déduction de N+3 sera de : 8 000 × 3/12 = 2 000. La déduction acquise sera de : 4 000 + 8 000 + 8 000 + 2 000 = 22 000.

CAS 17 Société Charon

SA BEAUCHÈNE

Question 1

Pour être admises en déduction du résultat fiscal, les provisions pour charges doivent respecter des conditions générales de fond, de forme et une condition supplémentaire imposée par le Conseil d'État.

a) Conditions de fond

- Elles doivent correspondre à une charge ou à une perte qui aurait été déductible si elle s'était produite durant l'exercice.
- Le risque encouru doit être nettement précisé et évalué avec une approximation suffisante.
- La perte ou la charge, liée à un événement existant à la clôture de l'exercice, doit être pro-bable et non pas éventuelle[1].

b) Conditions de forme

- La provision doit être régulièrement comptabilisée.
- La provision doit être reportée sur le tableau des provisions ou sur le tableau des charges à payer, si elle a cette nature au plan comptable. Le non-respect de cette obligation est sanctionné uniquement par une amende fiscale.

c) Condition spécifique aux provisions pour charges

Elles ne peuvent être admises en déduction au titre d'un exercice que s'il y a parallèlement comptabilisation de recettes correspondantes.

(1) La probabilité d'une charge ou d'une perte est établie par des circonstances particulières, alors que l'éventualité résulte d'un risque d'ordre général.

Question 2

a) Provision pour prestations à fournir au titre des garanties accordées[1]

La déductibilité de ce type de provision a été validée par le Conseil d'État qui a jugé que les entreprises qui assurent une garantie de service après-vente peuvent constituer une provision déductible. Il faut que la mise en jeu de la garantie soit probable et que cette provision soit déterminée avec une précision suffisante.

Pour pouvoir déduire la provision pour prestations à fournir, la SA Beauchène doit préalablement comptabiliser des recettes correspondant aux prestations. Les prestations doivent s'effectuer sans supplément de prix.

Le calcul statistique (150 × 508 × 1,07[2] = 81 534 €) basé sur les données antérieures, valide les conditions posées. La provision sera déductible.

b) Provision pour frais financiers

Les intérêts du découvert de décembre N seront prélevés en janvier N+1. La provision de 2 000 € afférente à ces frais financiers est déductible.

D'un point de vue comptable, il s'agit d'une charge à payer. En effet, la dette est certaine dans sa réalisation. Si l'échéance est ici connue, seul le montant exact demeure incertain[3][4]. En effet, il subsiste toujours des différences entre le solde de banque de l'entreprise et le compte courant tenu par l'établissement financier. L'entreprise ne maîtrise pas, par exemple, la date à laquelle un fournisseur présentera un règlement à l'encaissement.

LA SNC SCIERIES BAZAULY

Question 3

La provision pour prêts d'installation des salariés fait partie des provisions réglementées (comptes 14).

Question 4

a) Provision pour indemnités de licenciement économique

Même si l'ensemble des conditions de déduction est ici respecté, cette provision est expressément exclue du droit à déduction. Elle doit être réintégrée.

---

(1) Le règlement CRC 2000-06 applicable aux exercices ouverts à compter du 01.01.2002 aligne la position comptable sur la position fiscale puisque, pour la comptabilisation, il exige :
- une obligation légale ou contractuelle de l'entreprise envers ses clients ;
- une comptabilisation par l'entité des produits afférents avant la clôture ;
- une sortie de ressources, postérieure à la clôture, liée aux coûts de réparation…

(2) (148 + 145 + 157)/3 = 150 €. (508 + 496 + 520)/3 = 508. [1 + (370 648 – 346 400)/346 400] = 1,07.

(3) Toutefois sa fiabilité est plus forte que pour une provision. Néanmoins, si l'entreprise comptabilise une provision, elle devra a priori tenir compte des contreparties attendues sur l'exercice suivant notamment si les délais accordés aux clients donnent lieu à une facturation. Le règlement CRC 2000-06 stipule en effet de tenir compte des contreparties attendues.

(4) Les charges à payer ayant la nature fiscale de provisions doivent être mentionnées sur un relevé annexé à la liasse fiscale pour être admises en déduction du résultat fiscal.

REMARQUE : Les provisions afférentes aux autres indemnités dues suite à la rupture du contrat de travail (indemnités de congés payés, de préavis...) sont déductibles. De plus, demeurent déductibles les provisions pour indemnités de licenciement pour motif personnel.

b) Provision pour prêts d'installation des salariés

L'ancien employeur qui aide financièrement un de ses salariés à créer sa propre entreprise est autorisé à constituer une provision spéciale, sous certaines conditions :

- l'entreprise doit être réellement nouvelle ou résulter de la reprise d'une entreprise en difficulté ou de l'extension d'activités préexistantes ;
- le capital ne doit pas être détenu pour plus de 50 % par l'entreprise aidante ;
- la provision est limitée à 50 % du montant des prêts consentis à taux privilégié pour une durée minimale de 7 ans et à 75 % des contributions en capital dans la limite d'un plafond global de 46 000 € par salarié.

Les deux premières conditions sont respectées. L'ancien salarié de la SNC a créé une entreprise nouvelle pour la vente de jeux en bois. La provision n'est déductible qu'à hauteur de : (7 600 × 0,5) + (2 400 × 0,75) = 5 600 €.

Il faut réintégrer 4 400 € par application de la troisième condition.

SARL SCIERIES DUBOIS

Question 5

Les entreprises sont autorisées à constater des provisions pour hausse des prix lorsque le prix unitaire de la matière première ou du produit en stock de l'exercice clos (P_N) excèdent de 10 % les prix constatés au cours des deux exercices précédents (P_{N-2} ou P_{N-1}).

Provision au titre de l'exercice N : $D_N = Q_N \times [P_N - 110\ \% \ \min(P_{N-1}, P_{N-2})]$

Si l'entreprise retient dans la formule de calcul de la dotation N les prix de l'exercice N-2, elle devra déduire de DN la provision constatée en N-1.

Dans le cas présent, il est nécessaire, pour contrôler la dotation de l'exercice N, de déterminer préalablement la provision comptabilisée en N-1 et de calculer les prix relatifs à l'exercice N-3.

a) Détermination des prix de l'exercice N–3

Éléments	Provision au 31.12.N-2	Quantité en stock (en m³)	Prix unitaire moyen	Prix de l'exercice N-3	Coefficient 1,1	Solution	
Acajou[1]	4 500	300	345	X	1,1	X =	300
Teck	13 965	1 470	235	Y	1,1	Y =	205
Merisier	1 064	760	250	Z	1,1	Z =	226

(1) Exemple pour l'acajou : 300 × (345 - (X × 1,1)) = 4 500, soit X = [(4500/300) - 345]/- 1,1 d'ou X = 300 €.

b) Détermination de la provision de N–1

Éléments	Provision au 31.12.N-2	N-3	N-2	N-1		Provision maximale	
		Prix majoré de 10 %	Prix majoré de 10 %	Quantité en stock (en m³)	Prix unitaire moyen	Année retenue	Montant
Acajou(1)	4 500	330,00	379,50	360	380	N-3	13 500
Teck	13 965	225,50	258,50	1 730	225	Aucune	0
Merisier	1 064	248,60	275,00	450	307	N-3	25 216

(1) Exemple pour l'acajou : (360 × (380 - 330)) - 4 500 = 13 500 €.

c) Détermination de la provision de N

Éléments	Provision au 31.12.N-1	N-2	N-1	N		Provision maximale	
		Prix majoré de 10 %	Prix majoré de 10 %	Quantité en stock (en m³)	Prix unitaire moyen	Année retenue	Montant
Acajou	13 500	379,50	418,00	290	378	Aucune	0
Teck	0	258,50	247,50	1 540	280	N-1	50 050
Merisier(1)	25 216	275,00	337,70	605	339	N-2	13 504(1)

(1) Exemple pour le merisier : (605 × (339 - 275)) - 25 216 = 13 504 €.

Le montant maximal au 31.12.N s'élève à : 63 554 € (0 + 50 050 + 13 504). Sur décision de gestion, l'entreprise peut provisionner un montant inférieur voire nul. En effet, le recours à la PHP est purement facultatif. De plus, cette provision réglementée n'est pas soumise au principe de permanence des méthodes sur le plan comptable.

L'entreprise Dubois peut donc comptabiliser et déduire une provision de 38 000 € à la clôture de l'exercice N.

Question 6

Elle est expressément exclue du droit à déduction car la dépense couverte par la provision conduira à une augmentation de l'actif par l'entrée en immobilisation de la chaîne de production.

Ce type de provision vient en contradiction avec les amortissements pratiqués et n'a pas de validité comptable car elle ne respecte pas les conditions de comptabilisation des provisions. Elle n'aurait pas dû être comptabilisée.

SA DÉBIT

Question 7

a) Créances sans risque en monnaie étrangère

Les créances libellées en monnaie étrangère doivent être converties en euros en vertu du principe du nominalisme monétaire sur la base du cours au jour de la facturation.

Lors du paiement, les différences de change donnent lieu à des produits (gains) ou des charges (pertes) comptabilisées dans le résultat courant. À l'inventaire, les créances en monnaie étrangères sont évaluées sur la base du dernier cours de change.

Cette évolution peut amener l'entreprise à constater des gains ou pertes latents de change qu'elle inscrit dans des comptes transitoires. Les pertes latentes comptabilisées en différence de conversion actif doivent être provisionnées.

b) Créances risquées en monnaie étrangère

Par principe, seule la partie saine de la créance peut entraîner la constatation d'un gain ou d'une perte latent de change.

La partie irrécouvrable de la créance est comptabilisée en charge définitive et la partie dont le montant demeure incertain devra faire l'objet d'une dépréciation.

Question 8

> REMARQUE : L'entreprise peut écarter cette règle pour les créances ayant la nature de prêts d'au moins 3 ans accordés à des filiales implantées hors zone euro. Néanmoins, les provisions constituées pour faire face au risque de change demeurent non déductibles du résultat fiscal.

a) Gains et pertes définitifs

Aucune correction du résultat fiscal n'est à effectuer. Les gains comptabilisés (compte n° 766) sont normalement imposables et les pertes (compte n° 666) sont déductibles.

b) Gains et pertes latents

Les gains latents de change sont immédiatement imposables. Ils doivent être réintégrés sur l'état 2058 A. Inversement, les pertes latentes de change sont déductibles de la base imposable, mais les provisions correspondantes doivent symétriquement être réintégrées.

c) Créances irrécouvrables et provisions pour créances douteuses

Dès lors qu'elle est justifiée, la partie de la créance jugée irrécouvrable est constatée en charge définitive du résultat comptable et fiscal.

Les dépréciations des créances douteuses sont déductibles, si elles respectent les conditions générales de déduction.

Question 9

a) Créances libellées en monnaie étrangère sans risques

- *Concernant le client Tiev*

La créance est née dans l'exercice N.

	31.12.N en comptabilité			31.12.N en fiscalité	
	Écart actif	Provision	Écart passif	Réintégrations	Déductions
Tiev [1]			2 560	2 560	
(1) 160 000 × (0,286 - 0,270) = 2 560 € (gain latent).					

CORRIGÉS

- *Concernant le client Smith*

	31.12.N-1 en comptabilité			31.12.N-1 en fiscalité	
	Écart actif	Provision	Écart passif	Réintégrations	Déductions
Smith(1)			1 055,00 €	1 055,00 €	
(1) 52 750 × (1,52 - 1,50) = 1 055 560 € (gain latent).					

	31.12.N en comptabilité					31.12.N en fiscalité	
	Écart actif	Provision	Écart passif	Charge	Produit	Réintégrations	Déductions
Smith(1)	909,00 €	909,00 €	- 1 055,00 €			909,00 €	1 964,00 €
(1) Extourne des opérations de N-1 et constatation des écarts latents de N : (52 750 - 22 450) × (1,47 - 1,50) = - 909 € (perte latente).							

b) Créances risquées libellées en monnaie étrangère

Client	31.12.N en comptabilité				31.12.N en fiscalité	
	Perte irrécouvrable	Dépréciation	Écart actif	Provision	Réintégrations	Déductions
Diterlich(1)	17 864,00 €	2 252,00 €	98,00 €	98,00 €	98,00 €	98,00 €
(1) Perte irrécouvrable : 40 832 × 0,625 × 70 % = 17 864 €. Dépréciation : 40 832 × 0,625 × 10 % = 2 552 €. Perte et provision pour risques : 40 832 × 20 % × (0,613 - 0,625) = - 98 € (calcul sur la partie saine de la créance).						

SARL BIBUS

Question 10

a) Établissement du plan d'amortissement prévu

Année	Amortissement linéaire			Amortissement dégressif			Amortissement dérogatoire	
	Base	Annuité	Cumul	Base	Annuité	Cumul	Dotations	Reprises
N-4	90 000	17 300	17 300	90 000	31 500	31 500	14 200	
N-3	90 000	18 000	35 300	58 500	20 475	51 975	2 475	
N-2	90 000	18 000	53 300	38 025	13 309	65 284		4 691
N-1	90 000	18 000	71 300	24 716	12 358	77 642		5 642
N	90 000	18 000	89 300	12 358	12 358	90 000		5 642
N+1	-90 000	700	90 000					700
Totaux		90 000			90 000		16 675	16 675
90 000 × 1/5 × 346/360 = 17 300 € 90 000 × 1/5 × 1,75 = 31 500 €								

b) Traitement comptable

L'entreprise est en infraction avec l'article 123-20 du Code de commerce. Elle doit comptabiliser au 31.12.N l'annuité de l'année majorée de celle qui a été omise, soit : 36 000 € (2 × 18 000).

Les amortissements dérogatoires permettent de profiter des options fiscales en matière d'amortissement. Toutefois, l'entreprise entend continuer à se prévaloir fiscalement de l'amortissement dégressif.

Elle doit donc effectuer les reprises prévues, soit pour N : 11 284 (5 642 × 2).

c) Traitement fiscal

- Somme des amortissements dégressifs pratiqués au 31.12.N-1 : 65 284 €
- Somme des amortissements linéaires nécessaires au 31.12.N-1 : 71 300 €
- Annuité d'amortissement non comptabilisée au 31.12.N-1 : 12 358 €
- Dont amortissement irrégulièrement différé (71 300 - 65 284) : 6 016 €
- Dont amortissement régulièrement différé (12 358 - 6 016) : 6 342 €

L'amortissement irrégulièrement différé est définitivement exclu du droit à déduction.

L'amortissement régulièrement différé au sens fiscal peut être récupéré de façon massive sur les premiers exercices bénéficiaires ou de manière étalée sur la durée restant à courir, puisqu'il a été omis en période de déficit comptable.

Mais le plan d'amortissement de la machine arrivant à son terme au plan fiscal, l'entreprise n'a pas d'autre choix qu'intégralement récupérer l'annuité omise au 31.12.N, soit :

Année	Amortissement linéaire			Amortissement dégressif			Amortissement dérogatoire		Déductions	Réintégrations
	Base	Annuité	Cumul	Base	Annuité	Cumul	Dotations	Reprises		
N-1	90 000	0	53 300	24 716	0	65 284	0	0	-	-
N	90 000	36 000	89 300	18 700(1)	18 700(2)	83 984		11 284(3)		6 016(4)
N+1	90 000	700	90 000					700		

(1) 24 716 - 6 016 = 18 700 (2) 18 700 × 100 % = 18 700 (3) 2 × 5 642 (4) (36 000 - 11 284) - 18 700

Question 11

Comptablement, l'entreprise peut décider de pratiquer un amortissement selon cette méthode si elle traduit avec fiabilité le rythme de consommation des avantages économiques. Toutefois, d'un point de vue fiscal, il convient de respecter la règle de l'amortissement minimum posée par l'article 39B du CGI.

En l'espèce, la méthode contrevient en permanence à cette règle.

Années	Amortissement technique	Cumul progressif	Cumul linéaire	Différence
N	5 556	5 556	25 000	- 19 444
N+1	11 111	16 667	50 000	- 33 333
N+2	16 667	33 333	75 000	- 41 667
N+3	22 222	55 556	100 000	- 44 444

N+4	27 778	83 333	125 000	- 41 667
N+5	33 333	116 667	150 000	- 33 333
N+6	38 889	155 556	175 000	- 19 444
N+7	44 444	200 000	200 000	0

Si l'entreprise ne souhaite pas générer d'amortissements irrégulièrement différés, il est nécessaire qu'elle comptabilise globalement un amortissement calculé linéairement (ou en dégressif puisque le bien est neuf) et qu'elle gère la différence avec l'amortissement technique progressif par la constatation d'amortissements dérogatoires.

	Solution n° 1			Solution n° 2		
Années	Amort. fiscal linéaire	Amort. technique	Amort. dérogatoire	Amort. fiscal dégressif	Amort. technique	Amort. dérogatoire
N	25 000	5 556	19 444	56 250	5 556	50 694
N+1	25 000	11 111	13 889	40 430	11 111	29 319
N+2	25 000	16 667	8 333	29 059	16 667	12 392
N+3	25 000	22 222	2 778	20 886	22 222	- 1 336
N+4	25 000	27 778	- 2 778	15 012	27 778	- 12 766
N+5	25 000	33 333	- 8 333	12 788	33 333	- 20 545
N+6	25 000	38 889	- 13 889	12 788	38 889	- 26 101
N+7	25 000	44 444	- 19 444	12 788	44 444	- 31 657
Total	200 000	200 000	0	200 000	200 000	0

SOCIÉTÉ FRANCHISÉE SA KAEKI

Question 12

- *Concernant la participation*

Participation de 60 % dès l'origine : 3 000 × 60 % × 20 € =	36 000 €
Situation nette comptable au 31.12.N-1 : (60 000 + 6 000) - 69 000 =	- 3 000 €
→ soit dotation à la dépréciation sur la totalité du prix d'acquisition de la participation :	36 000 €[1]
Situation nette comptable au 31.12.N : - 3 000 € - 8 000 €[2]	- 11 000 €
→ soit dotation à la dépréciation déjà dotée au maximum :	0 €

- *Concernant la provision complémentaire*

→ provision au 31.12.N-1 : 3 000 × 60 % =	1 800 €
soit une dotation de 1 800 €	
→ provision au 31.12.N : 11 000 × 60 % =	6 600 €
soit une dotation de 4 800 € (6 600 - 1 800)	

(1) Les capitaux propres étant négatifs, les titres Zéro ont perdu toute valeur.
(2) (60 000 + 6 000 – 69 000 – 8 000).

Question 13

Sauf exception jurisprudencielle, les sociétés par actions sont des personnes morales dont la responsabilité est limitée au montant des apports effectués.

En conséquence il n'y a pas d'obligation ni au 31.12.N-1, ni au 31.12.N et encore moins de sortie de ressources probable pour les pertes accumulées par la SA Zéro ; la SA Kaeki ne peut donc pas comptabiliser de provision.

La provision n'a aucune validité comptable et le risque demeure éventuel au plan fiscal ; elle n'est donc pas déductible.

Question 14

- *Dépréciation*

La dotation à la dépréciation a été réintégrée au résultat fiscal de l'exercice N-1 puisqu'elle représente une charge non déductible. Compte tenu de la situation nette comptable de la SA Zéro, la dépréciation a vocation à se maintenir au bilan au 31.12.N. Sa reprise ultérieure sera un produit non imposable.

> REMARQUE : Depuis les exercices ouverts le 1er janvier 2007, les dépréciations relatives aux titres de participation ne sont plus traitées comme des MVLT mais comme des charges non déductibles du résultat fiscal conséquemment à l'exonération des PVNLT sur titres de participation. Les reprises, quel que soit l'exercice de constitution de la dépréciation, sont des produits non imposables.

- *Provision pour engagement de caution*

Il est possible de constituer une provision pour caution. Fiscalement, cette provision est déductible à condition que l'engagement soit accordé dans le cadre d'une gestion normale, et que la défaillance du débiteur principal et la mise en jeu de la caution soient fortement probables[1].

De plus, la caution étant subrogée dans les droits du créancier initial lorsqu'elle est appelée au paiement, la société doit avoir de fortes chances de ne pas recouvrer sa créance ultérieurement.

La situation de la SA Zéro rend déductible la provision pour engagement de caution constituée par la SA Kaeki.

CAS 18 Sociétés Buri, Sela, Cauffry et Rantigny

Question 1

La constitution des provisions doit respecter certaines conditions posées par le CGI et confirmées par la jurisprudence. Il faut notamment que la perte ou la charge provisionnée soit nettement précisée et que des événements en cours les rendent probables. La dépréciation des créances douteuses constituée par l'entreprise Buri est normalement déductible pour les raisons suivantes :

- la société justifie le caractère probable du risque de non-paiement par l'échec de la solution de recouvrement amiable et par l'ouverture de l'action contentieuse ;
- le risque de non-recouvrement est individualisé parce qu'il est fondé sur l'étude des cas individuels ;

(1) L'avis 00-01 du CNC concernant les nouvelles règles relatives aux provisions et autres passifs, retient au plan comptable les mêmes conditions.

- le risque prévisible résulte d'événements en cours à la clôture de l'exercice (une action a été engagée).

Par contre, le vérificateur est en droit de rejeter la provision pour risque de non-recouvrement pour les raisons suivantes :

- la provision couvre un risque général de perte d'exploitation en raison de l'activité et la société ne justifie d'aucun événement rendant probable ce non-recouvrement à la clôture de l'exercice ;
- la méthode statistique employée pour estimer globalement le risque n'est pas justifiée car le suivi individualisé des créances douteuses est possible puisque l'entreprise y a recours pour la dépréciation sur créances litigieuses ;
- le mode de calcul de la provision est critiquable dans la mesure où le coefficient qui est appliqué prend en compte les créances brutes transférées en créances douteuses, et non les pertes nettes effectivement constatées au cours de la période de référence.

> **Attention :** Une provision n'est déductible que si son mode de calcul estime avec une approximation suffisante le montant probable des pertes ou des charges. Un mode de calcul global et forfaitaire est donc à rejeter. Néanmoins, la jurisprudence admet le recours à des méthodes statistiques en matière de créances douteuses si l'entreprise démontre :
> - que le calcul statistique présente un caractère d'approximation suffisant ;
> - qu'aucune autre méthode ne peut être retenue ;
> - qu'elle est véritablement appropriée aux données du problème et fondée sur les données statistiques tirées de l'expérience.

Question 2

En effectuant des dotations forfaitaires d'un montant de 76 225 € au lieu de tenir compte de la superficie exploitée à la clôture de chaque exercice (2 000 m^2 par an), l'entreprise n'a pas calculé la provision avec une précision suffisante. Elle n'est donc pas déductible (décision de la cour administrative d'appel de Bordeaux du 28.12.1995).

> **Remarque :** Les coûts de démantèlement supportés au fur et à mesure de l'exploitation peuvent être constatés sous forme de provisions déductibles du résultat fiscal sous conditions d'étalement et d'estimation suffisante. À l'inverse, les coûts de démantèlement, d'enlèvement et de restauration de site supportés dès la mise en exploitation ou dès la survenance de l'obligation correspondent à un actif amortissable ayant pour contrepartie une provision.
> Cet actif particulier est amortissable sur une durée et selon un mode qui lui sont propres. Cet amortissement est déductible fiscalement sous conditions mais la provision pour risque comptabilisée ne l'est pas. Toutefois, il n'y a, au titre de la provision, aucun retraitement fiscal à opérer puisqu'elle représente la contrepartie d'un actif (compte de classe 2 à un compte de classe 1) et non une charge comptable venant minorer le résultat du premier exercice d'exploitation.

Question 3

La provision n'est pas déductible car elle a pour contrepartie une augmentation de l'actif et non des pertes ou charges déductibles par nature. Les travaux provisionnés ne se limitent pas à maintenir en l'état les installations existantes mais en créent de nouvelles, augmentant ainsi le patrimoine de l'entreprise (Conseil d'État, 1.04.1992).

Question 4

Au 31.12.N l'entreprise Rantigny peut constituer une **dépréciation** des titres de participation égale à : 2 500 000 - (60 % × 4 000 000) = 100 000 €.

Cette dépréciation d'origine comptable n'est pas déductible et doit être réintégrée car elle correspond à un titre dont la cession entraîne une exonération de la PVNLT réalisée.

Au 31.12.N+2, les provisions à constituer seront les suivantes :

- une **dépréciation des créances douteuses** : 6 % × 2 775 000 = 166 500 €.

  La dépréciation relative aux créances douteuses est déductible ;

- une dépréciation des titres : (2 500 000 + 600 000) - (80 % × 2 000 000) = 1 500 000 €.

La dépréciation existante étant de 640 000 (100 000 + 540 000[1]), la dotation sera de 860 000 €. Cette dotation aux dépréciations n'est pas déductible.

◗ *Synthèse*

Nature	N	
	Calcul	Montant
Dépréciation :		
– créances douteuses	aucune	0
– titres de participation	2 500 000 - (60 % × 4 000 000)	100 000

Nature	N+1	
	Calcul	Montant
Dépréciation :		
– créances douteuses	aucune	0
– titres de participation	[2 500 000 - (60 % × 3 100 000)] - 100 000	540 000[1]
(1) (2 500 000 - 60 % × 3 100 000) - 100 000 (dotation N) = 540 000 € de dotation pour N+1 ; dotation non déductible.		

Nature	N+2	
	Calcul	Montant
Dépréciation :		
– créances douteuses	2 775 000 × 6 %	166 500
– titres de participation	[(2 500 000 + 600 000) - (80 % × 2 000 000)] - 640 000	860 000

Remarque : La filiale allemande n'est pas détenue à plus de 95 %. La SA Rantigny ne peut pas déduire les pertes subies tel que le prévoit la LF pour 2009 (voir chapitre 7).

(1) (2 500 000 – 60 % × 100 000) – 100 000 (dotation N) = 540 000 € de dotation pour N+1 ; dotation non déductible.

Chapitre 10 Les plus et moins-values professionnelles à l'IS

Exercice d'application

CAS 19 Société Mélo

1) Les actions Méli sont des titres acquis en vue de réaliser un gain à brève échéance. Le résultat de cession est, soit une PV financière taxée au taux plein de l'IS, soit une perte normalement déductible.

a) Résultat de cession

(1 000 × 150) - (500 × 120 + 500 × 170) = + 5 000 €.

Cette somme constitue un produit financier net comptabilisé, normalement imposable, qui ne nécessite aucun retraitement sur l'imprimé 2058.

Sur le plan fiscal, il est impératif d'utiliser la règle du « PEPS » (premier entré, premier sorti). Si l'entreprise retient au plan comptable la règle du CMP (coût moyen pondéré), des retraitements devront être effectués.

b) Dépréciation nécessaire au 31.12.N

(1 000 × 135) - (500 × 170 + 500 × 150) = - 25 000 €.

La dotation sera de 15 000 € après déduction de la dépréciation existante au 31.12.N-1 (25 000 - 10 000). C'est une charge normalement déductible.

Pour la détermination des dépréciations, il convient tant au plan comptable qu'au plan fiscal, de retenir la règle du CMP et ceci, quelle que soit la nature comptable ou fiscale des titres.

2) La cession des titres de participation relève du régime des plus ou moins-values professionnelles s'ils sont détenus depuis 2 ans et plus, ou, s'ils sont détenus depuis moins de 2 ans, ils font partie d'un portefeuille comprenant des titres de même nature détenus depuis plus de 2 ans. La cession des actions Mane remplit les conditions exposées ci-dessus.

L'entreprise a le choix, sous conditions, entre le CMP et le PEPS.

Les conditions fiscales d'application du CMP sont les suivantes :

- il ne peut pas être appliqué en cas de cession de la totalité d'une ligne de titres de participation ;
- il s'applique fiscalement s'il a été retenu comptablement ;
- l'usage du CMP ne peut avoir pour conséquence de faire apparaître une MVCT ou d'en augmenter le montant par rapport à la règle du PEPS.

De plus, par principe de permanence des méthodes, la règle de calcul apppliquée devra être retenue pour les cessions ultérieures.

a) Calcul du résultat de cession et analyse fiscale (méthode PEPS)

- Cession des 3 000 actions de N-3 : 3 000 (400 - 300) = 300 000 PVLT.
- Cession des 1 500 actions de N-1 : 1 500 (400 - 370) = 45 000 PVCT.

- Dépréciation nécessaire au 31.12.N : 3 500 (360 - 370) = 35 000 € ; d'où, compte tenu de la dépréciation existante au 31.12.N-1, une reprise de : 190 000 - 35 000 = 155 000 € traitée comme un produit non imposable.

b) Calcul du résultat de cession (méthode du CMP)

- Calcul du CMP : [(3 000 × 300) + (5 000 × 370)]/8 000 = 343,75 €.
- La répartition des titres cédés se fera de la manière suivante :
  - cession de : 4 500 × 3 000/8 000 = 1 688 actions de N-3, qui génèrent un résultat de : 1 688 (400 - 343,75) = 94 950 € PVLT ;
  - cession de 2 812 actions de N-1 donnant un résultat de : 2 812 (400 - 343,75) = 158 175 € PVCT.
- Vérification : Résultat global de cession : 4 500 (400 - 343,75) = 253 125 €[1] ;

– PVLT : 253 125 × 3 000/8 000 = 94 921,88 € ;

– PVCT : 253 125 × 5 000/8 000 = 158 203,12 €.

Les différences avec les calculs d'origine proviennent des arrondis sur la quantité de titres.

Aucune dépréciation à constituer au 31.12.N :

– valeur d'utilité > cours moyen
(360 > 343,76 = [(1 312[2] (2) × 300) + (2 188[2] × 370)]/3 500),

– d'où une reprise de la dépréciation existante de 190 000 € (produit non imposable).

c) Solution à retenir (PEPS ou CMP ?)

Méthode	PEPS	CMP	Justifications
Éléments comptables[1] – cession des titres de participation – reprise de dépréciation	 345 000 155 000	 253 125 190 000	 (300 000 + 45 000) et (158 175 + 94 950) Voir ci-avant a) et b)
Résultat comptable avant impôt	**500 000**	**443 125**	
PVNLT sur titres de participations[2] Reprise de dépréciation PVNCT sur titres de participation[2]	- 300 000 + 36 000 - 155 000	- 94 950 + 11 394 - 190 000	Produit non imposable avec réintégration d'une quote-part de 12 % Produit non imposable Produit normalement imposable
Résultat fiscal	**81 000**	**169 569**	
IS au taux de 33,1/3 %	**27 000**	**56 523**	

(1) Issus des opérations relatives aux titres de participations.
(2) En l'absence de cession d'autres titres de participation, les plus-values peuvent être considérées comme nettes.

La solution du PEPS est à privilégier, car elle conduit à une charge d'impôt moindre. Toutefois, l'entreprise devra retenir le PEPS pour les autres cessions de titres de participation dans le futur.

(1) 94 950 + 158 175 = 253 125 €.
(2) (3 000 – 1 688) = 1 312 et (5 000 – 2 812) = 2 188.

Chapitre 11
Le paiement de l'IS et la gestion des déficits

Exercices d'application

CAS 20 Société Stratos

Question 1

Les conditions qu'une entreprise doit respecter pour reporter en arrière son déficit fiscal sont les suivantes :

- être soumise à l'IS ;
- exercer une option sous la forme du dépôt d'une déclaration spéciale n° 2039 auprès des services fiscaux. À défaut d'option à la clôture d'un exercice, le déficit qui existe à cette date est reporté en avant.

Le report en arrière porte uniquement sur le déficit du dernier exercice clos.

Question 2

Exercice N–1	
I - Détermination du bénéfice d'imputation	
Bénéfice fiscal effectivement soumis à l'IS au taux normal (A)	184 000
Calcul du bénéfice exclu	
Distribution effectuée par prélèvement sur le bénéfice au taux normal (B)	10 000
Fraction non distribuée des bénéfices imposés au taux normal et au taux réduit ayant donné lieu à un impôt payé au moyen de crédits d'impôt (CI)	
Montant de l'IS acquitté au moyen de CI attachés aux revenus mobiliers (C)	3 000[1]
Montant de l'IS acquitté au moyen des autres CI (D)	22 570[2]
Fraction du bénéfice fiscal dont l'impôt a été payé au moyen des CI : (E) = ((C) + (D))/ 33 1/3 %	76 710
Fraction non distribuée du bénéfice fiscal dont l'impôt a été payé au moyen des CI : (F) = (E) × [(A) - (B)] /(A)	72 541
Montant du bénéfice exclu : (G) = (B) + (F)	82 541
Bénéfice d'imputation : (H) = (A) - (G)	101 459
II - Imputation du déficit	
Fraction du déficit reporté en arrière, dans la limite du montant le plus faible entre 1 000 000 € et le bénéfice fiscal d'imputation (I)	101 459
Calcul de la créance d'IS : (J) = (I) × 33 1/3 %	33 820

☞

(1) Bénéfice fiscal au taux de droit commun :	*184 000*	
• *Impôt au taux normal (33 1/3 %) :*		*61 333*
• *Crédits d'impôt attachés à des dividendes encaissés de sociétés étrangères non filiales (2/3 × 4 500) :*		*– 3 000*
• *PVNLT :*	*10 000*	
• *Impôt au taux réduit (15 %) :*		*1 500*
• *Impôt total hors contribution :*		*59 833 (61 333 – 3 000 + 1 500)*
• *Crédit d'impôt recherche (CIR) :*		*- 23 150*
• *Impôt dû :*		*36 683*

CI utilisés au paiement de l'IS au taux normal : 3 000

(2) CIR utilisé en paiement de l'IS au taux normal : 23 150 × (61 333 - 3 000)/ (61 333 + 1 500 - 3 000) = 22 570 €

Question 3

Le déficit fiscal de l'exercice N de 400 000 € est partiellement résorbé par le report en arrière à hauteur de 101 459 €.

Le solde, soit - 298 541 € (- 400 000 + 101 459), est reportable en avant sans limitation de durée.

Question 4

- L'imputation des déficits reportés en avant et les économies d'IS qui en découlent sont conditionnées par l'éventuelle présence de bénéfices fiscaux.

  Le report en arrière n'a pas cet inconvénient puisqu'il fait immédiatement naître, au profit de l'entreprise, une créance d'IS certaine et non imposable.
- Cette créance peut être mobilisée auprès d'un établissement de crédit, ou utilisée pour payer l'IS au taux normal et l'IS au taux réduit sur les PVNLT. Elle améliore donc la trésorerie.
- La fraction non utilisée au terme d'un délai de 5 ans est remboursable par le Trésor[1].

(1) Il existe une possibilité de remboursement anticipé avant le délai de 5 ans pour les entreprises en difficulté.

CORRIGÉS

CAS 21 Société Auviller

Question 1

Éléments	Déduction	Réintégration	Justifications
Résultat comptable avant impôt		6 500 000	Résultat bénéficiaire.
Succursale belge		400 000	La perte réalisée dans un établissement stable situé à l'étranger n'est pas déductible du résultat fiscal imposable en France par application des règles générales de territorialité de l'IS. En conséquence, cette perte doit être réintégrée car elle figure dans le résultat comptable de la SA Auviller.
Rémunération des parts détenues dans la SARL Milly	180 000	9 000	Le produit financier de 180 000 € (300 000 × 60 %) n'est pas imposable car la société Auviller a opté pour le régime des sociétés mères. Corrélativement, une réintégration de 5 % du dividende doit être pratiquée (180 000 × 5 %) au titre de la quote-part pour frais et charges.
Dividendes d'une société allemande			Le produit financier est normalement imposable car les conditions pour le régime des sociétés mères ne sont pas remplies en terme de détention du capital (participation inférieure à 5 %). La retenue à la source de 18 000 € [(102 000/0,85) × 15 %] prélevée en Allemagne est imputable sur l'IS à hauteur de 66,2/3 % car il existe une convention de double imposition.
Filiale norvégienne			La filiale est une personne morale juridiquement autonome. Elle relève de la fiscalité norvégienne conformément à son statut et aux règles de territorialité de l'IS. S'agissant d'une filiale, il n'est pas nécessaire de retraiter le résultat pour éliminer cette perte car elle ne figure pas dans le résultat comptable de la SA Auviller(1).
Dividendes d'une société française relevant de l'IS			Le régime des sociétés mères n'est pas applicable et les dividendes sont imposables normalement. Il n'y a aucun crédit d'impôt attaché à cette distribution et donc, aucune imputation à effectuer sur l'IS.
Participation dans une SNC	63 315	92 500	Application du régime de la transparence fiscale. La rémunération des parts effectuées en août N pour 63 315 € est un produit financier non imposable car cette somme provient du bénéfice N-1 : elle a donc déjà été soumise à l'impôt. De plus, la SA Auviller doit intégrer dans son bénéfice fiscal sa quote-part dans le bénéfice fiscal N de la SNC Nemis (40 % × 231 250 soit 92 500 €). ☞

Éléments	Déduction	Réintégration	Justifications
Participation des salariés	954 580	942 325	La participation des salariés est une charge à déductibilité différée.
Concessions de licences			Les redevances encaissées constituent, à hauteur du résultat net de frais, une PVLT taxable au taux réduit à 15 %. Soit : 67 000 € (100 000 - 33 000)
Cession d'un brevet portant sur un procédé d'usinage mis au point par l'entreprise. (Aucun délai de détention n'est exigé.)			La cession du brevet génère une plus-value de 8 000 € [120 500 - (250 000 - 137 500)]. Il s'agit d'une PVLT imposable au taux réduit à 15 %.
PVNLT[(2)]	75 000		67 000 + 8 000 = 75 000 À déduire pour être imposée au taux réduit.
Déficit reportable	670 930		Compte tenu du montant de résultat comptable avant impôt et des corrections opérées, ce déficit s'impute sans difficulté sur le résultat fiscal de l'année N.
Totaux	**1 943 825**	**7 943 825**	
Résultat fiscal	**6 000 000**		

(1) La perte subie dans la filiale norvégienne n'est pas déductible temporairement compte tenu de l'énoncé mais également car la filiale n'est pas détenue à plus de 95 %.

(2) Concessions de licences + cession d'un brevet.

Question 2

Nature	Base	Taux	Montant
IS au taux normal	6 000 000	33,33 %	2 000 000
Crédits d'impôt sur revenus de source allemande	18 000	66,67 %	- 12 000
IS au taux réduit PVNLT	75 000	15,00 %	11 250
Contribution sociale calculée sur l'IS de référence après abattement de 763 000 €	1 248 250[(1)]	3,30 %	41 192
Total à payer			**2 040 442**

(1) 2 000 000 + 11 250 - 763 000.

Question 3

Dans ce cas, la société Auviller ne bénéficie pas d'un crédit d'impôt égal à la retenue à la source opérée en Allemagne sur les revenus versés par la société dont elle détient une fraction des actions. Le montant de l'impôt à payer s'établit alors à :

Nature	Montant
Total à payer calculé précédemment (voir question 2)	2 040 442
Retenue à la source supportée en Allemagne mais non imputable	12 000
Total à payer	**2 052 442**

Question 4

Éléments	Déduction	Réintégration	Justifications
Résultat fiscal		6 000 000	Voir question 1.
Dividendes d'une société allemande	102 000	5 100	Le dividende de la société allemande n'est pas imposable car le régime spécial des sociétés mères s'applique. La perte de l'imputation du crédit est neutre car le taux de détention du capital est supérieur à 10 % et provoque une exonération de retenue à la source. La quote-part de frais et charges à réintégrer s'élève à : 102 000 × 5 %.
Totaux	**102 000**	**6 005 100**	
Résultat fiscal	**5 903 100**		

Nature	Base	Taux	Montant
IS au taux normal	5 903 100	33,33 %	1 967 700
IS au taux réduit PVNLT	75 000	15,00 %	11 250
Contribution sociale calculée sur l'IS de référence après abattement de 763 000 €	1 215 950	3,3 %	40 126
Total à payer(1)			**2 019 076**

(1) Ce résultat peut également être calculé de façon différentielle :

Nature	Calcul	Montant
Dividendes exonérés	102 000 - 5 100	96 900,00
Gain d'IS au taux normal	96 900/ 3	32 300,00
Crédit d'impôt inexistant	Voir question 2	- 12 000,00
Économie nette d'IS (A)		20 300,00
Économie sur contributions (B)	32 300 € 3,3 %	1 066,00
Montant à payer initialement (C)	Voir question 2	2 040 442,00
Montant à payer [(C - (A + B)]		2 019 076,00

Chapitre 12 Les mesures d'aides fiscales : le crédit d'impôt recherche et autres crédits d'impôt

Exercice d'application

CAS 22 Société Lojois

1. Test proposé par M. Dubourg

1. *Vrai.* Le CIR est déterminé en partant du montant des dépenses exposées au cours de l'année civile.
2. *Faux.* Le CIR concerne les entreprises industrielles et commerciales, ainsi que les entreprises agricoles, imposées d'après leur bénéfice réel (IR ou IS). Les entreprises exerçant une activité libérale sont exclues de cet avantage.
3. *Vrai.* Les dépenses peuvent être exposées en France comme à l'étranger. Toutefois, pour être éligibles au crédit d'impôt recherche, les dépenses doivent être localisées dans un État membre de l'espace économique européen, en Norvège, en Islande ou au Liechtenstein. Enfin, seules les dépenses retenues pour la détermination du résultat fiscal imposable peuvent être prises en compte.
4. *Faux.* Seules les dépenses de personnel afférentes aux chercheurs et techniciens de recherche directement et exclusivement affectés aux opérations de recherche sont à prendre en compte pour le calcul du CIR. Le personnel de soutien (secrétariat, dactylographie, nettoiement des locaux...) est exclu.
5. *Faux.* Les dépenses de fonctionnement sont égales à 50 % des dépenses des personnels affectés exclusivement à la recherche et à 75 % de la dotation aux amortissements des immobilisations affectées aux activités de recherche. Par ailleurs, si les dépenses de personnels se rapportent à des personnes titulaires d'un doctorat, le taux de 50 % est porté à 200 %.
6. *Faux.* Les annuités d'amortissement des immeubles acquis ou achevés avant 1991 ne sont pas prises en compte. En effet, ces immeubles ont bénéficié d'un régime d'amortissement exceptionnel spécifique.
7. *Faux.* Il s'agit seulement des dotations aux amortissements des biens créés ou acquis à l'état neuf et affectés directement à la réalisation en France d'opérations de recherche.
8. *Faux.* Ne sont prises en compte que les dotations aux amortissements des brevets scientifiques ou techniques acquis en vue de réaliser des opérations de recherche.
9. *Vrai.* L'amortissement des biens affectés conjointement à la recherche et à une autre utilisation peut être pris en compte au prorata du temps effectif d'affectation à la recherche, à la condition que l'entreprise puisse déterminer ce prorata avec précision.

10. *Vrai*. Pour le matériel de recherche financé par crédit-bail, on retient pour le calcul du CIR les amortissements pratiqués par le bailleur.

11. *Vrai*. Les dotations aux amortissements qui ouvrent droit au CIR sont les dotations déductibles.

12. *Faux*. Le CIR n'est pas plafonné mais certaines dépenses le sont. Pour exemple, les dépenses de recherche sous-traitées à des organismes de recherche publics ou à des universités sont retenues mais dans la limite de 10 millions d'euros, majorés de 2 millions d'euros sous conditions.

2. Application chiffrée proposée par M. Dubourg

Exemple chiffré

Le crédit d'impôt N de 637 500 € va s'imputer à hauteur de 83 650 € sur l'IS de l'année N. L'impôt à payer est donc nul et le surplus du CIR (553 850 €) est reportable sur l'IS dû au titre des années N+1 à N+3.

En N+3, l'entreprise Barois procédera de la manière suivante :

• IS N+3 :	705 000 €
• CIR N+3 :	- 191 250 €
• CIR N :	- 513 750 €
IS à payer :	0

Remarque : L'utilisation du CIR pour le paiement de l'IS doit respecter les règles d'imputation suivantes (selon la doctrine administrative) :

- le CIR de l'année N doit s'imputer en priorité sur l'IS de l'exercice clos le 31.12.N, ou, si l'exercice ne coïncide pas avec l'année civile, de l'exercice clos en N+1 ;
- les CIR reportables des trois années antérieures s'imputent ensuite en commençant par les plus anciens.

Attention : L'imputation du CIR ne doit pas être confondue avec les crédits d'impôt attachés à certains dividendes encaissés de filiales qui s'imputent à hauteur des 2/3 de leurs montants sur l'IS et qui en cas de surplus ne sont pas remboursables.

Le solde du CIR de l'année N non imputé à la fin de l'année N+3, soit :

637 500 - 83 650 - 513 750 = 40 100 €,

sera restitué en N+4.

Le CIR N+1 (127 500 €) sera imputable sur l'IS dû en N+4. À défaut, il sera restitué à l'entreprise Barois.

Chapitre 13
Cas de synthèse sur l'IS

CAS 23 Société Maxence

Question 1

N° et nature	Déductions	Réintégrations	Commentaires
0. Résultat comptable		416 686	
1. Contribution sociale de solidarité	2 700	2 750	Déduction à l'exigibilité soit l'année suivante.
1. TVTS		3 800	Non déductible dans les sociétés soumises à l'IS.
1. Remboursement de frais			Déductibles si justifiés.
1. Allocations pour frais		460	Déductibles pour les dirigeants salariés même en cas de cumul avec des remboursements de frais car l'allocation sera imposée à l'IR en TS. Non déductibles en cas de cumul pour cadres et dirigeants non salariés.
2. Intérêts des comptes courants		2 431	Déduction limitée au TMPTV, soit à réintégrer : 85 298 × (5 % - 2,15 %).
3. Rattrapage d'amortissement linéaire		6 506	Amortissement irrégulièrement différé non déductible car l'annuité est linéaire.
4. Provision pour indemnités de licenciement	30 000		Provision non déductible en N-1 à hauteur des indemnités de licenciement pour motif économique prévues. La reprise est non imposable à hauteur de 30 000 €.
5. Bénéfice succursale	95 000		Établissement stable imposé dans le pays d'implantation. Le bénéfice figurant dans la comptabilité est à déduire.
6. Dividendes de sociétés	50 000	2 500	Les dividendes des sociétés soumises à l'IS dans lesquelles la société mère relevant de l'IS détient 5 % et plus peuvent être déduits du résultat fiscal imposable[1]. Une réintégration de 5 % du dividende est obligatoire : 50 000 × 5 %. Les autres dividendes (moins de 1 %) sont normalement imposables.

☞

CORRIGÉS

N° et nature	Déductions	Réintégrations	Commentaires
7. Dégrèvement de contribution économique territoriale			Produit normalement imposable car la taxe est déductible du résultat fiscal.
8. PVNCT sur sinistre	33 000	11 000	Produit imposable par étalement sur la durée moyenne d'amortissement pratiquée (3,5 soit 4 années) à compter de l'exercice suivant. La provision pour impôt associée (33 000 × 1/3) doit être réintégrée puisque l'IS n'est pas déductible.
8. PVNLT sur titres de participation	84 000	10 080	Produit exonéré avec réintégration d'une quote-part de 12 % calculée sur la plus-value brute.
9. Déficit reportable en avant	35 000		Déductible quand le résultat fiscal est suffisant pour l'absorber.
9. Écart d'évaluation sur OPCVM	4 340	4 340	Écart latent négatif déductible du résultat fiscal(2). La dépréciation comptabilisée doit par contre être réintégrée.
9. Créance de report en arrière de N-2			S'impute lors de la liquidation de l'IS.
9. Acomptes d'IS			S'impute lors de la liquidation de l'IS.
Totaux	**334 040**	**460 553**	
Résultat fiscal définitif	**126 513**		**Bénéfice fiscal**

(1) Application du régime optionnel des sociétés mères et des filiales.
(2) 20 × (3 783 - 4 000).

Question 2

La SA Maxence remplit les conditions cumulatives pour bénéficier des taux réduits de 15 % et 28 % applicable aux PME :

- elle est soumise à l'IS de plein droit ;
- son capital est intégralement libéré et détenu de façon continue à 75 % au moins par des personnes physiques ;
- son CAHT n'excède pas 7 630 000 €.

De ce fait, elle est également exonérée de la contribution sociale de 3,3 %.

Élément	Calcul	Montant
IS au taux réduit des PME IS au taux réduit de 28 % IS au taux normal	38 120 × 15 % (75 000 - 38 120) × 28 % (126 513 - 75 000) ×1/3	5 718 10 326 17 171
Total		**33 215**
Acomptes d'IS versés Crédit d'impôt recherche Créance résultant du report en arrière	Selon énoncé	- 20 775 - 7 600 - 1 580
Solde d'IS à régler avant le 15.05.N+1		**3 260**

CAS 24 SA TIB

Question 1

a) Détermination du résultat fiscal

Nature	Calculs et commentaires	Réintégrations	Déductions
	Résultat comptable provisoire avant participation et avant impôt.	344 338	
Redevance de crédit-bail	Une fraction de la redevance annuelle de 5 296,08 [12 × 441,34] est considérée comme non déductible par symétrie avec le traitement de l'amortissement des véhicules de tourisme. À réintégrer : 1/5 × (23 630 - 18 300).	1 066	
Jetons de présence	Ils ne sont déductibles qu'à hauteur de 5 % de la moyenne des 5 rémunérations les plus élevées si l'effectif est inférieur à 200 personnes, soit à réintégrer : 10 850 - (5 % × 26 860 × 7).	1 449	
Redevance de brevet	Aucun retraitement ; la redevance versée par le concessionnaire (la SA TIB) au concédant (la SARL TER) est normalement déductible malgré le lien de dépendance entre les deux entités.		
Intérêts du compte courant du PCA	Le capital est intégralement libéré mais ils ne sont déductibles que dans la limite du taux moyen des prêts à taux variables de plus de 2 ans consentis par les établissements de crédit. Il convient de réintégrer : 2 440 - (50 000 × 2,03 %).	1 425	
Amortissement d'un bien mis à la disposition d'un dirigeant	L'annuité d'amortissement déductible est plafonnée à la différence existant entre le montant du loyer augmenté de la valeur de l'avantage en nature déclarée à l'administration, et les autres charges afférentes au bien. Soit à réintégrer 934 € [7 000 - (0 + 7 200 - 1 134)].	934	
Provision pour risques	La provision n'a pas de validité comptable puisqu'il n'y a aucune obligation à la clôture envers un tiers rendant probable une sortie de ressources. N'ayant pas de validité comptable, elle doit être réintégrée au plan fiscal. Elle n'aurait pas dû être comptabilisée d'ailleurs.	3 690	
Pénalités	Les pénalités fiscales ne sont pas déductibles qu'elles soient relatives aux assiettes, aux déclarations ou encore aux paiements. Le caractère déductible ou non de l'impôt n'interfère pas.	263	

☞

Nature	Calculs et commentaires	Réintégrations	Déductions
Dividendes relevant du régime des sociétés mères et des filiales	La société mère relève de l'IS et les titres sont détenus depuis plus de 2 ans avec une participation supérieure à 5 % aussi, les dividendes ne sont pas imposables et doivent être déduits. L'entreprise doit réintégrer une quote-part de frais et charges : (2 506 + 7 600) × 5 %.	505	10 106
Autres dividendes	Ils sont normalement imposables.		
Redevance perçue	Ce produit relève du régime des plus-values (voir annexe).		
Cession de titres	Le résultat dégagé relève du régime des plus-values car il s'agit de titres de participation (voir annexe).		
Synthèse annexe	La PVNCT est normalement imposable. La PVNLT sur redevance de brevet doit être déduite pour être imposée à 15 %. Quant à la PVNLT sur titres de participation, elle est déduite car elle est exonérée d'IS ; une réintégration de 12 % doit cependant être effectuée. Soit : - à déduire (3 822 + 504) - à réintégrer (504 × 12 %)	60	4 326
Perte SARL TER	La SARL TER est une filiale française imposée de manière autonome. Les résultats dégagés ne remontent pas dans la comptabilité de la société mère. Aucun retraitement.		
Bénéfice succursale	La succursale est un établissement stable au plan fiscal. Elle est imposée en Espagne. Les bénéfices inscrits dans la comptabilité de la SA TIB doivent être déduits.		87 956
Participation	La participation de N-1 a été répartie entre les salariés et devient donc déductible.		33 282
	Totaux	**353 730**	**135 670**
	Résultat fiscal (bénéfice)	**218 060**	

Annexe

	Taxation 33,1/3 %		Taxation 15 %		Exonération	
	MVCT	PVCT	MVLT	PVLT	MVLT	PVLT
Résultat net de concessions de licence d'exploitation de brevet (3 900 - 78)				3 822		
Cession de titres de participation (voir ci-dessous)		24				504
Totaux	0	24	0	3 822	0	504
Soldes nets	24		3 822		504	

Détermination selon la règle du PEPS :

- Lot n° 1 : (23 - 19) × 126 = 504 PVLT
- Lot n° 2 : (23 - 22) × 24 = 24 PVCT
- Dépréciation N-1 : aucune
  (126 × 19) + (299 × 22)]/(126 + 299) = 21,11 c'est-à-dire < 21,50 €
- Dépréciation N : reste 275 à 22 €, c'est-à-dire < 24 €, aucune

Coût fiscal théorique : (quote-part de frais et charges réintégrée dans le résultat fiscal + PVCT sur lot n° 2) × taux d'IS = ((504 × 12 %) + 24) × 1/3, soit : 28 €

Détermination selon la règle du CMP :

- CMP de titres : [(126 × 19) + (299 × 22)] / (126 + 299) = 21,11
- Cession de titres : 150 × (23 - 21,11) = 283,41 €
- Détermination des lots : 150 × 126/425 = 44,47,
  soit 44 titres dans le lot N-8 et 44 × (23 - 21,11) = 83 PVLT
- Détermination des lots : 150 × 299/425 = 105,53,
  soit 106 titres dans le lot N-1 et 106 × (23 - 21,11) = 200 PVCT
- Dépréciation N-1 : voir calcul au niveau du PEPS. aucune
- Dépréciation N : CMP [(126 - 44) × 19 + (299 - 106) × 22] / 275 = 21,11 < 24 aucune

Coût fiscal théorique : [(83 × 12 %) + 200] /3 €, soit : 70 €

Conclusion : la solution qui minore l'IS correspond à la règle du PEPS.

b) Détermination de l'impôt à payer

	Assiette	Taux	Montant
Bénéfice imposable au taux normal : 218 060 - 75 000	143 060	33,33 %	47 687
Bénéfice imposable au taux réduit d'IS PME	38 120	15,00 %	5 718
Bénéfice imposable au taux réduit de 28 %	36 880(1)	28 %	10 326
Bénéfice imposable au taux réduit des PVNLT de 15 %	3 822	15,00 %	573
Contribution sociale de 3,3 % : exonération car la SA TIB bénéficie de l'IS au taux réduit de 15 % en faveur des PME	0	3,30 %	0
		Total	64 304

(1) 75 000 - 38 120 = 36 880.

c) Détermination du solde d'IS à payer le 15.05.N+1

IS		64 304
Acomptes d'IS		45 194
Acomptes d'IS au taux normal : (162 450 - 75 000)/3	29 150	
Acomptes d'IS au taux réduit PME : 38 120 × 15 %	5 718	
Acomptes d'IS au taux réduit de 28 % : (75 000 - 38 120)× 28 %	10 326	
Solde d'IS à payer		**19 110**

CORRIGÉS

Question 2

Bénéfice comptable provisoire		344 338
- Charges comptabilisées au 31.12.N :		- 110 323
• Participation des salariés :	46 019	
• Impôt sur les sociétés :	64 304	
Bénéfice net comptable		234 015

Question 3

Année	Résultat fiscal imposé au taux normal et/ou taux réduit	Distributions(1)	Bénéfice d'imputation	Bénéfice utilisé	Taux d'IS	Créance
N-1	20 000	8 000	12 000	12 000	15 %	1 800

(1) Les distributions effectuées en août de chaque année sont prélevées sur le bénéfice réalisé l'année précédente.

En conclusion :

- le déficit fiscal reporté en arrière est de 12 000, il génère une créance d'IS de 1 800 € ;
- le déficit fiscal reportable en avant sans limite de durée est de 60 000 - 12 000, soit 48 000 €.

Question 4

Lors de la livraison à elle-même de l'immeuble, la SARL TER a collecté de la TVA pour 39 200 € (196 000 × 20 %). Cette TVA a été déduite selon le coefficient de déduction de l'opération, soit 27 440 € [39 200 × (1 × 0,7 × 1)].

La cession de l'immeuble en N+1 correspond à une mutation au-delà du délai de 5 ans. La cession relève des droits d'enregistrement (taux global maximal de 5,80 %). Elle peut être soumise à la TVA sur option du cédant.

▶ *Sans option pour la TVA*

La cession intervient avant l'épuisement du délai de 20 ans et entraîne une régularisation globale qualifiée de reversement pour un montant de 17 836 € (39 200 × 0,7 × 13/20). Le délai restant est de 13 années (20 années - 7 années écoulées de N-5 à N+1) et les régularisations annuelles liées notamment aux variations du coefficient de taxation n'interfèrent pas.

▶ *Avec option pour la TVA*

La cession intervient toujours avant l'épuisement du délai de 20 ans et entraîne une régularisation globale qualifiée de complément de déduction pour un montant de 7 644 € (39 200 × 0,3 × 13/20).

▶ *Conclusion*

L'option pour la TVA est plus intéressante pour la SARL TER car elle offre un complément de déduction de la TVA. Toutefois, elle a pour effet de rendre la cession taxable et l'acquéreur devra supporter, outre le prix, la TVA à 20 % et les droits d'enregistrement calculés au taux normal (5,80 %).

Si l'acquéreur est assujetti, la TVA sera neutre sous réserve toutefois que son coefficient de déduction soit de 100 %. À l'inverse, si l'acquéreur n'est pas assujetti, la TVA représente un coût supplémentaire.

Le gérant devra donc prendre sa décision au regard de ses intérêts mais également selon le statut de l'acquéreur par rapport à la TVA.

CAS 25 SARL Pludis

Question 1

À l'impôt sur les sociétés, les cessions de titres de participation et de titres à risques génèrent, sous condition de durée de détention, des plus-values à long terme ainsi que les produits de la propriété industrielle telles les redevances d'exploitation de brevet ainsi que les cessions de brevets. Toutefois, le régime d'imposition est différent (exonération ou taxation à 15 %).

Pour les titres de participation bénéficiant de l'exonération d'IS, les dépréciations ne sont pas déductibles du résultat fiscal. La cession des autres biens, quelle que soit la durée de détention génère des plus ou moins values à court terme à l'exception des cessions de titres de placement et des dépréciations associées qui sont exclues du régime des plus values professionnelles et sont traitées comme de simples produits ou charges.

Pour les immobilisations détruites ou expropriées, l'intégralité de la plus-value est à court terme. Elle bénéficie sous conditions d'un étalement de son imposition. Cet échelonnement entraîne au plan comptable la constatation d'une provision pour impôt non déductible du résultat fiscal.

Éléments	Calcul	Plus ou moins values				Autres	
		Court terme		Long terme			
		MV	PV	MV	PV	Charges	Produits
Droit au bail cédé	10 060 - 6 035		4 025				
Outillages mis au rebut	Pas de prix de cession et VNC = 0						
Outillage cédé	3 800 - 4 877[1]	1 077					
Brevet amorti cédé	2 500 - (3 000 - 2 175)[2]				1 675		
Redevances de brevet	9 600 - 800				8 800		
Titres de participation (TP)	lot N-8 : 100 × [(23 400/180) - 50]				8 000		
	lot N-3 : 50 × [(23 400/180) - 100]				1 500		
	lot N-1 : 30 × [(23 400/180) - 120]		300				
Dépréciation associée au TP	Aucune						
Titres de placement (TPL)	Postplus : 100 × (9 - 19)					1 000	
	Tévé : 75 × (30 - 26)						300
Dépréciation associée aux TPL	Postplus : reprise de 1 300[3]						1 300
	Tévé : aucune car 27 > 26						
Outillages réparés	Frais de réparation activés[4]					-	
Entrepôt sinistré	24 327 - (30 000 - 12 250[5])		6 577				
Provision pour impôt	6 577 × 15 %[6]					987	
	Totaux	1 077	10 902		19 975	1 987	1 600
	Solde ou montant	9 825			19 975		

(1) Outillage (plan d'amortissement fiscal) :

	Base	Taux	Prorata	Annuité	VNC
N-3	14 000	29,17 %	9/12	3 063	10 937
N-2	10 937	29,17 %	1	3 190	7 747
N-1	7 747	29,17 %	1	2 260	5 487
N	5 487	33,33 %	4/12	610	4 877

Nota : 29,17 % = 100/6 × 1,75

(2) $3\,000 \times \frac{14{,}5}{20}$

(3) Dépréciation des titres Postplus :

- *en N-3 : aucune car 20 € > 19 € ;*
- *en N-2 : 16 € < 19 €, d'où dépréciation de : 100 × 3 = 300 € ;*
- *en N-1 : 6 € < 19 €, d'où dépréciation complémentaire de : (100 × 13) - 300 = 1 000 €.*

(4) Les écritures comptables ayant été correctement enregistrées, ces frais ont été portés à l'actif en augmentation de la valeur des deux petites machines. En effet, en leur absence, il y aurait eu une perte totale des avantages économiques associés à ces machines.

(5) Amortissement du bâtiment : 30 000 × 1/20 × 98/12 = 12 250 €.

(6) Calcul au taux de 15 % car le résultat fiscal n'excède pas le plafond fixé (voir question n° 3 ci-après).

Question 2

Élément	Montant	Traitement fiscal
PVNLT - sur titres de participation - autres	 9 500[1] 10 475[2]	 Elle sera déduite du résultat fiscal car elle est exonérée. Une réintégration de 12 % devra être effectuée dans le résultat fiscal soit 140 € (9 500 × 12 %). Elle sera déduite du résultat fiscal pour être imposée au taux de 15 %.
PVNCT - sur biens - de sinistre	 3 248 6 577	 Les PVNCT sont taxables à l'IS sans étalement comme de simples produits. Elles ne nécessitent aucun retraitement particulier. Les plus-values sur biens amortissables résultant de sinistre peuvent être étalées sur la durée moyenne des amortissements pratiqués dans la limite de 15 années à partir de l'exercice suivant. Elle doit donc être déduite du résultat fiscal de l'exercice N et réintégrée par 9e [98/12 = 8,17 ans arrondis à 9] à compter de l'exercice N+1. Le montant étalé de 6 577 € n'excède pas la PVNCT globale de l'exercice N (6 577 < 9 825).
Autres produits	1 600 €	Ils sont normalement imposables.
Autres charges	1 987 €	Elles ne sont pas déductibles à hauteur des 987 € de provision pour impôt puisque l'IS n'est pas admis en déduction du résultat fiscal.

(1) 8 000 + 1 500 = 9 500 €.
(2) Cession et redevances de brevet : 8 800 + 1 675.

Question 3

Éléments	Réintégrations	Déductions
Résultat fiscal provisoire avant impôt	54 900	
PVNLT (9 500 + 10 475)	1 140[1]	19 975
PVNCT sur sinistre		6 577
Charges non déductibles	987	
Totaux	**57 027**	**26 552**
Résultat fiscal imposable	**30 475[2]**	

(1) 9 500 × 12 %
(2) Le résultat fiscal est inférieur à 38 120 €, il sera donc intégralement taxable à 15 %.

Impôt dû	Assiette	Taux	Montant
Résultat fiscal taxable au taux réduit de 15 %	30 475	15,00 %	4 571
PVNLT taxable au taux réduit de 15 %	10 475	15,00 %	1 571
Total			**6 142**

Solde d'IS à payer le 15.04.N+1	Calcul	Montant
IS		6 142
Acomptes d'IS au taux réduit de 15 %[1]	28 780 × 15 %	- 4 317
Acomptes d'IS au taux réduit de 15 %[2]	8 500 × 15 %	- 1 275
Solde à payer		550

(1) Acomptes d'IS payés d'après le résultat fiscal de l'exercice précédent.
(2) Acomptes d'IS payés d'après le résultat net des concessions de brevet de l'exercice précédent.

Question 4

Le résultat imposé au taux de 15 % donne lieu à des acomptes calculés au taux de 3,75 %.

Parmi les plus-values nettes à long terme, seules celles relatives à des concessions de brevets donnent lieu à des acomptes calculés également au taux de 3,75 % (15 %/4). Le montant servant de base aux acomptes est de 8 800 € (voir question 1).

Nature	Date de paiement	Calcul	Montant
1er acompte(1)	15 mars N+1	(28 780 + 8 500) × 3,75 %	1 398
2e acompte(2)	15 juin N+1	[(30 475 + 8 800) × 3,75 % × 2)] – 1 398	1 548
3e acompte(2)	15 septembre N+1	(30 475 + 8 800) × 3,75 %	1 473
4e acompte(2)	15 décembre N+1	(30 475 + 8 800) × 3,75 %	1 473
(1) Calculé sur N-1 • (2) Calculé sur N			

Question 5

Opération	Taxation	Commentaires
Cession du droit au bail	Droits d'enregistrement avec exonération	Les cessions de droit au bail portant sur tout ou partie d'un immeuble sont assujetties aux droits d'enregistrement au même tarif que les cessions de fonds de commerce. Le prix de vente du droit au bail étant inférieur à 23 000 €, la cession sera exonérée de droits d'enregistrement proportionnels pour l'acquéreur. Toutefois, le minimum de perception de 25 € (droit fixe) est dû.
Mise au rebut des outillages	TVA avec dispense totale	La disparition d'un bien entraîne une régularisation de la TVA déduite. Cette régularisation n'est pas exigée pour les biens détruits ou inutilisables mis au rebut ou à la ferraille.
Cession d'un outillage	TVA	La cession d'un bien mobilier d'investissement est soumise par principe à la TVA. La TVA collectée par la SARL Pludis est de 760 € [(3 800 × 20 %) = 760 €].
Cessions et redevances de brevets	TVA et droits d'enregistrement	Les cessions de brevets et les concessions de licences d'exploitation de brevets protégés par l'Institut national de la propriété industrielle sont des prestations de services soumises à la TVA si elles sont effectuées à titre onéreux. La SARL Pludis a collecté de la TVA pour 2 420 € [(2 500 + 9 600) × 20 % = 2 420 €]. La cession d'un brevet exploité constitue une cession de fonds de commerce qui doit être obligatoirement enregistrée moyennant cependant le paiement d'un simple droit fixe de 125 €. La concession de brevets constitue une location de fonds de commerce assortie d'un bail a durée limitée. Seule la présentation volontaire du bail à l'enregistrement entraîne l'exigibilité d'un droit fixe de 25 €.
Cession de parts sociales	Droits d'enregistrement avec exonération partielle	Les cessions à titre onéreux de parts sociales sont soumises aux droits d'enregistrement au taux de 3 % ; l'acte étant par nature soumis à la formalité de l'enregistrement. Il est appliqué sur la valeur de chaque part sociale un abattement égal au rapport entre 23 000 € et le nombre total de parts sociales de la société, soit 38,33 € à l'unité [23 000/(500 + 100)]. Georges, le fils du neveu de M. Pludis devra acquitter 495 € de droits d'enregistrement [(23 400 – (38,33 × 180)] × 3 %]. ☞

☞

Opération	Taxation	Commentaires
Cession de valeurs mobilières	Droit d'enregistrement avec dispense totale	Les cessions d'actions sont soumises, sauf exonérations légales, aux droits d'enregistrement au droit de 0,1 % appliqué au prix de cession.
Réparation d'un matériel	TVA	Il s'agit d'une prestation de services effectuée à titre onéreux. La TVA collectée par le prestataire a été déduite par M. Pludis en novembre à hauteur de 143 € [715 × 20 % = 143 €], c'est-à-dire au paiement de la prestation (régime des encaissements par principe sauf option sur les débits par le prestataire).
Indemnité d'assurance	Aucun	Le versement d'indemnité d'assurance est situé hors du champ d'application des droits d'enregistrement par nature et hors du champ d'application de la TVA car il correspond à la réparation d'un dommage.
Bâtiment détruit	TVA avec dispense totale	L'opération entraîne en principe un reversement de la TVA déduite lors de la livraison à soi-même, puisque le délai de 20 années n'est pas épuisé. Toutefois, il s'agit d'une destruction fortuite et justifiée par un sinistre pour laquelle aucune régularisation de TVA par la SARL Pludis n'est exigée.

Chapitre 14
Les bénéfices industriels et commerciaux

Exercices d'application

CAS 26 Entreprise Breteuil

Question 1

Éléments	À déduire sur le 2058	À réintégrer sur le 2058	Commentaires
1. Primes d'assurance			
• Prime d'assurance-vie.		275	Prime non déductible, l'assurance-vie a été souscrite volontairement.
• Prime d'assurance multirisques.			Aucune correction fiscale. Cette prime, exposée dans l'intérêt de l'entreprise, est normalement déductible.
2. Cadeaux :			
– aux clients de l'entreprise ;			Charges normalement déductibles. Leur montant ne semble pas exagéré.
– à la fille de M. Breteuil.		850	Dépense à caractère privé.

☞

Éléments	À déduire sur le 2058	À réintégrer sur le 2058	Commentaires
3. Dons		1 000	Le don n'est pas déductible mais il donne droit à une réduction d'impôt égale à 60 % × 1 000 = 600 €.
4. Loyers et charges locatives			
• Loyer commercial.			Normalement déductible.
• Loyer de l'appartement de M. Breteuil.		2 840	Dépense à caractère privé.
• Loyer de la résidence secondaire.		1 320	Dépense à caractère privé.
5. Honoraires			
• Expert-comptable			Dépense d'exploitation normalement déductible.
• Avocat pour un dossier personnel.		1 250	Dépense à caractère privé.
6. Impôts et taxes			
• CET.			Impôt d'exploitation normalement déductible.
• Impôt sur le revenu.		4 085	Dépense à caractère privé.
7. Charges de personnel			
• Rémunération de M. Breteuil.		23 800	Rémunération non déductible car il s'agit, au sens fiscal, d'un prélèvement anticipé de bénéfice.
• Rémunération de Mme Breteuil : 17 500 € sont déductibles, le surplus est à réintégrer (18 000 - 17 500 = 500 €).		500	M. Breteuil n'a pas adhéré à un CGA.
• Rémunération du fils Breteuil.			Déductible normalement. Le salaire versé doit correspondre à un travail effectif et ne pas être exagéré.
• Rémunérations des autres salariés.			Déductibles normalement.
• Cotisations personnelles de l'exploitant :			
– assurance obligatoire maladie ;			Déductibles normalement sans limitation.
– cotisation facultative de prévoyance.			Aucune réintégration : voir en page suivante.
8. Frais généraux divers			
Frais de réparation pour le montant TTC (dépense comptabilisée TTC car elle porte sur un bien exclu du droit à déduction).			Dépense d'entretien normalement déductible.

Éléments	À déduire sur le 2058	À réintégrer sur le 2058	Commentaires
9. Amortissements et provisions • Amortissement du véhicule de tourisme, la déduction est limitée à : 18 300 × 20 %. Soit à réintégrer : (22 300/5) - 3 660 = 800 €.		800	
• Reprise de dépréciation sur les valeurs mobilières de placement.	400		PVLT imposable au taux de 16 % + prélèvements sociaux.
• Reprise de provision pour excès de vitesse.	1 050		La reprise n'est pas imposable car la provision n'était pas déductible.
10. Cession au cours de l'exercice • Prix d'acquisition : 40 000 € • Amortissements : 30 133 € • VNC : 9 867 € • Prix de cession : 17 691 € • VNC : - 9 867 € • Plus-value : 7 824 € Cette plus-value à court terme est étalée sur 3 ans : (7 824 × 2/3)	5 216		Cet étalement constitue une décision de gestion opposable au contribuable.
11. Produits divers • Dividendes.	1 900		Produits imposables dans la catégorie « Revenus des capitaux mobiliers ».
• Loyers encaissés.	1 800		À compter de 2012, la théorie du bilan est supprimée. Les exploitants conservent la liberté d'inscrire tout bien à l'actif, mais la déduction des charges est limitée à celles nécessitées par l'exercice professionnel. L'imposition des produits est limitée à ceux provenant de cette activité professionnelle.
12. Reprise des plus-values des exercices antérieurs – Reprise 1/3 de la plus-value N-2 ;		4 630	
– Reprise 1/3 de la plus-value N-1.		3 334	
Totaux	26 566	42 184	
Résultat comptable		54 116	
Résultat fiscal	69 734 €		

Les cotisations facultatives de prévoyance sont déductibles à hauteur de 7 % du PASS majoré de 3,75 % du bénéfice imposable avant déduction des cotisations en cause. L'ensemble ne peut excéder 3 % de 8 fois le PASS, soit :

- (7 % × 39 228) + [(69 734 + 1 310) × 3,75 %] = 5 410,11 soit 5 411 € ;
- limite de base : 5 411 < 3 % × 8 × 39 228 ;
- limite de montant : 1 310 < 5 411.

⇒ Les cotisations sont donc intégralement déductibles.

Question 2

Ce bénéfice fiscal sera déclaré par M. Breteuil dans la catégorie BIC et imposé globalement avec les autres revenus de son foyer fiscal.

L'exploitant devra également supporter une imposition au titre des plus-values à long terme s'élevant à : 400 × 31,5 %(1) = 126 €.

Question 3

Le déficit réalisé dans le cadre d'une entreprise relevant de l'IR catégorie BIC s'impute sur le revenu global du foyer fiscal de la même année (c'est-à-dire sur la somme des revenus imposables dans toutes les catégories de tous les membres de ce foyer). L'excédent de déficit qui n'aurait pu être imputé est reporté sur les revenus globaux des années suivantes dans la limite de 6 ans.

CAS 27 Société Boulincourt

Question 1

Rappels :

- résultat fiscal de cession = prix de vente net de frais - valeur nette fiscale ;
- valeur nette fiscale = valeur d'origine fiscale - cumul des amortissements fiscalement déductibles.

a) L'ensemble immobilier

L'ensemble a été acquis en N-7. La cession génère une plus-value à long terme pour le terrain (bien non amortissable). Pour la construction, elle entraîne une plus-value à court terme à hauteur des amortissements et à long terme pour le surplus.

Les droits d'enregistrement payés par l'acquéreur n'interfèrent pas dans le calcul.

Éléments du résultat de cession	Construction	Terrain	Total
• Ventilation du prix net de frais (A) (critère retenu = prix d'achat) (300 000 – 200 000) (300 000 × (90 000/135 000))	200 000	100 000	300 000

☞

(1) 16 % + 8,2 (CSG) + 0,5 % (CRDS) + 4,5 % (prélèvement social) + 0,3 (contribution additionnelle au prélèvement social) + 2 % (prélèvement de solidarité).

☞

Éléments du résultat de cession	Construction	Terrain	Total
• Prix d'acquisition (B)	90 000	45 000	135 000
• Reversement de TVA (C)			
90 000 × 19,60 % × (12/20)	10 584	5 292	15 876
45 000 × 19,60 % × (12/20)			
• Valeur d'origine fiscale (D = B + C)	101 124	50 562	151 686
• Amortissements pratiqués (E)			
90 000 × 4 % × (88/12)	26 400		26 400
• Valeur nette fiscale (F = D – E)	74 724	50 562	125 286
Résultat de cession (G = A – F)	124 736	49 168	173 904
• PVCT dans la limite de E (H)	26 400		26 400
• PVLT (G – H)	98 336 (1)	49 168 (1)	147 504

(1) Ces PVLT immobilières portant sur des actifs d'exploitation détenus depuis plus de 5 ans devront faire l'objet d'un abattement de 10 % par année de détention au-delà de la cinquième. L'abattement doit s'effectuer au moment de l'imposition à 31,5 % (16 % + prélèvements sociaux).

b) Les autres biens

Éléments du résultat de cession	Construction	Machine subventionnée	Mobilier de bureau	Immeuble d'habitation
Prix de cession net de frais (A)	230 000	49 834	6 200	232 000
Valeur nette comptable (B = C – D)	26 446	59 417	4 608	80 025
avec valeur d'origine (C)	55 000	115 000	7 000	99 000
et amortissement (D)	28 554	55 583	2 392	18 975
Résultat fiscal de cession (E = A – B)	203 554	– 9 583	1 592	151 975
PVCT dans la limite de D (F)	28 554		1 592	18 975
PVLT (E – F)	175 000 (1)			133 000 (1)
MVCT si E < 0		9 583		

(1) Cette PVLT ne donne pas droit à l'abattement pour durée de détention, car l'immeuble n'est pas destiné à l'exploitation.

Éléments du résultat de cession	Voiture Renault Mégane (sol. n° 1)	Voiture Renault Mégane (sol. n° 2)	Contrat de crédit-bail	Action de Sicav
Prix de cession net de frais (A)	16 800	14 000	6 000	7 500
Valeur nette comptable (B = C – D)	19 433	17 101		8 000
avec valeur d'origine (C)	23 320	20 988		
et amortissement (D)	3 887	3 887		
Résultat fiscal de cession (E = A – B)	– 2 633	– 3 101	6 000	– 500
PVCT dans la limite de D (F)			6 000	
PVLT (E – F)				
MVCT	2 633	3 101		
MVLT				500

Précisions et détails de certains calculs

- **Construction :** elle a été acquise il y a plus de deux ans. Le résultat de cession est qualifié à court terme à hauteur des amortissements pratiqués, soit 28 554 € (55 000 × 2 % × [25 + (345/360)]) et à long terme pour le surplus.
- **Machine subventionnée :** il s'agit d'un bien amortissable acquis il y a plus de deux ans. Le montant des amortissements s'élève à 55 583 € (115 000 × 20 % × [(10 + 12 + 7)/12]). La moins-value est totalement à court terme.

> **Remarque :** Le montant de la subvention à rapporter au résultat comptable à la suite de la cession s'élève à :
> (115 000 × 30 %) - (55 583 × 30 %) = 17 825 €
> ou encore : 34 500 - (34 500 × 20 % × 29/12).
>
> Cette somme constitue un produit imposable au taux de droit commun. Aucune correction extra-comptable n'est nécessaire.

- **Mobilier de bureau :** le résultat de cession peut être intégralement qualifié de plus-value à court terme puisque les amortissements sont de 2 392 € (7 000 × 10 % × [(10 + 12 +12 + 7)/12]).

  Le bien étant amorti en linéaire, l'amortissement non comptabilisé en N-1 est un amortissement différé en contravention avec la règle de l'amortissement minimal. Cet amortissement irrégulièrement différé, rattrapé en N, n'est pas déductible et doit être réintégré sur l'imprimé n° 2058-A pour un montant de 7 000/10 = 700 €. En cas de cession, l'amortissement irrégulièrement différé est assimilé aux amortissements déduits pour le calcul de la plus-value ou moins-value.
- **Immeuble d'habitation :** le prix de cession s'entend net de frais au sens fiscal, soit 232 000 € (236 000 - 4 000). La cession de l'immeuble acquis en N-9 n'entraîne aucun reversement de TVA puisque l'acquisition ayant été soumise aux droits d'enregistrement, il n'y a pas eu de TVA sur achat.

  Le résultat de cession est qualifié de plus-value à long terme pour le surplus du résultat sur les amortissements, soit 18 975 € à CT (99 000 × 2 % × [8 + (570/360)]) et 133 000 € à long terme.

> **Remarque :** Le résultat comptable de cession se calcule à partir du prix de vente comptabilisé dans le compte 775 PCEA (236 000 €), les frais de vente sont comptabilisés en charges par nature (ici 622 Rémunérations d'intermédiaires). Cependant, cette situation n'entraîne aucune correction extra-comptable particulière, puisque « à la sortie » le résultat net comptable et la base imposable se trouvent majorés de 151 975 €.

- **Voiture Renault Mégane :** le bien a été acquis il y a moins de deux ans et le résultat de cession est négatif. Dans les deux cas, il sera qualifié de moins-value à court terme.

  La solution n° 2, avec option pour la TVA sur la cession, est préférable, car c'est une somme plus importante, 3 101 € au lieu de 2 633 €, qui viendra minorer le résultat imposable.

Détail des calculs

Prix de cession HT : 16 800/1,2 =	14 000 €
TVA collectée lors de la cession : 2 800 €	
Valeur d'origine du bien : 23 320 - 2 332 =	20 988 €
Complément de déduction : 2 332 €	
(23 320/1,2) × 0,2 × (3/5)	
Amortissements : 23 320 × 20 % × [(135 + 165)/360] =	3 887 €

Valeur nette : 20 988 - 3 887 =	17 101 €
Résultat de cession : 14 000 - 17 101 =	- 3 101 €

Pour le calcul du résultat fiscal, il faudra tenir compte de la quote-part d'amortissements de N non déductible.

Soit à réintégrer : 460 € [(23 320 - 18 300) × (1/5) × (5,5/12)].

- **Contrat de crédit-bail du photocopieur :** le contrat ayant été souscrit à l'origine par la société Boulincourt, aucune valeur nette comptable ne vient minorer le prix de cession. Le résultat de 6 000 € est normalement imposable.

  Le résultat de cession sera qualifié de plus-value à court terme. Les amortissements théoriques non comptabilisés s'élèvent en effet à 8 540 € [(13 000 - 800) × (1/5) × 3,5].

c) Cessions d'actions de SICAV

Le régime des plus ou moins-values professionnelles s'applique en cas de cession de SICAV dans les sociétés soumises à l'IR puisque les titres peuvent être considérés comme immobilisés au sens fiscal (durée de détention ≥ 2 ans).

Ce résultat qui n'a pas été retraité des écarts d'évaluation constatés - les entreprises soumises à l'IR n'étant pas concernées par cette disposition - constitue une moins-value à long terme. Les actions de SICAV sont en effet détenues depuis plus de 2 ans.

La dépréciation de 300 € dotée en N constitue une moins-value à long terme.

Année	Quantité	Prix d'acquisition	Valeur liquidative	Provision nécessaire	Dotation	Reprise
31.12.N-3	20	800	820	Néant		
31.12.N-2	20	800	860	Néant		
31.12.N-1	20	800	780	400	400	
31.12.N	10	800	730	700	300	

d) Les biens sinistrés

Éléments	Entrepôt(1)	Plieuse(2)	Total
Prix de cession net de frais (A)	76 000	11 539	
Valeur nette fiscale (B = C - D)	49 000	7 209	
dont valeur d'origine (C)	70 000	35 000	
dont amortissements fiscaux (D)	21 000	27 791	
Résultat fiscal de cession (E = A - B)	27 000	4 330	31 330
PVCT dans la limite de D (F)	21 000	4 330	25 330
PVLT (E - F)	6 000(3)		6 000

(1) Amortissements : (70 000/10) × 3 = 21 000 €.

(2) Amortissements : (35 000 × 35 %) = 12 250 € pour N-3

(35 000 - 12 250) × 35 % = 7 962,50 € pour N-2

(22 750 - 7 962,50) × 35 % = 5 175,63 € pour N-1

(14 787,50 - 5 175,50) × 50 % × 6/2 = 2 402,97 € jusqu'au 30.06.N.

soit un cumul d'amortissements de 27 791,40 € arrondi à 27 791 €.

(3) Pas d'abattement pour durée de détention car le bien est détenu depuis moins de 5 ans.

- **Destruction d'immobilisations** (entrepôt et plieuse) : l'indemnité d'assurance représente le prix de cession fiscal des biens. Les plus ou moins-values résultant de sinistres ou d'expropriations sont imposables, sauf option de l'entreprise pour l'étalement de l'imposition sur la durée déjà amortie, à compter de l'exercice suivant celui de la réalisation du sinistre.

  Les entreprises peuvent opter pour l'imposition étalée de la PV de cession sur la durée moyenne d'amortissement déjà pratiquée, limitée à 15 ans. La durée moyenne de l'amortissement s'établit à :

  [3 × (70 000/105 000)] + [3,5 × (35 000/105 000)] = 3,17 arrondie à 4.

  Le montant de l'étalement est plafonné à la plus-value globale à court terme de l'exercice.

  L'imposition de la plus-value à long terme, réalisée à la suite de la perception d'indemnités d'assurance couvrant un sinistre d'éléments de l'actif immobilisé, peut être différée de 2 ans. Le calcul du résultat fiscal n'est pas modifié, seule l'imposition est reportée.

  NB : Il n'y a pas de reversement de TVA dans le cas des sinistres.

- **Destruction du stock :** 30 000 - 27 000 = 3 000 €. Le produit est imposable au taux normal. La charge nette de 27 000 € résultant de la destruction des vêtements sera constatée lors de l'inventaire physique par la constatation du stock final. Il n'y a aucune correction extra-comptable à opérer.

Question 2

Biens	Court terme			Long terme		
	PVCT spécifiques	PVCT	MVCT	PVLT spécifiques	PVLT	MVLT
• Ensemble immobilier		26 400			147 504(1)	
• Construction		28 554			175 000(1)	
• Machine subventionnée			9 583			
• Mobilier de bureau		1 592				
• Immeuble d'habitation		18 975			133 000	
• Véhicule de tourisme			3 101			
• Contrat de crédit-bail		6 000				
• Actions de SICAV(2)						800
• Sinistre	25 330			6 000		
Total	**25 330**	**81 521**	**12 684**	**6 000**	**455 504**	**800**
PV spécifiques	**25 330 €**			**6 000 €**		
PV nette à CT		**68 837 €**				
PV nette à LT					**454 704 €**	

(1) L'abattement pour durée de détention s'applique au moment de l'imposition à 31,5 % (16 % + prélèvements sociaux).
(2) Résultat de cession et dotation aux provisions : 500 + 300 = 800 €.

Question 3

La plus-value nette à long terme imposable de l'exercice s'établit à : 460 704 € (454 704 + 6 000).

Elle devra acquitter en N l'impôt au taux réduit sur 454 704 de PVNLT et, sauf renoncement au différé d'imposition, l'impôt dû sur les 6 000 € sera payé dans 2 ans.

Éléments	Déductions	Réintégrations
Résultat comptable provisoire		560 000
PVNCT étalable sur 4 ans (sinistre)	25 330	
PVNCT étalable sur 3 ans (68 837 × 2/3)	45 891	
PVNLT bénéficiant d'un sursis d'imposition (sinistre)	6 000	
PVNLT	454 704	
Amortissement irrégulièrement différé		700
Dotation aux amortissements non déductible sur la voiture		460
Divers	7 065	12 804
Total	538 990	573 964
Résultat fiscal	**34 974 €**	

Question 4

▸ *Traitement des plus ou moins-values*

Dans les sociétés soumises à l'IS, seuls les titres de participation, le résultat net des concessions de licences d'exploitation de brevets et les cessions de brevets entre sociétés indépendantes (depuis le 26.12.2007) peuvent, sous conditions, être qualifiés de plus-values à long terme. Les autres biens relèvent des plus ou moins-values à court terme, à l'exception des cessions de titres de placement qui génèrent de simples profits ou charges.

Les écarts d'évaluation doivent être constatés sur les titres d'OPCVM. Les dépréciations, constituées en comptabilité et se rapportant aux titres d'OPCVM pour lesquels un écart d'évaluation a été compris dans les résultats imposables, ne sont pas déductibles.

Éléments	Montants	**Précisions sur les écarts d'évaluation imposés ou déduits avant la cession**	
Prix de cession net de frais (A)	7 500		
Prix d'acquisition (16 000/20) × 10 (B)	8 000		
Résultat comptable (C = A - B)	- 500		
Écart d'évaluation positif de N-3 (D)	- 200	10 × (820 - 800)	À déduire
Écart d'évaluation positif de N-2 (E)	- 400	10 × (860 - 820)	À déduire
Écart d'évaluation négatif de N-1 (F)	800	10 × (780 - 860)	À réintégrer
Résultat fiscal (G = C + D + E + F)	- 300		
Réintégration globale à opérer (G - C)	200		

La dépréciation de 300 € [10 × (730 - 800) - 400] constatées en comptabilité au 31.12.N doit être réintégrée. Par contre, il convient de déduire un écart d'évaluation négatif sur les SICAV restantes de : 500 € (10 × (730 - 780)).

Comme pour les entreprises relevant de l'IR, les plus-values résultant de sinistre peuvent être étalées sur la durée moyenne d'amortissement pratiquée. Par contre, l'étalement porte sur l'intégralité de la plus-value constatée suite au sinistre.

- Durée moyenne d'amortissement pratiquée : 4
- Plus-value globale (voir question 1 c) : 31 330 €

La provision pour impôt constituée doit être réintégrée.

Détermination du résultat fiscal

Éléments	Déductions	Réintégrations
Résultat comptable provisoire		560 000
PV globale étalable sur 4 ans (sinistre)	31 330	
Provision pour impôt (31 330 € (1/3))		10 443
Réintégration suite à la cession des titres d'OPCVM		200
Dépréciation non déductible (OPCVM)		300
Écart d'évaluation négatif sur OPCVM restantes	500	
Amortissement irrégulièrement différé		700
Dotation aux amortissements non déductible sur la voiture		460
Divers	7 065	13 614
Total	**38 895**	**585 717**
Résultat fiscal	**546 822 €**	

CAS 28 SNC Les amis réunis

Question 1

Références	Commentaires	Déductions	Réintégrations
Résultat comptable			142 692
1. Charges de personnel	a) La rémunération des associés en nom n'est pas déductible. Elle est considérée comme un prélèvement anticipé de bénéfice.		36 588
	b) La société est adhérente à un centre de gestion agréé, le salaire de Mme Hébasque est donc intégralement déductible.		
	c) Les charges sociales obligatoires des associés en nom sont à réintégrer. Elles seront déduites du revenu brut de chaque associé. Celles de Mme Hébasque (conjoint salarié d'un associé) sont normalement déductibles.		26 526
2. Frais généraux	Les charges somptuaires n'ouvrent pas droit à déduction (pêche, chasse, bateau de plaisance...). Il s'agit d'une exclusion légale posée par l'article 39-4 du CGI.		1 829
3. Pénalités et taxes	a) Les pénalités d'assiette ne sont pas déductibles.		178
	b) Les pénalités de retard ne sont pas déductibles.		76
	c) Les pénalités pour infraction à la législation ne sont pas déductibles.		46

☞

CORRIGÉS

Références	Commentaires	Déductions	Réintégrations
	NB : Les sanctions pécuniaires et pénalités de toute nature mises à la charge des contrevenants à des obligations légales ne sont pas déductibles.		
4. Charges financières	Le taux maximum d'intérêts déductibles est la moyenne annuelle des taux moyens des prêts à taux variables. Intérêts déductibles : (15 000 × 3) × 2,03 % = 913,5 €. À réintégrer : (15 000 × 3) × 4,83 % - 913,5 = 1 260 €.		1 260
5. Amortissements	Les entreprises locataires d'un véhicule de tourisme sont soumises aux mêmes limites de déduction que si elles étaient propriétaires. Charges non déductibles : (24 400 - 18 300) × 20 %.		1 220
6. Provisions	a) Ne sont pas déductibles les provisions pour licenciement économique (interdiction légale).		4 406
	b) Les provisions pour perte de change ne sont pas déductibles, corrélativement les reprises ne sont pas imposables.	762	236
7. Divers	a) Les pertes et les gains de change réalisés sont pris en compte dans le résultat comptable et fiscal. Aucune correction fiscale n'est donc nécessaire.		
	b) Les différences de conversion actif sont déduites (pertes latentes).	236	
	Extourne de l'écart de conversion actif N-1.		762
8. Plus ou moins-values professionnelles	a) L'entreprise doit réintégrer, en N, 1/3 de la PV nette à CT dégagée en N-1.		1 372
	b) La mise au rebut est une charge de l'exercice prise en compte dans le résultat comptable pour le complément d'amortissement. Aucune correction extra-comptable n'est donc nécessaire.		
	c), d), e) La PV nette à CT est imposée sur 3 ans ; il faut donc déduire 2/3 de son montant (9 603 × 2/3). La PV nette à LT est imposée à 31,5 % ; elle doit être déduite du résultat fiscal[1].	6 402 457	
	Totaux	**7 857**	**217 191**
	Résultat fiscal	**209 334 €**	

(1)

Biens	CT		LT	
	PV	MV	PV	MV
Camion : il est totalement amorti pour 90 000 € ; la plus-value de 5 336 est intégralement à court terme.	5 336			
Titres : ils sont immobilisés au sens fiscal puisqu'ils sont détenus depuis plus de 2 ans. La plus-value de 457 € (8 542 - 8 385) est à long terme.			457	
Autres biens selon l'énoncé :	4 267			
Totaux	**9 603**	**0**	**457**	**0**
Solde net	**9 603**		**457**	

Question 2

Méthode : Le bénéfice imposable est réparti de la façon suivante :

- chaque associé se voit attribuer les sommes qui lui ont été personnellement versées (appointements, intérêts des comptes courants, etc.) ;
- le bénéfice fiscal restant est réparti au prorata des parts ;
- le total reçu par chaque associé constitue son revenu brut BIC duquel il peut déduire ses charges personnelles et les abattements éventuels.

- Bénéfice fiscal : 209 334 €
- Rémunération M. Hébasque : (36 588 €)
- Charges sociales des associés : (26 526 €)
- Intérêts des comptes courants non déductibles : (1 260 €)

Bénéfice à répartir : 144 960 €

	A. Hébasque (35 %)	J. M. Hasquet (35 %)	S. Défrise (30 %)	Total 100 %
Quote-part du bénéfice fiscal à répartir	50 736	50 736	43 488	144 960
Intérêts excédentaires des comptes courants	420	420	420	1 260
Rémunération M. Hébasque	36 588			36 588
Cotisations sociales personnelles(1)	9 452	8 842	8 232	26 526
Total brut attribué	97 196	59 998	52 140	209 334
Cotisations sociales personnelles(1)	- 9 452	- 8 842	- 8 232	- 26 526
BIC nets imposables(2)	87 744	51 156	43 908	182 808
PVNLT imposable	160	160	137	457

(1) Les cotisations personnelles obligatoires et facultatives des associés des sociétés de personnes représentent une charge déductible de leur quote-part de bénéfice imposable en BIC. Elles doivent être au préalable ajoutées aux sommes attribuées aux associés si la société les a prises en charge (voir question 1 : réintégration des cotisations pour 26 426 €).

(2) Ces sommes n'ont pas à être majorées de 25 % puisque la SNC est adhérente à un centre de gestion agréé.

L'avantage résultant de la dispense de majoration sera étendu à compter du 1er janvier 2010 aux non-adhérents qui font appel aux services d'un professionnel de l'expertise comptable autorisé par l'administration et ayant conclu avec elle une convention.

CORRIGÉS

CORRIGÉS

Chapitre 15 Les revenus catégoriels autres que les bénéfices industriels et commerciaux

Exercices d'application

CAS 29 SNC Tillon et Cie

Question 1

Catégories de revenus	Commentaires	Montants
BIC	Quote-part de bénéfice commun revenant à M. Tillon : 326 800 × 40/100 = 130 720 € (A). Salaire net et allocation frais d'emploi : 50 425 € (B)(1). Fraction non déductible du salaire du conjoint : 22 000 - 17 500 = 4 500 €(2) (C). Cotisations sociales personnelles associé : 1 906 € (D).	130 720 € 50 425 € 4 500 € 1 906 €
	BIC nets imposables : (A + B + C + D - D) =	187 551 €
Plus-values professionnelles imposables à 31,5 %	3 350 × 40/100 = 1 340 €	1 340 €
Traitements	Salaires de Mme Tillon (fraction déductible BIC) (A) : Cotisations sociales précomptées et salaires sur la rémunération totale (B) : CSG déductible(3) (C) : 22 000 × 98,25 % × 5,1 % =	17 500 € 2 860 € 1 102,37 €
	Total (A) - (B) - (C) : 19 257,63 € arrondi à :	19 258 €
Revenus des capitaux mobiliers	Quote-part des dividendes d'actions perçus par la SNC Tillon : 11 400 × 40/100 = 4 560 € Dividendes d'actions françaises : Les intérêts du livret A sont exonérés d'impôt. Les intérêts de placement à revenu fixe sont inférieurs à 2 000 € pour le foyer fiscal. Les époux Tillon peuvent opter pour l'imposition forfaitaire au taux de 24 %.	4 560 € 2 286 €

☞

Catégories de revenus	Commentaires	Montants
Revenus fonciers	*1. Revenu brut foncier :* Loyer annuel encaissé : 12 × 540 = 6 480 €(4)	6 480 €
	Revenu brut foncier (A) :	6 480 €
	2. Charges déductibles :	
	• Prime d'assurance incendie	677 €
	• Frais de gestion :	230 €
	• Frais divers de gestion (forfait 20 €) :	20 €
	• Travaux d'isolation :	2 290 €
	• Taxe foncière :	430 €
	• Intérêts des emprunts :	1 830 €
	Charges déductibles (B) :	5 477 €
	3. Revenu net foncier déclaré (A - B)	1 003 €

(1) Le salaire des associés en nom des sociétés de personnes n'est pas déductible, car il est fiscalement considéré comme un prélèvement anticipé de bénéfice.

(2) Il faut raisonner sur le salaire brut correspondant à la charge de salaire comptabilisée.

(3) La CSG à hauteur de 2,4 % et la CRDS de 0,5 %, calculées sur 98,25 % du salaire brut, ne sont pas déductibles du salaire imposable.

(4) Le bailleur peut ne pas comprendre dans son revenu brut le remboursement de la taxe d'enlèvement des ordures ménagères, ni déduire le paiement de cette taxe pour le compte du locataire.

Question 2

Catégories de revenus	Commentaires	Brut (A)	Imposable (B)
BIC		187 551 €	187 551 €
Traitements et salaires	Salaires déclarés : 19 258 € Déduction forfaitaire (10 %) pour frais professionnels : 1 926 €	19 258 €	17 332 €
Revenus des capitaux mobiliers	RCM déclarés : 4 560 € + 2 286 Abattement de 40 % : 2 738 €	6 846 €	4 108 €
Revenus fonciers	Revenus nets fonciers déclarés :	1 003 €	1 003 €
Revenu brut (A) et imposable (B) global		207 032 €	203 310 €
PV professionnelles(1)	Revenus soumis à un taux proportionnel :	1 340 €	1 340 €

(1) La plus-value sera imposée à 31,5 %. La majoration de 25 % pour non-adhésion à un CGA ne concerne pas la PVLT.

CAS 30 SNC Jolivet et Cie

1) Imposition des époux Jolivet

a) Catégorie des BIC

Mme Jolivet va déclarer : 57 930 × 72/120 = 34 758 €.

b) Catégorie des traitements et salaires

M. Jolivet va déclarer : 28 360 €.

c) Catégorie des revenus mobiliers

Les époux Jolivet vont déclarer : 3 000 × 2,30 = 6 900 €.

Le revenu brut global des époux Jolivet s'établira à :

- BIC : 34 758 × 1,25 = 43 448 € (majoration de 25 % car la SNC Jolivet n'est pas adhérente à un CGA et ne fait pas appel à un professionnel comptable autorisé)
- TS : 28 360 × 0,9 = 25 524 €
  RCM : 6 900 - 6 900 × 40 % = 4 140 €
- Revenu brut global : 73 112 €.

2) Imposition des époux Milano

a) Catégorie des BIC

Mme Milano va déclarer : 57 930 × 48/120 = 23 172 €

b) Catégorie des TS

Mme Milano va déclarer le revenu de son fils : 0 €

Remarques

- L'enfant majeur âgé de plus de 18 ans est un contribuable indépendant. Toutefois, peut être compté à la charge de ses parents l'enfant majeur de moins de 25 ans s'il poursuit des études. Cette option est soumise à deux conditions :
  - l'enfant doit faire la demande de son rattachement au foyer fiscal de ses parents ;
  - le ou les parents concernés doivent accepter ce rattachement.
- Le revenu de Pierre sera exonéré à hauteur de trois fois le SMIC mensuel (soit 4 400 €) au titre de revenus des activités exercées durant les vacances scolaires car Pierre est âgé de moins de 25 ans.

c) Catégorie des bénéfices non commerciaux (BNC)

Le régime applicable est celui de la déclaration contrôlée car les recettes sont supérieures à 33 200 €.

Rappel

- Le bénéfice non commercial imposable est égal à l'**excédent des recettes totales** (produit brut) **sur les dépenses** nécessitées par l'exercice de la profession (CGI, art. 93).
- En ce qui concerne les immobilisations, seuls les produits et les charges afférents aux éléments appartenant au patrimoine professionnel des contribuables par nature ou par inscription sur le registre des immobilisations doivent être pris en compte pour la détermination du bénéfice non commercial.

- Pour les biens utilisés pour l'exercice de la profession sans y être affectés par nature, ni inscrits sur le registre des immobilisations, les charges locatives (réparation, entretien...) sont déductibles, à l'exclusion des charges de propriété (impôt foncier, amortissement).
- Le bénéfice imposable est celui réalisé au cours de l'année civile. Il est déterminé à partir d'une **comptabilité de trésorerie** sauf option pour une comptabilité d'engagement.

Recettes imposables :

• Honoraires encaissés :	178 000 €
• Rétrocession d'honoraires :	2 000 €
Total (A) :	180 000 €

Dépenses déductibles :

• Loyers professionnels :	9 530 €
• Cotisations sociales obligatoires :	8 850 €
• Cotisations au régime facultatif de retraite : (Elles sont intégralement déductibles car elles n'excèdent pas le montant maximal de déduction.)	9 500 €
• Cotisation au syndicat professionnel (dépense professionnelle) :	300 €
• Rémunération de l'opérateur salarié :	29 400 €
• CFE + CVAE :	2 290 €
• Redevances de crédit-bail :	6 860 €
• Achats de fournitures :	1 031 €
• Primes d'assurances :	
– locaux et matériels :	808 €
– véhicule[1] : 1 375 × 80 % :	1 100 €
– responsabilité professionnelle :	3 050 €
• Frais de voiture[1] : 3 915 × 80 % =	3 132 €
• Électricité du cabinet :	1 121 €
• Dépenses de téléphone : 1 372 + 658 =	2 030 €
• Don (non déductible[2])	0 €
• Amortissement du véhicule[1] : 18 300 × 20 % × 80 % =	2 928 €
• Amortissement du télécopieur : 960[3] × 25 % × 3,5/12 =	70 €
Total (B) :	82 000 €

Bénéfice imposable : (A) - (B) = 98 000 €

Remarques

- Mme Milano étant adhérente à une association agréée, son bénéfice fiscal ne sera donc pas majoré de 25 % par l'administration fiscale.
- La taxe d'habitation est un impôt personnel non déductible des revenus professionnels.

(1) Dépenses déductibles à hauteur de l'utilisation professionnelle.
(2) Les dons aux œuvres ne sont pas déductibles du résultat imposable mais ils donnent droit à une réduction d'impôt.
(3) Les médecins sont exonérés de TVA, ils ne peuvent donc pas récupérer la TVA facturée sur leurs acquisitions.

d) Catégorie des revenus mobiliers

Mme Milano va déclarer les dividendes des actions françaises inscrites au bilan : 6 000 €.

Au total le revenu brut global du foyer fiscal Milano s'élèvera à :

- BIC : 23 172 €
- RCM : 6 000 - (6 000 × 40 %) = 3 600 €
- BNC : 98 000 €.

Revenu brut global : 124 772 €.

Chapitre 16
La fiscalité personnelle des dirigeants

Exercice d'application

CAS 31 M. De Monsacq

Question 1

Ils ne sont pas nécessairement comptabilisés en tant que tels car ils figurent déjà en charges par nature (amortissement d'un bien dont l'entreprise est propriétaire, facture d'entretien d'un prestataire pour un véhicule...). Par contre, ils doivent être suivis en annexe sur un état tenu à la disposition de l'administration fiscale et mentionnés expressément sur la DADS1.

Question 2

Cette option est ouverte aux foyers fiscaux dont le montant des produits perçus ne dépasse pas 2 000 €. Le total des intérêts des comptes courants est supérieur à cette limite. Il n'est donc pas possible à M. Hubert du Fermoir de Monsacq de bénéficier de cette option.

Question 3

Catégories	Sommes à déclarer		Commentaires
Traitements et salaires (TS)	Rémunération et allocation du PCA	160 000 €	Imposables en traitements et salaires car il est dirigeant d'une société soumise à l'IS.
	Avantages en nature déclarés : – résidence : 25 000 € – voiture : 3 000 €	28 000 €	Les avantages en nature évalués réellement sont des éléments de la rémunération du dirigeant.
	Fraction déductible des jetons de présence spéciaux (JPS)	21 500 €	La fraction déductible des JPS est imposable en TS car les JPS sont une rétribution des fonctions du salarié de direction.

Catégories	Sommes à déclarer		Commentaires
Revenus des capitaux mobiliers (RCM)	Intérêts des comptes courants : • ordinaire : 40 000 × 2,03 % = • bloqué : 70 000 × 9% =	 812 € 6 300 €	Les intérêts sont imposables dans la catégorie RCM. Déductibles ou non, ils sont imposables intégralement pour les dirigeants des sociétés soumises à l'IS.
	Jetons de présence[1] : – excédent jetons de présence spéciaux : – jetons ordinaires :	 5 500 € 10 000 €	Qu'ils soient ou non déductibles du bénéfice fiscal, ils sont imposables au nom des bénéficiaires dans la catégorie des RCM sauf pour la partie des JPS imposés en TS.
	Dividendes encaissés	59 500 €	Les dividendes seront imposés après déduction de l'abattement de 40 % (le pourcentage de droits sociaux détenus n'interfère pas sur l'application de l'abattement annuel).

(1) Le montant de ces revenus sera multiplié par 1,25 pour le calcul de l'IR.

Chapitre 17 Le régime d'imposition des plus-values des particuliers

Exercices d'application

CAS 32 M. Toutlemonde

Question 1

a) M. Toutlemonde a tout intérêt à vendre en premier l'appartement qu'il a acquis en N–17. La plus-value dégagée sur cette cession ne sera pas taxable en totalité. En effet, il existe un abattement de 6 % par an entre 6 et 21 ans de détention, puis de 4 % pour la 22e année. La plus-value est donc exonérée au bout de 22 ans.

Quant aux prélèvements sociaux, l'abattement est de 1,65 % entre 6 et 21 ans, 1,60 % pour la 22e année et 9 % au-delà, soit une exonération après 30 ans.

De plus, si la cession était intervenue entre le 31.08.2014 et le 31.12.2016, elle aurait bénéficié d'un abattement de 25 % du montant imposable (IR et prélèvements sociaux[1].

(1) Voir l'ouvrage d'E. Disle, J. Saraf, N. Gonthier-Besacier et J.-L. Rossignol, *Manuel et Applications, Droit fiscal, DCG 4*, Dunod.

La cession du second appartement n'est pas intéressante car elle génère une moins-value qui n'est :

- ni imputable sur le revenu global ;
- ni reportable sur les plus-values futures de même nature.

b) Les plus-values de cession de titres réalisées par les particuliers sont imposables dès le premier euro, **quelle que soit leur nature**.

L'imputation des moins-values est décloisonnée. Des gains de cessions de titres non cotés peuvent compenser par exemple des moins-values subies lors de la cession de titres cotés.

M. Toutlemonde a intérêt à réaliser les cessions suivantes :

Titres cédés	Prix de cession	Prix d'acquisition	Plus-values	Moins-values
Actions	19 800	23 000		3 200
SICAV	9 100	6 000	3 100	
Total	28 900	29 000	3 100	3 200

Cette stratégie permet de céder les titres en franchise d'impôt. En effet, après compensation, l'opération dégage une perte nette de 100 €.

M. Toutlemonde peut, s'il estime que sa trésorerie est suffisamment renflouée, se limiter à ces cessions. Les 100 € de moins-value non imputés sont alors reportables sur les plus-values des 10 années suivantes. Mais il peut aussi compléter les cessions d'actions et de SICAV par la vente d'une fraction des parts de SARL (si c'est envisageable, compte tenu des possibilités de cession des parts sociales), de façon à compenser les 100 € de moins-value non imputés.

Question 2

Plus-value de cession de l'appartement n° 2

• Prix d'acquisition :	65 000 €	
• Frais d'acquisition : (solution la plus favorable car la déduction forfaitaire s'élèverait à 7,5 % × 65 000 €, soit 4 875 €)	6 100 €	
Prix de revient de l'appartement :	71 100 €	(A)
Prix de cession (C) :	76 000 €	(B)
Plus-value (B) - (A) :	4 900 €	
Abattement pour durée de détention[(1)] :	0 €	
Plus-value imposable :	4 900 €	

Impôt au taux proportionnel de 34,5 % : 4 900 × 34,5 % = 1 691 €.

(1) L'abattement pour durée de détention par année se calcule à partir de la 6e année de détention. Le décompte se fait par période entière de 12 mois à partir de la date d'entrée du bien dans le patrimoine.

CORRIGÉS

CAS 33 La famille Ventout

Question 1

a) Cession à titre onéreux de la résidence principale

La cession de la résidence effective et habituelle du contribuable est exonérée.

> **Remarque**
>
> Il existe d'autres exonérations comme :
> - les biens dont le prix de cession est inférieur à 15 000 € ;
> - les biens faisant l'objet d'une expropriation mais sous conditions ;
> - les cessions réalisées par les titulaires d'une pension de vieillesse ou de la carte d'invalidité et sous conditions.

b) Cession de l'appartement

La plus-value est imposable car elle ne rentre pas dans un cas d'exonération.

• Prix de cession brut stipulé dans l'acte :	143 500
• Frais supporté par le cédant (exemple : certificats obligatoires) :	1 000
Prix de cession net de frais (A) :	**142 500**
Prix d'acquisition initial[(1)] :	100 000
• + Frais d'acquisition (frais de notaire, droits d'enregistrement...) évalués forfaitairement à 7,5 %[(2)] :	7 500
• + Dépenses de travaux évalués forfaitairement à 15 %[(3)] :	15 000
Prix d'acquisition majoré des frais et dépenses (B) :	**122 500**
Plus-value immobilière :	**20 000**
Abattement pour durée de détention au-delà de 5 ans (2 × 6 %) :	2 400
– du 20.02.N-7 au 20.02.N : 2 ans (7 – 5)	
– du 20.02.N au 15.06.N : 0 car il se calcule par période de 12 mois	
Plus-value immobilière imposable :	**17 600**
Impôt et contributions :	**6 342**
– imposition forfaitaire : 17 600 × 19 % =	3 344
– contributions (8,2 % + 0,5 % + 4,5 % + 0,3 % + 2 %) : 19 340 × 15,5 % =	2 998

[20 000 – (1,65 % × 2 × 20 000)] = 19 340 ; le calcul de l'abattement est différent pour l'IR et les prélèvements sociaux.

(1) Ou la valeur vénale s'il s'agit d'un bien acquis à titre gratuit (donation, par exemple).

(2) Les particuliers ont la possibilité de retenir le montant réel et justifié des frais.

(3) Les dépenses locatives (peinture, tapisserie…) ne sont pas admises et les dépenses ne doivent pas avoir été prises en compte dans le calcul de l'IR. Lorsque l'immeuble est vendu plus de 5 ans après son acquisition, le contribuable, qui ne peut justifier des dépenses relatives aux travaux, peut les évaluer forfaitairement à 15 % du prix d'acquisition.

Remarques

- La plus-value est déclarée par le notaire dans les deux mois de l'acte notarié constatant la mutation à la conservation des hypothèques. La déclaration est accompagnée du paiement de l'impôt et des contributions. Il n'y aucune déclaration en cas de moins-value ou d'exonération.
- Pas de taxe car la plus-value est inférieure à 50 000 €.

Question 2

• Plus-value immobilière :	20 000
• Abattement pour durée de détention au-delà de 5 ans (10 × 6 %) :	12 000
– du 20.02.N-7 au 20.02.N+8 : 15 ans	
– du 20.02.N+8 au 15.06.N+8 : 0 (fonctionnement par période de 12 mois)	
Plus-value immobilière imposable à l'IR :	8 000

Plus-value un mobilière imposable aux prélèvements sociaux : 20 000 – (20 000 × 1,65 % × 10) = 16 700 €.

Question 3

Il s'agit d'une plus-value sur biens meubles non imposable.

Sont en effet exonérés :

- les ventes de meubles meublants, d'appareils ménagers et d'automobiles ;
- les ventes de biens dont le prix n'excède pas 5 000 € ;
- les biens détenus depuis 22 ans car la plus-value se calcule en faisant : [prix de cession – prix d'acquisition – abattement dont le pourcentage varie en fonction de la durée de détention].

Lorsque la plus-value est imposable comme dans le cas des ventes de bateaux de plaisance, de chevaux de course, des objets d'art placés sous ce régime par le contribuable, etc., elle est déclarée à la recette des impôts du domicile du contribuable dans un délai d'un mois accompagnée du paiement des 19 % de prélèvement forfaitaire libératoire et des 15,5 % de contributions sociales.

Remarque : Les métaux précieux et objets d'art relèvent d'un régime spécifique.

Question 4

La plus-value immobilière imposable est de 21 000 €. La moins-value immobilière de 11 000 € réalisée sur la vente du second appartement n'est ni imputable sur la plus-value immobilière de 21 000 €, ni sur le revenu global imposable de Jacques : elle est donc perdue.

Question 5

a) Imposition des plus-values de cessions sur titres

Les cessions de titres sont imposables au barème progressif de l'IR.

b) Détermination des plus et moins-values (PV/MV)

Nature	Prix de cession	Frais TTC	Prix d'acquisition	PV/MV
Royal Oil	42 000	1 363(1)	54 000	- 13 363(4)
Sivav monétaires	20 000	600(2)	18 400	1 000
Obligations AL	64 000	1 920(3)	56 800	5 280
Totaux	126 000	3 883	129 200	- 7 083

(1) (42 000 × 2,5 % × 1,2) + 103
(2) (20 000 × 2,5 % × 1,2)
(3) (64 000 × 2,5 % × 1,2)
(4) (42 000 - 1 363) - 54 000

Aucun impôt n'est dû car la cession de titres génère une moins-value de 7 083 €.

Cette moins-value est exclusivement imputable sur les plus-values de même nature réalisées au cours des 10 années suivantes.

c) Obligations déclaratives

Le contribuable dispose de différents modes déclaratifs.

Si toutes les plus-values ont été calculées par un intermédiaire financier, le contribuable reporte dans sa déclaration d'impôt sur le revenu n° 2042, le montant de la plus-value imposable ou de la moins-value reportable. Il n'a pas de déclaration spécifique à souscrire.

Si toutes ou une partie des plus et moins-values sont calculées par le contribuable ou si l'ensemble des plus ou moins-values est déterminé par un établissement financier mais que le contribuable a réalisé une opération particulière (clôture d'un Plan d'épargne en actions avant le délai d'exonération, report de taxation pour réinvestissement dans les PME...), il faut souscrire une déclaration n° 2074 avec ses annexes.

Les montants indiqués dans la déclaration n° 2074 sont reportés dans la déclaration n° 2042.

Question 6

La plus-value dégagée est une plus-value d'échange de titres. Elle est provisoirement exonérée et l'imposition est reportée à la cession effective des titres.

Par contre, lors de la cession effective, l'imposition portera sur la plus-value en report d'imposition au moment de l'échange et sur la plus-value réalisée depuis l'échange. En conséquence, la plus-value imposable correspond au prix de vente sous déduction du prix d'achat initial des titres.

Le sursis d'imposition est automatique et n'a pas a etre declare.

Question 7

• Montant brut de la cession :	260 000 €
• Prix d'acquisition (6 500 × 15) :	97 500 €
	162 500 €

Cette cession peut bénéficier d'un abattement majoré car :

- il s'agit de titres d'une société soumise à l'IS et ayant son siège en France (la cotation n'interfère pas) ;
- la participation détenue représente plus de 25 % ;
- la cession intervient à l'intérieur du groupe familial.

CORRIGÉS

Les titres ne doivent pas être revendus à un tiers avant un délai de 5 ans même partiellement.

> **Remarque :** Le seuil de 25 % doit être respecté à un moment quelconque des 5 dernières années. Pour le calcul de ce seuil, on tient compte des titres détenus par le conjoint, les ascendants et les descendants.

La plus-value peut également bénéficier d'un abattement fixe de 500 000 € calculé avant l'abattement proportionnel puisque la dirigeante prend sa retraite.

Chapitre 18 La liquidation, la déclaration et le paiement de l'IR

Mini-cas d'évaluation

1 Réponse *B*. Seuls les revenus disponibles au cours de l'année civile sont imposables.

> **Rappel :** La jurisprudence définit la disponibilité comme la possibilité matérielle par le contribuable d'appréhender son revenu. Par exemple, en cas de paiement par chèque, le salaire est disponible à la date de réception du chèque et non à la date de remise en banque.

2 Réponse *C*. Toutes les rémunérations perçues par les salariés sont imposables : salaires, indemnités et primes diverses, avantages en nature.

3 Réponse *D*.

• M. Gafard :	
– rémunérations annuelles :	130 000 €
– déduction forfaitaire 10 % plafonnée à 12 183 € :	- 12 183 €
Salaire net imposable :	117 817 €
• Mme Gafard : 1 500 - 426[1] =	1 074 €
• Le fils : 230 - 230[2] =	0 €
Salaire net imposable du foyer fiscal :	118 891 €

(1) Minimum de la déduction de 10 %.
(2) Salaire inférieur à 426 €.

4 Pour l'imposition de ses revenus, Melle Lébru a le choix entre 2 solutions :

	Solution 1 Application de la déduction normale de 10 %	*Solution 2* Option pour la déduction des frais réels justifiés
Rémunération Allocation pour frais d'emploi considérée comme un complément de salaire	40 000 €	40 000 € 3 000 €
Total	40 000 €	43 000 €
Déduction de 10 % Frais réels justifiés	- 4 000 €	 - 2 700 €
Total	36 000 €	40 300 €

La réponse *A* (solution 1) est à privilégier car elle est la solution la moins imposée. La réponse *B* est fausse : elle correspond à la solution 2 mais en faisant abstraction de l'allocation pour frais(1).

5 **Réponse** *A*. La mise à disposition gratuite d'un logement ne procure pas de revenus fonciers imposables à son propriétaire. En conséquence, les charges relatives à cet appartement ne sont pas déductibles des revenus fonciers.

6 **Réponse** *A*, *B* et *C*. La loi de finances rectificative pour 2015 rétablie et aménage des mesures supprimées par la loi de finances 2015 :

- déduction intégrale du salaire du conjoint pour les adhérents et limitation à 17 500 € pour les non-adhérents ;
- réduction d'IR pour frais de comptabilité dans la limite des 2/3 de la dépense et de 915 € pour condition d'imposition à un régime réel et certaines conditions de CA (pour plus de détails, voir Manuel DCG4, Droit fiscal, de E. Disle, J. Saraf, N. Gonthier-Besacier et J.-L. Rossignol, Dunod Éditeur).

7 **Réponse** *C*. L'entreprise Vedienne exerce à la fois une activité de vente de marchandises (café bar) et une activité de prestations de services (connexion au réseau Internet). Son chiffre d'affaires global est compris entre 82 800 € HT et 789 000 € HT et les prestations de services facturées dépassent 33 200 € HT : le régime d'imposition applicable est donc le RSI.

Le régime d'imposition des plus-values est celui des plus et moins-values professionnelles. Cependant, l'entreprise Védienne sera exonérée d'imposition sur ses plus-values car : 1) son chiffre d'affaires global est inférieur à 250 000 euros et celui relatif aux prestations de services est inférieur à 90 000 euros, et 2) son activité est exercée depuis au moins 5 ans (voir chapitre 16).

8 **Réponses** *A* et *B*.

Réponse *A* : Alicia est, conformément au droit commun, imposée séparément (enfant majeur).

Réponse *A* : Alicia a demandé son rattachement au foyer fiscal de ses parents. Ses parents disposent alors d'une demi-part supplémentaire.

> **Rappel :** Les enfants majeurs âgés au 1er janvier de l'année de moins de 21 ans, ou de moins de 25 ans s'ils poursuivent leurs études peuvent opter pour le rattachement au foyer fiscal dont ils faisaient partie avant leur majorité (CGI, art. 6-3 et 196 B).

(1) L'allocation forfaitaire pour frais d'emploi n'est pas imposable.

La réponse *C* n'est pas valable, il y a erreur sur le nombre de parts.

9 Réponse *B*. Les exploitants individuels ne peuvent pas déduire leurs dons sous forme de dépenses professionnelles, mais ils donnent droit à une réduction applicable sur leur IR total toutes catégories de revenus confondues.

La réponse *C* est fausse. Le don n'est pas une charge du revenu global.

10 Réponse *C*. Le revenu brut global de M. Tourdesse est la somme arithmétique des revenus nets catégoriels, à l'exception de la fraction du déficit foncier correspondant à des intérêts d'emprunt qui est reportable uniquement sur des revenus fonciers ultérieurs : 3 000 = 22 000 - 15 000 + 1 000 - (12 000 - 7 000).

11 Réponse *C*. La RAS payée à l'étranger vient s'imputer sur le montant de l'IR.

12 Réponse *B*. M. Lermu est gérant majoritaire. En effet, les parts sociales détenues par son épouse et son fils sont considérées comme possédées par M. Lermu. En conséquence, il ne peut bénéficier du régime des salariés qui est réservé au gérant minoritaire. Il doit donc déclarer sa rémunération ainsi que les remboursements forfaitaires de frais dans la catégorie des « revenus des gérants et associés ». Le bénéficiaire de ces rémunérations doit déduire ses frais professionnels pour leurs montants réels ou forfaitairement à hauteur de 10 % comme les salariés[1].

13 Réponse *B*. Est assujetti à la CSG et à la CRDS l'ensemble des revenus d'activité (salaires et autres revenus professionnels) et de remplacement perçus par les personnes physiques fiscalement domiciliées en France. Le revenu professionnel de M. Manhézité est donc soumis à la CSG et à la CRDS, mais sur une base de 161 000 €. En effet, les cotisations personnelles de sécurité sociale de l'exploitant et de son conjoint, qui sont déductibles du revenu imposable, sont à réintégrer dans la base CSG et CRDS.

14 Réponse *A*. En principe, la réclamation portant sur le montant de l'impôt ou les paiements doit être adressée au service des impôts des particuliers dont dépend le lieu d'imposition.

15 Réponse *B*. Les pénalités peuvent atteindre 40 % lorsque la déclaration n'a pas été déposée dans les 30 jours suivant la réception d'une première mise en demeure et 80 % après une seconde mise en demeure.

Exercice d'application

CAS 34 La famille Lambert

Question 1

a) Revenu net global imposable

Le revenu net global imposable de l'année N s'établit à 90 000 € (voir énoncé). Il correspond à la somme des revenus nets catégoriels des époux Lambert (traitements et salaires pour madame, bénéfices non commerciaux pour monsieur et revenus des capitaux mobiliers pour le couple)

(1) Les rémunérations des gérants majoritaires de SARL sont, à compter de l'imposition des revenus de 1996, soumises à un régime fiscal (art. 62 du CGI) dont les règles sont identiques à celles de la catégorie des traitements et salaires.

après déduction des charges déductibles telle que la CSG déductible et correspondant aux revenus du patrimoine.

b) Nombre de parts

M. et Mme Lambert sont mariés et ont 3 enfants mineurs. Leur nombre de parts est de 4 (2 + 0,5 + 0,5 + 1). En effet, une personne compte pour une part et un enfant mineur compte pour une demi-part jusqu'au second. Le troisième enfant compte pour une part entière.

Remarque : Les enfants rattachés comptent toujours pour une demi-part sauf dans le cas des enfants mariés rattachés. Certaines situations spécifiques entraînent l'attribution d'une demi-part supplémentaire.

c) Quotient familial

Le quotient familial des époux Lambert est de 22 500 € (90 000/4). Le quotient familial correspond au rapport du revenu net imposable sur le nombre de parts du foyer fiscal (R/N). Il détermine la taxation applicable.

d) Calcul de l'impôt avant plafonnement

N°	Tranches		Différence	Taux	Montant
1 2	 9 710	9 710 22 500	9 710 12 790	0,00 % 14,00 %	0,00 1 791
Total			22 500		1 790,6
Nombre de parts					**4**
Impôt dû (impôt pour 1 part × nombre de parts)					**7 163**

Remarque : Compte tenu du barème fourni, il est nécessaire de calculer l'impôt dû avant plafonnement à partir du quotient familial. Il existe des formules de calcul direct fournies et utilisées par l'administration fiscale. Ces formules simplifiées calculent l'impôt à partir du revenu net imposable et non à partir du quotient.

Dans notre cas, l'utilisation des formules simplifiées aurait donné le calcul suivant : (90 000 × 14 %) - (1 359,4 × 4) = 7 163 €.

e) Détermination de l'impôt après plafonnement

M. et Mme Lambert sont concernés par le mécanisme du plafonnement car ils bénéficient d'un avantage en impôt lié à leur quotient familial. Or, l'avantage est plafonné financièrement.

Pour appliquer le plafonnement du quotient familial, il convient de recalculer l'impôt en ne tenant pas compte des enfants puis, de retrancher à ce calcul le montant de l'avantage. Au terme des calculs, il faut retenir l'impôt le plus élevé.

Le quotient sans enfant des époux Lambert est de 45 000 € (90 000/2).

CORRIGÉS

CORRIGÉS

N°	Tranches		Différence	Taux	Montant
1		9 710	9 710	0,00 %	0
2	9 710	26 818	17 108	14,00 %	2 395,12
3	26 818	45 000	18 182	30,00 %	5 454,6
Total			45 000		7 849,72
Nombre de parts					**2**
Impôt dû (impôt pour 1 part × nombre de parts)					**15 699,44**
Avantage en impôt (4 × 1 512)					**– 6 048**
Impôt plafonné					**9 651,44**

L'impôt après plafonnement est de 9 651,44 €. Il est supérieur à l'impôt avant plafonnement de 7 163 €. Il faut donc retenir le plus élevé, soit : 9 651,44 €.

f) Détermination des réductions d'impôt

Les réductions d'impôt sont de 912,84 €. Elles proviennent :

- de leur fille Aurélie scolarisée en lycée : 153,00 €
- de la cotisation syndicale de Mme Lambert (66 % × 179 < 1 % de 27 000 €[(1)]) : 118,14 €
- des dons aux organismes d'aide aux personnes en difficulté (530 × 75 %) : 397,5 €
- de l'excédant des dons précédents [(900 - 530) × 66 %] : 244,20 €

> **Remarque :** La réduction au titre des dons effectués par les particuliers est plafonnée à 20 % du revenu imposable, plafond non atteint dans le présent cas.

L'impôt après application des réductions est de 8 738,6 € (9 651,44 - 912,84). Les réductions d'impôt doivent être traitées distinctement des crédits d'impôt car ces derniers sont remboursables en cas d'excédent.

g) Détermination de l'impôt dû

Impôt après réductions :	8 738,6 €
- Crédit d'impôt au titre des frais de garde (2 800 > 2 300, soit 2 300 × 50 %) :	- 1 150 €
Impôt dû au titre de l'année N :	7 588,6 €
arrondi à :	7 588 €

Question 2

La déclaration d'ensemble des revenus n° 2042 et la déclaration spéciale n° 2035 (M. Lambert est un professionnel soumis aux BNC selon le régime de la déclaration contrôlée) doivent être déposées au centre des impôts du lieu de résidence du contribuable jusqu'à une date fixée par décret et au plus tard le deuxième jour ouvré suivant le 1er mai.

La déclaration est également possible par internet avec une date limite fonction des zones scolaires.

(1) Rémunération annuelle de Mme Lambert (voir énoncé).

Les tiers provisionnels et les mensualités d'impôt sont calculés sur l'impôt sur le revenu dû sans tenir compte l'impôt exceptionnel (impôt différé sur les revenus exceptionnels par exemple) soumis au barème de l'IR selon des règles particulières.

En l'occurrence, les mensualités d'impôts de l'année N+2 seront de 758 € par mois : [(7 588) / 10].

Chapitre 19
Les droits d'enregistrement

Mini-cas d'évaluation

1 *Vrai*. Il s'agit, par exemple, des ventes de fonds de commerce et d'immeubles, des successions, des apports en sociétés... C'est l'opération elle-même, qu'elle soit constatée ou non dans un acte, qui constitue le fait générateur de l'impôt.

2 *Vrai*. Il s'agit des actes notariés, des testaments reçus par les notaires, des procès-verbaux constatant une adjudication aux enchères publiques.

3 *Faux*. Les cessions de terrains à bâtir sont soumises à la TVA immobilière à laquelle s'ajoute la TPF au taux de 0,715 %. La notion de terrain à bâtir vise les terrains sur lesquels des constructions peuvent être autorisées en application d'un plan local d'urbanisme.

4 *Faux*. La cession de fonds de commerce relève effectivement des droits d'enregistrement, mais l'assiette est constituée par la valeur brute du fonds. La reprise du passif ne vient pas minorer la base taxable.

5 *Faux*. Elles sont imposables par nature et supportent un droit proportionnel de 3 % au profit de l'État. Il existe un abattement de 23 000 *e* rapporté au nombre de parts cédées.

6 *Vrai*. C'est l'acquéreur qui doit payer les droits, mais le cédant est solidaire du paiement. L'administration fiscale peut donc lui réclamer le paiement des droits d'enregistrement en cas d'insolvabilité de l'acquéreur.

7 *Faux*. La société qui reprend l'actif et le passif d'une entreprise individuelle est exonérée de droits si l'apporteur s'engage à garder les titres pendant 3 ans.

8 *Faux*.

- Si l'acte a été présenté volontairement à la formalité de l'enregistrement, le délai est de 3 ans.
- Dans le cas contraire, le délai est de 6 ans.

9 *Vrai*. Les apports doivent être réalisés lors de la création de la société.

10 *Faux*. La mise en société d'une entreprise individuelle correspond au transfert d'une universalité de patrimoine. L'apporteur est obligatoirement dispensé des régularisations du droit à déduction de la TVA ; celles-ci incombant le cas échéant au bénéficiaire des biens apportés.

Exercices d'application

CAS 35 Société Florian

Question 1[1]

a) Apport de M. Moulin

L'apport total de Moulin s'élève à 120 550 €, dont 16 800 € d'apport à titre onéreux. La répartition des apports la plus favorable peut être la suivante :

- à titre onéreux : immeuble à usage de bureau : 16 800 €[2] :
  TVA immobilière : 16 800 × 20 % = 3 360 €[2].
- à titre pur et simple :
  - espèces, 10 000 € ; exonération de droit fixe,
  - actions, 26 700 € : exonération de droit fixe,
  - le reste de l'immeuble, 67 050 € :
    TVA immobilière : 67 050 × 20 % = 13 410 €.

b) Apport de la SARL Burodécor

L'apport total de Burodécor s'élève à 73 210 €[3], dont 47 600 € à titre onéreux. Seront réputés apportés :

- à titre onéreux : le fonds de commerce, à hauteur de 47 600 € (clientèle + droit au bail + matériel) ; montant des droits proportionnels : 23 000 × 0 % = 0 ; 24 600 × 3 %[4] = 738 €.
- à titre pur et simple : le reste du fonds de commerce, 25 610 € ; exonération de droit fixe (apport à titre pur et simple entre sociétés passibles l'une et l'autre de l'IS)[5].

c) Apport de M. Destrée

L'apport total s'élève à 480 640 € dont 78 500 à titre onéreux (23 600 + 54 900) et 402 140 € à titre pur et simple.

Remarque : L'existence d'un passif ne minore pas la base taxable.

---

(1) Barème des droits, voir rappel de cours et l'ouvrage de E. Disle, J. Saraf, N. Gonthier-Besacier et J.-L. Rossignol, *op. cit.*

(2) Apport dans les cinq ans de l'achèvement. TVA récupérable par la SA Florian. Les apports passibles de la TVA bénéficient aussi de l'exonération de droit fixe, à condition qu'ils soient effectués lors de la constitution de la société.

(3) Cette somme représente le fonds de commerce au sens juridique (clientèle + droit au bail + matériel et mobilier).

(4) Taux applicable aux mutations de fonds de commerce (acquisitions, apports…) pour la fraction supérieure à 23 000 €.

(5) L'exonération de droit fixe s'applique aux apports de fonds de commerce et aux immeubles faits à une personne morale soumise à l'IS par une personne physique, sous réserve que les apporteurs s'engagent à conserver les titres pendant 3 ans. Concernant les immeubles, ils doivent être affectés à l'exploitation.

La répartition peut être la suivante :

– à titre onéreux :
  - espèces, 34 300 € ; exonération de droit fixe[1] ;
  - créances, 12 200 € ; exonération de droit fixe[1] ;
  - brevet, 30 500 € ; exonération de droit fixe[1] ;
  - stocks de marchandises : 1 500 € ; la TVA ne sera pas exigible[2].

– à titre pur et simple :
  - le reste du stock : 51 900 €, TVA non exigible[2] ;
  - le fonds de commerce : 51 840 € (27 440 + 24 400), exonération de droit proportionnel[1] ;
  - immeuble : 298 400 €, exonération de droits d'enregistrement[1].

> **Remarque :** Lorsqu'un immeuble fait l'objet d'un apport en société non soumis à la TVA, cet apport entraîne en principe pour l'apporteur le reversement de la TVA initialement déduite lorsqu'il se situe dans les 20 ans de l'acquisition.
> Cependant il n'y a pas de reversement lorsque l'apporteur transmet une universalité de biens, notamment lors de la transmission de l'ensemble d'une entreprise, mais l'acquéreur (la société bénéficiaire) doit reprendre les obligations de l'apporteur en matière de TVA.

d) Montant total des droits

Apporteurs	Droits fixes	Droits proportionnels
Moulin		
SARL Burodécor		738 €
Destrée		

Le total des droits à payer s'élève à 738 €.

Question 2

Le paiement des droits est effectué avec la formalité de l'enregistrement, c'est-à-dire le 01.05.N (le délai normal d'enregistrement est d'un mois).

C'est la SA Florian qui doit payer les droits, mais le cédant (l'apporteur) est solidaire du paiement. L'administration fiscale peut lui réclamer le paiement des droits en cas d'insolvabilité de Florian.

Ces droits seront portés par Florian en charges déductibles ou au compte « Frais de constitution » et amortis au maximum sur 5 ans.

(1) L'apporteur de l'entreprise individuelle, M. Destrée, s'est engagé à garder les actions Florian pendant 3 ans.
(2) Transmission d'une universalité (entreprise).

Remarque : Dans un but d'optimisation fiscale, les fondateurs d'une société ont intérêt à désigner dans les statuts, pour les apports mixtes, les biens qui seront apportés à titre onéreux. À défaut, l'administration considère que chaque bien est apporté pour partie à titre onéreux et pour partie à titre pur et simple, et effectue un calcul au prorata de chacun des deux types d'apports.

CAS 36 SA Selrou

Question 1

a) Au regard des droits d'enregistrement

M. Alain Selrou, entrepreneur individuel soumis à l'IR, réalise l'apport de son entreprise individuelle à la SA Selrou, société soumise à l'IS. La reprise intégrale de l'entreprise (actifs et passifs) sera qualifiée d'apport mixte, c'est-à-dire pour partie à titre onéreux et pour partie à titre pur et simple.

b) Au regard de la TVA

L'apport en société d'une entreprise individuelle correspond à la transmission d'une universalité de patrimoine (immeubles, biens corporels et incorporels, marchandises neuves...) pour laquelle l'apporteur bénéficie d'une dispense de taxation et/ou de régularisation du droit à déduction de la TVA.

La taxation et/ou les régularisations du droit à déduction incombent au bénéficiaire. Celui-ci est réputé poursuivre la personne de l'apporteur comme si ce dernier avait continué à exploiter lui-même les biens transmis.

Question 2

a) Détermination de la base taxable

Clientèle	13 000
Terrain + Construction	49 000
Matériels	11 700
Stocks	2 500
Créances	1 677
Disponibilités	2 284
Base taxable	80 161
À titre onéreux	26 651 (1)
À titre pur et simple	53 510

(1) Emprunt (18 525) + dettes fournisseurs (6 062) + dettes diverses (2 064).

Remarque : Lors de l'évaluation de la base taxable, on retient toujours la valeur vénale des biens, c'est-à-dire la valeur d'apport.

Le passif repris ne sert qu'à déterminer la partie des apports faits à titre onéreux. Il ne minore pas la base taxable.

b) Détermination des droits applicables

L'apporteur n'ayant pas pris l'engagement de conserver les actions remises en contrepartie de son apport pendant 3 ans, le calcul des droits est le suivant :

Sélection des biens	Montant	Droits Fixes	Droits proportionnels	TVA
Marchandises	2 500			0(1)
Créances	1 677	néant(2)		
Disponibilités	2 284	néant		
Fraction du fonds de commerce	20 190(3)		0(4)	
Total des apports à titre onéreux	**26 651**			
Fraction restante du fonds de commerce	4 510(3)		51(4)	
Biens immobiliers (terrain + construction)	49 000		2 450(5)	
Total des apports à titre pur et simple	**53 510**			
Total général	**80 161**	**0**	**2 501**	**490**

(1) Non exigée car il s'agit d'une transmission universelle de biens.

(2) Les créances ne font pas partie du fonds de commerce. L'apport à titre onéreux de créances est exonéré de droits.

(3) 26 651 – (2 500 + 1 677 + 2 284) = 20 190 €. Fraction restante du fonds réputée apportée à titre pur et simple : 24 700 – 20 190 = 4 510 €.

(4) Fraction du fonds de commerce exonérée jusqu'à 23 000 € et taxable à 3 % au-delà, soit : 20 190 × 0 % = 0 (24 700 – 23 000) × 3 % = 51 €.

(5) 49 000 × 5 % = 2 450 €.

Le total des droits d'enregistrement s'élève à 2 535 €.

Remarque : L'option pour le barème à titre onéreux en cas d'apports à titre pur et simple (quand les taux pratiqués en cas d'apport à titre onéreux sont inférieurs à ceux pratiqués en cas d'apport à titre pur et simple) ne présente plus d'intérêt. En effet, les cessions ou apports de fonds de commerce sont dorénavant taxés à 3 % pour la fraction excédant 23 000 €. De même, les ventes et les apports d'immeubles relèvent désormais du taux unique de 5 %. D'ailleurs, une autre répartition était possible, donnant le même montant de droits à payer :

- Marchandises, créances et disponibilités apportées à titre onéreux : voir ci-avant
- Terrain et construction apportés à titre onéreux : 20 190 × 5 % = 1 009,50 €
- Terrain et construction apportés à titre pur et simple :
  49 000 – 20 190 = 28 110 et 28 810 × 5 % = 1 440,50 €
- Fonds de commerce apporté à titre pur et simple :
  - fraction exonérée : 23 000 × 0 % = 0 €
  - fraction taxable : 1 700 × 3 % = 51 €

Total : 2 501,00 €

Le redevable des droits est le bénéficiaire de l'apport, c'est-à-dire la SA Selrou.

Question 3

Pour bénéficier de l'exonération des droits d'enregistrement sur la totalité de l'apport réalisé, M. Alain Selrou doit prendre l'engagement de conserver les titres reçus en contrepartie de son apport pendant 3 ans et les immeubles (terrain et construction), qui font ici partie de l'ensemble apporté, doivent être affectés à l'exploitation.

L'inconvénient réside principalement dans la rupture de l'engagement pris. En effet, si l'apporteur vient à revendre une quantité même minime des titres qu'il a reçus, il sera soumis aux droits d'enregistrement pour un montant de 2 501 €.

Remarque : L'engagement de conserver les titres pendant 3 ans ne constitue pas toujours la solution la plus optimale. En effet, avant de prendre cette décision, il faut tenir compte de la localisation des biens (exonération en zone de redynamisation, notamment), de la valeur du fonds de commerce, des modalités d'imputation des dettes et des possibilités de déduction totale ou par voie d'amortissement (comptabilisation en charges à répartir) des droits réclamés.

Question 4

a) Régime de droit commun

- *Détermination des plus ou moins-values*

Biens	LT		CT	
	PV	MV	PV	MV
Clientèle	13 000			
Terrain	1 580			
Construction			7 229	
Matériel industriel				2 320
Matériel de transport				2 507 (1)
Matériel informatique				3 542 (2)
Total	14 580	0	7 229	8 369
Soldes nets	14 580		- 1 140	
(1) 700 + 1 623 - 4 830				
(2) 2 000 + 97 - 5 639				

- *Détermination du résultat fiscal*

	Montant	Précisions
Résultat fiscal provisoire	23 436	
Plus-value nette à long terme	- 14 580	Sera imposée à 31,5 % (16 % + les prélèvements sociaux) sous déduction des MVNLT antérieures. La PVLT sur le terrain fera l'objet d'un abattement égal à 6 % par an de la 5ᵉ à la 21ᵉ année de détention et 4 % pour la 22ᵉ année (la PV étant totalement exonérée à l'IR au terme de 22 ans de détention).
Moins-value nette à court terme	0	Déjà incluse dans le résultat
Résultat fiscal (BIC)	8 856	

Remarque : Pour les entreprises non soumises à l'IS, les PVNCT bénéficient de l'étalement de leur imposition sur trois ans. Il convient cependant de préciser que cette faculté n'est pas ouverte en cas de liquidation, de transmission et d'apport en société.

b) Régime des plus-values des petites entreprises

Les exploitants individuels et les sociétés de personnes exerçant une activité industrielle, commerciale, artisanale, agricole ou libérale et relevant de l'impôt sur le revenu, peuvent bénéficier d'une exonération totale d'impôt sur leurs plus-values professionnelles.

L'article 151 *septies* fixe les conditions de cette exonération :

- chiffre d'affaires inférieur à 250 000 € HT[1] (ventes) ou 90 000 € HT[1] (services) ;
- l'activité professionnelle doit être exercée depuis 5 ans au moins ;
- l'élément cédé ne peut pas être un terrain à bâtir (sa cession relevant du régime des plus-values des particuliers).

M. Selrou pourrait *a priori* bénéficier de ce régime et être exonéré de taxation sur la plus-value à long terme puisqu'il respecte les conditions édictées par le CGI.

Comme précédemment le résultat fiscal reste inchangé car ce régime ne concerne que les plus-values.

Question 5

Montant de l'apport à titre pur et simple :

53 510 €	(Voir question 2)
+ 490 €	On tient compte du montant de la TVA.
54 000 €	

M. Selrou recevra : 360 titres (54 000/150) de la SA Selrou en rémunération de son apport.

(1) Il s'agit d'un chiffre d'affaires annuel moyen calculé au cours des deux années civiles précédant l'exercice de réalisation des plus-values. L'exonération est partielle lorsque les recettes excèdent ces seuils, sans dépasser respectivement 350 000 € et 126 000 €.

CORRIGÉS

Chapitre 20
La fiscalité locale

CAS 37 Entreprise Liméreau

Question 1

Calcul de la valeur ajoutée (au sens de la CVAE) :

707 - Ventes de marchandises :	2 501 500
7097 - RRR accordés sur ventes de marchandises :	- 1 500 €
CAHT au sens de la CVAE :	2 500 000 €
722 - Production immobilisée (charges déductibles de la VA) :	2 000 €
Total des produits	**2 502 000 €(A)**
601 - Achats de matières premières :	4 000 €
6031 - Variation des stocks de matières premières :	- 1 000 €
6037 - Variation des stocks de marchandises :	100 000 €
6061 - Fournitures non stockables (eau, énergie) :	50 000 €
6068 - Autres matières et fournitures :	5 000 €
607 - Achats de marchandises :	800 000 €
615 - Entretien et réparations :	20 000 €
616 - Primes d'assurances :	6 500 €
6226 - Honoraires :	2 000 €
6231 - Annonces et insertions :	3 800 €
6236 - Catalogues et imprimés :	3 700 €
626 - Honoraires :	1 200 €
Total des charges déductibles :	**995 200 € (B)**

Valeur ajoutée = A - B = 2 502 000 - 995 200 = 1 506 800 €

Question 2

La cotisation due au titre de la valeur ajoutée est égale à une fraction de cette valeur ajoutée pour les entreprises réalisant un chiffre d'affaires (au sens de la CVAE) supérieur à 152 500 €.

La CVAE est obtenue en multipliant cette valeur ajoutée par un taux unique égal à 1,5 %. Les entreprises dont le chiffre d'affaires n'excède pas 50 000 000 € peuvent imputer un dégrèvement.

- Calcul du dégrèvement :

Le CAHT au sens de la CVAE (2 500 000 €) est compris entre 500 000 € et 3 000 000 €, le taux (T)(1) du dégrèvement variable est le suivant :

0,5 % × (montant du CAHT - 500 000 €)/2 500 000 €

et le montant du dégrèvement est égal à : VA × (1,5 % - T).

- Montant du dégrèvement variable de la SNC Liméreau :

T = 0,5 % × (2 500 000 - 500 000)/2 500 000 = 0,4 %

Montant du dégrèvement = 1 506 800 x (1,5 % - 0,4 %) = 16 575 €	
CVAE brute = 1 506 800 × 1,5 % =	22 602 €
Dégrèvement variable :	- 16 575 €
Dégrèvement fixe (CAHT > 2 000 000 €) :	0 €
CVAE nette (calcul direct : 1 506 800 × 0,4 %) :	6 027 €
Frais de gestion perçus par l'État (1 % × 6 022) :	60 €
CVAE à payer au titre de l'exercice N :	6 087 €

Question 3

Cette CVAE sera télépayée intégralement en mai N+1 (CVAE N-1 < 3 000 €).

CAS 38 Société Lecomte

Question 1

CET à plafonner = CFE (hors CCI) + CVAE = (40 000 + 25 000) + 23 028 = 88 028 € (A)

Plafond en fonction de la VA = 3 % × 2 000 000 = 60 000 € (B)

Dégrèvement = A - B = 88 028 - 60 000 = 28 028 €

Question 2

Le plafonnement en fonction de la valeur ajoutée n'est pas accordé d'office par l'administration fiscale, il doit faire l'objet **d'une demande contentieuse** de la part de l'entreprise concernée. Cette réclamation doit être adressée, avant le 31 décembre N + 1, au service des impôts dont relève le principal établissement de l'entreprise.

Question 3

Le dégrèvement lié au plafonnement en fonction de la valeur ajoutée fait l'objet d'un **remboursement** dans les 6 mois suivant le dépôt de la demande de plafonnement.

(1) Le taux (T) doit être exprimé en pourcentage et arrondi au centième le plus proche.

Cependant, et sous la responsabilité de l'entreprise, il est possible **d'imputer** par anticipation le dégrèvement prévu au titre de l'année **N sur La CFE** de l'année N. Si le dégrèvement prévu se révèle supérieur au dégrèvement effectif, une **majoration de 10 % pour paiement tardif** est applicable aux sommes non réglées.

Chapitre 21 L'impôt de solidarité sur la fortune

Exercice d'application

CAS 39 Époux du Fermoir de Monsacq

Question 1

L'immeuble peut être qualifié de bien professionnel pour son propriétaire et exonéré d'ISF, à hauteur de : 610 000 × 3/4 × 70 % = 320 250 €.

Les conditions à respecter sont les suivantes :

- Les actions détenues par YHUFM sont des biens professionnels exonérés d'ISF (voir question 3) ;
- l'immeuble est nécessaire à l'activité industrielle, commerciale, artisanale, agricole ou libérale exercée par la société d'exploitation ;
- il est loué à celle-ci par son propriétaire.

Pour le quart restant, il peut déduire un abattement de 30 % de la valeur de l'immeuble occupé comme résidence principale :

610 000 × 1/4 × 30 % = 45 750 €.

La valeur totale de l'immeuble rentrant dans le champ d'application de l'ISF sera :

610 000 - 320 250 - 45 750 = 244 000 €.

Question 2

Les parts sociales de sociétés de personnes non soumises à l'IS sont considérées comme des biens professionnels pour leur propriétaire, à la condition que ce dernier y exerce son activité professionnelle principale (CGI, art. 885-O).

YHUFM n'exerçant pas d'activité professionnelle dans la SNC, ses parts ne sont pas considérées comme des biens professionnels. Il devra les intégrer dans son patrimoine imposable à l'ISF. Il pourra cependant bénéficier d'une exonération partielle, s'il signe un « pacte Dutreil » portant sur au moins 34 % des parts sociales.

Question 3

Les actions d'une SA sont des biens professionnels pour leur propriétaire si ce dernier remplit les conditions cumulatives suivantes (CGI, art. 885-O bis) :

- exercer effectivement une fonction de dirigeant dans la société en question ;
- posséder 25 % au moins des actions (directement ou par l'intermédiaire de sa famille).

À la suite de la vente, les époux de Monsacq détiendront moins de 25 % des actions. Elles seront alors imposables dans le cadre de l'ISF.

L'immeuble donné en location à hauteur des 3/4 à la SA dont YHUFM est PCA (voir question 1) ne pourrait plus être considéré comme un bien professionnel. La fraction d'exonération précédemment calculée deviendrait donc imposable.

Question 4

Réponse exacte.

Calcul effectué par YHFM (en appliquant les formules de calcul rapide) :

ISF théorique : (2 270 000 × 0,7 %) – 6 600 = 9 290 €

ISF à payer : [(2 270 000 - 9 290) × 0,7 %] - 6 600 = 9 225 €

> **Remarque :** L'ISF théorique est à déduire du patrimoine taxable.

Question 5

Dans le cadre de l'ISF, YHUFM ne peut pas bénéficier d'une réduction pour sa mère à charge.

Question 6

La mère d'YHUFM ne fait pas partie du foyer fiscal de son fils. Ses biens ne doivent pas être pris en considération pour la détermination de l'ISF de Yves-Hubert.

Question 7

Les biens dont la propriété a été démembrée doivent être pris en compte pour leur valeur en pleine propriété dans le patrimoine de l'usufruitier lorsque le démembrement provient de son initiative (à la suite d'une donation par exemple). En conséquence, YHUFM n'a pas à inclure ce bien dans son patrimoine taxable. La résidence secondaire sera comprise dans le patrimoine taxable de Madame Anémone du Fermoir de Monsacq.

> **Remarque :** L'abattement de 30 % admis par l'administration fiscale ne s'applique qu'à la résidence principale (voir la réponse de la question 1).

Question 8

L'ISF porte sur le patrimoine net évalué au 1er janvier de l'année mais toutes les dettes ne sauraient venir en déduction.

Pour être déductible, la dette doit :

- exister au 1er janvier de l'année d'imposition ;
- être à la charge personnelle du contribuable ;
- être justifiée.

CORRIGÉS

a) Dette relative à l'emprunt immobilier

La dette existe au 01.01.N+2 et concerne un bien acquis par YHUFM. Elle peut être justifiée par le contrat de prêt immobilier souscrit.

Le montant de 49 496 € viendra en déduction pour le calcul du patrimoine imposable à l'ISF.

b) Caution au profit de son fils

YHUFM s'est porté caution. Il sera appelé au paiement de l'emprunt contracté, si son fils ne rembourse pas la somme due. Pour l'instant, la mise en jeu de la caution est incertaine. Elle ne peut donc pas venir en déduction du patrimoine imposable.

c) Reconnaissance de dette

Les dettes consenties au profit d'héritiers ou de personnes interposées sont présumées fictives. En conséquence, elles ne sont pas déductibles du patrimoine taxable à l'ISF.

Cependant, la reconnaissance de dette aurait pu être déduite par YHUFM si elle avait été rédigée par un notaire ou si elle avait été présentée à l'enregistrement et acquis ainsi date certaine.

d) Dette relative à l'agrandissement des bureaux de la SA

Il s'agit d'une dette professionnelle puisqu'elle figure au bilan de la SA ; elle ne peut donc pas venir en déduction du patrimoine taxable à l'ISF.

e) Dettes relatives aux impôts

Les dettes d'impôts (IR, ISF...) et de taxes (d'habitation, foncière...) sont admises en déduction du patrimoine à condition que le fait générateur se situe au plus tard au 1er janvier de l'année d'imposition.

Pour l'IR, le fait générateur est fixé au 31 décembre de l'année au titre de laquelle l'impôt est établi. L'ISF est dû sur le patrimoine existant au 1er janvier de l'année d'imposition. La taxe d'habitation concerne l'occupant au 1er janvier. En conséquence, les dettes d'impôts prévues pour 45 089 € peuvent légalement venir minorer le patrimoine personnel taxable de YHUFM.

Question 9

Les actions des sociétés anonymes soumises à l'IS sont qualifiées de biens professionnels et exonérées d'ISF à condition que cumulativement :

- le propriétaire exerce de façon effective la fonction de président du conseil d'administration ou président du conseil de surveillance ou soit membre du directoire ;
- la rémunération du propriétaire soit normale et représente plus de la moitié des revenus professionnels ;
- la participation représente 25 % des droits de vote et financiers des titres émis par la société.

Ces conditions sont remplies pour M. Verdo mais sa participation n'est pas intégralement exonérée d'ISF car la valeur des droits sociaux n'est prise en considération au titre des biens professionnels que dans la mesure où elle correspond à l'actif professionnel de la société.

Les biens professionnels s'entendent de ceux qui sont utilisés effectivement pour les besoins de l'activité professionnelle.

La participation de M. Verdo est représentative de biens qui ne sont pas totalement professionnels et dont une partie est taxable à l'ISF. La valeur totale de la participation est de 1 500 000 €

(5 000 000 × 30 %) et la fraction exonérée est de 1 275 000 € (1 500 000 × 3 825 000/4 500 000). En conséquence, la fraction taxable s'élève à 225 000 € (1 500 000 - 1 275 000).

M. Verdo doit déclarer en juin N un patrimoine imposable de 2 000 000 € (1 775 000 + 225 000).

Chapitre 22 IR, IS petites et moyennes entreprises et entreprises nouvelles

Exercices d'application

CAS 40 Entreprise Blériaud

Question 1

La SA Blériaud remplit effectivement les conditions pour bénéficier du dispositif en faveur des PME :

- son chiffre d'affaires HT est inférieur à 7 630 000 € ;
- elle est détenue directement à plus de 75 % par des personnes physiques ;
- son capital est entièrement libéré.

Question 2

L'entreprise Blériaud est détenue par une société réalisant un chiffre d'affaires de 6 090 000 € et est contrôlée à 90 % par la famille Blériaud.

L'entreprise Blériaud pourra bénéficier du dispositif car :

- son chiffre d'affaires HT demeure inférieur à 7 630 000 € ;
- son capital est entièrement libéré ;
- la société qui contrôle la SA Blériaud respecte elle-même les conditions tenant à la libération du capital, à la détention du capital ainsi qu'au chiffre d'affaires HT.

> **Remarque :** Le dispositif est ouvert aux sociétés détenues de manière continue à 75 % au moins par des personnes physiques ou par une société respectant elle-même les mêmes conditions de détention du capital.

Question 3

Éléments	Réintégrations	Déductions
• Résultat comptable avant impôt	691 250	
• Écart d'évaluation positif SICAV : 100 × (1 100 - 1 080)	2 000	
• Distribution Gary[1] : 73 750 × 40 %		29 500
• Perte fiscale Gary[2] : 82 000 × 40 %		32 800
• Allocations forfaitaires M. Laugut[3]	5 500	
• Intérêts du compte courant bloqué de M. Blériaud	5 250	
• PVNLT		50 000
Total	704 000	112 300
Résultat fiscal		591 700

(1) Ce bénéfice distribué a été comptabilisé en produits financiers par la SA Blériaud. Il a été fiscalement appréhendé (c'est-à-dire intégré au résultat fiscal) par cette dernière le 31.12.N-1. Il doit être déduit en N.

(2) Application du régime de la transparence fiscale. La perte réalisée au 31.12.N par la SNC Gary est déductible du résultat fiscal N de la SA Blériaud..

(3) Application de la règle de non-cumul.

Question 4

Afin d'optimiser le montant de son impôt, l'entreprise devra procéder de la façon suivante :

Éléments	Calculs	Montants
IS au taux réduit PME de 15 %	15 % × 38 120	5 718
IS au taux réduit de 28 %	(75 000 - 38 120) × 28 %	10 326
IS au taux normal à 33,1/3 %	(591 700 - 75 000)/3	172 233
IS au taux réduit PVNLT	15 % × 50 000	7 500
	Impôt à payer	195 777

Remarque : La SA Blériaud est exonérée de la contribution sociale de 3,3 %. Les conditions d'exonération de cette contribution sont les mêmes que celles nécessaires pour bénéficier du régime d'imposition à taux réduit des bénéfices.

CAS 41 Entreprise Didier

Question 1

M. Didier est exploitant individuel et, à ce titre, le bénéfice tiré de son exploitation figure dans la catégorie des BIC de l'impôt sur le revenu. Il sera imposé selon le barème progressif de l'IR. Les plus-values à long terme réalisées seront imposées à l'IR mais au taux proportionnel de 16 % hors majorations.

L'adhésion à un centre de gestion agréé permet à M. Didier de ne pas supporter la majoration de 25 % de son bénéfice imposable.

Analyse des cessions

- *Cessions des 200 actions GT au cours de 67 €*

Les titres cédés se rattachent à un lot acquis depuis plus de 2 ans. En conséquence, ils sont considérés fiscalement comme des immobilisations. Toutefois, n'étant pas des titres de participation (ils sont inscrits au compte n° 503), la méthode d'évaluation de la valeur comptable des titres cédés est le PEPS.

Actions vendues achetées en N-7 : 160 × (67 - 35) = 5 120 € PVLT (durée de détention 2 ans et plus).

Actions vendues achetées en N-1 : 40 × (67 - 52) = 600 € PVCT (durée de détention moins de 2 ans).

- *Cession de la machine le 01.07.N*

Valeur nette fiscale = 14 500 - 9 446 = 5 054 € (A)

Pour le calcul de la VNF, il faut retenir les amortissements fiscaux jusqu'à la date de la cession (amortissement dégressif sur 5 ans avec un coefficient de 1,75).

Le prix de cession est 14 579 € HT (B).

Résultat de cession = B - A = 9 525 € PVCT (il s'agit d'un bien amortissable et la durée de détention est de 2 ans et plus, la plus-value est à court terme, dans la limite des amortissements fiscaux pratiqués).

- *Calcul des soldes nets*

Élément	CT		LT	
	PV	MV	PV	MV
Cessions des actions GT	600		5 120	
Cession de la machine	9 446		79	
Reprise de dépréciation des VMP (en BIC, suit le régime des PVLT)			2 750	
Totaux	10 046		7 949	
Solde net	**PVNCT = 10 046**		**PVNLT = 7 949**	
Régime fiscal	Produit imposable immédiatement Option : étalement de l'imposition sur 3 ans (solution adoptée pour M. Didier)		Produit imposable à 16 % plus majorations.	

Le résultat fiscal N de l'entreprise individuelle se détermine de la façon suivante :

Éléments	Montants	Réintégrations	Déductions	Précisions
Résultat comptable avant impôt	24 006	24 006		
Dividendes nets perçus de diverses sociétés françaises cotées, participations < à 5 %	10 027		10 027	Ils sont déduits pour être imposés en RCM.
PVNCT (N)	10 046		6 697	Imposition étalée sur 3 ans, soit à déduire : 10 046 × 2/3 = 6 697
PVNLT (N)	7 949		7 949	Elle est imposée séparément à 16 %, donc à déduire pour le calcul du résultat fiscal.
Plus-value nette à CT de l'exercice précédent	9 231	3 077		Imposition de 1/3 de la plus-value nette à court terme de l'exercice N-1.
Rémunération de l'exploitant	17 145	17 145		Rémunération non déductible car considérée comme un prélèvement anticipé de bénéfice.
Amortissement de la camionnette de l'entreprise	2 130			Normalement déductible, véhicule utilitaire
Amortissement N de la Mercedes de M. Didier (valeur d'origine TTC 36 775 €)	7 355	3 695		Amortissement déductible calculé sur la base d'une valeur d'origine TTC de 18 300 €. Amortissement excédentaire : (36 775 – 18 300)/5
Gains latents sur actions de SICAV	425			Les entreprises relevant de l'IR ne sont pas soumises à la règle de prise en compte des écarts d'évaluation annuels constatés sur les titres d'OPCVM. Ces gains n'étant pas comptabilisés, il n'y a donc pas de correction extracomptable à effectuer.
Total		47 923	24 673	
	Résultat fiscal		23 250	

Question 2

a) Indication des différents revenus catégoriels et calcul du montant global d'impôt dû par le couple Didier

Catégories	Montants	Précisions
Revenus		
Traitements et salaires Base imposable annuelle : Déduction forfaitaire de 10 % (maximum : 12 183)	15 750 1 914	Pas d'option pour les frais réels
Revenu net imposable (1)	14 175	
Revenus des capitaux mobiliers Dividendes reçus Abattement de 40 %	10 027 4 011	
RCM nets imposables (2)	6 016	
Revenus fonciers Loyers encaissés et déclarés Abattement de 30 %	5 401 - 1 620	En l'absence d'option, les revenus fonciers sont imposables selon le régime du micro-foncier lorsque le revenu brut n'excède pas 15 000 €
Revenus fonciers nets imposables (3)	3 781	
Revenus et plus-values des professions non salariées Revenus industriels et commerciaux professionnels : • Résultat fiscal • Majoration 1,25	 23 250 néant	M. Didier est adhérent d'un CGA
BIC nets imposables (4)	23 250	
Plus-value brute à long terme	7 949	5 120 + 2 750 + 79
Plus-value de cession taxable à 16 %	7 949	
Revenu brut global (1) + (2) + (3) + (4)	47 222	(14 175 + 6 016 + 3 781 + 23 250)
CSG déductible sur revenus du patrimoine	1 884	
CHARGES À DÉDUIRE		
Pension alimentaire déductible	2 450	Versée au fils majeur du couple (maximum 5 738 €)
REVENU NET GLOBAL	42 888	Arrondi à l'euro le plus proche
Quotient familial : 42 888/2,5	17 155	N = 2,5 (couple + un enfant à charge)
IMPÔT BRUT (A)	2 606	(42 888 × 14 %) - (1 359,40 × 2,5)
RÉDUCTIONS		
Enfant à charge poursuivant des études	153	Les époux ont un fils scolarisé en lycée
Total des réductions (B)	153	
Crédit d'impôt sur dividendes : 21 % (C)	2 665	(10 027/79 %) × 21 %
Impôt sur les plus-values à taux forfaitaire (D)	1 272	(7 949 × 16 %)
IMPÔT DÛ (A - B - C + D)	1 060	

CORRIGÉS

Remarque : Le plafonnement du quotient familial pour les époux Didier ne s'applique pas :

- Impôt brut : 2 606 (A)
- Impôt brut calculé en retenant uniquement 2 parts (mariés) :
  (42 888/2) = 21 444, soit : (42 888 × 14 %) - (1 359,40 × 2) = 3 285 (B)
- Avantage résultant de la 1/2 part supplémentaire pour enfant :
  1 × 1 512 € = 1 512 (C)
- Différence B - C : 1 773 (D)

A étant supérieur à D, l'impôt est égal au montant A.

M. Didier devra par ailleurs acquitter au titre de la CSG (8,2 %), de la CRDS (0,5 %) du prélèvement social (4,5 %) et des CAPS (0,3 % et 2 %), un montant de 3 372 € dont 704 € déductibles au titre de la CSG sur les revenus du patrimoine :

• PVNLT :	7 949 × 15,5 % = 1 232 €	dont CSG déductible :	0 €[1]
• RCM et RF :	(10 027 + 3 781) × 15,5 % = 2 140 €	dont CSG déductible :	704 €[1]
	Total : 3 372 €		704 €

Les prélèvements sociaux sur les revenus mobiliers ont été précomptés pour être versés à l'état par l'organisme payeur au moment du paiement des revenus mobiliers.

b) Caractéristiques et fiscales de la SARL de famille par rapport à la SARL classique

SARL classique	SARL de famille
• Imposition à l'IS au taux de droit commun (33,1/3 %) ou à un taux réduit sur une fraction des bénéfices (38 120 € maximum) si la société est une PME[1]. • Les bénéfices distribués sont imposés en RCM. • La rémunération du gérant est déductible.	• Identiques à ceux des SARL classiques. Mais la société peut opter pour le régime fiscal des sociétés de personnes sous deux conditions : – l'activité doit être de nature industrielle, commerciale ou artisanale ; – la société doit être composée uniquement de parents en ligne directe, ou de frères et sœurs ou de conjoints. *NB* : l'option est révocable une fois sans pouvoir être à nouveau exercée ultérieurement. • Si option pour l'IR : – imposition des bénéfices réalisés (BIC, BNC, BA selon activité exercée) ; – la rémunération du gérant n'est pas déductible ; – pas de majoration de 25 % de la quote-part de bénéfice revenant à chaque associé.
(1) Voir rappel de cours.	

(1) La CSG sur les revenus du patrimoine (à l'exclusion de celle sur les plus-values taxées à 16 %) est déductible à hauteur de 5,1 % du revenu global imposable à l'IR de l'année de son paiement.

La SARL de famille au sens fiscal permet d'opter pour le régime fiscal des sociétés de personnes. Néanmoins, cette option ne modifie pas les règles juridiques. En effet, la mise en réserve légale des bénéfices reste une obligation prévue par le Code de commerce puisque, dans tous les cas, les associés ont une responsabilité limitée aux apports.

c) Conséquences sur le régime de TVA

Que la société créée soit soumise à l'IR ou à l'IS, le régime d'imposition est déterminé par le montant du chiffre d'affaires réalisé. Il s'établit globalement à 150 410 € pour l'année N. M. Didier n'ayant formulé aucune option, il relève de plein droit du RSI.

Créer une société soumise à l'IS ne remet pas en cause le régime d'imposition à la TVA.

d) Calcul du résultat fiscal de N dans l'hypothèse où l'entreprise serait soumise à l'IS et incidence de cette option par rapport à l'imposition personnelle des époux Didier

Éléments	Montants	R	D	Précisions
Résultat comptable avant impôt	24 006	24 006		
Amortissement N de la Mercedes de M. Didier (VO TTC = 36 775 €)	7 355	3 695		Partie excédentaire : (36 775 - 18 300) × 0,2
Gains latents sur actions de SICAV	425	425		Les écarts d'évaluation positifs non comptabilisés sur les titres d'OPCVM sont imposables dans les entreprises soumises à l'IS. En conséquence, il faut les réintégrer fiscalement.
Total		28 126	0	Le régime des plus-values professionnelles n'est pas applicable ici. (28 126 × 15 %)
Résultat fiscal(1)			28 126	
Impôt à 15 % (max = 38 120 €)			4 219	
IS dû total(2)			4 219	

(1) Le résultat fiscal peut également être obtenu de façon différentielle :

	Base BIC/IR :	*23 250 €*	voir question 1
+	Dividendes :	10 027 €	normalement imposables
+	Reprise de dépréciation :	2 750 €	normalement imposable
+	PVCT et LT de cession :	11 896 €	(6 697 + 5 199) normalement imposables
+	Écarts d'évaluation positifs sur SICAV :	425 €	imposables à l'IS
-	Rémunération :	17 145 €	déductible à l'IS
-	PVCT de N-1 :	3 077 €	pas d'étalement à l'IS
	Total :	28 126 €	

(2) L'entreprise Didier n'est pas soumise à la contribution sociale de 3,3 %.

Le résultat net comptable s'établit à 19 787 € (24 006 - 4 219) et 18 797 € [19 787 - (5 % × 19 787)] seront distribués aux époux après dotation à la réserve légale. Cette somme sera imposée en RCM. La SARL devra précompter et verser à l'État le prélèvement à la source de 21 %, soit 21 % × 18 797 = 3 947 €, et verser aux époux Didier 18 797 - 3 947 = 14 850 €.

Catégories	Montants	Précisions
Produits		
Traitements et salaires(1)	14 715	Idem question 2 *a)*
RCM dividende des parts de la SARL Didier (2)	8 910	14 850 – (14 850 × 40 %)
Revenus fonciers (3)	3 781	Idem question 2
Revenus des gérants (4)	15 431	(17 145 × 0,9)
Revenu brut global (1) + (2) + (3) + (4)	42 837	
CSG déductible (1)	1 884	
Charges à déduire		
Pension alimentaire déductible	2 450	Idem précédemment
Revenu net global	38 503	Arrondi à l'euro le plus proche
Quotient familial	15 401	38 503/2,5
Impôt brut (A) (2)	1 992	(38 503 × 14 %) – (1 359,40 × 2,5)
Réduction frais de scolarité (B)	153	Voir question 2 *a)*
Crédit d'impôt sur dividendes : 21 % (C)	1 862 (3)	
Impôt dû (A – B – C)	0	

(1) La CSG déductible de 1 884 € a été calculée sur les revenus de N-1 et payée en N à l'exception de celle sur les revenus mobiliers précomptée en N et déductible en N. Cette somme est imputable sur le revenu global soumis à l'IR de l'année N.
(2) Le plafonnement du quotient familial ne s'applique pas.
(3) L'excédent non imputé sera remboursé par l'État.

Le couple devra en plus acquitter sur les revenus du patrimoine (RCM et RF) un montant de 3 500 € [(3 781 + 18 797] × 15,5 % au titre de la CSG, de la CRDS et du prélèvement social. Une somme de 193 € (3 781 × 5,1 %) sera déductible immédiatement du revenu imposable à l'IR.

Éléments de comparaison	Question 2) a)	Question 2) d)
Impôt sur les sociétés (A)	0	4 219
Impôt sur le revenu dû (B)	1 060	0
CSG, CRDS, PS (C)	2 668	3 307
Total (A + B + C)	3 728	7 526

Le choix du régime de l'IS aurait pour conséquence de réduire l'impôt sur le revenu des époux Didier. Cependant, le total d'impôt est plus élevé.

Question 3

Les réponses aux questions précédentes montrent que M. Didier a intérêt, en créant sa SARL, à opter pour le régime fiscal des sociétés de personnes : le total d'impôts et de contributions est globalement moins élevé.

Pour pouvoir formuler cette option fiscale, M. Didier devra respecter les conditions de parenté posées par le CGI pour les associés (voir question 2.b) pour les SARL de famille au sens fiscal et surtout ne pas associer un tiers ou un membre de famille trop éloigné.

La répartition des parts entre sa femme et ses enfants lui permettrait de respecter à la fois le qualificatif de SARL de famille et de gérant majoritaire(1).

Cependant, ce qui peut paraître avantageux en terme d'impôt peut générer d'autres difficultés. En effet, le choix d'une forme juridique et de la qualité des associés ne repose pas uniquement sur le seul paramètre fiscal.

Il conviendrait de poursuivre cette étude par l'analyse du contrat de mariage de M. Didier et des clauses à prévoir(2) et de simuler une projection de résultats pour les cinq années à venir afin de confirmer l'intérêt du régime de l'IR sur l'IS.

CAS 42 SA Microsys

Question 1

Il faut distinguer plusieurs catégories de règles.

a) Conditions relatives à la forme juridique et à l'activité exercée

- Le régime est susceptible de s'appliquer quelles que soient la forme juridique et l'activité, sauf exception.
- L'activité doit être réellement nouvelle.
- L'entreprise doit être soumise à un régime réel d'imposition.
- Si l'entité créée est une société, le capital doit être détenu au moins à 50 % par des personnes physiques.

b) Conditions temporelles et spatiales

- Le dispositif s'éteint le 31.12.2020.
- Il ne s'applique que dans certaines zones du territoire.

La SA Microsys bénéficie du régime des entreprises nouvelles puisqu'elle remplit l'ensemble des critères. En effet, elle est implantée dans une zone d'aide à finalité régionale (AFR), son capital est détenu à plus de 50 % par des personnes physiques et relève de plein droit du régime réel simplifié d'imposition (CA HT total compris entre 82 800 et 789 000 € dont prestations de services compris entre 33 100 et 238 000 €). Elle peut en conséquence être exonérée sur une fraction des bénéfices imposables.

Question 2

Éléments	N/N+1	N+1/ N+2	Observations
Résultat avant impôt	- 6 085	11 163	
Pertes latentes sur SICAV	- 4 367	- 5 106	Les écarts d'évaluation négatifs sont déductibles de façon extra-comptable. La provision correspondante doit être réintégrée.
Dotations aux dépréciations	4 367	739	

☞

(1) Les parts du fils majeur ne sont pas prises en compte pour la qualification de gérant majoritaire.

(2) Dans l'hypothèse d'une association avec son épouse. Il serait aussi possible d'envisager d'autres membres de la famille.

Éléments	N/N+1	N+1/ N+2	Observations
Dividendes relevant du régime des sociétés mères	- 4 720	- 5 520	Non imposables, à déduire du résultat fiscal.
Quote-part de frais et charges	236	276	4 720 × 5 % pour N 5 520 × 5 % pour N+1
Jetons de présence excédentaires	3 332	3 402	Ils sont déductibles dans la limite de 5 % de la moyenne des rémunérations versées aux 5 ou 10 personnes les mieux rémunérées de l'entreprise, multipliée par le nombre de membres du conseil d'administration (7 personnes).
Provision pour indemnités de licenciement économique		16 216	Seules les provisions pour indemnités de licenciement pour motif personnel sont admises en déduction du résultat fiscal
Autres déductions fiscales	- 703		
Déficit à imputer		- 7 940	L'entreprise reporte en avant ses déficits.
Résultat fiscal	- 7 940	13 230	

Question 3

Compte tenu de la date de clôture de l'exercice comptable, l'échéancier des acomptes est le suivant :

Acomptes	Date limite	Résultat de référence
1	15.09.N+1	Résultat fiscal de N-1/N
2	15.12.N+1	Résultat fiscal de N/N+1
3	15.03.N+2	*Idem*
4	15.06.N+2	*Idem*
1	15.09.N+2	*Idem*
2	15.12.N+2	Résultat fiscal de N+1/N+2
3	15.03.N+3	*Idem*
4	15.06.N+3	*Idem*

Les exonérations prévues pour le régime des entreprises nouvelles s'appliquent au montant des acomptes. L'entreprise relève encore de ce régime pour l'exercice N+1/N+2, elle sera exonérée à hauteur de 25 %.

a) Acomptes payés durant l'exercice allant du 1.07.N+1 au 30.06.N+2

Acompte	Date	Bénéfice fiscal (1)	Taux	Montant	Payé
1	15.09.N+1	20 604 €	8,33 %	1 717 €	1 717 €
2	15.12.N+1	} néant car déficit de 7 940 €	8,33 %	} 0 €	0 €
3	15.03.N+2		8,33 %		0 €
4	15.06.N+2		8,33 %		

(1) 27 472 × 0,75 = 20 604 € (régime des entreprises nouvelles).

Seul le premier acompte est payé.

Remarque : La société Microsys ne paie pas d'IFA, car son CA HT est inférieur à 15 000 000 €.

b) Calcul du solde de l'IS de l'exercice clos le 30.06.N+1

Le solde d'IS de l'exercice clos le 30.06.N+1 doit être payé avant le 15.10.N+1. L'exercice clos le 30.06.N+1 a dégagé un déficit fiscal. L'entreprise n'a pas à payer d'IS. Elle est aussi exonérée de la contribution sociale de 3,3 %.

Sauf décision d'imputation sur les impôts futurs, les acomptes payés lui seront d'office remboursés dans les 30 jours pour les montants suivants.

Acomptes payés durant l'exercice N/N+1 (du 1.07.N au 30.06.N+1) :

- au titre des acomptes d'IS : 27 472 € × 50 % × 1/12 × 4 = 4 580 €
- au titre de la contribution sociale (IS N/N+1 < 763 000 €) : néant

c) Acomptes payés durant l'exercice allant du 01.07.N+2 au 30.06.N+3

Acompte	Date	Bénéfice fiscal[1]	Taux	Montant	Payé
1	15.09.N+2	- 7 940	8,33 %	0	0
2	15.12.N+2	13 230	8,33 %	2 205	2 205
3	15.03.N+3	13 230	8,33 %	1 103	1 103
4	15.06.N+3	13 230	8,33 %	1 103	1 103

(1) L'entreprise Microsys n'est plus exonérée au titre des entreprises nouvelles.

d) Calcul du solde de l'IS de l'exercice clos le 30.06.N+2 payable le 15.10.N+2

- Bénéfice fiscal : 13 230 €
- IS dû sur ce bénéfice : 13 230 /3 = 4 410 €
- Acomptes payés : - 1 717 €

IS à payer avant le 15.11.N+2 : 2 693 €

La SA Microsys est exonérée de la contribution sociale de 3,3 % car son IS est < 763 000 €.

Chapitre 23 Le contrôle fiscal

Mini-cas d'évaluation

1 Réponse *C.*

Le contrôle sur pièces s'exerce dans les locaux de l'administration fiscale (centre des impôts). Tous les éléments de la déclaration sont vérifiés par les agents des impôts, à l'aide des renseignements et documents figurant dans le dossier du contribuable. L'objectif de ce contrôle est de sélectionner les dossiers nécessitant un contrôle plus approfondi. Face à l'accroissement du nombre de contribuables, l'administration fiscale a mis en place un contrôle sélectif des déclarations.

La réponse *B* correspond au contrôle formel.

Le contrôle formel et le contrôle sur pièces constituent les « travaux de cabinet ».

2 Toutes les réponses sont correctes.

Dans un premier temps, les services des impôts vont rechercher des informations ou des renseignements complémentaires sur les points des déclarations présentant des anomalies ou des discordances par rapport au dossier du contribuable révélées à la suite du contrôle sur pièces.

Les réponses fournies entraîneront le classement sans suite du dossier si elles permettent d'expliquer les anomalies. Dans le cas contraire, l'administration peut proposer une rectification ou engager une procédure de vérification.

3 Réponses *B* et *C*.

Le droit de communication ne s'exerce pas à l'encontre des particuliers. Il ne peut être exercé qu'à l'encontre de toute personne physique ou morale ayant la qualité de commerçant c'est-à-dire soumise, de plein droit, aux obligations comptables prévues par le Code de commerce. Les artisans ne sont pas soumis à ces obligations comptables et ne sont donc pas tenus de se soumettre au droit de communication.

Le droit de communication concerne également les tiers (tribunaux, administrations, banques, assurances, associations...) susceptibles de détenir des informations utiles permettant de recouper et de vérifier les déclarations déposées par le contribuable lui-même.

4 Réponse *C*.

Les documents sur lesquels peut porter le droit de communication sont limitativement énumérés par l'article L. 85 du LPF. Il s'agit des livres comptables obligatoires (livre journal, grand-livre, livre d'inventaire) et de tous livres et documents annexes (correspondances reçues, copies de lettres envoyées...). Le droit s'exerce quel que soit le support utilisé pour la conservation des documents (papier ou support informatique).

Le droit de communication s'exerce sur place sans aucune formalité d'aucune sorte. Les documents susceptibles d'être communiqués à l'administration doivent être conservés pendant 6 ans.

5 Réponse *B*.

Le délai de reprise est de 3 ans. L'administration fiscale peut donc «reprendre» et vérifier les impositions jusqu'à la fin de la troisième année qui suit l'année de l'imposition.

Les exercices antérieurs sont couverts par une prescription. Néanmoins, les agents des impôts peuvent vérifier des exercices prescrits :

- lorsque la période vérifiée comporte des déficits reportables en arrière ;
- lorsque l'administration découvre dans la période vérifiée des provisions constituées irrégulièrement dans un exercice prescrit.

Le CGI porte le délai de reprise à 10 ans en cas d'activité occulte.

6 Réponse *B*.

La vérification de comptabilité exercée par l'administration fiscale consiste à examiner au siège de l'entreprise sa comptabilité afin de s'assurer de l'exactitude des déclarations souscrites. Il pourra éventuellement en découler des réhaussements ou des dégrèvements. Le vérificateur examine aussi la régularité, la sincérité et le caractère probant de la comptabilité.

La certification est réservée au commissaire aux comptes. Un vérificateur ne perçoit aucune commission pour les redressements notifiés.

7 Réponses *B* et *C*.

La durée de vérification d'une comptabilité n'est pas limitée, sauf pour les entreprises (à l'exclusion des holdings) dont le chiffre d'affaires HT est en deçà des limites du régime du réel simplifié. Le délai de 3 mois court à compter du jour de la première intervention du vérificateur au siège de l'entreprise. Ce délai peut être porté à 6 mois lorsque la comptabilité présente de graves irrégularités la privant de valeur probante.

8 Réponse *A*.

Cette possibilité de dialogue permanent entre le contribuable et le vérificateur est une condition indispensable de la régularité de la procédure. Elle a pour objet d'assurer la transparence et l'échange d'informations et d'explications à tous les stades de la vérification.

À défaut, la procédure de vérification est irrégulière.

9 Réponse *C*.

Les irrégularités constatées sont suffisamment graves pour lui enlever globalement toute valeur probante. Le vérificateur sera amené à rejeter la comptabilité de l'entreprise X et à remettre en cause le résultat fiscal et le chiffre d'affaires déclarés. Il va alors les reconstituer, selon le procédé qui lui semblera le plus réaliste.

Néanmoins, la jurisprudence admet qu'une comptabilité puisse être globalement irrégulière et non probante, sans pour autant priver l'entreprise du droit d'utiliser certaines pièces ou écritures comptables. La charge de la preuve de leur caractère probant incombe au contribuable.

10 Réponse *B*.

La vérification de comptabilité doit garantir à l'entreprise, à chaque stade de la procédure, la possibilité d'avoir dans ses locaux, avec le vérificateur, un débat oral et contradictoire. Manifestement, dans le cas de la société Y, la discussion n'a pas été possible puisque les opérations de contrôle ne se sont pas déroulées sur place. D'autre part, l'entreprise Y disposait d'un délai de 30 jours à compter de la proposition de rectification pour faire jouer son droit de réponse. Ce droit n'a pu s'exercer correctement même si le dirigeant de la société Y avait demandé que le délai de réponse soit porté à 60 jours. En effet, l'entreprise ne disposait pas de son livre d'inventaire pour construire son argumentation.

En conclusion, la vérification est irrégulière. La sanction est la nullité de la rectification proposée.

11 Réponses *A* ou *C*.

Le LPF précise que, lorsque la comptabilité est tenue au moyen de systèmes informatisés, le contrôle peut porter sur l'ensemble des informations, données et traitements qui concourent directement ou indirectement à la formation des résultats comptables et fiscaux et à l'élaboration des déclarations fiscales. Les vérifications portent également sur la documentation relative aux analyses, à la programmation et à l'exécution des traitements.

L'administration dispose donc d'un large pouvoir d'investigation. Il porte sur l'intégralité de la comptabilité (générale et analytique) et sur tous les systèmes informatiques amonts et parallèles qui y déversent des informations (logiciels de facturation, de gestion de stocks, feuilles de calculs électroniques...).

L'entreprise contrôlée doit fournir au vérificateur une documentation technique sur les logiciels utilisés et sur les traitements effectués lorsqu'ils sont complexes.

L'objectif est de permettre au contrôleur de comprendre comment les comptes sont élaborés. Les informations doivent être conservées sur support informatique pendant une période de 3 ans. Il est clair que l'entreprise Z a du souci à se faire dans le cas d'une vérification de sa comptabilité informatisée. En effet, le vérificateur ne pourra pas faire le lien entre la liasse fiscale et les différentes applications informatiques utilisées (le détail des factures n'est pas conservé, les écritures lettrées disparaissent à chaque clôture mensuelle et ne sont pas sauvegardées, le système de comptabilité analytique est incompréhensible...).

Enfin, les sauvegardes ne sont pas complètes et ne permettent pas la reconstitution intégrale des comptabilités des exercices clôturés.

En conclusion, l'entreprise Z ne respecte pas les exigences de l'administration. Le risque fiscal est maximal. Les bases d'imposition seront évaluées d'office. De plus, la société ne pouvant pas produire un document expliquant l'organisation et les calculs effectués dans les feuilles de calculs analytiques, elle risque de se voir opposer un refus au contrôle fiscal.

12 Réponse *C*.

La procédure de rectification contradictoire comporte effectivement les différentes étapes présentées dans le point *C*. Il faut préciser que le contribuable a la faculté de se faire assister d'un conseil de son choix pour discuter les propositions de rectification. En cas de désaccord, le contribuable peut saisir, pour avis, la commission départementale des impôts.

13 Réponse *A*.

Il s'agit ici d'une opposition à contrôle fiscal. Dans ce cas, les bases d'imposition sont évaluées d'office par l'administration fiscale. Les suppléments d'impôts à la charge de l'entreprise sont augmentés de l'intérêt de retard à 0,40 % par mois et d'une majoration de 150 %.

14 Réponses *A*, *B* et *C*.

Pour les contrôles fiscaux initiés depuis le 1er janvier 2014, les entreprises sont dans l'obligation de remettre au vérificateur leur comptabilité sous format dématérialisé. Cette obligation prend la forme d'une remise d'un fichier des écritures comptables (FEC) devant respecter le format technique informatique défini par l'administration fiscale. Si cette obligation n'est pas respectée, notre entreprise risque en théorie toutes les sanctions indiquées en A, B et C.

Chapitre 24
Cas de synthèse sur la fiscalité professionnelle et personnelle

CAS 43 La SNC Vantellie

Question 1

Éléments	Réintégrations	Déductions	Commentaires
Résultat comptable	95 615		
Taxe et contribution liées à l'apprentissage			Ces charges à payer sont considérées fiscalement comme des provisions.

Éléments	Réintégrations	Déductions	Commentaires
Taxe et contribution liées à l'apprentissage (*suite*)			Ces sommes sont déductibles car elles respectent les conditions de déduction des provisions, en particulier elles correspondent à des charges nettement précisées que des événements en cours rendent probables. Pour régler la divergence de traitements comptable et fiscal, la SNC doit annexer un relevé spécifique à sa déclaration des résultats. Les subventions prévues sont une modalité de gestion de la taxe d'apprentissage. Elles n'impactent pas sa déductibilité.
Rémunérations des associés en nom	84 000		((3 300 + 700) × 12) + 36 000 Non déductibles (rémunérations et primes), car considérées comme des prélèvements anticipés de bénéfice.
Cotisations sociales personnelles des associés comptabilisées en charges	41 000		Non déductibles du résultat fiscal, car elles s'imputent sur la quote-part brute imposable en BIC de chaque associé concerné. La CSG et la CRDS sont des cotisations personnelles qui n'interfèrent pas au cas présent dans le calcul du résultat fiscal, car elles n'ont pas été comptabilisées en charges par la SNC.
Rémunération brute du conjoint d'un associé en nom	18 200		Travail effectif et rémunération non exagérée. Déduction limitée à 17 500 € car les époux sont mariés sans contrat et la SNC n'est pas adhérente d'un CGA.
Rémunérations des autres salariés			Déduction accordée dès lors que le travail est effectif et la rémunération non exagérée.
Cotisations sociales du conjoint et des autres salariés			Déduction intégrale.
Dotation aux amortissements d'un véhicule de tourisme non polluant.	3 633		Sur le plan comptable, le véhicule est amorti de façon variable au prorata des kilomètres parcourus, soit : 7 691 € (34 684 × 44 348/200 000). Sur le plan fiscal, ce mode d'amortissement est admis sous les trois conditions cumulatives suivantes : – s'il est pertinent par rapport à la dépréciation de l'immobilisation ce qui est le cas du kilométrage pour un véhicule ; – si la dépréciation est précisée dès l'origine et ne varie pas de façon aléatoire, ce qui est le cas puisque le kilométrage total a été fixé dès l'origine à 200 000 km ; – si la règle de l'amortissement minimum est respectée (CGI art. 39B), ce qui est également le cas puisque : 7 691 € > 6 936,80 € (34 684 × 1/5).

Éléments	Réintégrations	Déductions	Commentaires
			Toutefois, la déduction reste plafonnée en base à 18 300 € TTC. Soit à réintégrer 3 633 € (7 691 – (18 300 × 44 348/200 000))
TVTS			Cette taxe est déductible pour les sociétés relevant de l'IR.
Intérêts versés aux comptes courants d'associés (CCA)	1 092		Le capital est intégralement libéré et la déduction limitée au TMPV, soit à réintégrer : 210 000 × (2,55 % – 2,03 %).
Don à une association	950		Charge non déductible car elle ouvre droit à une réduction d'impôt.
Chiffre d'affaires à l'avancement			Le chiffre d'affaire à l'avancement est un produit normalement imposable. L'absence d'écriture dite de « stocks » pour les contrats correspondants est conforme à la méthode employée. L'utilisation des comptes de stocks est réservée à la méthode de comptabilisation à l'achèvement.
Revenus du portefeuille-titres (dividendes encaissés)		1 780	Produits financiers non imposables en BIC car ils relèvent de la catégorie des RCM pour chacun des associés. Le montant est à répartir au prorata de leurs droits dans le capital social de la SNC.
SICAV monétaires			Pour la détermination du résultat imposable dans la catégorie de l'IR-BIC, la valeur liquidative n'a pas d'incidence. Que le titre soit immobilisé ou non au sens fiscal, la dépréciation (ici de 106 €) est traitée comme une MVLT (voir traitement fiscal ci-après).
Gains définitif et latent (écart de conversion passif) de change	284		Le gain définitif de 126 € est un produit normalement imposable. Le gain latent de 284 € est un produit imposable qui doit être réintégré car, il n'a pas été comptabilisé en produit mais dans un compte transitoire du bilan.
Cession d'un terrain à bâtir			S'agissant d'un bien non amortissable détenu depuis 2 ans au moins, la plus-value de 44 000 € (110 000 – 66 000) est intégralement à LT (voir traitement fiscal ci-après).
Solde net des plus et moins-value à LT		43 894	Les 44 000 € de PVLT (terrain) et les 106 € de MVLT (dépréciation SICAV) forment une PVNLT de 43 894 € à déduire pour être imposée séparément au taux de 16 %.
PVNCT de l'exercice précédent	900		L'entreprise étale sur 3 ans ses PVNCT. Il faut donc ici réintégrer pour imposition, le 2e tiers, soit 900 € (1 800/2), les 1 800 € déduits l'exercice précédent représentant 2/3 de la PVNCT initiale.
Totaux	**245 674**	**45 674**	
Résultat fiscal (bénéfice)	**200 000**		

Question 2

S'agissant d'une société de personnes (SNC) n'ayant pas opté pour l'IS, pour les revenus professionnels taxables en BIC, il convient au préalable de déterminer le résultat à répartir.

Résultat fiscal :	200 000
– rémunérations des associés en nom et assimilées (Mme Ellie et M. Vant) :	- 84 000
– cotisations sociales des associés en nom (Mme Charlotte Ellie et M. Michel Vant) :	- 41 000
– rémunération non déductible du conjoint (épouse de M. Michel Vant) :	- 18 200
– intérêts excédentaires du CCA pour Mme Charlotte Ellie :	
– 125 000 × (2,55 % - 2,03 %), soit 125 000 × 0,52 % =	- 650
– intérêts excédentaires du CCA pour M. Michel Vant (85 000 × 0,52 %) :	- 442
Bénéfice à répartir	**55 708**

Catégorie	Commentaires	Montant	Traitement pour l'imposition
Traitements et salaires	Il convient de déterminer la rémunération nette de Mme Vant déclarable, soit : Brut[1] 17 500 Retenues salariales - 6 643 CSG et CRDS non déductible + 900 Net à déclarer 11 757	11 757 €	La rémunération imposable sera déterminée après application de l'abattement forfaitaire de 10 % pour frais professionnels, sauf option pour la déduction des frais réels.
Revenus des capitaux mobiliers	Dividendes[2] (1 780 × 270/500) 961 Intérêts CCA déductibles[3] (85 000 × 2,03 %) 1 726 Total à déclarer 2 687	2 687 €	Les dividendes encaissés par la SNC sur son portefeuille-titres sont imposables en RCM au nom de chacun des associés. Pour leur imposition, ils bénéficieront de la réfaction de 40 %. La quote-part de bénéfice distribuée par la SNC ne constitue pas un revenu imposable pour l'associé (régime de l'IR-BIC). Les intérêts sont imposables et ne bénéficient d'aucun abattement.
Bénéfices industriels et commerciaux	Bénéfice à répartir (55 708 × 270/500) 30 082 + Rémunérations non déductibles + 54 200		La CSG (7,5 %) payée sur les revenus professionnels est partiellement déductible à hauteur de 5,1 %, soit 5 228 € [(8 200 / 8%) × 5,1 %]. La CRDS (0,5 %) n'est pas déductible. ☞

CORRIGÉS

CORRIGÉS

Catégorie	Commentaires	Montant	Traitement pour l'imposition
Bénéfices industriels et commerciaux (suite)	(Rémunération annuelle de Michel Vant 36 000 + partie non déductible du salaire de Mme Vant 18 200) + Intérêts excédentaires (85 000 × 0,52 %) + 442 + Cotisations personnelles + 19 220 Quote-part brute de BIC 103 944 - Cotisations personnelles - 19 220 - CSG déductible - 5 228 Quote-part brute de BIC 79 496	79 496	Le montant déclaré sera majoré par les services fiscaux de 25 % pour l'imposition compte tenu de l'absence d'adhésion à un centre de gestion agréé ou de recours à un professionnel de l'expertise comptable.
PVNLT	PVNLT déduite du résultat fiscal de la SNC et imposable séparément au nom de l'associé Michel Vant au prorata de sa participation dans le capital social (43 894 × 270/500) 23 703	23 703	Les PVNLT ne sont pas taxables selon le barème de l'IR mais sont imposées au taux forfaitaire de 16 % majoré des prélèvements sociaux (CSG, CRDS et PS) soit un taux effectif de 31,5 %. Cette plus-value immobilière portant sur un terrain à bâtir ne peut pas bénéficier de l'abattement de 10 % pour durée de détention (interdiction légale). De surcroît, la durée de détention est inférieure à 5 ans.

(1) Partie déductible du résultat fiscal de la SNC, soit : 35 700 - 18 200.

(2) Dividendes encaissés par la SNC sur son portefeuille-titres et déduits du résultat fiscal pour une imposition plus favorable en RCM au nom de chaque associé.

(3) La partie non déductible est imposée en BIC, puisqu'elle a été réintégrée dans le résultat fiscal de la SNC.

Question 3

Le don versé par la SNC à une association à but non lucratif d'intérêt général a été réintégré car il n'est pas déductible du résultat fiscal (voir ci-dessus). Cependant, il donne droit pour chaque associé à une réduction de son IR. Cette réduction calculée au niveau de la société, est ensuite répartie au prorata des droits de chacun des associés dans le capital social.

La réduction totale est égale à 60 % du montant versé, montant ne devant pas excéder 5 pour mille du CAHT, ce qui est le cas puisque 950 € < 30 265 € (6 053 000 × 5 ‰), soit pour M. Michel Vant une réduction d'IR de 308 € (950 × 60 % × 270/500).

Question 4

Éléments	Réintégrations	Déductions	Commentaires
Résultat comptable	95 615		
Taxe et contribution liées à l'apprentissage			Charges déductibles dans les conditions précisées à la question n° 1.
Rémunérations de Mme Charlotte Ellie, gérante et de M. Michel Vant			En cas d'option pour l'IS, les rémunérations des associés en nom suivent les mêmes règles fiscales que celles applicables aux rémunérations des gérants majoritaires de SARL. Les rémunérations sont déductibles si elles correspondent à un travail effectif et ne sont pas excessives.
Cotisations sociales de Mme Charlotte Ellie (gérante) et de M. Michel Vant			Les cotisations sociales personnelles des associés sont en principe des charges déductibles de leurs rémunérations. À l'exception des cotisations facultatives, dont la déduction est plafonnée (régime des travailleurs indépendants). Toutefois, lorsqu'elles sont prises en charge par la société, elles sont déductibles intégralement du résultat fiscal, à l'exception des cotisations facultatives dont la déduction est plafonnée. Pour l'associé, la prise en charge constitue un complément de rémunération non imposable s'il correspond à des cotisations déductibles. Les plafonds de déduction n'étant pas atteints (voir énoncé), les cotisations prises en charge sont intégralement déductibles du résultat fiscal La CSG et la CRDS n'interfèrent pas, car elles ont été directement supportées par les associés.
Rémunération brute annuelle du conjoint d'un associé en nom			Charge déductible, car le travail est effectif et la rémunération est non exagérée. Le contrat de mariage et l'adhésion à un CGA n'interfèrent pas sur le régime fiscal de la charge.
Rémunérations des autres salariés			Déduction accordée dès lors que le travail est effectif et la rémunération non exagérée.
Cotisations sociales du conjoint			Déduction intégrale comme à la question n° 1.
Dotation aux amortissements d'un véhicule de tourisme non polluant	3 633		Les règles exposées à la question 1 s'appliquent que la société relève de l'IS ou de l'IR.
TVTS	1 770		Taxe non déductible pour les sociétés relevant de l'IS
Intérêts des comptes courants d'associés (CCA)	1 092		La réintégration est identique à celle calculée à la question 1.
Don à une association	950		Non déductible, car il ouvre droit à une réduction d'impôt.

☞

Éléments	Réintégrations	Déductions	Commentaires
Chiffre d'affaires à l'avancement			Produit normalement imposable, que la société relève de l'IR ou de l'IS.
Revenus du portefeuille-titres (dividendes encaissés)			Produits imposables normalement. La SNC étant soumise à l'IS par hypothèse, elle pourrait bénéficier sur option d'une exonération au titre du régime des sociétés mères et filiales, pour les dividendes provenant de sociétés dont elle détient au moins 5 % du capital social et des droits de vote. Aucune société du portefeuille-titres n'étant détenue à au moins 5 % par la SNC, le régime d'exonération des sociétés mères et filiales ne peut donc pas s'appliquer.
SICAV monétaires	106	212	Il convient de tenir compte pour le calcul du résultat fiscal soumis à l'IS, des écarts d'évaluation positifs ou négatifs liés aux variations des valeurs liquidatives des SICAV. Pour l'exercice N, l'écart d'évaluation est négatif et s'élève à : 212 € [(100,5 - (21 518 / 212)) × 212]. Ce montant est à déduire, car il n'est pas comptabilisé. Corrélativement, la dépréciation comptable constatée doit être réintégrée.
Gain définitif et gain latent de change	284		Traitements identiques à ceux de l'IR-BIC
Cession d'un terrain à bâtir			Le résultat de cession comptabilisé constitue une PVCT (régime de l'IS). En l'absence d'autres plus et moins values de même nature, la somme de 44 000 est une PVNCT, imposable normalement.
PVNCT de l'exercice précédent			L'étalement sur 3 ans des PVNCT est interdit dans le régime de l'IS : la PVNCT de N-1 a donc été intégralement imposée en N-1. En conséquence, il n'y a pas de retraitement extra-comptable à effectuer pour l'exercice N.
Totaux	**103 450**	**212**	
Résultat fiscal (bénéfice)	**103 238**		

Pour la détermination de l'impôt, la SNC va bénéficier du taux réduit de l'IS à 15 % en faveur des PME dans la limite de 38 120 € car elle remplit les conditions requises :

- elle relève de l'IS de plein droit ou sur option ;
- sont CAHT est < à 7 630 000 € ;
- son capital est intégralement libéré et détenu de façon continue à 75 % au moins par des personnes physiques ou par des sociétés qui respectent les mêmes conditions de chiffre d'affaires et de détention du capital.

Bénéficiant du taux réduit de l'IS en faveur des PME, elle n'est pas concernée par la contribution sociale de 3,3 %.

Supposons un exercice ouvert en 2016, le taux d'IS est de 33,1/3 % sur la partie supérieure à 38 120 €. En 2017, le taux est de 28 % jusqu'à 75 000 € (si PME) et de 33,1/3 % pour le surplus.

Élément	Base	Taux	Montant
Résultat fiscal taxable au taux réduit	38 120	15,00 %	5 718
Résultat fiscal taxable au taux normal	65 118	33,33 %	21 706
Dons aux œuvres[1]	950	60,00 %	- 570
IS dû			**26 854**

(1) Le don de 950 € ouvre droit à une réduction de l'IS de 570 € (950 x 60 %) qui va s'imputer sur le solde ou les acomptes d'IS.

Concernant l'IR N des époux Vant, l'option pour l'IS aura les conséquences suivantes :

Catégorie	Conséquences	Montant
Traitements et salaires	Mme Vant devra déclarer une somme beaucoup plus importante puisque l'intégralité de sa rémunération brute a été admise en déduction du résultat fiscal. Soit : 35 700 - 6 643 + 900	29 957
Rémunérations des gérants et associés	En cas d'option pour l'IS, les rémunérations des associés en nom suivent le traitement de celles des gérants majoritaires de SARL. Elles sont déductibles du résultat fiscal, si elles correspondent à un travail effectif et ne sont pas excessives. Corrélativement chaque associé est imposable à l'IR dans la catégorie des « Rémunérations des gérants et associés » (art. 62 du CGI) sur sa rémunération annuelle, sous déduction des cotisations sociales personnelles non prises en charge par la SNC (déduction ici limitée à la CSG déductible car la société a pris en charge les cotisations personnelles), soit : 36 000 - 5 228 = 30 772. Pour l'imposition, ce montant sera minoré de l'abattement de 10 % applicable aux salariés au titre des frais professionnels. La prise en charge des cotisations sociales personnelles des associés par la société s'analyse comme un supplément de rémunération pour ces derniers, non imposable à l'IR, à condition que les cotisations soient déductibles pour la SNC. Ce qui est le cas, puisque les cotisations sociales personnelles facultatives des associés de la société Vantellie sont inférieures aux limites de déduction.	30 772
RCM	• Ayant été inclus dans le résultat fiscal soumis à l'IS, les dividendes du portefeuille-titres de la SNC ne sont donc plus imposables en RCM à la différence du traitement présenté à la question 2. • Concernant les intérêts des comptes courants d'associés, M. Michel Vant doit déclarer la totalité des intérêts perçus (y compris les intérêts excédentaires réintégrés pour le calcul de l'IS) soit 2 168 € (85 000 × 2,55 %). Cette somme sera imposée sans abattement, ni réduction. • M. Michel Vant devra également déclarer en RCM, les dividendes que lui a versés la SNC à la suite de la répartition du bénéfice de l'exercice N. Ces dividendes bénéficieront des abattements de 40 %. Le résultat net comptable s'établit à 68 761 € (95 615 - 26 854) et, en l'absence d'affectation en réserves du résultat[1], M. Michel Vant recevra 37 131 € (68 761 × 270/500). Soit au total (hors majoration) à déclarer : 2 168 + 37 131	39 299

☞

CORRIGÉS

☞

Catégorie	Conséquences	Montant
BIC	Aucune somme n'est à déclarer compte tenu de l'option pour l'IS	0
PVNLT		0

(1) La SNC a décidé de distribuer l'intégralité de son résultat net comptable et la réserve légale n'est pas obligatoire dans les SNC, car les associés restent indéfiniment et solidairement responsables des dettes. L'option pour l'IS n'a aucune incidence à ce titre.

En définitive, les revenus de M. Vant augmentent dans les catégories « Traitements et salaires », « Rémunérations des gérants et associés » et « Revenus de capitaux mobiliers » mais sont nuls dans celles des « Bénéfices industriels et commerciaux » et des « Plus et moins values professionnelles ».

L'option pour l'IS peut apparaître plus intéressante pour la SNC car, elle ne supportera pas la majoration de 25 % de son résultat fiscal du fait de sa non-adhésion à un CGA, cette disposition ne concernant que le régime de l'IR-BIC. Cependant, la société supportera la charge de l'impôt.

Pour conclure sur l'opportunité du choix du régime de l'IS pour la SNC Vantellie, il conviendrait de poursuivre l'étude par la comparaison des revenus nets imposables et des impôts supportés en totalité afin d'éclairer Mme Charlotte Ellie et M. Michel Vant des conséquences financières exactes de l'option.

Question 5

La taxe d'apprentissage frappe les personnes physiques, les sociétés et groupements d'intérêt économique soumis au régime des sociétés de personnes lorsqu'ils exercent une activité industrielle, commerciale ou artisanale et, les sociétés soumises à l'impôt sur les sociétés.

La SNC Vantellie exerce une activité commerciale et relève du régime des sociétés de personnes ; elle est donc assujettie à la taxe d'apprentissage. L'option pour l'IS envisagée sera sans effet sur l'assujettissement.

Quel que soit le régime d'imposition du résultat fiscal, les calculs s'opèrent en appliquant aux rémunérations servant de bases au calcul des cotisations de sécurité sociale les taux en vigueur. Pour la SNC Vantellie, les calculs de la taxe d'apprentissage de l'exercice N doivent s'effectuer de la manière suivante, en retenant comme base de calcul la masse salariale brute :

Nature	Base	Taux	Montant
Taxe d'apprentissage	200 000	0,68 %	1 360

La taxe d'apprentissage et la contribution additionnelle sont fusionnées à compter de 2014.

La taxe d'apprentissage de la SNC Ventellie d'un montant de 1 360 € est ventilée :

- 51 % au titre de la fraction régionale pour l'apprentissage. Elle doit être versée au Trésor Public via les organismes collecteurs : 1 360 × 51 % = 693.
- 26 %, le « quota » est attribué aux CFA et sections d'apprentissage : 1 360 × 26 % = 354.
- 23 % au titre du « hors quota » qui peut être versé hors du cadre de l'apprentissage à des formations technologiques et professionnelles selon une répartition fonction du diplôme préparé : 1 360 × 23 % = 313.

Question 6

La vérification de comptabilité correspond à un contrôle par l'administration fiscale des écritures, documents et autres procédés comptables ayant servi à l'établissement des déclarations fiscales. Elle se déroule au siège de l'entreprise et la procédure de vérification doit respecter les garanties légales du contribuable (avis préalable, charte du contribuable, délai de reprise, non-renouvellement de la vérification, durée de vérification limitée pour certaines entreprises, garantie contre les changements de doctrine...).

L'administration dispose d'un large pouvoir d'investigation dans le respect toutefois :

- des documents comptables que la loi fiscale prescrits pour justifier les déclarations établies ;
- de l'existence d'un débat oral et contradictoire entre le vérificateur et le contribuable ;
- du principe de non-immixtion dans la gestion.

Toutefois, lorsque la comptabilité est tenue au moyen de systèmes informatisés, le contrôle s'étend à l'ensemble des informations, données et traitements servant à la détermination des résultats et des déclarations. De surcroît, la non-immixtion dans la gestion n'interdit pas la rectification des actes anormaux de gestion c'est-à-dire des actes sans rapport avec les intérêts de l'entreprise.

À l'issue de la vérification, l'administration adresse au contribuable un avis d'absence de rectification ou une proposition de rectification.

La proposition de rectification doit comprendre, sous peine de nullité, les anomalies, les omissions, les erreurs ou les actes anormaux de gestion relevés ainsi que les impositions complémentaires et les pénalités correspondantes. Le contribuable dispose alors de 30 jours pour accepter, exercer son droit de réponse ou refuser partiellement ou totalement la proposition.

Le délai pour présenter ses observations est porté à 60 jours pour les contribuables qui en font la demande si celle-ci est reçue par l'administration avant l'expiration du délai initial de 30 jours.

La vérification de comptabilité concerne les entreprises pour lesquelles les bases d'imposition sont déterminées à partir d'une comptabilité, c'est-à-dire les contribuables relevant des BIC, des BNC, des bénéfices agricoles réels, de l'IS et de la TVA.

Elle ne concerne pas les revenus pour lesquels le contribuable n'est pas assujetti à la tenue d'une comptabilité.

L'option pour l'IS est une décision de gestion qui n'influence pas les modalités d'application de la vérification de comptabilité.

CAS 44 Les époux Tamoriges

Question 1

a) Détermination du revenu net global imposable

Catégories	Justifications	Revenus catégoriels imposables	Commentaires
TS (Madame)	Activité de salarié (existence d'un lien de subordination juridique)	Salaire 34 000 Allocations + 600 Frais réels - 4 500 Net imposable 30 100	L'option pour la déduction des frais réels est plus intéressante, car la déduction forfaitaire de 10 % aboutirait à un montant net catégoriel plus élevé (34 000 × 0,9 = 30 600).
TS (Agnès)	Activité de salariée durant les vacances universitaires (existence d'un lien de subordination juridique)	Net imposable 0	Agnès est étudiante et âgée de 20 ans au 1er janvier N : elle peut rester rattachée au foyer de ses parents pour l'imposition des revenus N. Ses salaires sont donc imposables au nom de ses parents. Cependant, les salaires perçus par Agnès pendant les vacances ne sont pas imposables car : – ils sont perçus par un enfant âgé de 25 ans au plus au 1er janvier N ; – ils correspondent à une activité exercée pendant les congés universitaires ; – ils n'excèdent pas globalement 3 × SMIC. Le traitement de la pension alimentaire fait l'objet d'explications ci-dessous.
BIC(1) (Monsieur)	Activité commerciale exercée à titre individuel, habituel et de façon indépendante.	Net imposable 69 668	Le résultat fiscal correspond au montant net imposable dans la catégorie. La majoration de 25 % ne s'applique pas car M. Tamoriges est adhérent d'un centre de gestion agréé.
RCM (Monsieur et Madame)	Revenus financiers provenant de placements en titres et d'avoirs en compte de dépôt.	Dividendes : - de source étrangère 1 490 - de source française 2 988 Total 4 478 Abattement de 40 % - 1 791 Montant imposable 2 687	Les dividendes de sources française et étrangère bénéficient lorsqu'ils sont imposables en RCM, d'un abattement de 40 %. Enfin, le crédit d'impôt de 107 € lié à l'impôt prélevé à l'étranger sera déduit de l'IR calculé.

Catégories	Justifications	Revenus catégoriels imposables	Commentaires
		Autres revenus : - intérêts d'obligations et de dépôts rémunérés : 1 522 - intérêts d'un livret A : 0 - montant imposable : 1 522	Les intérêts sont imposables à l'IR sans abattement, à l'exception des intérêts des livrets A correspondant à un produit de l'épargne exonérée d'impôt.
Plus-value des particuliers (Monsieur)	Revenu non récurrent associé à la cession de titres de placement	• Plus-value : 8 750 • Abattement 50 % : 4 375 • Imposable : 4 375	La LF 2013 a instauré l'inclusion dans le montant imposable au barème progressif sous déduction d'un abattement fonction de la durée de détention.
Revenus fonciers	Location d'un immeuble nu à usage d'habitation soumise au régime du foncier réel	Recettes imposables : 9 000 (9 300 - 100 - 200) - prime d'assurance : - 185 - autres frais de gestion : - 20 - taxe foncière (784 - 100) : - 684 - intérêts d'emprunt : - 3 680 Montant imposable(2) : 4 431	Le loyer est < à 15 000 €, le régime de droit commun est donc le micro-foncier. Cependant, les époux Tamoriges ont opté pour 3 ans, pour une imposition selon le régime du réel, car ils ont déposé au titre de l'imposition des revenus N-1, une déclaration spécifique n° 2044. Concernant les montants retenus pour le calcul du revenu foncier imposable : - la taxe d'enlèvement des ordures ménagères et les frais d'entretien du système de chauffage peuvent être exclus des recettes imposables car ces charges locatives prises en charge par le bailleur ont pour ce dernier la nature de charges déductibles, - les primes d'assurance sont déductibles quel que soit le risque couvert ; - les frais de gestion de l'immeuble assurée par Mme Tamoriges sont plafonnés à 20 € par local ; - la taxe foncière est déductible, mais pour le montant hors taxe d'enlèvement des ordures ménagères ; - les intérêts d'emprunt sont inférieurs au revenu brut et ne sont donc pas plafonnés dans leur déduction.
Revenu brut global		**Total :** 112 783	**Le revenu brut global correspond à la somme des revenus nets catégoriels.**

Catégories	Justifications	Revenus catégoriels imposables	Commentaires
CSG déductible			La CSG payée en N sur les revenus du patrimoine N−1 taxables à l'IR est déductible du revenu brut global de l'année N déclaré en N+1.
CSG déductible		CSG déductible : - 908	S'ajoute à cette somme, la fraction de la CSG déductible précomptée en N sur les produits de placements à revenus fixes (1 522 €) et les dividendes (4 478 €). Soit à déduire 602 € [(1 829,61 / 15,5 %) × 5,1 %] majorés de 306 € (voir énoncé).
Charges déductibles			Les pensions alimentaires versées sont des charges déductibles du revenu brut global et correspondent à des sommes imposables pour le bénéficiaire. Mais, le rattachement d'un enfant majeur « pensionné » au foyer fiscal de ses parents (cas d'Agnès) interdit une quelconque déduction au titre de la pension alimentaire.
Revenu net global imposable		**111 875**	

(1) La catégorie globale est celle des revenus des professions non salariées. Elle couvre les bénéfices industriels et commerciaux (BIC), les bénéfices agricoles (BA), les bénéfices non commerciaux (BNC) et certaines plus et moins-values professionnelles.

(2) L'option pour l'imposition du revenu foncier réel est judicieuse compte tenu des intérêts d'emprunt et des autres charges. À titre d'exemple, pour l'année N, le montant imposable selon le régime du micro-foncier aurait été de 6 300 € (9 000 × 70 %).

b) Détermination de l'impôt

Il convient de déterminer le nombre de parts dont dispose le couple, puis le quotient familial et enfin l'impôt à retenir compte tenu des règles liées au plafonnement :

- le nombre de parts, calculé en fonction du nombre de personnes à charge, est de 4 [(2 × 1) + (2 × 0,5) +1]. Le 3e enfant permet d'avoir une part ;
- le quotient familial est de 27 969 € (111 875/4) : il correspond au revenu par part ;
- l'impôt résultant du barème (I1) se calcule à partir du quotient familial, soit :

N°	Tranche	Taux	Montant	Cumul
1	9 710	0,00 %	0	9 710
2	17 108	14,00 %	2 395,12	26 818
3	1 151	30,00 %	345,3	27 969
Impôt pour 1 part			2 740,42	
Nombre de parts			4	
Impôt brut I1			10 961,68	

Remarque : Il existe des formules de calcul direct de l'impôt brut à partir du revenu imposable du foyer fiscal qui sont fournies par l'administration fiscale.

– les époux Tamoriges bénéficient d'un avantage en impôt du fait de leur situation familiale ; or, cet avantage peut être plafonné. Pour vérifier si le plafonnement du quotient familial s'applique, il faut donc recalculer le nombre de parts (couple seul), le quotient familial et l'impôt correspondants. Puis, il faut prendre en compte l'avantage maximum résultant des enfants à charge. Enfin, il faut comparer et retenir le plus élevé des impôts entre l'impôt issu du barème (I1) et l'impôt plafonné (I2). Soit :

N°	Tranche	Taux	Montant	Cumul
1	9 710	0,00 %	0	9 710
2	17 108	14,00 %	2 395,12	26 791
3	29 120	30,00 %	8 736	55 938(1)
Impôt pour 1 part			11 131,12	
Nombre de parts			2	
Impôt brut couple uniquement (A)			22 262	
Avantage enfant en impôt			1 512	
Nombre de 1/2 parts			4	
Avantage total maximum (B)			6 048	
Impôt plafonné I2 (A-B)			16 214	
Comparaison des impots			I2 > I1	
Impôt retenu = impôt plafonné			16 214	

(1) Quotient familial pour 2 parts : 111 875/2 = 55 938.

c) Détermination de l'impôt à payer

Éléments	Calculs	Montants	Justifications
Impôt calculé		16 214	
Réductions d'impôt - cotisation parti politique - don association - enfants à charge poursuivant leurs études	 200 × 66 % = 132 € 150 × 66 % = 99 € collège = 61 € lycée = 153 € supérieur = 183 €	628	Régime des dons aux œuvres. Le maximum fiscal lié aux versements n'est pas dépassé. Le couple bénéficie de la réduction pour Agnès du fait de son rattachement.
Impôt à payer	16 233 - 628	**15 586**	

d) Détermination de l'impôt dû

Éléments	Calculs	Montants	Justifications
Impôt à payer		15 586	
Imputations - crédit d'impôt sur titres	 Selon énoncé	 107	 Ce crédit correspond aux impôts payés à l'étranger par les époux Tamoriges sur les dividendes qu'ils ont encaissés des sociétés étrangères dont ils détiennent des titres.
- crédit d'impôt pour emploi d'un salarié à domicile	8 000 × 50 %	4 000	Le maximum en base de 15 000 € n'est pas dépassé.
Total		4 107	
Impôt dû	15 605 - 4 107	11 479 €	

e) Détermination des prélèvements additionnels

Les revenus du patrimoine déclarés et imposés à l'IR sont soumis aux prélèvements additionnels. Pour l'essentiel, il s'agit :

- des revenus fonciers (RF) ;
- des plus-values des particuliers (PVP).

Les plus-values immobilières et les revenus financiers sont également taxables mais la taxation intervient en dehors de l'avis liés aux prélèvements additionnels de l'IR.

Nature	Précision	Base	Taux	Montant
Revenus fonciers(1)	Montant réel et calculé	4 431	15,5 %	687
Plus-value	15 870 - 7 120 = 8 750(2)	8 750		1 356
TOTAL				2 043
Dont CSG déductible des revenus de N+1 imposés en N+2		*4 431(3)*	*5,1 %*	*226*

(1) Voir le calcul du revenu catégoriel.

(2) Selon l'article 10 II de la LF 2013, il n'est pas tenu compte de l'abattement pour durée de détention pour l'assiette des prélèvements sociaux.

(3) Les prélèvements sociaux sur les RCM perçus en N ont été payés par anticipation au moment du versement des revenus mobiliers. Cependant, la CSG prélevée à la source est également déductible à hauteur de 5,8 %, mais sans différé d'un an. La quote-part déductible de la CSG sur les revenus mobiliers soumis à l'IR est donc déductible du revenu imposable N et non de N+1.

Le couple Tamoriges devra acquitter, en N+1, 11 479 € d'impôt au titre de l'année N sous déduction des mensualités ou tiers provisionnels déjà payés. À cette somme s'ajouteront, mais à une date différente, les prélèvements additionnels de 2 043 €.

Question 2

a) Règles du rattachement et conséquences du détachement

Les enfants majeurs âgés de moins de 21 ans peuvent demander à être rattachés au foyer fiscal de leurs parents sans condition spécifique à l'exception :

- de la formulation de l'option dans la déclaration ;
- de l'accord du ou des parents concernés.

Les enfants majeurs de moins de 25 ans peuvent être rattachés sous la condition d'une poursuite d'études en plus des conditions précédemment évoquées.

Les époux Tamoriges peuvent détacher Agnès de leur foyer fiscal ou Agnès, elle-même peut décider d'être imposée séparément. Cependant, ce choix n'est pas sans conséquences. En effet, le couple Tamoriges gagne une déduction du revenu global (la pension alimentaire versée), mais il perd une part entière (3e enfant) ainsi que la réduction d'impôt pour poursuite d'études d'Agnès.

• Revenu net global déterminé à la question 1 :		111 875 €
• Pensions alimentaires justifiées et déductibles : (450 × 12) = 5 400 et 5 400 < 5 738 =		- 5 400 €
• Revenu net global corrigé :		106 475 €
• Nombre de parts : (1 × 2) + (0,5 × 2) =		3
• Quotient familial : 106 475/3		35 491 €
• Impôt calculé (voir ci-dessous I1) :	14 991 €	
• Impôt plafonné : (quotient familial = 106 475/2 soit 53 237,5 € (voir ci-après I2)	17 618 €	
• Impôt retenu : (I2 > I1)		17 618 €
• Impôt à payer : (17 618 - (628 - 183)(1) =		17 173 €
• Impôt dû : (17 173 - 4 107(2)) =		13 066 €

(1) Réductions d'IR (voir question 1).

(2) Crédits d'IR (voir question 1).

N°	Tranche	Taux	Montant	Cumul
1	9 710	0,00 %	0	9 710
2	17 108	14,00 %	2 395,12	26 818
3	8 673	30,00 %	2 601,9	35 491
Impôt pour 1 part			4 997,02	
Nombre de parts			3	
Impôt brut I1			14 991	

N°	Tranche	Taux	Montant	Cumul
1	9 710	0,00 %	0	9 710
2	17 108	14,00 %	2 395,12	26 818
3	26 420	30,00 %	7 926	53 238
Impôt pour 1 part			13 021,12	
Nombre de parts			2	
Impôt calculé pour 2 parts			20 642	
Avantage en impôt (2 × 1 512)			3 024	
Impôt plafonné I2			17 618	

Le détachement d'Agnès entraîne un surcroît d'impôt de 1 587 € (13 066 - 11 479) et s'avère défavorable au couple Tamoriges. Il aurait pu éventuellement être favorable, si Agnès avait eu des revenus imposables venant fortement augmenter les revenus taxables de ses parents.

b) Règles et conséquences de l'option pour le taux forfaitaire de l'IR

Le second point sur lequel les époux Tamoriges s'interrogent concerne l'opportunité d'une option pour l'assujettissement des produits de placements à revenus fixes à l'impôt sur le revenu au taux forfaitaire.

En dehors de certains produits exonérés (livrets A, livrets jeune, LDD, PEL) et de certains produits soumis à un prélèvement libératoire obligatoire (produits d'épargne solidaire, produits versés dans un État ou un territoire non coopératif et bons anonymes) ou optionnel (bons ou contrats d'assurance-vie et de capitalisation), l'imposition au barème progressif est obligatoire pour les produits de placement à revenu fixe. Cependant, les personnes physiques appartenant à un foyer fiscal dont le montant des produits perçus ne dépasse pas 2 000 € peuvent opter pour l'assujettissement à l'impôt sur le revenu pour taux forfaitaire de 24 %. L'option est effectuée a posteriori lors du dépôt de la déclaration d'ensemble des revenus perçus au titre de la même année. Cela permet d'apprécier globalement le respect du seuil de 2 000 €. Le prélèvement obligatoire est imputable sur le montant de l'impôt calculé au taux de 24 %.

Pour les époux Tamoriges, seuls les intérêts d'obligations (1 522 €) peuvent être soumis à l'IR forfaitaire.

Sur la base des revenus N, les modalités de leur imposition seront les suivantes :

• Revenu net global déterminé à la question 1 :	111 875 €
• RCM déclarés et imposés à l'IR à la question 1 soumis par hypothèse au prélèvement libératoire (dividendes et intérêts d'obligation) : 1 522	- 1 522 €
• CSG non déductible sur les revenus mobiliers car taxés par hypothèse au taux forfaitaire : 1 522 × 5,1 % =	+ 78 €(1)
• Revenu net global corrigé :	110 431 €
• Nombre de parts (voir question 1)	4
• Quotient familial : 110 431 / 4 =	27 608 €
• Impôt calculé : (voir ci-dessous I1)	10 528 €
• Impôt plafonné : (quotient familial = 110 431 / 2 soit 55 215,5 € (voir ci-dessous I2)	15 780 €
• Impôt retenu : (I2 > I1) =	15 780 €
• Impôt à payer : 15 780 - 628 =	15 152 €
• Impôt dû : 15 152 – 4 107 =	11 045 €

Remarque : Compte tenu de précompte des contributions sociales, les prélèvements additionnels déterminés à la question 1 ne sont pas modifiés.

N°	Tranche	Taux	Montant	Cumul
1	9 710	0,00 %	0	9 710
2	17 108	14,00 %	2 395,12	26 818
3	790	30,00 %	237	27 608
Impôt pour 1 part			2 632,12	
Nombre de parts			4	
Impôt brut I1			10 528	

N°	Tranche	Taux	Montant	Cumul
1	9 710	0,00 %	0	9 710
2	17 108	14,00 %	2 395,12	26 818
3	28 397	30,00 %	8 519,1	55 215
Impôt pour 1 part			10 914,22	
Nombre de parts			2	
Impôt brut			21 828	
Avantage en impôt (4 × 1 512)			6 048	
Impôt plafonné I2			15 780	

(1) Il n'y a pas de quote-part déductible des revenus imposables N pour la CSG portant sur les revenus mobiliers N soumis au taux forfaitaire.

En définitive, les époux Tamoriges grâce à l'option font une économie de 69 € d'impôt sur le revenu (11 479 - 11 410). Les prélèvements sociaux restent identiques, à l'exception de la CSG déductible sur le revenu imposable qui diminue de 78 € (1 522 × 5,1 %).

Formule	Sans option (voir question 1)	Avec option
Impôt sur le revenu	11 479(1)	11 410(2)
CSG déductible au titre de produits de placement à revenu fixe et les dividendes soumis au RCM	306	306 − 78 = 228

(1) Cf. p. 324.
(2) 11 045 d'impôt sur le revenu + 365 d'IR au taux forfaitaire (1 522 × 24 %).

Les époux Témoriges ont donc intérêt à opter pour le taux forfaitaire de l'IR.

Question 3

Tous les employeurs établis ou domiciliés en France (métropole et DOM) sont assujettis à la participation à la formation professionnelle continue, à l'exception principalement de l'État et des collectivités territoriales. L'activité exercée, la forme juridique ou le régime d'imposition n'ont pas d'incidence sur l'assujettissement à cette taxe.

Le montant de la taxe est le résultat de l'application d'un taux global qui dépend de l'effectif, à une assiette spécifique. L'effectif contingente également les différents versements obligatoires compris dans le taux global.

Pour l'assiette, il convient de retenir les rémunérations brutes :

- servant de base aux cotisations de sécurité sociale ;
- versées pendant l'année civile au titre de laquelle la participation est due, c'est-à-dire celles qui correspondent aux rémunérations de l'année.

Les taux sont de 0,55 % jusqu'à 10 salariés (9 pour la déclaration 2016) et de 1 % (1,3 % pour les entreprises de travail temporaire) à partir de 11 salariés (10 pour la déclaration 2016) ; un mécanisme de lissage s'applique en cas de franchissement du seuil.

Les versements au titre de l'année N sont à effectuer avant le 1.03.N+1 auprès d'un organisme agréé ; à défaut, l'entreprise encourt une majoration.

M. Tamoriges n'emploie aucun salarié. Il est toutefois assujetti à la participation à la formation professionnelle continue des non-salariés en tant que travailleur indépendant. Il doit verser chaque année à l'Urssaf avant le 15 février N, 0,25 % du plafond annuel de sécurité sociale N-1.

Les revenus professionnels de M. Tamoriges ne lui permettent pas d'être exonéré de cette taxe. Il devra payer le 15 février N+1 une somme de 97 € (39 228 × 0,25 %) à l'Urssaf au titre de l'année N.

Remarque : Les taux varient en fonction de l'activité.

Question 4

L'entreprise individuelle de M. Tamoriges est un bien professionnel exonéré au regard de l'ISF. En effet :

- les biens figurant à l'actif sont nécessaires à l'exploitation (selon l'énoncé) ;

– l'activité de fourniture, d'installation et d'entretien de systèmes d'alarme est exercée par l'exploitant à titre principal.

Le patrimoine net taxable à l'ISF des époux Tamoriges est de 700 000 € (1 000 000 - 300 000). Il est inférieur au seuil de déclenchement de l'impôt, seuil fixé à 1 300 000 € par la loi de finances pour 2013. En conséquence, les époux Tamoriges ne sont pas redevables de l'ISF.

Question 5

M. Tamoriges effectue à la fois de la prestation de services dans le domaine commercial et de la fourniture des biens installés. Au regard du droit fiscal et du champ d'application des régimes déclaratifs, il accomplit une activité mixte.

Le chiffre d'affaires global (prestations plus fournitures) de l'entreprise Tamoriges est inférieur au seuil du réel normal de 789 000 € HT(1) retenu pour les ventes de marchandises tant pour N-1 (460 000 €) que pour N (500 000 €), mais le chiffre d'affaires des seules prestations de services excède le seuil prévu fixé à 238 000 €(1) pour N (270 000 €) et pour N-1 (250 000 €).

M. Tamoriges relève donc pour N et pour N+1 du régime du réel normal d'imposition. Il doit respecter les obligations fiscales qui en découlent.

(1) Seuils applicables à compter du 1er janvier 2011.

Lexique

A

Acte anormal de gestion : c'est un acte qui est contraire à l'intérêt de l'entreprise et qui est passé dans l'intérêt des dirigeants ou des tiers.

Annualité de l'impôt : ce principe résulte de l'article 12 du CGI : « L'impôt est dû chaque année à raison des bénéfices ou revenus que le contribuable réalise ou dont il dispose au cours de la même année. » Cette règle est fondamentale à l'égard des entreprises qui fixent leur résultat fiscal dans le cadre de leur exercice comptable. Le résultat de chaque exercice doit uniquement tenir compte de tous les profits et de toutes les charges qui s'y rattachent.

En conséquence, lorsque l'exercice comptable coïncide avec l'année civile, c'est ce résultat qui est pris en compte fiscalement. Dans le cas contraire, l'entreprise déclarera le résultat du dernier exercice clos.

Assiette de l'impôt : elle est constituée du montant des revenus, recettes ou produits soumis à un impôt ou à une taxe déterminée (synonymes : bénéfice imposable, revenu imposable, base imposable).

C

Champ d'application d'un impôt : ensemble de critères qui permet de savoir si une opération ou une situation donnée est soumise à l'impôt ou exonérée. Cela suppose de connaître la matière imposable, l'exigibilité, le fait générateur, la personne imposable et les règles de territorialité.

Conventions de double imposition (ou conventions fiscales internationales) : traités internationaux qui prévoient des mesures pour éviter qu'une personne résidant en France et ayant des activités à l'étranger (ou résidant à l'étranger et ayant des activités en France) soit imposée deux fois. Les conventions internationales ont une force juridique supérieure au droit interne.

D

Délai de reprise : délai pendant lequel l'Administration fiscale peut réparer les omissions, les insuffisances, les inexactitudes ou les erreurs d'imposition.

Ce droit s'exerce jusqu'à la fin de la troisième année qui suit celle au titre de laquelle l'imposition est due pour l'IR et l'IS, et jusqu'à la fin de la troisième année suivant celle au cours de laquelle la taxe est devenue exigible pour la TVA.

Doctrine administrative : à l'intention de ses agents, l'Administration fiscale interprète dans un certain nombre de documents (instructions, circulaires administratives, documentation administrative de base, réponses ministérielles aux questions écrites de parlementaires, décisions individuelles). Ces interprétations, souvent plus favorables aux contribuables que les textes fiscaux, constituent la doctrine administrative.

Domicile fiscal : il représente :

1. le lieu de résidence habituelle et permanente de la famille ;
2. le lieu du séjour principal, c'est-à-dire plus de 183 jours en France au cours de l'année ;
3. le lieu de l'activité professionnelle principale ;
4. le lieu du centre des activités économiques.

E

Exigibilité : date à partir de laquelle le Trésor public peut réclamer le montant d'un impôt ou d'une taxe.

Exonération : opération située dans le champ d'application de l'impôt, mais qui en est dispensée par une disposition expresse du CGI.

F

Fait générateur : événement qui donne naissance à la créance fiscale du Trésor public. Cette notion est fondamentale pour déterminer en cas de changement de législation le régime applicable.

Foyer fiscal : il regroupe une ou plusieurs personnes déclarant en commun leurs revenus. Il s'agit d'un concept fiscal spécifique qui ne recoupe ni celui de famille, laquelle repose sur un lien de parenté, ni celui de ménage qui suppose habitat commun.

L

Liquidation de l'impôt : opération qui consiste à calculer le montant exigible de l'impôt une fois que sa base imposable a été définie et évaluée.

Loi de finances : votée par le Parlement, elle prévoit et autorise l'ensemble des ressources et des charges de l'État pour l'année suivante. Elle contient une partie fiscale importante, en effet :

– elle fixe les règles d'imposition des revenus et des bénéfices de l'année écoulée,

– elle indique les nouvelles dispositions fiscales applicables au premier janvier.

Loi de finances rectificative : qualifiée souvent de « collectif budgétaire », elle modifie en cours d'année les autorisations budgétaires. Les conséquences fiscales de cette loi sont souvent substantielles.

P

Prescription : l'Administration fiscale a la faculté de réparer les omissions ou les erreurs d'imposition pendant un certain délai fixé par la loi. Passé ce délai, le service des impôts n'a plus la possibilité de mettre en œuvre son droit de reprise. Le délai maximal de prescription est limité à trois ans à partir du fait générateur des impôts et taxes ; il est porté à 10 ans pour l'ISF, les droits d'enregistrement, la taxe de publicité foncière, les droits de timbre.

T

Territorialité : règles qui précisent les conditions d'application de l'impôt dans l'espace aux opérations réalisées par toute personne sur le territoire national ou dans le cadre d'échanges internationaux.

76914 - (I) - OSB 80° - 315 - BEP - JOE
Imprimerie CHIRAT - 42540 Saint-Just-la-Pendue
Dépôt légal : août 2017
N° 201707.0146

Imprimé en France